KB188188

法華經
법화경
길라잡이

法華經
법화경
길라잡이

차 례

제1 서품(序品)

이와 같이 나는 들었습니다. 한때 부처님께서 마갈타국 왕사성 기사굴산[1] 영산도량에 계셨습니다.

큰 비구대중 1만 2천 명도 함께 했으니, 이들은 다 아라한[2]으로 이미 모든 헛된 생각을 여의어 다시는 번뇌가 없으며, 깊은 진리를 얻어 모든 속박에서 벗어나 마음의 자재함을 얻은 이들이었습니다.

그들의 이름은 부처님의 첫 제자인 아야교진여[3]와 두타제일의 마하가섭[4] 가섭 3형제인 우루빈나가섭 · 가야가섭 · 나제가섭[5] 지혜제일 사리불[6] 신통제일 대목건련[7]

---

1 왕사성(王舍城, Rāja-gaha): 부처님 당시 마갈타국의 수도. '기사굴산'은 범어 기자꾸타(Gijjha-Kuta)의 음역으로 기자굴산, 기자굴다산, 한역하여 영취산(靈鷲山) 또는 영축산, 취산, 영산 등으로 부른다. 인도 비하르주 라즈기르에 있는 영취산은 왕사성 동북쪽에 있는 산으로, 정상에 독수리 형상의 바위가 서 있어서 붙여진 이름이다.

2 아라한(阿羅漢): 줄여서 나한(羅漢)이라고도 하며 소승의 수행자들, 즉 성문승 가운데 최고의 이상상을 말한다.

3 아야교진여(阿若憍陣如): 초전법륜 때 5비구의 한 분으로 가장 먼저 깨달음을 얻어 부처님께 귀의한 최초의 비구이다.

4 마하가섭(摩訶迦葉): 부처님의 10대 제자 가운데 두타행이 제일이었다. 선불교에서는 부처님의 심인(心印)을 전해 받았다고 전한다. 부처님이 입멸한 뒤 5백 아라한을 데리고 제1차 경전결집을 주재하였다.

5 가섭 3형제로 첫째인 우루빈나가섭은 승단을 공경함에 제일갔으며, 둘째인 나제가섭은 교화에 뛰어났고, 셋째인 가야가섭은 마음의 모든 번뇌를 항복 받았다.

논의제일 마하가전연[8] 천안제일 아누루타[9] 지성숙제일 겁빈나[10] 계율제일 교범바제[11] 지율제일 이바다[12] 경행과 좌선을 잘 하는 필릉가바차[13]와 무병제일 박구라[14] 문답제일 마하구치라[15] 소를 먹이던 목우 난타[16]와 부처님의 이복동생인 손타라난타[17] 설법제일 부루나미다라니자[18] 해공제일 수보리[19] 다문제일 아난[20]과 부처님

---

6 사리불(舍利佛): 부처님의 10대 제자 중 지혜제일로 불린다. 경전에서는 사리자(舍利子)로 자주 등장한다.

7 대목건련(大目健連): 목건련 또는 목련존자로 불리며 부처님의 10대 제자 중 신통제일로 불린다.

8 가전연(迦旃延): 부처님의 10대 제자 중 논의제일로 불린다. 서인도 아반티국왕의 명령에 따라 부처님을 그 나라로 초청하기 위해 찾아갔다가 출가하였다.

9 아누루타: 보통 아나율(阿那律)로 불린다. 부처님의 10대 제자 중 천안제일로 불린다. 부처님의 사촌동생이다.

10 겁빈나(劫賓那): 천문과 역술에 뛰어나 지성숙제일(知星宿第一)로 불린다.

11 교범바제(憍梵波提): 율법 해석의 최고 권위자로 계율제일이다.

12 이바다(離婆多): 마음이 흔들리거나 뒤바뀐 생각을 일체 하지 않아서 지율(持律)제일로 불린다.

13 필릉가바차(畢陵迦婆蹉): 경행과 좌선을 잘해서 아라한과를 성취하고 신통력이 자유자재하였다.

14 박구라(Bakula): 병 없고 욕심이 없어서 무병제일로 불린다.

15 마하구치라(摩訶俱絺羅): 어려운 질문에 답 잘하는 문답제일로, 사리불의 외삼촌이다.

16 난타(難陀): 본래 소를 먹이던 사람이었으나, 부처님의 제자가 되어 목우(牧牛)난타라고도 한다.

17 손타라난타(孫陀羅難陀): 부처님의 이복동생이며, 용모가 빼어난 아내(손타라) 때문에 출가를 꺼렸으나 뒤늦게 불교에 귀의하여 아라한과를 얻었다.

의 아들인 밀행제일 라후라[21] 등입니다. 이와 같은 큰 아라한들은 그 이름과 덕행이 널리 알려진 선지식들이었습니다.

아직 배우고 있는 이와 다 배운 이 2천 명이 자리에 있었고, 부처님의 이모인 마하파사파제[22] 비구니는 그의 권속 6천 명과 함께 있었으며, 라후라의 어머니 야쇼다라[23] 비구니도 그의 권속들과 함께 있었습니다.

또 보살마하살[24] 8만 명이 있었으니, 이들은 모두 최

---

18 부루나미다라니자: 보통 부루나(富樓那)로 불린다. 부처님의 10대 제자 중 설법제일로 불린다.

19 수보리(須菩提): 반야의 공(空)의 이치를 잘 설교하여 해공제일(解空第一)로 불리는 부처님의 10대 제자 중의 한 사람이다.

20 아난(阿難): 아난다(Ānanda). 부처님의 사촌동생. 다문제일로 불리는 10대 제자 중의 한 사람이다. 부처님의 법문을 다 기억하여 경전 결집에 참여함으로써 교법이 후대에 전해지도록 한 가장 큰 공로자이다.

21 라후라(羅睺羅): 부처님의 아들로, 부처님이 성도하여 처음 석가족의 나라를 찾았을 때 출가하여 제자가 되었다. 10대 제자 중 밀행제일로 불린다. 부처님의 10대 제자는 다음과 같다. ①지혜제일 사리불 ②신통제일 목건련 ③두타제일 마하가섭 ④천안제일 아나율 ⑤해공제일 수보리 ⑥설법제일 부루나 ⑦논의제일 가전연 ⑧다문제일 아난다 ⑨지계제일 우바리 ⑩밀행제일 라후라.

22 마하파사파제(摩訶波闍波提): 부처님의 어머니인 마야부인의 여동생으로 마야부인이 죽은 뒤 정반왕의 비가 되어 부처님의 양모가 되었다. 난타의 어머니로, 정반왕이 죽은 뒤 부처님의 아내인 야쇼다라와 함께 출가하여 비구니가 되었다.

23 야쇼다라(耶輸陀羅): 꼴리족의 공주로 부처님과의 사이에 아들 라후라를 두었다.

24 보살마하살(菩薩摩訶薩, bhodhisattva mahāsattva): 자세히는 보리살타마하살타(菩提薩埵摩訶薩埵)라 음역한다. 보리살타는 자리이타(自利

상의 깨달음인 아뇩다라삼먁삼보리[25]에 머물러서 물러남이 없으며, 다라니[26]와 설법 잘하는 변재[樂說辯才][27]를 모두 얻어서 언제나 물러나지 않는 부처님의 가르침의 수레바퀴를 굴리며, 한량없이 많은 부처님께 공양하고 모든 부처님 계신 곳에서 덕의 근본이 되는 많은 선근[28]을 심었으므로 항상 모든 부처님으로부터 칭찬을 받았으며, 자비로 몸을 닦아 부처님의 지혜에 잘 들었고, 큰 지혜를 통달해서 깨달음의 세계에 이르렀으며, 그 이름이 한량없는 세계에 널리 퍼져 무수한 백천 중생

利他)의 깨달음을 구하는 존재라는 의미에서 도중생(道衆生)·각유정(覺有情)으로 번역하고, 마하살타는 대중생(大衆生)·대유정(大有情)·대사(大士) 등으로 번역한다. 깨달음을 구하는 것은 성문·연각과 통하지만, 특히 무상보리(無上菩提)의 대승을 추구하므로 이들과 구별하여 '보살마하살'이라 한다. 또는 보살에도 많은 계위(階位)가 있으므로 그 중에 10지(地) 이상의 보살을 표시하기 위하여 다시 마하살이라 한다.

25 아뇩다라삼먁삼보리(anuttara-sammāsambodhi): 무상정등정각(無上正等正覺)·무상정등각(無上正等覺)·무상정변지(無上正遍智) 등으로 번역한다. '아뇩다라'는 더 이상 위가 없다[無上]는 뜻이고, '삼먁'은 바르고 완전한[正等], '삼보리'는 바른 깨달음[正覺]이란 뜻이다. 줄여서 정각이라 하니, '위없이 바르고 원만한 깨달음'이란 뜻이다.

26 다라니(陀羅尼, dhāranī): 총지(摠持)·능지(能持)·능차(能遮)라 번역. 무량 무변한 뜻을 지니고 있어, 모든 악한 법을 버리고 한량없이 좋은 법을 가지는 지혜나 삼매를 말한다. 또는 진언(眞言)·주(呪)라 하여 부처님의 가르침이 비밀하게 들어있고 신비한 힘이 있어서 모든 장애를 벗어나고 한량없는 복덕을 얻는 등 많은 공덕이 있다고 한다.

27 요설변재(樂說辯才): 온갖 교법을 잘 알아서 중생이 바라는 데에 따라 법을 자재하게 설하는 능력. 사무애(四無礙)의 하나이다.

28 선근(善根): '선한 결과를 받을 수 있는 인(因)' 또는 '온갖 선을 내는 근본'이란 뜻.

을 제도하는 이들었습니다.

그들의 이름은 문수사리보살[29] 관세음보살[30] 득대세보살[31] 상정진보살[32] 불휴식보살[33] 보장보살[34] 약왕보살[35] 용시보살[36] 보월보살[37] 월광보살[38] 만월보살[39] 대력보살[40] 무량력보살[41] 월삼계보살[42] 발타바라보

---

29 문수사리(文殊師利, Mañjuśrī)보살: 줄여서 문수보살로 통칭. '문수사리'는 묘덕(妙德) · 묘길상(妙吉祥)으로 번역. 반야 지혜의 덕을 상징하는 보살로 북방의 상희세계(常喜世界)에 환희장마니보적여래로 계시다고 한다. 보살의 모습을 한 것은 부처님의 교화를 돕기 위해서이다.

30 관세음(觀世音)보살: 관자재(觀自在) 또는 줄여서 관음(觀音)보살로 통칭. 대자대비(大慈大悲)를 근본 서원으로 하여, 중생의 괴로움을 구제하는 보살이다.

31 득대세(得大勢)보살: 대세지(大勢至)라고도 한다. 관음보살과 함께 아미타불의 협시로 조성되는데 관음보살은 자비를, 대세지보살은 지혜를 상징한다.

32 상정진(常精進)보살: 끊임없이 정진하는 보살.

33 불휴식(不休息)보살: 쉬지 않고 수행하는 덕을 나타내는 보살.

34 보장(寶掌)보살: 수행과 공덕이 뛰어나 보배가 손에서 나오는데, 이를 다 중생에게 나누어준다는 보살.

35 약왕(藥王)보살: 중생들의 갖가지 심신의 병고에 대하여 대의왕이 되어 좋은 약으로 구호하는 보살.

36 용시(勇施)보살: 용맹심으로 크게 보시하여 널리 중생을 이롭게 한다는 보살.

37 보월(寶月)보살: 달이 시원하게 더위를 식혀주는 것 같이 좋은 보배를 가지고 중생을 유익하게 한다는 보살.

38 월광(月光)보살: 달처럼 청정한 덕상을 갖추고 중생을 교화하는 보살. 약사여래의 협시 보살로 조성된다.

39 만월(滿月)보살: 보름달처럼 원만한 공덕과 상호를 갖추고 중생에게 지혜를 비춰주는 보살.

40 대력(大力)보살: 큰 힘을 가진 보살. '대력(大力)'은 무루업에 의하여 무명으로부터 벗어나 생사에 자유 자재하는 것을 형용한 말이다.

살[43] 미륵보살[44] 보적보살[45] 도사보살[46] 등이니, 이러한 보살마하살 8만 명이 함께 있었습니다.

이때 도리천[47]의 왕인 석제환인[48]은 그의 권속 2만 천자와 함께 있었으며, 명월천자 · 보광천자 · 보향천자[49]와 사대천왕[50]이 그의 권속 1만 천자와 함께 있었고, 자재천자 · 대자재천자[51]도 그의 권속 3만 천자와

---

41 무량력(無量力)보살: 한없이 큰 자비와 역량으로 두루 중생의 고(苦)를 제거해 주는 보살.

42 월삼계(越三界)보살: 복과 덕이 깊고 두터우며 큰 지혜가 있으므로 일체의 생사를 뛰어넘었다는 보살.

43 발타바라(跋陀波羅)보살: 정견(正見)을 잘 지니어 보호한다는 보살. 선수(善守) 또는 현수(賢守)라고도 한다.

44 미륵(彌勒, Maitreya)보살: 자씨(慈氏)보살이라도 한다. 바라내국의 바라문 집에 태어나 석존의 교화를 받고, 미래에 성불하리라는 수기를 받았다. 지금은 도솔천에서 천인들을 교화하고 있다. 석존 입멸 후 56억 7천만 년 뒤에 이 사바세계에 출현하여 중생을 제도한다고 한다.

45 보적(寶積)보살: 여러 겁을 거쳐 삼매를 닦아 법보를 무수히 쌓았으므로, 중생이 그 이름을 듣게 되면 삼보리를 얻게 된다는 보살.

46 도사(導師)보살: 삿된 도에 떨어진 중생에 대해서 대비심을 일으켜 정도에 들어가게 하는 보살.

47 도리천(忉利天): 6욕천의 둘째 하늘. 수미산 꼭대기에 있으며, 가운데에 제석천이 사는 선견성(善見城)이 있다.

48 석제환인(釋提桓因): 제석천(帝釋天), 제석환인(帝釋桓因)이라고도 한다. 본래는 베다의 인드라신이었으나 불교에 수용되어 도리천왕이 되었다. 사천왕과 삼십이천을 통솔하면서 불법과 불법에 귀의한 사람을 보호하고 아수라의 군대를 정벌한다고 한다.

49 이들 셋을 삼광천자라 하며 제석천을 보필하는 천자들이다.

50 사대천왕(四大天王): 제석천의 외부를 지키는 천자들로 동쪽의 지국천왕, 남쪽의 증장천왕, 서쪽의 광목천왕, 북쪽의 다문천왕을 말한다.

51 자재천은 욕계 제5 화락천(化樂天)의 주인이고, 대자재천은 제6 타화자

함께 있었으며, 사바세계[52]의 주인으로 범천왕[53]인 시기대범과 광명대범 등도 그의 권속 1만 2천 천자와 함께 있었습니다.

또 여덟 명의 용왕이 있었으니 난타용왕 · 발란타용왕 · 사가라용왕 · 화수길용왕 · 덕차가용왕 · 아나바달다용왕 · 마사나용왕 · 우발라용왕 등이 각각 여러 백천 권속과 함께 있었습니다.

또 네 긴나라[54]왕이 있었으니 고집멸도의 사성제를 노래하는 법긴나라왕과 십이인연[55]을 노래하는 묘법긴나라왕과 육바라밀[56]을 노래하는 대법긴나라왕과 일승

재천의 주인이다.

52 사바(娑婆, Sabhā)세계: 인토(忍土) · 인계(忍界)라 번역. 중생이 갖가지 고통을 참고 견뎌야 하는 이 세상[堪忍世界]을 말한다. 부처님이 교화하는 세계이다.

53 범천왕(梵天王): 범왕(梵王) · 대범천왕(大梵天王)이라고도 한다. 색계 초선천의 주인으로 제석과 함께 정법을 옹호하는 신이다. 부처님이 세상에 나올 때마다 반드시 제일 먼저 설법하기를 청한다. 후불탱화에서는 손에 흰 불자(拂子)를 든 모습으로 조성된다.

54 긴나라(緊拏羅, Kiṃara): 제석을 위해 법을 찬미하는 음악을 연주하는 신으로 사람과 비슷하나 한 개의 뿔이 있어서 인비인(人非人)이라고도 한다.

55 십이인연(十二因緣): 십이연기(十二緣起)라고도 하며, 윤회하는 삶을 12가지 요소의 순차적인 인과관계로 설명한 불교 교리이다. 진리에 대해 무지한 무명(無明)을 근본 원인으로 하여 행(行), 식(識), 명색(名色), 육입처(六入處), 촉(觸), 수(受), 애(愛), 취(取), 유(有), 생(生), 노사(老死)가 순차적으로 있게 된다고 한다.

56 육바라밀(六波羅蜜): 보살이 깨달음에 이르기 위해 실천해야 할 6가지 덕목으로 보시, 인욕, 지계, 정진, 선정, 지혜바라밀을 말한다.

을 노래하는 지법긴나라왕이 각각 여러 백천 권속과 함께 있었습니다.

또 네 건달바[57]왕이 있었으니 악건달바왕 · 악음건달바왕 · 미건달바왕 · 미음건달바왕이 각각 여러 백천 권속과 함께 있었습니다.

또 네 아수라[58]왕이 있었으니 바치아수라왕 · 거라건타아수라왕 · 비마질다라아수라왕 · 나후아수라왕이 각각 여러 백천 권속과 함께 있었습니다.

또 네 가루라왕[59]이 있었으니 대위덕가루라왕 · 대신가루라왕 · 대만가루라왕 · 여의가루라왕이 각각 여러 백천 권속과 함께 있었습니다.

또 마갈타국 위제희 왕비의 아들 아사세왕[60]도 여러 백천 권속과 함께 와서 각각 부처님의 발에 예배를 올리

---

57 건달바(乾闥婆, gandharva): 향기만 먹으므로 심향(尋香) · 식향(食香) · 후향(齅香)이라 한다. 제석의 음악을 맡은 신. 항상 부처님이 설법하는 자리에 나타나 정법을 찬탄한다. 긴나라는 법악(法樂)을, 건달바는 속악(俗樂)을 연주한다고 한다.

58 아수라(阿修羅, asura): 수라(修羅). 신(sura)이 아닌 자라는 의미에서 비천(非天)으로 번역. 제석천과 싸워서 정법을 멸하려는 존재이다.

59 가루라(迦樓羅, garuḍa): 용을 잡아먹는다는 새들의 왕으로 금시조 또는 묘시조라고도 한다. 머리에 화관을 쓰고 있으며, 얼굴은 천신(天神)과 같고 입은 독수리 부리와 유사하며, 오른손과 왼손에 각각 용을 잡고 결가부좌하고 있다.

60 아사세왕(阿闍世王): 부왕 빔비사라왕을 감옥에 가두어 죽이고 즉위한 마갈타국의 왕. 그의 어머니 위제희 부인은 관무량수경의 청법자로 등장한다.

고 물러나와 한쪽 자리에 조용히 앉아 있었습니다.

이때 부처님께서 사부대중[四衆][61]의 주위를 돌고[62] 공양과 공경과 존중과 찬탄을 받으시며, 모든 보살들을 위하여 대승경을 설법하시니 이름이 무량의(無量義)[63]이었습니다. 이는 보살을 가르치는 법이며 부처님께서 마음에 간직하여 보호하시는 경전이었습니다.

부처님께서 이 경을 다 설하신 뒤에 가부좌를 하시고 무량의처삼매[64]에 드시니 몸과 마음이 흔들리지 않으셨습니다.

이때 하늘에서는 만다라꽃 · 마하만다라꽃 · 만수사꽃 · 마하만수사꽃이 비 오듯 내려 부처님과 모든 대중 위에 뿌려졌으며, 부처님의 넓은 세계는 여섯 가지로 진동하였습니다.

이때 대중 가운데 있던 비구 · 비구니 · 우바새 · 우바이

---

61 사부대중(四部大衆): ①비구(比丘): 출가하여 250계를 받고 수행하는 남자 승려. ②비구니(比丘尼): 출가하여 348계를 받고 수행하는 여자 승려. ③우바새(優婆塞): 남자 재가신도. ④우바이(優婆夷): 여자 재가신도.

62 주위를 돌고: 대중들이 부처님 주위를 돌되, 오른쪽 어깨를 부처님 쪽으로 하고 세 번 도는 예경법인 우요삼잡(右繞三匝)을 말한다.

63 무량의(無量義): 일체 제법 각각에 한량없는 뜻과 이치를 갖추었다는 뜻이다. 무량의경은 법화경 · 관보현보살행법경과 함께 법화삼부경의 하나이다.

64 무량의처삼매(無量義處三昧, ananta-nirdea-pratihna-samdhi) : 한량없는 가르침의 실상이라는 이름의 삼매.

와 천 · 용 · 야차 · 건달바 · 아수라 · 가루라 · 긴나라 · 마후라가 · 사람과 사람이 아닌 이들과 작은 나라의 왕과 전륜성왕 등의 모든 대중들이 일찍이 없었던 미증유[65]를 얻어 마음이 너무 기뻐서 합장하고 일심으로 부처님을 우러러보았습니다.

이때 부처님께서 미간의 백호상[66]으로 광명을 놓아 동방으로 1만8천 세계를 두루 비추시니, 아래로는 아비지옥[67]에 이르고 위로는 유정천[68]에 이르렀습니다.

이 광명으로 사바세계에서 저 모든 세계의 육취중생[69]을 다 볼 수 있었고, 또 저 국토에 계신 부처님들을 볼 수 있었으며, 모든 부처님께서 설하시는 경전의 법문도 다 들을 수 있었습니다. 아울러 저 국토의 모든 비구 · 비구니 · 우바새 · 우바이들이 여러 가지로 수행하여 깨달음을 얻는 것을 보았고, 다시 여러 보살마하살이

---

65 미증유(未曾有): 지금까지 한 번도 있어 본 적이 없음을 말한다. 즉 이제까지 들어본 적이 없는 일이다.

66 백호상(白毫相): 부처님의 두 눈썹 사이에 있는 흰 털[白毫]의 모습. 32상의 하나이다.

67 아비지옥(무간지옥): '아비'란 고통의 간격이 없다는 뜻. 아비지옥은 불교에서 말하는 여러 지옥 중 고통이 가장 극심한 지옥이다.

68 유정천(有頂天): 욕계 6천과 색계 18천 중 가장 위에 있는 색구경천(色究竟天, 아가니타천)을 말한다. 불교에서는 중생이 유전하는 경계를 욕계와 색계 18천 위에 무색계 4천을 더한 28천으로 설명한다.

69 육취중생(六趣衆生): 육도중생. 지옥 · 아귀 · 축생 · 인간 · 수라 · 천상의 육도를 윤회하는 중생을 말한다.

갖가지 인연과 믿음과 모습으로 보살도[70] 행하는 것을 보았고, 다시 모든 부처님이 반열반[71]에 드시는 것을 보았으며, 반열반 후 부처님의 사리를 모시고자 칠보탑 세우는 것을 보았습니다.[72]

이때 미륵보살이 이렇게 생각했습니다.

"지금 부처님께서 매우 신비한 신통변화의 모습을 나타내시니 무슨 인연으로 이와 같은 상서로움을 일으키는 것일까? 지금 부처님께서는 삼매에 들었으니 이 불가사의하고 한 번도 본 적이 없는 일을 누구에게 물어볼 것이며 또 누가 대답해 줄 것인가?"

또 이렇게 생각하였습니다.

---

70 보살도(菩薩道): 보살이 불과(佛果)를 구하려고 닦는 수행을 말한다.

71 반열반(般涅槃, parinirvāna): 완전한 열반인 무여열반(無餘涅槃)을 말한다. 소승에서는 번뇌의 다 여의어 열반을 이루었지만 육체가 남아있는 것을 유여열반(有餘涅槃), 육체까지도 소멸한 것을 무여열반이라 한다. 이와 달리 대승에서는 상락아정(常樂我淨)의 4덕을 갖추지 못한 소승의 열반을 유여열반, 4덕을 갖춘 열반을 무여열반이라 한다. 이러한 2열반 외에도 대승사상의 발전에 따른 3열반, 4열반설이 있다.

72 이상 백호 광명에 의해 드러난 타방 국토[彼土]의 여섯 가지 장면을 타방육서 또는 피토육서라 한다. ①육도윤회하는 인간의 모습을 보는 견육취서(見六趣瑞), ②피토의 여러 부처님을 보는 견제불서(見諸佛瑞) ③피토의 부처님의 설법을 듣는 문제불설법서(聞諸佛說法瑞) ④사부대중이 수행하여 점차 증득하는 과정을 보는 견사중득도서(見四衆得道瑞) ⑤보살들이 갖가지 모습으로 수행하고 있음을 보는 견보살소행서(見菩薩所行瑞) ⑥여러 부처님의 반열반의 모습을 보는 견제불열반서(見諸佛涅槃瑞) 등이 그것이다.

“문수사리법왕자는 일찍이 지난 세상에서 한량없는 부처님을 가까이 모시고 공양하였으므로 반드시 이와 같은 신비한 상서를 보았을 것이니 내가 지금 이 일을 그에게 물어보리라.”

이때 비구 · 비구니 · 우바새 · 우바이와 모든 하늘 · 용 · 귀신들도 다 같이 이렇게 생각하였습니다.

“이 부처님께서 놓으시는 광명과 신통 변화의 모습을 누구에게 물어야 할 것인가?”

이때 미륵보살이 자기의 의문을 풀고 또한 비구 · 비구니 · 우바새 · 우바이와 모든 천 · 용 · 귀신 등 대중의 의문을 풀기 위하여 문수사리보살에게 물었습니다.

“무슨 인연으로 이러한 상서롭고 신통한 일들이 있으며, 큰 광명을 놓아 동방으로 1만8천 국토를 비추어서 저 부처님 나라의 장엄을 모두 볼 수 있게 하시나이까?”

미륵보살은 이 뜻을 거듭 알리고자 게송[73]으로 물었습니다.

문수사리 법왕자여. 부처님은 어찌하여

73 게송(偈頌): 게(偈)는 범어 gāthā의 음사인 게타(偈陀)의 준말이고, 송(頌)은 그 번역어이다. 경(經)이나 논(論)에서 부처님의 공덕을 찬탄하는 시구(詩句)를 말한다.

미간백호 큰 광명을 널리 비추십니까.
만다라꽃 만수사꽃 비 오듯 내리며
전단향 바람 불어 대중 마음 기뻐하니
이러한 인연으로 땅은 모두 청정하고
이 세계가 여섯 가지로 진동하니
이때에 사부대중 모두 다들 기뻐하며
몸과 마음 즐거워서 미증유를 얻습니다.
미간의 백호광명 동방으로 1만8천
국토를 비추시니 금빛처럼 찬란합니다.
아래로는 아비지옥 위로는 유정천까지
모든 세계에서 육도의 중생들이
나고 죽어 가는 곳과 선악업의 인연으로
좋고 나쁜 과보 받음 여기에서 다 봅니다.
또 보니 모든 부처 성주이신 사자[74]께서
경전을 설하시니 미묘하기 제일이며
그 음성이 맑고도 부드러워 셀 수 없는
억만의 여러 보살 가르치니 맑은 음성
깊고 묘해 사람들이 즐겨 듣게 하십니다.
각각의 세계에서 정법을 강설하시되
갖가지의 인연과 한량없는 비유로

74 성주이신 사자[聖主師子]: 사자(師子)는 짐승의 왕인 사자(獅子)를 말한다. 부처님은 모든 성자 중에서 왕이라는 뜻이다.

부처님 법 밝히시어 중생을 깨우치시니
어떤 사람 늙고 병나 죽는 고통 싫어하면
열반을 설하시어 모든 고통 없애주고
어떤 사람 복이 있어 부처님께 공양하고
높은 법을 구하며는 연각[75]을 설해주며
만일 어떤 불자들이 여러 가지 행을 닦아
무상지혜 구하며는 청정한 도 설하십니다.
문수사리여 내가 지금 여기에 있으면서
보고 들음 이와 같아 천억 가지 이르지만
이와 같이 많은 일을 이제 대강 말하리다.

나는 저 국토의 항하사[76] 수 보살들이
가지가지 인연으로 불도 구함 보았나니
어떤 이는 보시하되 금과 은과 산호 진주
마니보배 자거 마노 금강석과 여러 보배
노비와 수레와 보배로 된 연과 가마
기쁨으로 보시하여 불도에 회향하고
삼계에서 제일이며 모든 부처 칭찬하는

75 연각(緣覺): 깨달은 분이라는 뜻. 홀로 수행하여 12인연의 이치를 깨달았기에 독각(獨覺)이라 하며, '고독한 붓다'라는 뜻의 벽지불(辟支佛)로도 불린다.

76 항하사(恒河沙): '항하(인도의 갠지스강)의 모래'라는 뜻으로, 셀 수 없이 많음을 비유할 때 쓰는 말이다.

이러한 법 얻기를 원합니다.
어떤 보살 네 마리 말이 끄는 보배수레
난간 덮개 찬란하게 잘 꾸며서 보시[77]하고
다시 보니 어떤 보살 육신과 손과 발
처자까지 보시하여 위없는 도 구하오며
또 보니 어떤 보살 눈과 머리 신체를
흔쾌히 보시하여 부처 지혜 구합니다.
문수사리 법왕자여. 나는 여러 왕들이
부처님께 나아가서 위없는 도 여쭈고
안락한 국토 궁전 신하 후궁 다 버리고
머리와 수염 깎고 법복 입음 보았습니다.
혹은 보니 어떤 보살 비구 되어 고요한 곳
홀로 있으면서 경전 읽기 좋아하며
또 보니 어떤 보살 용맹하게 정진하여
깊은 산에 들어가서 부처님 도 사유하고
어떤 이는 욕심 떠나 한적한 곳 머물면서
선정[78]을 깊이 닦아 오신통[79]을 얻습니다.

---

77 보시(布施): 자비심으로 남에게 재물이나 불법(佛法)을 베푸는 것을 말한다. 재물을 베푸는 재시(財施), 불법을 베푸는 법시(法施), 두려움을 없애 주는 무외시(無畏施) 등이 있다.

78 선정(禪定): 마음이 하나의 경지에 정지하여 흐트러짐이 없는 경계에 드는 수행.

79 오신통(五神通): 누진통을 제외한 5신통으로 천안통 · 천이통 · 타심통 · 숙명통 · 신족통을 말한다.

또 어떤 보살은 선정 들어 합장하고
천만 가지 게송으로 모든 부처 찬탄하며
다시 보니 어떤 보살 지혜 깊고 뜻이 굳어
부처님께 여쭌 법을 들은 대로 받아 지니며
또 보니 어떤 불자 선정 지혜 구족하여
한량없는 비유로써 대중 위해 강설하되
흔쾌히 설법하여 모든 보살 교화하며
마군의 무리[80] 깨고 법의 북을 울립니다.
또 보니 어떤 보살 고요하게 선정 들어
하늘 용이 공경해도 기뻐하지 아니하며
또 보니 어떤 보살 숲속에서 광명 놓아
지옥중생 제도하여 부처님 도 들게 하며
또 보니 어떤 불자 잠도 자지 아니하고
숲속을 경행[81]하며 부처님 도 잘 구하며
또 보니 계행 갖춰 몸가짐에 흠이 없이
보주처럼 맑게 하여 부처님 도 구합니다.
또 보니 어떤 불자 인욕의 힘 훌륭하여
뛰어난 체 하는 이가 욕을 하고 때려도

80 마군의 무리[魔兵衆]: 마왕의 권속들인 마군(魔軍). 깨달음을 방해하는 모든 것을 가리킨다.

81 경행(經行): 잡념을 떨치고 일정한 장소를 왔다 갔다 하거나 돌면서 걷는 수행.

모든 것을 능히 참고 부처님 도 구합니다.
또 보니 어떤 보살 온갖 희롱 웃음거리
어리석은 무리 떠나 지혜로운 이 가까이하고
일심으로 산란한 마음을 없애고
마음을 거두어 산과 숲에 두고
억천만 년 지내면서 부처님 도 구합니다.
또 보니 어떤 보살 좋은 음식 맛난 반찬
온갖 탕약 부처님과 스님들께 보시하며
값비싸고 이름난 옷 값조차
모를 옷을 부처님과 스님들께 보시하며
천만억 종 전단향과 보배로 지은 집과
여러 가지 아름다운 침구를 부처님과
스님들께 보시하며 꽃과 과일 무성하고
샘물이 흐르고 목욕할 못이 있는
맑고 깨끗한 정원과 숲을
부처님과 스님들께 보시하는 등 이와 같이
갖가지의 아름답고 좋은 것을 보시하되
기뻐하는 마음으로 위없는 도 구합니다.
혹은 어떤 보살은 적멸법을 설하여서
가지가지 교법으로 무수중생 교화하며
혹은 어떤 보살은 모든 법의 성품이

허공 같아 두 모습이 아님을 관하며
또 보니 어떤 불자 마음에 집착 없는
미묘한 지혜로 위없는 도 구합니다.
문수사리 법왕자여. 혹은 어떤 보살은
부처님 멸도 후에 사리에 공양하고
또 보니 어떤 불자 항하의 모래 만큼
여러 탑묘[82] 세우되 국토마다 장엄하니
보탑은 높고 묘해 높이는 5천 유순
가로와 세로는 다같이 2천 유순
하나하나 보탑에는 당과 번이 1천이요
진주구슬 휘장 늘여 보배방울 울려오니
모든 하늘 용과 귀신 사람과 사람 아닌 것
향과 꽃과 기악으로 항상 공양합니다.
문수사리 법왕자여. 저 모든 불자들이
사리에 공양하고자 보탑을 장엄하니
국토는 자연히 수승하고 아름다워
도리천의 수왕화[83]가 활짝 핀 듯 합니다.

---

82 탑묘(塔廟): 본래 탑(塔, stūpa)은 부처님의 사리를, 묘(廟, caitya)는 유골을 모시고 예배나 제사를 행하던 장소였다. 대승불교에서 경전이 중시되면서 경전을 모신 탑을 차이티야[묘], 사리를 모신 탑을 스투파[탑]라 하였다.

83 수왕화(樹王花): 도리천 제석천의 동산에 있는 나무로, 가지와 잎이 50 유순을 뒤덮는다고 한다. 파리질다라수(波利質多羅樹)라고도 한다.

부처님께서 한 줄기 광명을 놓으시니
저와 법회 대중들이 이 국토의 갖가지
빼어나고 미묘한 모습을 봅니다.

모든 부처님의 신력과 지혜 희유하셔
한 줄기 청정한 광명을 놓으시어
헤아릴 수 없는 세계 비추시니 저희들은
이를 보며 일찍이 없던 것을 얻었습니다.
불자이신 문수사리여. 대중 의심 풀어주소서.
사부대중이 나와 인자[84] 바라보고 있습니다.
부처님은 무슨 일로 이 광명을 놓습니까.
불자시여 지금 바로 답하시어
의심을 풀고 기쁘게 하십시오.
무슨 이익 주시려고 이 광명을 놓습니까.
부처님이 도량[85]에 앉으시어 깨달으신
미묘한 법을 설하시려 하십니까.
수기[86]주려 하십니까. 모든 불토 보배들로

84 인자(仁者): 상대를 높여 부르는 말로 문수보살을 가리킨다.

85 도량(道場): 부처님께서 성불하신 곳. 번뇌를 끊어 부처를 이루었으므로 적멸도량이라 한다. 역사적으로는 부다가야 보리수 아래의 금강좌(金剛座)를 말한다.

86 수기(授記): 부처가 수행자에게 미래의 증과(證果: 깨달음)에 대하여 미리 지시하는 예언 또는 약속. 내세에 부처가 되겠다든가 혹은 장래에 어떻게 되리라는 것을 미리 알려주는 것. 기별(記別)이라고도 한다.

장엄됨을 보고 모든 부처 뵙는 것은
작은 인연 아니리다. 문수사리여. 대중들과
용과 신들 그대를 우러러보고 있으니
그 까닭을 설하소서.

이때 문수사리보살이 미륵보살마하살과 여러 대중들에게 대답하였습니다.

"선남자들이여, 내가 헤아려 생각해보니 지금 부처님 세존께서는 큰 법을 설하고자 하심이며, 큰 법비를 내리고자 하심이며, 큰 법의 소라를 불고자 하심이며, 큰 법의 북을 치고자 하심이며, 큰 법의 뜻을 말씀하고자 하심입니다.

선남자들이여, 나는 과거 일찍이 여러 부처님 계신 곳에서 이러한 상서로움을 보았으니 이 밝은 광명을 놓으시고는 곧 큰 법문을 설하셨습니다. 그러므로 마땅히 아십시오. 지금 부처님께서 광명을 놓으심도 또한 그와 같아서 중생들로 하여금 세간에서 믿기 어려운 법을 모두 듣고 깨달아 알게 하시려고 이 상서로움을 나타내신 것입니다.

선남자들이여, 과거 한량없고 가이없는 불가사의한

아승기겁[87]에 부처님이 계셨으니 그 이름이 일월등명[88] 여래 · 응공 · 정변지 · 명행족 · 선서 · 세간해 · 무상사 · 조어장부 · 천인사 · 불세존[89]이셨습니다.

그 부처님께서 세상 모든 사람들을 위해 가장 올바른 정법을 설하시니 처음도 중간도 끝도 다 훌륭한지라, 그

---

87 아승기겁(阿僧祇劫): 산스크리트어 asaṃkhyeya-kalpa를 음차한 것으로 무한한 숫자를 뜻하는 아승기와 시간을 뜻하는 겁을 합친 말. 헤아릴 수 없는 시간을 뜻한다. 무량겁(無量劫)으로 의역되기도 한다.

88 일월등명(日月燈明): 일(日)은 지혜, 월(月)은 선정을 가리킨다. 곧 정혜(定慧)는 자행(自行)의 덕이며 등명(燈明)은 화타(化他)의 덕이므로, 정혜를 갖추고 세상을 교화함을 상징하는 명호이다.

89 이상을 부처님의 열 가지 호칭이라 하여 여래십호(如來十號)라 한다.
①여래(如來): 여래여거(如來如去)의 준말로 '그렇게 오시고 그렇게 가신 분'이란 뜻. 여기에는 세 가지 뜻이 있다. 오고간 곳이 없이 항상 계신 분으로 생멸이 없는 분[法身]. 무수겁을 닦아 수행을 완성하여 진리와 하나를 이룬 분[報身]. 도의 길을 따라 세상에 오셔서 정각을 이루고 중생을 교화하다가 입멸에 드신 분[應身] 등.
②응공(應供): 세상의 존경과 공양을 받을 만한 분. 아라한(阿羅漢).
③정변지(正遍知): 바르고 원만하게 깨달았다는 뜻. 올바른 깨달음을 얻은 분.
④명행족(明行足): 밝게 알고[明知] 수행[行]을 구족한[足], 지와 행이 완전한 분.
⑤선서(善逝): 깨달음에 잘[善] 나아갔다[逝]는 뜻.
⑥세간해(世間解): 세간을 모두 잘 안다는 뜻. 일체 세간의 온갖 일을 완전히 아는 분.
⑦무상사(無上士): 궁극의 과(果)를 증득하여 더 이상 뛰어날 자가 없는 최상의 사람이라는 뜻.
⑧조어장부(調御丈夫): 지혜와 자비로 중생을 잘 제어하여 깨달음으로 이끄는 대장부라는 뜻.
⑨천인사(天人師): 하늘과 인간 세상의 모든 중생들의 스승.
⑩불세존(佛世尊): 불(佛)은 깨달은 분[覺者], 세존은 세상에서 가장 존귀한 분이라는 뜻이다.

뜻은 매우 깊고 그 말씀은 오묘하고 한결같아서 그릇됨과 잡됨이 없고, 맑고 깨끗한 범행[90]의 모습을 갖추었습니다.

성문[91]을 구하는 사람에게는 네 가지 진리[사제법]를 설하시어 나고 늙고 병들고 죽는 것을 벗어나 열반에 이르게 하시고, 벽지불[92]을 구하는 사람에게는 십이인연법을 설하시어 모든 중생의 인과를 밝혀 주셨으며, 모든 보살을 구하는 이에게는 육바라밀을 설하시어 최상의 깨달음인 아뇩다라삼먁삼보리를 얻어서 부처님의 지혜[一切種智][93]를 이루게 하셨습니다.

그 다음에 또 부처님이 계셨으니 이름이 또한 일월등명이시며, 다음에 또 부처님이 계셨으니 역시 이름이 일월등명이셨습니다. 이와 같이 2만 부처님이 다 같이 이름이 일월등명이셨고 성도 똑같이 파라타[94]이셨습니다.

미륵이여, 마땅히 아십시오. 처음 부처님과 뒤에 오

---

90 범행(梵行): 수행자가 갖추어야 할 청정한 행.

91 성문(聲聞): 부처님의 교설에 따라 수행해도 자신의 해탈만을 목적으로 하는 출가 수행자.

92 벽지불(辟支佛): 스스로 도를 깨달은 성자(聖者). 계위로 보면 보살의 아래, 성문(聲聞)의 위이다. 본품 주)75 참조.

93 일체종지(一切種智): 부처님만이 갖춘 지혜로 일체를 완전히 꿰뚫어 아는 지혜를 말한다.

94 파라타(頗羅墮): 근기가 뛰어나다는 뜻의 이근(利根), 또는 빠르다는 뜻의 첩질(捷疾)로 번역된다.

신 부처님이 다 같이 이름이 일월등명이고 열 가지 명호를 구족하시고 설하신 법문도 처음과 중간과 끝이 모두 올바르게 인도하는 참다운 정법이었습니다.

그 마지막 부처님께서 아직 출가하시기 전에 여덟 왕자가 있었으니,[95] 맏이는 유의, 둘째는 선의, 셋째는 무량의, 넷째는 보의, 다섯째는 증의, 여섯째는 제의의, 일곱째는 향의, 여덟째는 법의였습니다.[96] 이 여덟 왕자는 위엄과 덕이 자재하여 각각 4천하를 다스렸습니다.

이 왕자들이 아버지께서 출가하여 아뇩다라삼먁삼보리를 얻으셨다는 소식을 듣고는 모두 왕위를 버리고 아버지를 따라 출가하여, 부처님의 가르침을 따라 널리 세상을 구하겠다는 대승의 뜻을 일으켰습니다. 그리고 항상 맑고 깨끗한 행을 닦아 다 같이 법사(法師)[97]가 되었으며, 천만 부처님이 계신 곳에서 여러 가지 선업의 근

---

95 과거세의 일월등명여래와 현세의 석가모니 부처님이 똑같이 출가 전에 왕자를 두었다고 하여 그 행적의 동일함을 밝혔다.

96 유의(有意)는 도에 뜻을 두었다는 의미를 갖고 있으며, 선의(善意)는 도의 뜻을 잘 지녔음을, 무량의(無量意)는 큰 지혜로 무량한 진리를 잘 이해함을, 보의(寶意)는 보배와 같은 여래의 성품을 잘 이해함을, 증의(增意)는 최상의 행을 닦아 도에 뜻을 둠을, 제의의(除疑意)는 지혜가 늘어나 의혹이 제거되었음을, 향의(響意)는 빈 골짜기에 메아리가 울리듯 법성이 비어있음을, 법의(法意)는 깊은 법을 잘 이해함을 의미한다.

97 법사(法師): 불법에 통달하고 언제나 청정한 수행을 닦아 남의 스승이 되어 불교의 교법을 전하는 승려. 법화경에서는 특별히 출·재가, 남녀를 구분하지 않고 법화경을 수지, 독, 송, 해설, 서사하는 이를 가리켜 법사라고 하며, 이들을 '부처님의 사자(使者)'라 칭하고 있다.

본[善本]을 심었습니다.

이때 일월등명부처님께서 대승경을 설하셨으니 이름이 무량의(無量義)라, 보살을 가르치는 법이며 부처님께서 마음에 간직하고 보호하시는[護念] 경이었습니다. 이 경을 설하시고는 곧 많은 대중 가운데서 결가부좌하고 무량의처삼매에 들어 몸과 마음이 조금도 움직이지 않으셨습니다. 이때 하늘에서는 만다라꽃 · 마하만다라꽃과 만수사꽃 · 마하만수사꽃이 비 오듯 내리어 부처님과 모든 대중 위에 뿌려지고, 널리 부처님의 세계는 여섯 가지로 진동하였습니다.

이때 법회에 모여 있던 대중 가운데 비구 · 비구니 · 우바새 · 우바이와 천 · 용 · 야차 · 건달바 · 아수라 · 가루라 · 긴나라 · 마후라가 · 사람과 사람 아닌 이들과 여러 작은 나라의 왕과 전륜성왕 등 모든 대중들이 일찍이 없던 것[未曾有]을 얻고 마음이 기뻐서 일심으로 합장하고 부처님을 우러러보았습니다.

이때 부처님께서 미간의 백호상에서 광명을 놓으시어 동방의 1만8천 불토[98]를 비추니, 두루 미치지 않는 곳이 없었으며 지금 보는 이 모든 부처님 나라와 같았습니다.

---

98 불토(佛土): 부처님이 계시는 국토, 즉 불국토로 부처님이 교화하는 국토를 말한다.

미륵이여, 마땅히 아십시오. 그때 법회에 모인 20억의 보살들은 기꺼이 부처님의 가르침을 듣고자 하였습니다. 이 모든 보살들은 부처님의 이마에서 나온 광명이 무수한 부처님의 나라를 남김없이 비추는 것을 보고, 일찍이 없던 것을 얻고 이 광명이 어떤 연유로 비추는지 그 까닭을 알고자 하였습니다.

그때 한 보살이 있었으니 이름이 묘광(妙光)[99]이라, 8백 제자를 거느리고 있었습니다.

이때 일월등명 부처님께서 삼매에서 일어나 묘광보살로 인하여 대승경을 설하시니 이름이 〈묘법연화〉라, 보살을 가르치는 법이며 부처님께서 마음에 간직하고 보호하시는 경이었습니다.

60소겁 동안을 자리에서 일어나지 않으시니, 그때 듣는 대중들도 한곳에 앉아서 60소겁[100] 동안 몸과 마음을 동요하지 않고 부처님께서 설하시는 말씀을 들었는

99 묘광(妙光): 문수보살이 과거세의 일월등명불 문하에 있을 적에 불리던 칭호이다.

100 소겁(小劫): 사람의 수명이 8만4천 세부터 1백 년마다 한 살씩 줄어들어 10세에 이르고[감겁], 다시 10세부터 1백 년마다 한 살씩 늘어서 8만4천 세에 이르는 동안[증겁]을 1소겁이라 한다. 감겁과 증겁을 별도의 1소겁으로 보기도 한다. 또한 20소겁을 1중겁(中劫)이라 하는데, 세계가 생성되어 소멸하는 기간인 성·주·괴·공(成住壞空)의 네 주기가 각각 20소겁으로 이루어졌다고 한다. 이 4중겁(80소겁)을 1대겁(大劫)이라 한다.

데, 마치 밥 한끼 먹는 동안과 같이 여겼습니다. 그때 대중 가운데 한 사람도 몸이나 마음에 지루한 생각을 내는 이가 없었습니다. 일월등명부처님은 60소겁 동안 이 경을 설하신 후 곧 범천,[101] 마왕, 사문, 바라문과 천신, 사람, 아수라 등의 대중에게 이렇게 말씀하셨습니다.

'여래는 오늘 밤중에 무여열반에 들리라.'

그때 한 보살이 있었으니 이름이 덕장(德藏)이라, 일월등명부처님께서 그에게 수기를 주시면서 모든 비구들에게 이렇게 말씀하셨습니다.

'이 덕장보살이 다음에 반드시 성불하리니 그 이름은 정신 다타아가도[102] 아라하[103] 삼먁삼불타[104]라 하리라.'

부처님께서는 수기를 주시고 그날 밤중에 무여열반에 드시었습니다.

부처님께서 열반하신 뒤에 묘광보살이 묘법연화경을

---

101 범천(梵天, brahma-deva): 색계 초선천. 욕계의 음욕을 여의어서 항상 깨끗하고 조용하므로 범천이라 한다. 범중천 · 범보천 · 대범천 등 3천이 있는데 범천이라 통칭한다. 보통 범천이라 하면 초선천의 주(主)인 범천왕을 말한다.

102 다타아가도(多陀阿伽度): 여래여거(如來如去)라 번역하며, 진리에서 온 자, 진리에 이른 자, 진리에 머무는 자, 곧 부처를 일컫는다.

103 아라하(阿羅訶): 온갖 번뇌를 끊어서 인간과 천상의 중생들로부터 공양을 받을 만한 덕이 있는 사람이라 하여 응공(應供)으로 번역된다.

104 삼먁삼불타(三藐三佛陀): 정등각, 정변지라 번역하며, 바르고 원만한 깨달음을 성취한 사람을 뜻한다. 여래십호 중 세 가지만 들어보였다.

가지고 80소겁이라는 한량없는 세월이 다하도록 사람들에게 널리 설법하였습니다.

일월등명부처님의 여덟 왕자는 모두 묘광보살을 스승으로 섬기니, 묘광보살은 그들을 교화하여 아뇩다라삼먁삼보리를 견고하게 하도록 하였습니다.

이 여덟 왕자는 한량없는 백천만억의 부처님을 섬겨 받들고 공양하여 모두 부처님의 깨달음을 성취하였으니, 맨 마지막에 성불한 부처님의 이름은 연등[105]이었습니다.

묘광보살의 8백 제자 중에 한 사람이 있었는데 이름이 구명(求名)이라, 이익만을 탐내어 집착하고 여러 경전을 읽고 외우기는 했지만 참뜻을 깨닫지 못하고 많이 잊어버리므로 이름을 구명이라 하였습니다. 그러나 이 사람도 또한 선근을 많이 심은 인연으로 한량없는 백천만억의 부처님을 만나 공양하고 공경하며 존중하고 찬탄하였습니다.

미륵이여, 마땅히 아십시오. 그때의 묘광보살이 다른 사람이겠습니까? 이 몸이 묘광보살이었고, 구명보살은 바로 그대의 몸이었습니다.

---

105 연등불(燃燈佛): 과거불로, 석가모니불이 전생보살일 때 수기를 준 부처님이다. 등불을 밝힌다는 의미로 정광(錠光), 등광(燈光) 등으로 부르기도 한다.

지금의 이 상서로운 일을 보니, 일월등명부처님의 때와와 다름이 없습니다.

그러므로 헤아려 보건대, 오늘 부처님께서도 대승경을 설하시리니 이름이 〈묘법연화〉라, 보살을 가르치는 법이며 부처님께서 마음에 간직하고 보호하시는 경입니다."

이때 문수사리가 대중 가운데서 이 뜻을 거듭 펴고자 게송으로 말씀하셨습니다.

내가 지금 생각하니 지난 세상 한량없는
무량겁 전 사람 중에 가장 존귀하신
부처님이 계셨으니 이름이 일월등명.
세존께서 법을 설해 펴시어 한량없는
중생과 무수한 보살들을 제도하여
부처님의 지혜에 들게 하셨네.
그 부처님 출가 전에 낳은 아들 여덟 왕자
부처님이 출가하심 보고 또한 좇아
청정 수행 닦았다네. 그때 부처님이
대승경을 설하시니 이름이 무량의경.
대중들을 위하시어 분별하여 설하셨네.
부처님은 이 경 설해 마치시고 법좌에서

결가부좌 하시고 삼매에 드시니
이름이 무량의처라. 하늘에선 만다라꽃
비 오듯이 내리고 하늘북[106]은 저절로
울렸다네. 여러 천룡 귀신들 부처님께
공양하고 일체 모든 부처님의 국토가
크게 진동하는데 부처님은 미간에서
광명을 놓아 희유한 일 보이셨네.[107]
동방으로 1만8천 부처님의 국토 비춰
일체중생 업보따라 나고 죽는 곳 보이셨네.
보이는 모든 불토 보배들로 장엄되어
유리빛과 수정빛 밝게 빛나니
이것은 부처님의 광명 비춤 때문이네.
또한 보니 하늘 사람 용과 신과 야차들과
건달바와 긴나라들 부처님께 공양하고
또한 보니 부처님들 저절로 성불하사[108]
몸 빛은 황금산같이 단엄하고 미묘하여

---

106 하늘북(天鼓): 도리천 선법당(善法堂)에 있는 큰북으로 치지 않아도 미묘한 소리를 낸다고 한다.

107 일월등명여래와 석가모니불이 동일하게, 백호 광명을 놓아 타방국토의 여섯 가지 모습을 보였음을 말하고 있다. 본품 주)72 참조.

108 저절로 성불하사[自然成佛]는 수행의 공덕으로 이루어짐이니 보신(報身)을 뜻하고, 이어지는 '유리'는 본래부터 청정한 법신(法身)의 성품을 뜻하며, '진금 형상[眞金像]'은 중생의 근기에 응해서 나오는 응신(應身)을 뜻한다.

맑은 유리에 진금 형상 나투신 듯 하였다네.
세존께서 대중 속에 계시면서 깊은 불법
뜻을 설해 베푸시니 낱낱의 모든 불토
무수한 성문들이 부처님이 광명으로
비추신 바를 따라 대중들이 다 보았네.
혹은 여러 비구들이 산림에서 정진하며
청정 계행 명주를 보호하듯 지키며
또 여러 보살들이 보시하고 인욕하는
그 숫자가 항하강의 모래 수와 같음을
보는 것도 부처님의 광명 비춤 때문이네.
또 여러 보살들이 모든 선정 깊이 들어
몸과 마음 고요하여 위없는 도 구함 보며
또 여러 보살들이 모든 법의 적멸상을
알아서 제각각 그들의 국토에서
설법하고 부처님 도 구함을 보이셨네.

그때 사부대중이 일월등명 부처님이
큰 신통력 나타냄을 보고 모두 기뻐하며
서로 묻되 이 일은 무슨 인연 때문인가.
하늘과 사람들이 받드는 세존께서
삼매에서 일어나 묘광보살 칭찬하셨네.

너는 세상 눈이 되어 모든 중생 귀의하리니
능히 법장을 받들어 지닐지니라.
내가 설한 법은 오직 그대만이
증득하여 알리라. 세존께서 찬탄하여
묘광보살 기쁘게 하시고 이 법화경
설하시되 60소겁 지나도록 자리에서
일어나지 않으시니 설하신 바 미묘법을
묘광법사 모두 다 받아 지녔네.
부처님이 법화경을 설하시어 대중들을
기뻐하게 하시고 바로 그날 하늘과
인간의 대중에게 이르시되 제법실상의
뜻을 그대들에게 이미 다 설했노라.
나는 오늘 밤중에 열반에 들겠노라.
일심으로 정진하여 게으리지 말라.
부처님은 만나기 어려워 억겁에나
한번쯤 만나느니라. 부처님의 여러 제자
부처님께서 열반에 드신다는 말씀 듣고
모두가 슬퍼하며 부처님의 입멸이
어찌하여 이렇게 빠르실까 하였다네.
거룩하신 법왕께서 무량중생 위로하셨네.
내가 열반 하더라도 너희들은 걱정마라.

여기 있는 덕장보살 번뇌 없는 실상[109]을
마음 깊이 통달했나니 그가 장차 성불하여
정신[110]이란 이름으로 무량중생 제도하리라.
부처님이 그날 밤에 멸도하시니
섶이 다 타면 불 꺼지듯 하였다네.
모든 사리 나누어서 한량없는 탑 세우고
항하 모래 수와 같은 비구와 비구니들
한층 더 정진하여 위없는 도 구하였네.
묘광법사 부처님의 법장을 받들어 지녀
80소겁 동안 널리 법화경을 펴더니
이 여덟 왕자가 묘광보살 교화 받고
위없는 도 구하는 뜻 견고하여 수많은
부처님을 만나 뵙고 모든 부처님께
공양하고 대도(大道)를 따라 수행하여
잇달아서 성불하리라 차례로 수기하셨네.
최후에 성불하신 하늘의 왕[111] 이름을
연등불이라 하셨네. 모든 선인[112] 스승 되어

---

109 번뇌 없는 실상[無漏實相]: 번뇌가 다한 진실된 모습, 즉 청정한 제법 실상을 가리킨다.

110 정신(淨身): 무루실상을 통달하여 청정한 몸을 갖추었는 뜻.

111 하늘의 왕[天中天]: 모든 하늘 가운데 가장 뛰어난 분이란 뜻이다. 부처님에 대한 존칭의 하나로 '天中王'이라고도 한다. 석가모니 부처님이 탄생할 때 모든 하늘의 예를 받은 것에서 유래.

112 선인: 원문은 선(仙), 즉 수행자 중의 성자를 가리킨다.

한량없는 중생을 제도하여 해탈시켰네.
이때 묘광법사 한 제자가 있었으니
마음 항상 게으르고 명리에만 탐착했네.
명예를 구하기에 싫어함을 모르고
빈번하게 권세 있는 명문가만 드나들며
익히고 외우던 것 내버려서 깨닫지도
못한지라 이 인연으로 이름이 구명이라.
그래도 여러 선업 행하여 무수한
부처님을 만나 뵙고 여러 부처 공양하고
대도를 수행하여 육바라밀 갖추어서
이제 석가모니 부처님[113]을 뵈었네.
그는 다음 세상 부처를 이루리니
이름이 미륵이라. 널리 많은 중생
제도하여 그 수가 한량이 없으리라.
저 부처님 멸도한 뒤 게으른 이 그대이며
묘광법사 지금 나의 이 몸일세.

내가 본 일월등명 부처님의 상서로운
광명도 이러했으니 지금 부처님도
법화경을 설하시려 하심을 아노라네.

---

113 원문은 '석사자(釋師子)'. 석가족의 사자(獅子)라는 뜻. 세존의 위엄과 덕을 나타낸 호칭이다.

지금 모습 본래의 상서와 같으니
이것이 모든 부처님의 방편이네.
이제 부처님께서 광명 놓아
실상의 뜻 밝히시리니 모든 사람들은
마땅히 아시오. 일심으로 합장하고
기다리면 부처님께서 법의 비를 내리시어
불도를 구하는 이 충족하게 하시리라.
삼승[114]을 구하는 사람들도 의심이
있다면 부처님께서 남김없이 끊어주리라.

---

114 삼승(三乘): 성문승(聲聞乘)·연각승(緣覺乘)·보살승(菩薩乘) 등 중생을 깨달음으로 인도하는 부처님의 세 가지 교법을 말한다.

제2 방편품(方便品)

그때 세존께서 삼매[1]에서 조용히 일어나 사리불에게 이르셨습니다.

"모든 부처님의 방편과 진실의 지혜는 심히 깊고 한량없으며, 그 지혜의 문은 알기 어렵고 들어가기 어려우니 모든 성문이나 벽지불은 가히 알 수 없느니라. 왜냐하면 부처님은 일찍이 백천만억의 수많은 부처님을 가까이하면서 모든 부처님의 한량없는 도법을 수행하고 용맹정진 하시어 그 명성이 널리 알려져 있기 때문이니라. 매우 깊고도 깊은 미증유(未曾有)의 법[2]을 성취하여 사람들의 근기에 따라 알맞게 말씀하신 것이므로 참뜻이 어디에 있는지 알기 어려우니라.

사리불아, 내가 성불한 이래로 지금까지 갖가지 인연[3]과 여러 가지 비유[4]로 가르침을 널리 펴고, 수없는 방편으로 중생들을 인도하여 모든 집착을 여의게 하였

1 삼매(三昧): 「서품」에서 보인 무량의처삼매를 말한다.

2 미증유(未曾有)의 법: 지금까지 한 번도 알려진 적이 없는 진리(법).

3 인연: 과거 · 미래 · 현재의 여러 가지 선악의 원인과 그 인연을 설한 법문. 9부경에서 인연(Nidāna)에 해당한다.

4 비유: 중생의 근기에 따라 여러 가지 예를 들어 비유한 법문. 9부경에서 비유(Avadāna)에 해당한다.

으니, 이것은 여래가 방편바라밀[5]과 지견바라밀[6]을 다 갖춘 공덕 때문이니라.

사리불아, 여래의 지견은 매우 넓고 크며 깊고 원대하니, 사무량심(四無量心)[7]과 사무애(四無礙)[8]와 십력(十力)[9]과 사무소외(四無所畏)[10]와 선정(禪定), 해탈(解脫), 삼

---

5 방편바라밀(方便波羅蜜): 도피안(到彼岸)으로 번역하는 바라밀(pāramitā)은 '완전한'이라는 뜻을 갖고 있다. 따라서 방편바라밀은 방편지(方便智=權智)의 완전한 성취를 뜻한다.

6 지견바라밀(知見波羅蜜): 지견(知見) 수행의 완성을 뜻한다. 달리 보면 반야바라밀(般若波羅蜜)을 성취하여 참 지혜[일체종지]를 얻는 것.

7 사무량심(四無量心): 부처님이 중생을 대함에 있어서 자애(慈)와 연민(悲), 기뻐함(喜)과 차별 없음(捨)의 4가지 마음이 한량없으므로 사무량심이라고 한다. ①자무량심: 모든 사람에게 이익과 안락을 줌에 무량한 마음. ②비무량심: 모든 사람의 괴로움을 없애 줌에 무량한 마음. ③희무량심: 모든 사람이 도를 성취함을 따라 함께 기뻐함에 무량한 마음. ④사무량심: 중생에 대한 차별상을 떠나 부처와 다르지 않다고 보는 무량한 마음.

8 사무애(四無礙) : 부처님의 걸림 없는 4가지 지혜로 사무애지(四無礙智)지라 한다. ①법무애(法無碍): 가르침의 내용이 완전무결하여 막힘이 없다. ②의무애(義無碍): 가르침의 설명이 완전무결하여 뜻과 이치에 막힘이 없다. ③사무애(辭無礙): 적절한 말을 자유자재로 사용하여 언사에 막힘이 없다. ④요설무애(樂說無礙): 앞의 세 가지 지혜를 갖추어 기쁜 마음으로 설법함에 막힘이 없다.

9 십력(十力): 부처님이 지니고 있는 10가지 지혜의 힘. ①처비처지력(處非處智力): 도리에 합당하고 합당치 아니함을 분명히 아는 지혜. ②업이숙지력(業異熟智力): 삼세의 업과 그 과보의 인과관계를 여실히 아는 지혜. ③정려해탈등지등지지력(靜慮解脫等持等至智力): 모든 선정이나 삼매의 순서와 깊고 얕음을 아는 지혜. ④근상하지력(根上下智力): 중생의 근기나 얻는 바의 크고 작음이 같지 않음을 아는 지혜. ⑤종종승해지력(種種勝解智力): 중생이 바라는 바와 바깥 사물에 대하여 품고 있는 견해를 밝게 아는 지혜. ⑥종종계지력(種種界智力): 중생이 제각기 지니고 있는 갖가지의 성질을 다 아는 지혜. ⑦편취행지력(遍趣行智力): 모든 세계에 태

매(三昧)에 있어 끝없는 데까지 깊이 들어가 미증유의 법을 성취하셨느니라.

사리불아, 여래는 갖가지로 분별하여 교묘하게 여러 법을 잘 설하시니, 말씀이 부드러워 중생의 마음을 즐겁게 하시느니라. 사리불아, 요약해서 말하면 한량없고 끝없는 미증유의 법을 부처님은 다 성취하셨느니라.

그만두자, 사리불아. 굳이 더 말하지 않겠노라. 왜냐하면 부처님이 성취하신 희유하고 난해한 법은 말로 표현할 수 없고 뜻으로도 분별할 수 없나니, 오직 부처님과 깨친 사람만이 제법실상(諸法實相)[11]을 알기 때문이니라.

이른바 모든 법은 이와 같은 형상[如是相], 이와 같은 성품[如是性], 이와 같은 바탕[如是體], 이와 같은 힘[如是

어나는 원인과 결과를 아는 지혜. ⑧숙주수념지력(宿住隨念智力): 지난 세상의 일을 기억함에 따라 다 아는 지혜. ⑨숙주생사지력(宿住生死智力): 지난 세상의 나고 죽는 일을 아는 지혜. ⑩누진지력(漏盡智力): 모든 번뇌를 끊고 여실한 이치를 아는 지혜.

10 사무소외(四無所畏): 부처님이 가르침을 설할 때, 두려움을 느끼지 않는 4가지 지혜의 힘. ①정등각무외(正等覺無畏): 바르고 원만한 깨달음을 이루었으므로 두려움이 없음. ②일체누진무외(一切漏盡無畏): 모든 번뇌를 끊었으므로 두려움이 없음. ③설장법무외(說障法無畏): 끊어야 할 번뇌에 대해 설하므로 두려움이 없음. ④설진고도무외(說塵苦道無畏): 미혹을 떠나는 수행 방법에 대해 설하므로 두려움이 없음.

11 제법실상[諸法實相]: 모든 존재의 참 모습. 제법이 인연을 따라 생겨나서 존재하는 차별상이라면, 실상은 그 차별상이 갖추고 있는 참모습으로 본래 평등한 성품을 의미한다.

力], 이와 같은 작용[如是作], 이와 같은 원인[如是因], 이와 같은 관계[如是緣], 이와 같은 결과[如是果], 이와 같은 과보[如是報], 이와 같은 본말구경등(如是本末究竟等)[12]이니라."[13]

이때 부처님께서 이 뜻을 거듭 펴시려고 게송으로 말씀하셨습니다.

세웅[14]이신 부처님은 헤아릴 수 없으니
모든 하늘 세상 사람 일체의 중생으로
부처님의 참 모습을 헤아릴 자 없느니라.
부처님의 힘과 두려움 없음과
해탈과 모든 삼매와 그밖의
부처님의 여러 법을 헤아릴 자 없느니라.
본래부터 한량없는 부처님을 따라
모든 도법 두루 갖추어 행하니

12 본말구경등(本末究竟等): 시작과 끝이 궁극에서는 동등하다는 뜻이다. 즉 모든 존재는 현상의 있는 그대로의 형상, 성품, 본질, 잠재력, 작용, 원인, 조건, 결과, 과보가 결국 동일한 실상으로 귀결되므로 모두가 평등하다는 뜻.

13 여시상(如是相)부터 여시본말구경등(如是本末究竟等)까지의 열 가지를 '십여시(十如是)'라 한다. 절대적 진리인 제법실상을 언어로 표현할 수 없지만 방편으로 드러낸 것이 바로 이 십여시이다.

14 세웅(世雄): 부처님을 일컫는 호칭. 부처님은 일체 세간에서 무엇이라도 굴복시킬 수 있는 웅건한 덕이 있다는 뜻.

매우 깊고 미묘한 법 보기도 어렵고
깨닫기도 어렵지만 무량억겁 동안
온갖 도를 행하고 도량[15]에서 도과[16] 이뤄
나는 이미 다 알고 다 보노라.
이와 같이 큰 과보와 갖가지 성품과
모습의 뜻을 나와 시방세계[17]
부처님들만 능히 이 일을 아느니라.
이 법은 보여 줄 수 없고 언어로도
표현할 길 없노라. 그밖의 중생으로는
이해할 자 없나니 여러 보살 가운데서
믿는 힘이 견고한 이는 제외하니라.
제불(諸佛)의 제자들로 일찍이 모든 부처
공양하고 번뇌 다하여 최후의 몸[18] 머무르는
이라 해도 그 힘으론 감당하지 못하니라.
사리불과 같은 이가 이 세상에 가득해서
모두 함께 생각 다하여 헤아려도
부처님의 지혜는 헤아릴 수 없느니라.
사리불과 같은 이가 시방세계 가득하고

15 도량(道場): 부처님이 불도를 이룬 곳. 「서품」 주)85 참조.

16 도과(道果): 수행을 통해 얻은 과(果). 성불(成佛) · 정각(正覺).

17 시방세계(十方世界): 동서남북의 사방과 동남 · 서남 · 동북 · 서북의 간방, 그리고 상하를 합쳐 전체 세계를 가리키는 용어.

18 최후의 몸[最後身]: 번뇌가 다 끊어져 더 이상 태어나지 않는 마지막 몸.

다른 모든 제자들이 시방세계 가득해서
모두 함께 생각을 다해 헤아려도
또한 알 수 없느니라. 벽지불처럼 예리한
지혜 갖춰 번뇌 없는 최후 몸을 얻은 이가
시방세계 가득하여 그 수가 대숲 같은
이들이 모두 다 마음 합쳐 한량없는
억겁 동안 부처님의 참된 지혜 헤아려도
조그마한 부분도 알아낼 수 없느니라.
처음으로 불법 만나 발심한 보살들이
한량없는 부처님께 공양하고 뜻과 이치
분명하게 깨닫고 설법 능히 잘하는 이
벼와 삼대 대숲 같이 시방세계 가득하여
마음 합쳐 묘한 지혜로 항하사 수 겁 동안
다 함께 헤아려도 부처님의 지혜는
능히 알 수 없느니라. 물러남이 없는[19] 보살
항하사 같은 수가 일심으로 헤아려도
또한 알 수 없느니라. 사리불에게 이르노라.
누[20]가 없고 부사의[21]한 깊고 깊은 미묘법을

---

19 물러남이 없는[不退]: 불퇴전(不退轉)이라 하며 아비발치(阿鞞跋致)·아유월치(阿惟越致)라 음역. 한번 도달한 수행의 계위에서 뒤로 물러나는 일이 없는 것을 말한다. 그 지위를 불퇴위(不退位)라 한다.

20 누(漏): 번뇌의 다른 이름. 번뇌는 육근(六根)을 통해 밤낮없이 새어나와 그치지 아니하므로 '누'라 한다.

나는 이미 증득하여 갖추었으니
오직 나만이 참 모습을 알며
시방세계 부처님도 또한 그러하니라.
사리불아 알지어다. 제불의 말씀에는
다름이 없나니 부처님께서 설하신
법에 큰 믿음의 힘을 낼지어다.
세존께서는 법 설하고 오랜 뒤에야
마땅히 참된 실상을 설하시니라.
성문 대중과 연각을 구하는 이들로서
내가 괴로움의 속박에서 벗어나
열반을 얻게 한 이들에게 이르노니
부처님이 방편력으로 삼승[22]의 가르침을
보인 것은 중생들이 곳곳에 집착하므로
이끌어서 벗어나게 하고자 함이니라.

이때 대중 가운데에 여러 성문이 있었는데, 번뇌가 없어진 아라한인 아야교진여 등 1천2백 명과 성문과 벽

21 부사의(不思議): 불가사의(不可思議). 인간의 언어로 나타내서 설명하거나 헤아려 생각할 수 없는 부처의 지혜나 가르침을 말한다. 말로써 표현할 수 없는 깨달음의 경지를 의미하기도 한다.

22 삼승(三乘): 성문 · 연각 · 보살에 대한 세 가지 교법(敎法)을 말한다. 승(乘)은 물건을 실어 옮기는 것을 목표로 하니, 부처님의 교법이 중생을 실어 열반의 언덕에 이르게 함을 비유한 것이다.

지불의 마음을 일으킨 비구 · 비구니 · 우바새 · 우바이들이 제각기 이런 생각을 하였습니다.

'지금 세존께서는 무슨 까닭으로 은근히 방편을 찬탄하시면서 이렇게 말씀을 하시되, 〈부처님께서 얻으신 법은 매우 깊어 이해하기 어렵고, 설하신 바의 뜻도 알기 어려워, 모든 성문이나 벽지불로는 능히 미칠 수 없다〉고 하시는가? 부처님께서 말씀하신 한 가지 해탈의 도리[23]에 따라 우리들도 이 법을 얻어 열반에 이르렀는데, 지금 하시는 이 말씀의 뜻을 알 수가 없구나.'

이때 사리불은 사부대중[24]의 의심을 알아차리고, 또한 자기도 분명히 알지 못하여 부처님께 여쭈었습니다.

"세존이시여, 무슨 인연으로 모든 부처님의 제일의 방편과 깊고 미묘하여 이해하기 어려운 법을 그토록 찬탄하시나이까? 제가 예전부터 지금까지 부처님을 따랐으나, 이와 같이 말씀하시는 것을 듣지 못하였나이다. 지금 사부대중이 모두 다 의심하오니 바라옵건대 부처님께서는 이 일을 알기 쉽게 자세히 말씀하여 주시옵소서.

세존이시여, 무슨 까닭으로 깊고 미묘하여 이해하기 어려운 법을 간곡하게 찬탄하시나이까?"

---

23 한 가지 해탈의 도리[一解脫義]: 소승의 해탈 또는 적멸을 뜻한다.

24 사부대중[四衆]: 불교 교단의 네 부류의 제자. 곧 비구 · 비구니, 우바새 · 우바이.

이때 사리불이 이 뜻을 거듭 펴고자 게송으로 말하였습니다.

지혜의 태양이신 거룩하신 세존께서
오랜만에 이런 법을 설하시며 말씀하시길
이와 같은 힘과 무소외[25]와 삼매 선정
해탈 등 부사의한 법을 얻었지만
도량에서 얻은 법을 물어보는 사람 없고
나의 뜻은 헤아리기 어렵다고 해도
또한 묻는 이가 없다고 하시네.
묻지 않아도 스스로 설하시되
행하신 도 찬탄하사 깊고 미묘한
지혜는 제불만이 얻는 바라 하시네.

번뇌 없는 아라한과 열반을 구하는 이
지금 모두 의심의 그물에 떨어져
부처님은 왜 이렇게 설하실까 생각하고
연각을 구하는 이 비구와 비구니들
모든 하늘 용과 귀신 건달바의 무리들도
서로 보며 의혹 품고 양족존[26]만 바라보고

25 무소외(無所畏): 불도를 닦는 데 부닥치는 온갖 장애에 대하여 두려움이 없는 것. 사무소외를 말한다. 본품 주)10 참조.

있사오니 이 일이 어떠한 까닭인지
부처님은 저희 위해 설명하여 주옵소서.
모든 성문 가운데서 저를 으뜸이라
부처님께서 이르셨지만 지금 저의 지혜로도
의혹에 걸려 이것이 최상의
법[27]인지 이것이 행해야 할 도인지
알 수가 없습니다. 부처님의 입으로부터
태어난 불자[28]들이 합장하고 우러러보며
기다리오니 바라건대 미묘하신 음성으로
저희들을 위하여 여실하게 설하소서.
모든 하늘 용과 귀신 항하 모래 수와 같고
깨달음을 구하는 보살들도 그 수가
8만이고 만억 국토의 전륜성왕[29]
모두 와서 합장하고 공경하는 마음으로

26 양족존(兩足尊): 부처님을 높여 부르는 말. '두 발을 가진 존재 중에서 가장 높은 이'라는 뜻이다. 양족은 복덕과 지혜, 계와 정, 대원과 수행을 완벽하게 갖추었다는 의미를 갖고 있다.

27 최상의 법[究竟法]: 원문의 구경(究竟)은 최상(最上)·필경(畢竟)·구극(究極)의 뜻. 부처님의 깨달음을 구경각(究竟覺)이라 하고, 성자 가운데 가장 높은 지위를 구경위(究竟位)라 한다.

28 부처님의 입으로부터 태어났다는 것은 부처님의 가르침을 듣고 불법의 길에 들어선 것, 곧 불자(佛子)로의 재탄생을 의미한다.

29 전륜성왕(轉輪聖王): 정법(正法)으로 온 세계를 통솔한다고 하는 인도 신화 속의 가장 강력한 왕. 여래의 32상(相)을 갖추고 칠보를 가지고 있으며 하늘로부터 금, 은, 동, 철의 네 윤보(輪寶)를 얻어 이를 굴리면서 사방을 위엄으로 굴복시킨다.

구족하신 도법을 들으려고 하옵니다.

이때 부처님께서 사리불에게 말씀하셨습니다.

"아서라, 그만 두어라. 더 말하지 않으리라. 만약 이 일을 말한다면 일체세간[30]의 모든 하늘이나 사람들이 다 놀라고 의심하리라."

사리불이 거듭 부처님께 여쭈었습니다.

"세존이시여, 원컨대 말씀하여 주옵소서. 오직 말씀하여 주옵소서. 왜냐하면 이 법회에 모인 수없는 백천만억 아승기[31]의 중생들은 일찍이 모든 부처님을 친견하여 근기가 예리하고 지혜가 밝아서 부처님의 설법을 들으면 능히 공경하고 믿을 것입니다."

이때 사리불이 이 뜻을 거듭 펴고자 게송으로 여쭈었습니다.

법왕이시며 위없이 존귀한 분이시여.

---

30 일체세간(一切世間): 온갖 더러움으로 물든 국토의 총칭. 천태종에서는 이 세간을 세 가지로 구분하여, 우리가 살고 있는 국토세간(國土世間), 부처님 세계를 제외한 일체중생을 가리키는 중생세간(衆生世間), 색·수·상·행·식의 정신세계인 오음세간(五蘊世間)으로 구분한다. 화엄종에서는 국토세간을 기세간(器世間)으로, 오음세간(五蘊世間) 대신 불세계인 지정각세간(智正覺世間)의 3종세간을 세웠다.

31 아승기(阿僧祇): 항하사의 만 배가 되는 수, 즉 10^{56}을 이른다. 숫자로 표현할 수 없는 가장 많은 수 또는 그런 시간을 말한다.

오직 설해 주옵소서. 염려하지 마옵소서.
이 회중의 한량없이 많은 대중
공경하고 믿는 이들만 있사옵니다.

부처님께서 거듭 '그만 두어라.' 하시면서 말씀하셨습니다.

"사리불아, 만약 이 일을 말한다면 일체세간의 하늘과 사람과 아수라들은 다 놀라고 의심하며, 교만한 비구들은 장차 지옥에 떨어지리라."

이때 세존께서 거듭 게송으로 말씀하셨습니다.

그만두라 그만두라. 설하지 않겠노라.
나의 법은 미묘하여 생각조차 어려우니
교만한 무리[32]들은 가르침을 듣더라도
반드시 공경하지 않고 믿지도 않으리라.

이때 사리불이 다시 부처님께 말씀드렸습니다.

"부처님이시여, 원컨대 말씀하여 주옵소서. 말씀하여 주옵소서. 지금 이 법회에 모인 저와 같은 백천만억 대중들은 세세생생 부처님의 교화를 받았사오니, 이 사람

32 교만한 무리[增上慢]: 증상만. 교법과 깨달음을 얻지 못하고서 얻었다고 생각하여 잘난 체하는 자들을 말한다.

들은 반드시 공경하고 믿을 것이오며, 기나긴 밤[長夜][33]에 편안하고 많은 이익을 얻을 것이옵니다."

이때 사리불이 이 뜻을 거듭 펴려고 게송으로 말하였습니다.

위없는 지혜 복덕 구족하신 세존이시여.
원하오니 최상의 법 설하여 주옵소서.
저는 부처님의 장자이니 분별해서
설하여 주옵소서. 이 회중의 한량없는
대중들은 이 법을 공경하여 믿으오리다.
부처님은 일찍이 과거 여러 세상에서
이러한 대중들을 교화하여 주셨나니
일심으로 합장하고 부처님의 말씀을
듣고자 하옵니다. 저희들 1천2백과
그 밖에 깨달음을 구하는 이들이
원하오니 대중 위해 분별하여 설해주소서.
이들이 법 들으면 크게 기뻐 하오리다.[34]

---

33 기나긴 밤[長夜]: 무명(無明)에 뒤덮인 상태를 캄캄한 밤에 비유.

34 사리불이 세 번에 걸쳐 부처님께 설법을 청하는 부분이다. 이를 삼지삼청(三止三請)이라 한다. 부처님께서 정각 후 법 설함을 망설일 때, 범천이 세 번에 걸쳐 설법하실 것을 간청하여 세상에 나오신 바 있다.

이때 세존께서 사리불에게 말씀하셨습니다.

"네가 간곡하게 성심으로 세 번이나 청하니 내가 어찌 말하지 않을 수 있겠느냐? 너는 이제 자세히 듣고 잘 생각하여 마음 깊이 간직하라. 내가 너를 위하여 분별하여 해설하리라."

이 말씀을 하실 때에 법회 중에 있던 비구 · 비구니 · 우바새 · 우바이 등 5천 명이 자리에서 일어나 부처님께 예배하고 물러갔습니다. 왜냐하면 이 무리들은 죄업이 깊고 무거우며 또 교만한지라, 아직 얻지 못했으면서 이미 얻었다 생각하고, 아직 깨닫지 못하고도 깨달았다고 생각하였기 때문입니다. 그들은 이러한 허물이 있었으므로 이 자리에 머물 수가 없었습니다. 부처님께서는 묵묵히 계시면서 그들을 말리지 않으셨습니다.

이때 부처님께서 사리불에게 말씀하셨습니다.

"지금 여기 내 앞에 남아 있는 대중은 가지나 잎은 없고 오로지 순수한 열매만 남아 있구나. 사리불아, 저와 같이 교만한 사람들은 물러가도 좋으니라. 너는 이제 잘 들어야 한다. 마땅히 너희를 위해 설하리라."

사리불이 부처님께 말씀드렸습니다.

"그렇게 하겠나이다. 세존이시여, 원컨대 즐거이 듣고자 하나이다."

부처님께서 사리불에게 말씀하셨습니다.

“이와 같은 묘법(妙法)은 모든 부처님께서 때가 되어야 설하나니 우담발화[35]가 때가 되어야 한 번 피는 것과 같으니라. 사리불아, 너희들은 마땅히 믿을지니, 부처님의 말씀에는 허망함이 없느니라.

사리불아, 모든 부처님께서는 중생의 근기에 따라 법을 설하나니 그 뜻은 알기가 어려우니라. 왜냐하면 내가 수없는 방편과 갖가지 인연과 비유와 말로써 모든 법을 설했지만, 이 법은 생각이나 분별로는 이해할 바가 아니고 오직 모든 부처님만이 아실 수 있느니라. 왜냐하면 모든 부처님께서는 오직 일대사인연(一大事因緣)[36]으로 세상에 출현하시기 때문이니라.

사리불아, 어찌하여 모든 부처님께서는 오직 일대사인연으로 하여 세상에 출현하신다고 하는가?

모든 부처님은 중생으로 하여금 부처님의 지견(知見)[37]을 열어[開][38] 청정하게 하고자 세상에 출현하시고,

---

35 우담발화(優曇鉢華): 우담발라(優曇跋羅)·우담바라(優曇波羅, 優曇婆羅)·우발화(優鉢華)·우담화(優曇華)라고도 한다. 3천년 만에 한번 전륜선왕이 나타날 때만 핀다는 상상의 꽃이다.

36 일대사인연(一大事因緣): 부처님이 세상에 오신 까닭은 오직 중생으로 하여금 제법실상을 얻게 하기 위함이며 이것을 일대사인연이라 한다. 일(一)은 하나의 실상(實相)을, 대(大)는 절대적인 일(一)의 본성의 넓음을, 사(事)는 부처님이 세상에 출현하는 의식을, 인(因)은 중생에게 근기가 있어 부처님이 받아들임을, 연(緣)은 부처님이 중생의 근기에 맞춰 응현함을 뜻한다.

중생에게 부처님의 지견을 보여[示][39] 주고자 세상에 출현하시고, 중생이 부처님의 지견을 깨닫게[悟][40] 하고자 세상에 출현하시고, 중생이 부처님의 지견도(知見道)에 들어가게[入][41] 하고자 세상에 출현하시느니라. 사리불아, 이것이 모든 부처님께서 일대사인연으로 하여 세상에 출현하신다고 하는 것이니라."

부처님께서 사리불에게 말씀하셨습니다.

"모든 부처님께서는 다만 보살을 교화하시느니라. 여러 가지 하시는 바는 항상 한 가지 일을 위하심이니, 오직 부처님의 지견을 중생에게 보여 깨닫게 하려 하심이니라.

사리불아, 부처님은 오직 일불승(一佛乘)[42]으로 중생을 위해 설법하시니 2승(二乘)[43]이나 3승(三乘)[44] 같은

---

37 불지견(佛知見): 제법실상의 이치를 깨닫고, 비춰 보는 부처님 지혜.

38 개(開): 미혹을 깨뜨려 지견(知見)이 열리므로 '開'라 한다. 제법의 실상(實相)을 보는 것.

39 시(示): 번뇌장이 제거됨으로써 지견(知見)의 본체가 만덕을 갖추어 법계에 여러 덕을 나타내 보이는 것.

40 오(悟): 장애가 제거되어 제법의 본체 그대로가 현상이고, 현상 그대로가 본체임을 명백하게 알아 사리(事理)가 융통한 것.

41 입(入): 사리(事理)가 융통하여 자재무애 하니, 진리 그대로인 본체에 들어가 지견이 원명(圓明)한 것.

42 일불승(一佛乘): 일승(一乘). 부처가 되기 위한 유일한 가르침(수레). 법화경은 불교의 진실한 가르침은 오직 일불승뿐이며, 이 가르침에 의해 모든 중생이 성불할 수 있다고 설한다.

43 2승(二乘): 성문승과 연각승(벽지불승).

다른 승(乘)은 없느니라. 사리불아, 일체 시방세계에 계신 모든 부처님의 법도 이와 같으니라.

사리불아, 과거의 모든 부처님께서 한량없고 수없는 방편과 갖가지 인연과 비유와 말씀으로 중생을 위하여 여러 가지 법을 설하셨으니, 이 법도 모두 다 일불승을 위한 것이니라. 이 모든 중생은 여러 부처님을 좇아 법을 듣고는 마침내 모두 일체종지(一切種智)[45]를 얻었느니라.

사리불아, 미래의 모든 부처님께서도 세상에 출현하시어 또한 한량없고 수없는 방편과 갖가지 인연과 비유와 말씀으로 중생들을 위하여 온갖 법을 설하시리니, 이 법도 다 일불승을 위한 것이니라. 이 모든 중생들이 부처님을 좇아 법을 듣고는 마침내 일체종지를 얻게 되느니라.

사리불아, 현재 시방세계의 한량없는 백천만억 불국토(佛國土)[46] 중의 모든 부처님께서도 이익되게 하심이

---

44 3승(三乘): 중생을 열반에 이르게 하는 세 가지 교법. 곧 성문승과 연각승, 보살승을 합쳐 부르는 말이다.

45 일체종지(一切種智): 모든 것을 완전하게 아는 부처님의 지혜.

46 불국토(佛國土): 부처가 있는 나라, 또는 부처가 교화하는 나라. 극락정토를 이르기도 한다. 신라의 자장율사는 신라가 곧 부처의 나라(불국토)라는 것을 믿고 강조하는 불국토사상을 전개했다.

많아 중생들을 안락하게 하시느니라. 이 모든 부처님께서도 한량없고 수없는 방편과 갖가지 인연과 비유와 말씀으로 중생들을 위하여 여러 가지 법을 설하시나니, 이 법도 모두 다 일불승을 위함이므로 모든 중생들이 부처님을 좇아 법을 듣고는 마침내 모두 다 일체종지를 얻느니라.

사리불아, 이 모든 부처님은 오직 보살들만 교화하시니 부처님의 지견을 중생에게 보이고자 하심이며, 부처님의 지견으로 중생들을 깨닫게 하고자 하심이며, 중생들로 하여금 부처님의 지견에 들어가게 하고자 하심이니라.

사리불아, 나도 지금 또한 이와 같아서 모든 중생들이 가지고 있는 갖가지 욕망과 마음속 깊이 집착함이 있음을 알기에 그 본성을 따라 갖가지 인연과 비유와 말씀과 방편의 힘으로 법을 설하느니라.[47] 사리불아, 이렇게 함은 모두 일불승과 일체종지를 얻게 하고자 함이니라.

사리불아, 시방세계에는 이승이 없거늘, 하물며 삼승이 있겠느냐?

---

47 방편을 열어 진실을 드러내는[開權顯實] 연유를 밝히고 있다. '방편'이란 중생을 불도로 이끌기 위해 임시로 세우는 가르침을 말한다. 보통 선교방편(善巧方便)이라고 한다.

사리불아, 모든 부처님께서는 오탁악세[48]에 출현하시나니, 이른바 겁탁, 번뇌탁, 중생탁, 견탁, 명탁이 그것이니라.

이와 같이 사리불아, 겁탁이 어지러운 때에는 중생들의 허물이 무거워 인색하고 탐내고 질투하여 여러 좋지 못한 근성을 이루므로, 모든 부처님께서는 방편의 힘으로 일불승에서 분별하여 삼승으로 설하느니라.

사리불아, 만일 나의 제자가 스스로 아라한이나 벽지불로 자처하면서 모든 부처님께서 보살을 교화하시는 일을 듣지도 알지도 못한다면, 이는 부처님의 제자가 아니며 아라한도 벽지불도 아니니라.

또 사리불아, 이 모든 비구와 비구니가 스스로 말하되, 이미 아라한의 경지를 얻었으므로 이것이 다시 태어나지 않는 최후의 몸이며, 구경열반[49]이라 하고 또 다시 아뇩다라삼먁삼보리를 구할 뜻이 없다면 마땅히 알지니, 이러한 무리는 다 교만한 자이니라. 왜냐하면 만

---

48 오탁악세(五濁惡世): 겁탁 · 번뇌탁 · 중생탁 · 견탁 · 명탁 등 다섯 가지가 오염되어 타락한 나쁜 세상, 즉 '말세'를 달리 이르는 말이다. ①겁탁(劫濁): 시대의 혼탁함으로 전쟁 · 질병 등이 만연함. ②번뇌탁(煩惱濁): 탐, 진, 치로 번뇌가 가득하여 마음이 번거로움. ③중생탁(衆生濁): 중생들의 몸과 마음이 타락함. ④견탁(見濁): 사상, 견해가 사악한 것. ⑤명탁(命濁): 인간의 수명이 짧아지는 것.

49 구경열반(究竟涅槃): 가장 높은 경지에 이른 열반, 곧 부처의 경계를 말한다.

일 비구가 참으로 아라한을 얻으려면 이 일승법을 믿지 않고는 그 경지에 도달할 수 없기 때문이니라. 다만 부처님께서 멸도하신 후, 계시지 않을 때에는 제외하니라. 왜냐하면 부처님께서 멸도하신 후에는 이 법화경을 받아 지녀 읽고 외우며 그 뜻을 잘 아는 사람을 만나기 어렵기 때문이니라.

만일 다른 부처님을 만난다 할지라도 이 법 중에서 분명하게 깨달음을 얻으리라.

사리불아, 너희들은 마땅히 일심으로 믿고 이해하여 부처님의 말씀을 받아 지닐지니라. 모든 부처님의 말씀에는 허망함이 없나니, 다른 승은 없고 오직 일불승만 있느니라."

이때 세존께서 이 뜻을 거듭 펴시려고 게송으로 말씀하셨습니다.

교만한 마음 가진 비구와 비구니들
아만 많은 우바새와 믿음 없는 우바이들
이와 같은 사부대중 5천 명이 있더니
스스로 제 허물을 보지 못하고
계행에도 결함 있어 자기 잘못 감추려던
지혜 적은 자들 이미 떠났으니 대중 속의

찌꺼기라 부처님의 위덕으로 물러갔노라.
이들은 복이 적어 이 법을 들어도
감당할 수 없나니 여기 있는 대중들은
지엽 없고 오직 알맹이만 남았노라.
사리불은 잘 들어라. 제불께서는 얻은 법을
한량없는 방편력으로 중생 위해 설하노라.
중생들이 마음으로 생각하는 것과
갖가지 행하는 도와 온갖 욕망과 성품
지난 세상 선악업을 부처님은 모두 알고
여러 가지 인연과 비유의 말씀과
방편력으로 일체중생 기쁘게 하시느니라.
어느 때는 수다라[50]와 가타[51]와 본사[52]와
본생[53]과 미증유[54]를 설하시고 또 인연[55]과
비유[56]와 기야[57]와 우바제사[58]를 설하시니라.

---

50 수다라(修多羅, sūtra): 경전이란 뜻으로 산문체로 설한 경을 가리킨다. 계경(契經)으로 번역.

51 가타(伽陀, gāthā): 산문[長行]의 내용과 별도로 독립적으로 설한 게송. 풍송(諷誦)으로 번역.

52 본사(本事): 제자들의 과거세 인연을 설한 것.

53 본생(本生, jātaka): 부처님의 전생 이야기(전생담).

54 미증유(未曾有): 부처님의 불가사의한 신통력을 설한 부분.

55 인연(因緣): 특정한 사건이 일어난 연유를 설한 부분.

56 비유(譬喻): 비유로 가르침을 설한 부분.

57 기야(祇夜, geya): 산문으로 설한 내용을 거듭하여 게송으로 설한 것. 응송(應頌), 중송(重頌)으로 번역.

근기[59] 둔한 이들은 소승법을 좋아하여
생사에 탐착하고 한량없는 부처님의
깊고 묘한 도를 행하지 않고
온갖 괴로움에 시달리니 이들을
위하여서 열반을 설했느니라.

나도 이런 방편 베풀어서 부처님의
지혜에 들게 하였나니 너희에게
마땅히 성불하리라 말하지 않았노라.
일찍이 말하지 않은 것은
때가 아직 이르지 않은 까닭이니
지금이 그때이므로 대승을 설하노라.
나의 이 구부법[60]은 중생들의 근기따라
설하여 대승에 들게 하는 근본이므로
이 경을 설하노라.
불자 마음 깨끗하고 부드럽고 총명하며
한량없는 부처님들 처소에서 깊고 묘한

58 우바제사(優婆提舍): 교리를 문답으로 논의한 부분.

59 근기(根機): 교법을 받을 수 있는 중생의 능력.

60 구부법(九部法): 구부경(九部經), 구분교(九分敎)라고도 한다. 부처님의 가르침을 9가지 유형으로 분류한 것으로, 앞에서 열거한 ①수다라 ②가타 ③본사 ④본생(本生) ⑤미증유 ⑥인연 ⑦비유 ⑧기야 ⑨우바제사를 말한다. 여기에 방광(方廣)·수기(授記)·무문자설(無問自說)을 더하여 12부경으로 분류하기도 한다.

도를 행하면 이러한 불자 위해
대승경[61]을 설하며 내가 이런 사람에게
오는 세상에 성불하리라 수기하노라.
마음 깊이 부처님을 생각하고 청정한
계행을 닦아 지닌 까닭으로 이들은
성불한단 말 들으면 큰 기쁨이 가득하리라.
부처님은 그 마음과 행함을 아시므로
대승을 설하노라. 성문이나 보살로서
내가 설한 법이나 한 게송만 들어도
모두 성불하리니 의심하지 말지니라.
시방세계 불토에는 오직 일승법만
있을 뿐 이승과 삼승은 없느니라.
부처님의 방편 말씀은 제외하나니
다만 거짓 이름으로 중생을 이끌어서
부처님의 지혜를 설하신 까닭이니라.
모든 부처님들 이 세상에 출현하심은
오직 이 일승만이 참다운 진실이요
나머지 둘은 진실이 아니나니
끝내 소승으로는 중생 제도 않느니라.

61 대승경(大乘經): 모든 중생을 깨달음으로 이끄는 대승의 교법을 밝힌 경전의 총칭. 대표적인 경전으로 반야경, 화엄경, 법화경, 무량수경, 유마경, 열반경 등이 있다.

부처님은 스스로 대승에 머무르며
얻은 법이 이와 같아 선정과 지혜의
힘으로 장엄하여 중생 제도 하느니라.
스스로 위없는 도와 대승의
평등한 법 증득했나니 한 사람 일지라도
소승으로 교화한다면 나는 곧 아끼고
탐냄에 떨어짐이니 이것은 옳지 않은
일이니라. 만일 어떤 사람이 부처님을
믿고 귀의하면 부처님은 속이거나
버리지 않노라. 또한 탐내거나
질투하는 마음 없고 모든 법 가운데서
악을 끊었으므로 부처님은 시방의
세계에서 홀로 두려움이 없느니라.
나는 상호[62]로 몸을 장엄하고
광명으로 세상을 비추어 한량없는
중생의 존경받으며 실상인[63]을 설하느니라.
사리불아 바로 알라. 내가 본래 세운 서원
일체중생 나와 같아 다름없게 하려고

---

62 상호(相好): 32상 80종호. 부처님 몸이 갖춘 특별한 모습.

63 실상인(實相印): 제법실상(諸法實相)의 도리. 인(印)이란 부처님의 가르침임을 증명하는 표라는 뜻. 초기불교에서는 제행무상(諸行無常)·제법무아(諸法無我)·열반적정(涅槃寂靜)을 삼법인(三法印)이라 했으나, 대승불교에서는 제법실상의 도리를 인이라 했다.

함이니라. 옛적 소원 이제 이뤄졌나니
일체중생 교화하여 불도에 들게 하노라.
나는 중생 만나면 다 불도로 가르치나
지혜 없는 자는 마음이 어지럽고
미혹해서 가르침을 받지 않느니라.
나는 이런 중생 아노니 일찍부터
선업 근본 닦지 않고 오욕에만 집착하여
어리석음과 애착으로 번뇌를 일으키며
온갖 욕망 인연으로 삼악도[64]에 떨어지니
육도를 윤회하며 모진 고통 다 받노라.
태로 받은 작은 형상 세세생생 늘 자라나
덕도 없고 복도 없는 사람으로 태어나서
온갖 고통 시달리며 사견(邪見)의 숲에 빠져
혹은 있다 혹은 없다 이런 견해 의지하여
62견[65] 다 갖추고 허망한 법에 깊이
집착하여 굳게 지켜 버리지 않고
아만으로 스스로를 자랑하며 높이고

64 삼악도(三惡道): 지옥도, 축생도, 아귀도 등 나쁜 업을 지은 자가 죽어서 가는 세 종류의 괴로운 세계.

65 62견(六十二見): 초기불교에서 외도의 주장을 62가지로 나눈 것. 부처님 당시 인도에서 유행하던 외도들의 견해를 통틀어 이르는 말이다. 유(有)에 집착하는 상견(常見)과 무(無)에 집착하는 단견(斷見)에서 파생되는 삿된 견해이다.

아첨하는 마음 진실하지 아니하여
천만억 겁에도 부처님의 이름조차
듣지 못하며 정법 또한 못 들으니
이와 같은 사람들은 제도하기 어렵도다.

그러므로 사리불아 내가 방편 베풀어서
고(苦)를 다 없애는 도(道)를 설하고
열반을 보였느니라. 내가 비록 열반을
말했더라도 이는 또한 참된 입멸 아니니라.
모든 법은 본래부터 항상 스스로
적멸한 모습이니[66] 불자들이 도를 닦아
마치면 오는 세상 부처를 이루리라.
나에게 방편력이 있어서 삼승법을
열어 보였으나 일체의 부처님은
모두 일승의 도를 설하시니라.
이제 모든 대중들은 의혹을 버릴지니
모든 부처님들 말씀은 다름없어
오직 일승일 뿐 이승은 없느니라.
지난 세상 무수겁에 한량없이 멸도하신

66 항상 스스로 적멸한 모습이니[常自寂滅相]: 소승에서는 고를 멸해야 열반(적멸)에 들지만, 중도(中道)에 선 법화경의 시각에서는 생사와 고를 포함한 모든 존재가 바로 열반의 모습 그 자체라는 의미이다.

부처님들 백천만억 그 수를 헤아릴 수
없지만 이와 같은 모든 세존께서도
갖가지의 인연 비유 무수한 방편력으로
모든 법의 모습을 설하시되 이 모든
세존께서도 모두 일승법을 설하시어
한량없는 중생을 교화하사 불도에
들게 하셨노라. 또 모든 대성주께서
일체세간의 하늘과 사람과 중생들의
깊은 욕망을 아시고 다시 다른
방편으로 제일의[67]를 도와 나타 내셨느니라.

만일 어떤 중생이 과거 여러 부처 뵙고
법을 듣고 보시하거나 계율 지켜 인욕 정진
선정 지혜 등 온갖 복과 지혜 닦았다면
이와 같은 사람들은 이미 불도 이뤘느니라.
부처님이 멸도한 뒤 만일 어떤 사람이
선하고 부드럽게 마음 썼다면
이와 같은 모든 중생 이미 불도 이뤘느니라.
부처님들 멸도한 뒤 사리[68]에 공양하는

67 제일의(第一義): 궁극적인 절대의 진리. 여기에서는 중생의 근기에 따라 교화하는 방편의 일승법을 의미한다.

68 사리(舍利): 부처님의 유골.

사람 있어 만억 종류 탑 세우되 금은 수정
자거 마노 매괴와 유리구슬로 청정하게
널리 장식하거나 혹은 돌로 탑을 세워
전단향[69]과 침수향[70]과 목밀[71]이나 다른 목재
함께 쓰고 기와 벽돌 진흙으로 세우거나
혹은 넓은 벌판에 흙을 쌓아 부처님의
탑묘를 조성하거나 아이들이 장난으로
모래를 모아 불탑을 만든다면
이와 같은 사람들도 이미 불도 이뤘느니라.
어떤 사람 부처 위해 여러 형상 세우고서
갖가지 상 조각한다면 이미 불도 이뤘느니라.
혹은 일곱 가지 보배나 놋쇠 구리
납과 주석 쇠와 나무 진흙으로 만들어서
아교와 옻칠하여 불상을 장엄한다면
이와 같은 사람들도 이미 불도 이뤘느니라.
색을 칠해 백 가지의 복으로 장엄하신
불상을 그리되 스스로 그리거나
남을 시켜 그린다면 이미 불도 이뤘느니라.

---

69 전단향(栴檀香): 인도에서 나는 최상의 향나무의 일종으로, 목재는 불상을 만드는 재료로 쓰고 뿌리는 가루로 만들어 단향으로 쓴다.

70 침수향(沈水香): 최고급 향나무로 조직이 단단하고 무거워 물에 잠기기에 침수향이라 한다.

71 목밀(木櫁): 백단(白檀)과 비슷한 향나무의 일종.

아이들이 장난삼아 초목이나 붓이거나
손가락이나 손톱으로 불상을 그린다면
이와 같은 사람들도 공덕이 점점 쌓여
큰 자비심 갖추어서 이미 불도 이루어
모든 보살 교화하고 무량 중생 제도하여
해탈하게 하느니라. 어떤 사람 탑묘나
불상이나 불화 앞에 꽃과 향과 번개[72]로써
공경하는 마음으로 공양하거나 사람 시켜
연주하되 북을 치고 소라 불며 퉁소 피리
공후 비파 징과 바라 이와 같은 갖가지의
묘한 음악으로 정성 다해 공양하거나
기뻐하는 마음으로 부처님의 공덕을
칭송하는 노래를 부르되 아주 작은
한마디만 하더라도 이미 불도 이뤘느니라.
어떤 사람 산란한 마음으로 한 송이의
꽃이라도 부처님 그림에 공양한다면
수많은 부처님들 차차 뵈올 것이며
어떤 사람 예배하거나 혹은 다만 합장하거나
손 한번 든다거나 머리 조금 숙이는 등
이와 같이 불상에 공양해도 한량없는

72 번개(幡蓋): 번(幡)은 불보살을 장엄하는 깃발이며, 개(蓋)는 천개(天蓋) 또는 증개(繒蓋)라 하는 불상이나 법당 위에 장식하는 일산(日傘)이다.

부처님을 차차 뵙고 스스로 위없는 도
성취하고 수많은 중생 널리 제도하고
섶 다 타면 불 꺼지듯 무여열반[73] 들리라.
어떤 사람 산란한 마음으로 탑묘에서
한번이라도 나무불[74]을 부른다면 이미 불도
이뤘느니라. 지난 세상 모든 부처 계실 때나
멸도하신 뒤이거나 이 법을 들은 이는
모두 이미 불도를 이뤘느니라.

오는 세상 부처님도 그 수가 한량없어
이 모든 여래께서도 방편으로 설법하리라.
일체 모든 여래께서는 한량없는 방편으로
모든 중생 제도하여 해탈케 하시고
부처님의 무루지[75]에 들게 하시니
이 법을 듣는 이는 한 사람도 성불하지
못하는 이 없으리라. 모든 부처님들

---

73 무여열반(無餘涅槃): 모든 번뇌를 끊고 분별의 지혜를 떠난 상태를 유여열반이라 하는 데 반해, 무여열반은 여기에 5온의 몸까지 없애 완전한 소멸에 들어간 적정(寂定)의 경지를 말한다. 즉 죽은 후에 들어가는 열반이다. 제1「서품」 주)71 참조.

74 나무불(南無佛): 나무(南無)는 범어 namas, namo의 음사로 귀명(歸命)·귀의(歸依) 등으로 번역한다. 부처님께 진심으로 귀의하여 존경하고 따른다는 말.

75 무루지(無漏智): 진리를 증득하여 모든 번뇌의 허물을 여읜 청정한 지혜.

본래 세운 서원은 내가 행한 불도를
중생들도 널리 얻게 하고자 함이니라.
오는 세상 부처님들 백천만억 무수 법문
설하신대도 그 진실은 일승을 위함이니라.
모든 부처님 양족존[76]은 법에는
항상 자성[77]이 없음을 아시지만
부처의 종자는 인연따라 생기므로
일승을 설하시니라. 이 법은 법위[78]에
머무르며 세간의 모습도 변함없이
머무나니 보리수 아래 도량에서
이미 알고 부처님은 방편으로 설하시니라.

하늘과 사람 공양하는 현재 시방의 부처님들
항하강의 모래처럼 세상에 출현하사
중생들을 안온하게 하려고 또한
이러한 법 설하시니라. 가장 으뜸인
적멸법을 아셨지만 방편력으로 온갖 도를

76 양족존(兩足尊): 부처를 높여 이르는 말. 본품 주)26 참조.

77 자성(自性). 각각의 개체가 지닌 본래의 성품.

78 법위(法位): 진여(眞如)를 달리 이르는 이름. 진여는 만유 제법이 안주(安住)하여 제법을 생성케 하는 위(位)이므로 법위라 한다. 또 부처님의 설법이 법성(法性)의 자리에서 조금도 벗어남이 없으므로 법위에 머문다고 말한다.

보이심도 실제로는 일불승을 위함이니라.
중생의 모든 행과 마음 깊이 생각함과
지난 세상 익힌 업과 욕망 성품 정진력과
근기의 예리하고 둔함을 아시고
갖가지의 인연과 비유와 말씀으로
근기를 따라서 방편으로 설하시니라.

지금 나도 이와 같아서
중생을 안온하게 하고자 갖가지의
법문으로 불도를 펴서 보이노라.
내가 지혜의 힘으로 중생들의
성품과 바램을 알고 방편으로
모든 법을 설하여 다 기쁘게 하느니라.
사리불아 바로 알라. 내가 불안[79]으로
육도중생 살펴보니 빈궁하고 복혜 없어
생사의 험한 길에 들어가 상속하는
괴로움이 끊이지 아니하고 오욕락[80]에
집착함이 물소가 자기 꼬리 사랑하듯
탐내고 애착하여 스스로를 가리니

79 불안(佛眼): 모든 법의 참된 성품을 보는 부처님의 눈.
80 오욕락(五欲樂): 재욕, 성욕, 명예욕, 식욕, 수면욕 등의 다섯 가지 감각적 즐거움을 말한다.

눈멀고 어두워서 보이는 게 없느니라.
큰 힘 지닌 부처님과 괴로움 끊는 법을
구하지 않고 모든 사견에 깊이 빠져
고(苦)로서 고를 버리려고 하니
이런 중생 위하여서 자비심을 일으켰니라.
내가 처음 깨달음을 성취하고 도량에
앉아 보리수를 관하고 경행하며
삼칠일[81] 동안 이와 같이 널리 생각했노라.
내가 얻은 지혜는 미묘하고 제일이나
중생 근기 둔하여서 오욕에 집착하고
어리석음에 눈멀었으니 이와 같은 무리들을
어떻게 하면 제도할 수 있을까.
그때 모든 범천왕[82]과 모든 제석천[83]과
세상을 지키는 사천왕[84]과 대자재천
남은 다른 천신들과 백천만의 권속들이

---

81 삼칠일(三七日): 부처님이 정각을 이룬 뒤, 이 어려운 법을 어떻게 중생에게 설하여 깨닫게 할 것인가를 생각하며 보낸 21일을 말한다.

82 범천왕(梵天王): 색계 초선천의 우두머리. 제석천과 함께 부처를 좌우에서 모시는 불법의 수호신이다.

83 제석천(帝釋天): 수미산 꼭대기에 있는 도리천의 우두머리. 사천왕과 32천을 통솔하면서 불법과 불법에 귀의하는 사람을 보호하고 아수라의 군대를 징벌한다고 한다.

84 사천왕(四天王): 동쪽의 지국천왕, 남쪽의 증장천왕, 서쪽의 광목천왕, 북쪽의 다문천왕 등 사왕천의 우두머리. 위로는 제석천을 섬기고 아래로는 팔부중을 관장하여 불법에 귀의한 중생을 보호한다.

공경 합장 예배하며 내게 법륜 굴리기를
청하거늘 나는 곧 스스로 생각했노라.
오직 일불승만 찬탄한다면 고에 빠진
중생은 이 법을 믿지 않아 능히
법을 깨뜨리고 믿지 않는 까닭으로
삼악도에 떨어지리니 내 차라리 법을
설하지 않고 바로 열반에 들리라.
그러나 지난 세상 부처님이 행하신
방편력을 생각하고 내가 지금 얻은 도를
근기에 맞추어서 삼승으로 설하리라.
이런 생각 하였을 때 시방의 부처님들
모두 나타나시어 범음으로 나를
위로하여 말씀하시되 거룩하도다 석가모니
제일의 도사시여 위없는 법 얻었건만
모든 부처님을 좇아 방편력을
쓰려 하시도다. 우리들도 또한 모두
가장 미묘한 제일법을 얻었건만
중생 위해 분별하여 삼승을 설한다네.
지혜 적고 작은 법을 좋아하여 자신이
성불한다는 것을 믿지 않으므로
방편으로 분별하여 모든 과[85]를 설하노니

모름지기 다시 삼승을 설했으나
오로지 보살을 가르치기 위함이었네.
사리불아 바로 알라. 나는 모든 부처님의
깊고 맑고 미묘한 음성을 듣고
기쁘게 나무불을 부르면서 다시
이와 같이 생각했노라. 흐리고 악한
세상에 나왔으니 여러 부처님들
설하신 것과 같이 나도 따라 행하리라.
이 생각을 다 마치고 바라나[86]로 바로 가서
모든 법의 적멸상을 말로 펼 수 없었지만
방편력으로 다섯 비구[87] 위하여 설했느니라.
이를 이름하여 전법륜[88]이라 하나니
이로부터 열반이라는 법과 아라한과
법과 승을 구분하는 이름이 생겼노라.[89]

---

85 모든 과(果): 3승 즉, 성문 · 연각 · 보살이 각각의 수행으로 증득하는 깨달음.

86 바라나(波羅奈): 현재 인도 중부의 바라나시의 사르나트. 석가모니 부처님이 성도 후 다섯 비구를 위하여 처음으로 설법한 녹야원(鹿野苑)이 있는 곳이다.

87 다섯 비구(五比丘): 부처님이 출가할 때 부왕의 명으로 태자를 모시고 함께 고행하던 이들로, 부처님이 첫 설법으로 교화한 이들이다. 아야교진여 · 아습비 · 마하마남 · 바제 · 바부, 혹은 아야교진여 · 알비 · 마하남 · 발제 · 바파 등. 교진여 외에는 경전마다 다소 차이가 있다.

88 전법륜(轉法輪): 부처님이 교법을 넓혀 나가는 것, 곧 부처님의 설법을 말한다. 전륜왕이 윤보를 굴리는 곳마다 소왕들이 굴복하듯이, 부처님의 설법은 모든 번뇌를 파하고 삿된 소견을 부수므로 전법륜이라 함.

구원겁 이래로 열반법을 찬탄하고
보였으되 생사의 괴로움을 영원히
끊어낼 수 있다고 나는 항상 설했노라.[90]
사리불아 바로 알라. 불자들을 내가 보니
불도를 구하는 이 한량없는 천만억이
공경하는 마음으로 부처님을 찾아오니
일찍부터 제불따라 방편 설법 듣던 이라.
내가 생각하니 여래께서 출현하심
부처님의 지혜를 설하기 위함이니
지금이 바로 그때라고 하였느니라.
사리불아 바로 알라. 근기가 둔하고
지혜 적은 사람과 상에 집착하고
교만한 자 이 법을 믿을 수 없느니라.
나는 이제 기쁘고 두려움이 없어서
여러 보살 가운데서 곧바로 방편을
버리고 오직 무상도[91]를 설하노라.
보살은 이 법 듣고 의혹의 그물을
모두 없애리니 천이백의 아라한도

---

89 초전법륜에 의해서, 열반을 증득한 아라한과 깨달은 내용인 법(法), 부처님과 법에 귀의한 무리인 승(僧)의 삼보가 갖춰졌음을 말한다.

90 석가모니 부처님이 현세에 성불하시어 처음으로 방편법을 편 것이 아니라, 이미 구원겁 전부터 열반법을 설하셨다는 것이다.

91 무상도(無上道): 위가 없는 깨달음이란 뜻으로 불과(佛果)를 말한다.

마땅히 다 성불하리라. 삼세의 제불께서
설법하시던 의식과 똑같이 나도 이제
또한 그와 같이 무분별법[92] 설하노라.
부처님들 세상에 출현하심 멀고 멀어
만나뵙기 어려우며 이 세상에 출현하셔도
이 법을 설하기는 더욱 어렵고
한량없는 무수겁에 이 법 듣기 어려워서
능히 이 법을 듣는 사람
이런 이를 만나기는 더욱 어렵도다.
비유하면 모두가 사랑하고 좋아하는
우담발화는 천상이나 인간계에 희유하여
때 되어야 한번 피어나듯이 법을 듣고
기뻐하며 찬탄하되 한마디만 하더라도
일체 삼세 부처님께 공양함이 되는지라
이런 사람 희유하여 우담발화보다 더하느니라.
너희들은 의심 마라. 나는 모든 법의
왕으로서 널리 대중에게 이르노니
다만 일승도로 모든 보살 교화할 뿐
성문제자 없느니라.[93] 너희들 사리불과

---

92 무분별법(無分別法): 제법실상의 이치를 밝힌 일승법. 3승의 도에는 분별이 있으나 일불승에는 분별이 없음을 말한다.

93 성문제자 없느니라: 방편을 열어 실상을 드러냈으므로[開權顯實] 모두가

성문과 보살들은 알지니 이 묘법은
제불의 비밀하고 요긴한[94] 가르침이라.
오탁악세에 여러 욕망 집착하여 즐기는
이런 중생 끝내 불도 구하지 아니하리라.
오는 세상 악한 사람 부처님이 설하시는
일승을 듣더라도 미혹해서 믿지 않고
받지 않아 법을 깨고 악도에 떨어지리라.
스스로 참회하고 청정한 마음으로
불도를 구하는 이 있다면 마땅히
이들 위해 널리 일승도를 찬탄하라.
사리불아 바로 알라. 제불의 법 이와 같아
억만 가지 방편으로 근기따라 설법하니
이를 배워 익히지 않은 자는
이 법을 능히 깨닫지 못하지만
너희들은 이미 모든 부처님께서
세상의 스승 되시어 근기따라
방편으로 하신 일을 알고 있으니
다시는 모든 의혹이 없고

보살의 제자일 뿐이라는 것. 소승의 가르침도 일승에서 베풀어진 방편이므로 부처님의 입장에서는 다 일승인 것이다.

94 비밀하고 요긴한[秘要]: 부처님이 마음에 간직하여 다른 사람은 알 수 없기에 '비(秘)'라 하며, 일승은 도를 이루는 모든 길을 다 포섭하기에 '요(要)'라 한다.

마음이 크게 환희하여 스스로
성불할 것을 마땅히 알리라.

제3 비유품(譬喩品)

그때 사리불이 뛸 듯이 기뻐하며 자리에서 일어나 합장하고 부처님의 존안을 우러러보며 여쭈었습니다.

"지금 세존을 좇아 이러한 법음[法音]을 들으니 마음이 크게 기쁘고 감격하여 일찍이 없던 것을 얻었나이다. 왜냐하면 제가 예전에 부처님을 따라 이 같은 법을 듣고, 모든 보살에게 성불하리라 수기하심을 보았으나, 저희들은 그 일에 참여하지 못하여 매우 슬프고 상심하여 '여래의 한량없는 지견을 잃었다'고 하였나이다.

세존이시여, 저는 항상 숲속 나무 아래에서 홀로 있으면서 앉거나 거닐면서 매양 이 같은 생각을 하였나이다.

'우리도 한 가지로 법의 성품[法性]에 들었거늘,[1] 어찌하여 부처님께서는 소승법[2]으로 제도하시는가?'

그러나 이것은 저희들의 허물이고, 세존의 탓이 아니

1 한 가지로 법의 성품[法性]에 들었거늘: 보살과 마찬가지로 성문인 사리불도 제법이 공(空)하다는 것을 알고 있었다는 뜻이다.

2 소승법(小乘法): 소승의 가르침. 승(乘)은 싣고 운반한다는 뜻. 사람을 태워 이상경(理想境)에 이르게 하는 교법을 말한다. 이 교법 중에서 교(敎)·리(理)·행(行)·과(果)가 모두 심원 광대하여 일체중생의 해탈을 추구하는 가르침을 대승(大乘)이라 하고, 이와 달리 개인의 해탈에 치중하는 성문승과 연각승을 소승이라 한다.

옵나이다. 왜냐하면 만약 저희들이 부처님께서 아뇩다라삼먁삼보리를 성취하는 데 인(因)이 되는 가르침을 말씀하실 때를 기다렸다면, 반드시 대승으로 제도하시어 해탈을 얻게 하셨을 것입니다. 저희들은 방편으로 근기 따라 설하신 줄을 알지 못하고 처음에 부처님 법문을 듣고는 곧 믿고 받아들여 스스로 증득하였다고 생각하였나이다.

세존이시여, 제가 예전부터 지금까지 밤낮으로 매양 스스로 책망하였더니, 지금 부처님으로부터 듣지 못하던 미증유(未曾有)의 설법을 듣고 모든 의심과 후회를 끊어 몸과 마음이 매우 편안하게 되었나이다. 오늘에야 제가 부처님의 참된 아들이며, 부처님의 말씀으로부터 태어났고[3] 법의 교화로부터 태어났으며[4] 부처님의 법의 유산을 얻었음을 알겠나이다."

이때 사리불이 이 뜻을 거듭 펴려고 게송으로 말씀하였습니다.

저는 이 법음(法音)을 듣고 일찍이

3 종불구생(從佛口生): 부처님의 가르침을 듣고 문혜(聞慧)가 생겨 진리 가운데 태어났다는 뜻.

4 종법화생(從法化生): 법의 교화를 입고 사혜(思慧)가 생겨 그 업력에 의해 태어났다는 뜻.

없던 것을 얻어 마음 크게 기쁘옵고
의심의 그물을 모두 제거 하였나이다.
옛적부터 부처님의 가르침을 받아
대승을 잃지 않았으니 부처님의
음성은 매우 희유하사 중생의
번뇌를 없애십니다. 저는 이미 번뇌를
다했지만 지금 듣고 근심 걱정 없앴나이다.
제가 산골짜기나 숲속 나무 아래에서
앉거나 경행하거나 항상 이 일 생각하고
탄식하며 깊이 자책 하였나이다.
어찌하여 스스로를 속였던가. 우리들도
부처님의 자식으로서 무루법[5]에 들어섰거늘
미래세에 무상도[6]를 설하지 못하며
금색 몸과 32상[7]과 10력[8]과 여러 해탈이
모두가 같은 한 법 속에 있거늘
이 법 얻지 못하고 80종호[9] 18불공법[10]

---

5 무루법(無漏法): 번뇌를 벗어난 깨끗한 법.

6 무상도(無上道): 더 이상 위가 없는 최상의 깨달음이란 뜻으로 불과(佛果)를 말한다.

7 32상(三十二相): 부처님이나 전륜성왕이 갖춘 32가지의 특별한 신체적 특징으로 정수리의 육계상, 미간의 백호상 등이 그것이다.

8 10력(十力): 부처님이 지니고 있는 10가지 지혜의 힘. 제2「방편품」 주)9 참조.

9 80종호(八十種好): 부처님 몸이 갖춘 80가지의 미세한 신체적 특징.

이와 같은 공덕들을 나는 모두 잃었는가.
제가 홀로 경행할 때 부처님께서 대중 속에
계시면서 이름이 시방세계[11] 가득 퍼져
널리 중생 이익되게 하심을 보고
이런 이익 잃었음이 내가 나를 속인
때문이라 여겼나이다. 저는 항상 밤낮없이
이 일을 생각하며 세존께 제가 도를
잃었는지 잃지 않았는지 여쭈려고
하였나이다. 저는 항상 세존께서 여러 보살
칭찬하심을 보고 낮이거나 밤이거나
이와 같은 일을 헤아려 보았나이다.
지금 부처님의 음성을 듣자오니
근기따라 설법하심 번뇌 없는 부사의[12]라

---

10 18불공법(十八不共法): 부처님에게만 있는 18가지의 정신적 공덕을 말한다. 일반적으로 십력(十力), 사무소외(四無所畏), 삼념주(三念住), 대비(大悲)를 말한다. 삼념주(三念住)는 항상 바른 기억과 바른 지혜에 안주하는 부처님의 세 가지 경지로, ①제일념주(第一念住): 중생이 부처님을 존숭하더라도 환희심을 내지 않고, 정심과 정혜에 안주함. ②제이념주(第二念住): 중생이 부처님을 존숭하지 않더라도 근심하지 않고, 정심과 정혜에 안주함. ③제삼념주(第三念住): 중생들의 존숭 여부에 관계없이 정심과 정혜에 안주함을 말한다.

11 시방세계(十方世界): 동서남북의 사방과 간방, 그리고 상하를 합쳐 '온 세계'를 가리키는 용어이다. 그러므로 시방삼세불(十方三世佛)이라고 하면 과거, 미래, 현재 등 모든 시공간 속에 편재(遍在)하는 부처님을 말한다.

12 부사의(不思議): 불가사의(不可思議). 불보살의 해탈, 지혜, 신통력이 헤아릴 수 없다는 말이다.

중생을 도량에 이르도록 하옵니다.
저는 본래 사견에 집착하여 범지의
스승[13]이 되었더니 세존께서 저의 마음
아시고 사견을 뽑아내고 열반을
설해 주셨나이다. 제가 사견 다 버리고
공한 법을 증득하여 그때 스스로
멸도를 얻었노라 하였더니 이제 와서
깨닫고 보니 이는 참된 멸도[14]가 아니옵니다.
만일 부처 이뤘다면 32상 구족하고
하늘 인간 야차들과 용과 귀신 공경하리니
이때라야 영원히 번뇌를 다 멸하여
남은 것이 없다고 말할 수 있으오리다.
부처님께서 대중 가운데서 설하시길
제가 마땅히 성불하리라 하시니

---

13 범지(梵志)의 스승: 사리불이 교단에 들어오기 전에 바라문인 산자야(Sanjaya)의 문하에서 목건련과 함께 제자들을 이끌었던 것을 가리킨다. 바라문은 인도의 카스트 제도에서 가장 높은 계급으로, 제사와 교육을 담당했던 사제 계급이다.

14 참된 멸도[實滅度]: 천태종에서는 모든 번뇌를 견사혹(見思惑) · 진사혹(塵沙惑) · 무명혹(無明惑)의 3혹으로 분류한다. 이때 견사혹을 끊어 공을 깨달았다고 해도 육체의 대소와 수명의 장단 등에 한계가 있는 소승의 열반을 분단생사(分段生死)라 하며, 진사혹과 무명혹까지 끊고 중생을 위한 대비력으로 삼계의 윤회를 초월하여 다른 몸을 받는 등 생사에 자재한 것을 변역생사(變易生死)라 한다. 이처럼 3가지 번뇌를 완전히 여읜 것을 '참된 멸도(열반)'라 한다.

이와 같은 법음 듣고 의심을 다 끊었나이다.
부처님께서 설하신 말씀 처음 들었을 땐
크게 놀라 의심하길 아마도 마(魔)[15]가
부처님의 모습으로 내 마음을 혼란스럽게
하나 보다 하였더니 부처님께서 갖가지의
인연 비유 교묘한 말씀으로 설하시니
마음이 바다같이 안온하여 의심의
그물을 끊었나이다. 부처님이 설하시되
지난 세상 멸도하신 한량없는 부처님도
방편 가운데 안온하게 머무시며
모두 이 법을[16] 설하셨으며 현재와
미래의 무수한 부처님도 또한 모든
방편으로 이같은 법 설하신다 하셨나이다.
이제 세존께서도 탄생하고 출가하여
도를 얻으시고 법륜을 굴리시되
또한 방편으로 설하신다 하시니
세존께선 참된 도를 설하시나

---

15 마(魔): 마라(摩羅, māra)의 약칭. 마군, 마왕이라고도 한다. 정법의 깨달음을 방해하는 악한 존재를 말한다. 또 우리들 마음속에서 일어나는 온갖 번뇌를 말한다.

16 이 법을: 사람들의 근기에 따라 부처님이 조금씩 달리 설하는 일승의 가르침. 법화경에서는 9분교(경전의 기술 방식을 9가지로 분류한 것)도 방편법이라고 기술한다.

파순[17]은	이런 일을	할 수가	없으므로
이것으로	저는	결정코	알았나이다.
이는 마가	부처님을	흉내낸 게	아니지만
제가	의심의	그물에	떨어진
까닭으로	마구니가	한 짓인가	하였나이다.
부처님께서	유연한	음성으로	심원하고
미묘한	청정한 법	펼치심을	듣자오니
저의 마음	크게	기쁘며	의심 후회
영원히	모두 끊고	참된 지혜	가운데에
안온하게	머무르니	저는	반드시
성불하여	하늘과	인간의	공경 받고
위없는	법륜 굴려	모든 보살	교화하리다.

이때 부처님께서 사리불에게 말씀하셨습니다.

"내가 이제 하늘, 사람, 사문, 바라문 등의 대중에게 말하노라. 내가 옛적에 2만억 부처님 처소에서 무상도(無上道)로 너를 항상 교화하였고, 너도 또한 무명의 오랜 세월[長夜]을 두고 나를 따라 배웠으니, 내가 방편으로 너를 인도하였기에 나의 법 안에 나게 되었느니라.

---

17 파순(波旬): 욕계 제6천의 임금인 마왕(魔王)의 이름. 죽이는 자[殺者]·악한 자[惡者] 등으로 번역. 항상 악한 뜻을 품고, 나쁜 법을 만들어 수행자를 어지럽히고 혜명(慧命)을 끊는다고 한다.

사리불아, 내가 옛적에 너를 교화하여 불도에 뜻을 두게 하였는데, 너는 이제 모두 잊고 스스로 말하기를 '이미 멸도를 얻었다'고 생각하느니라. 내가 이제 다시 너로 하여금 본래의 서원대로 행할 도를 기억하게 하고자 모든 성문들에게 이 대승경을 설하노니, 이름이 〈묘법연화〉라, 보살들을 가르치는 법이며 부처님께서 호념하시는 경이니라.

사리불아, 너는 미래세에 한량없고 끝없는 불가사의(不可思議)한 겁을 지나면서 천만억 부처님께 공양하고 정법을 받들어 지녀, 보살이 행할 도를 구족하여 반드시 성불하리니, 이름을 화광(華光)여래 · 응공 · 정변지 · 명행족 · 선서 · 세간해 · 무상사 · 조어장부 · 천인사 · 불세존이라 하리라.

나라의 이름은 이구(離垢)[18]요, 그 국토는 평정(平正)하고 맑고 깨끗하게 장엄되고, 안락하고 풍족하여 천인과 사람들이 번성하리라. 유리로 땅이 되고, 여덟 갈래의 길이 있어 황금줄로 경계를 나누고, 그 길 옆에는 칠보[19]로

---

18 이구(離垢): '번뇌의 때를 벗어난' 나라라는 뜻.

19 칠보(七寶): 법화경에서는 금 · 은 · 유리 · 자거 · 마노 · 진주 · 매괴를 이르는데(견보탑품), 무량수경에서는 금 · 은 · 유리 · 파려 · 자거 · 진주 · 마노를 말한다. 경전이 성립된 지역에 따라 일부 차이가 있다.

된 가로수가 있어 항상 꽃 피고 열매가 맺히리라.

화광여래도 또한 삼승으로 중생을 교화하리니, 사리불아, 그 부처님이 출현하는 때가 비록 악한 세상은 아니지만 본래의 서원 때문에 삼승법을 설하리라.

그 겁의 이름은 대보장엄(大寶莊嚴)[20]이라 하니, 왜 대보장엄이라 하는가. 그 나라에서는 보살을 큰 보배로 삼기 때문이니라. 그 모든 보살들은 한량없고 끝없어 불가사의하므로 산수나 비유로는 헤아릴 수 없으니, 부처님의 지혜력이 아니면 능히 알 사람이 없느니라. 만일 걸어다니고자 하면 보배꽃이 발을 받드나니, 이 모든 보살들은 초발심이 아니고 모두 다 오랫동안 덕의 근본을 심어 한량없는 백천만억 부처님 처소에서 청정한 범행을 닦았으므로 항상 여러 부처님의 칭찬을 받느니라. 항상 부처님의 지혜를 닦아 큰 신통력을 갖추고 모든 법문(法門)을 잘 알며, 정직하고 거짓이 없으며 뜻과 생각이 견고하니, 이와 같은 보살들이 그 나라에 가득하리라.

사리불아, 화광불의 수명은 12소겁이니 왕자로서 아직 성불하기 전의 세월은 제외한 것이니라. 또 그 나라 사람의 수명은 8소겁이니라. 화광여래는 12소겁을 지난 후에 견만보살에게 아뇩다라삼먁삼보리의 수기(授記)

---

20 대보장엄(大寶莊嚴): 큰 보배로 꾸민다는 뜻. 대보는 대승경전 또는 대승을 닦는 사람(보살)을 가리킨다.

를 주며 모든 비구들에게 말씀하시기를, '이 견만보살이 다음 세상에 성불하여 이름을 화족안행(華足安行) 다타아가도 아라하 삼먁삼불타라고 하리라. 그 부처님의 국토도 또한 이와 같으리라.'고 하리라.

사리불아, 이 화광불이 멸도한 후에 정법(正法)[21]이 세상에 머무르기는 32소겁이며, 상법(像法)이 세상에 머무름도 32소겁이리라."

이때 세존께서 이 뜻을 거듭 펴시려고 게송으로 말씀하셨습니다.

사리불은 오는 세상 지혜 넓으신
부처님이 되리니 명호를 화광이라
불리며 한량없는 중생을 제도하리라.
수없는 부처님을 공양하고 보살행과
10력 등의 공덕을 두루 갖추고
위없는 도 증득하리라. 무량겁을 지낸 뒤에

21 정법(正法): 부처님이 입멸한 뒤에 그 교법과, 교법을 실천하는 수행에 의하여 증득하는 증과(證果)의 유무에 따라 세 시기로 나누는데 그 첫 번째인 정법시(正法時)를 말한다. 불멸 후 5백년 동안으로 이 기간에는 교법과 수행, 증과(證果)가 모두 구비된 때이다. 그 다음인 상법시(像法時)는 정법시 다음의 1천년 간으로 교와 행은 있으나 증득하는 사람이 없는 때를 말하고, 마지막 말법시(末法時)는 상법 후 1만년 간으로 교법만이 있는 시기이다. 이와 달리 정법시 · 상법시를 각각 5백년, 또는 각각 1천년이라고도 하는 데, 주로 5백년설이 사용된다.

겁의 이름 대보장엄 세계의 이름은
이구(離垢)라 하리라. 청정하여 흠이 없고
유리로 땅이 되고 황금줄로 경계 짓고
갖은 색의 칠보로 된 가로수엔 언제나
꽃과 열매 열리리라. 그 세계의 보살들은
뜻과 생각 견고하며 신통과 바라밀[22]을
모두 이미 갖추고 수없는 부처님의
처소에서 보살도를 잘 배우리니
이들 보살 화광불의 교화를 받으리라.
그 부처님 왕자로서 나라와 세상 영화
다 버리고 최후의 몸으로 출가하여
성불하리니 화광불이 세상에 머무시는
수명은 12소겁이며 그 나라 사람들의
수명은 8소겁이라. 부처님 멸도 후에
정법이 세상에 머무름은 32소겁이며
널리 모든 중생을 제도하고 정법이
다한 뒤에 상법은 32소겁 머무르며
사리 널리 유포되어 하늘 인간 공양하리라.
화광불 하시는 일 이러하니 그 부처님

---

22 바라밀(波羅蜜): 범어 파라미타(pāramitā)를 음역한 말로 도피안(到彼岸)으로 번역된다. 태어나고 죽는 현실의 괴로움에서 번뇌와 고통이 없는 경지인 피안으로 건너갔다는 뜻으로, 열반에 이르고자 하는 보살의 수행을 이르는 말이다.

가장 높고 거룩하여 견줄 이가 없으리라.
그가 바로 네 몸이니 마땅히 기뻐할지라.

이때 사부대중인 비구·비구니·우바새·우바이와 천·용·야차·건달바·아수라·가루라·긴나라·마후라가 등의 대중들은 사리불이 부처님 앞에서 아뇩다라삼먁삼보리의 수기 받는 것을 보고, 마음이 크게 환희하여 한량없이 기뻐서 뛰며 제각기 입었던 윗옷을 벗어 부처님께 공양하였습니다. 석제환인과 범천왕 등이 수 없는 천자들과 함께 하늘의 미묘한 옷과 하늘의 만다라꽃과 마하만다라꽃 등으로 부처님께 공양하니, 그 하늘 옷이 휘날리어 허공 중에 머물러 스스로 돌았으며, 모든 하늘은 백천만의 기악을 허공 중에서 한꺼번에 울리고 하늘꽃을 비 오듯 내리며 이렇게 말하였습니다.

"부처님께서 옛적에 바라나[23]에서 처음으로 법륜을 굴리시더니, 이제 또 위없는 가장 큰 법륜을 굴리시나이다."

이때 여러 천자들이 이 뜻을 거듭 펴고자 게송으로 말하였습니다.

---

23 바라나(波羅奈): 부처님이 성도 후 처음으로 5비구에게 법을 설한 녹야원이 있는 곳. 제2「방편품」주)86 참조.

옛적에 바라나에서 사제법륜[24] 굴리시어
오음[25]으로 생멸하는 모든 법을 분별하여
설하시더니 지금 다시 가장 미묘하고
위없이 큰 법륜을 굴리시니 이 법은
매우 깊고 오묘하여 믿을 이가 적나이다.
저희들이 옛적부터 세존의 설하심을
자주 들었지만 이처럼 깊고 묘한
최상의 법 아직까지 들은 적이 없사옵니다.
세존께서 이 법을 설하시니 저희 모두
따라서 기뻐합니다. 지혜 크신 사리불이
지금 세존의 수기를 받사오니
저희들도 이와 같이 반드시 성불하여
일체의 세간에서 가장 존귀하여
위가 없게 되오리다. 불도는 부사의하여
근기따라 방편으로 설하시니 저희들이
현세 혹은 과거세에 지은 복업과 부처님을
뵈온 공덕 남김없이 불도에 회향[26]하오리다.

---

24 사제법륜(四諦法輪): 고 · 집 · 멸 · 도(苦集滅道)의 사성제를 말한다.

25 오음(五陰): 원문은 '오중(五衆)'. 오온(五蘊)과 같은 말이다. 인간을 구성하는 물질적인 요소인 색온(色蘊)과 정신요소인 4온(수 · 상 · 행 · 식)을 합쳐 부르는 말이다(色受想行識).

26 회향(回向): 또는 회향(廻向). 자기의 선근 공덕을 다른 중생에게 돌려 공덕의 이익을 주거나, 자신에게 돌려 깨달음의 과를 구하는 것.

이때 사리불이 부처님께 여쭈었습니다.[27]

"세존이시여, 저는 이제 다시는 의심과 후회가 없어 부처님 앞에서 친히 아뇩다라삼먁삼보리의 수기를 받았나이다.

여기 천이백의 마음이 자재한 이들이 예전에 배우는 자리[28]에 있을 때 부처님께서 항상 교화해 말씀하시기를, '나의 법은 능히 생·노·병·사를 여의고 마침내 열반에 이르리라.' 하셨는데, 이 배울 것이 남은 이[學]나 배울 것이 없는 이[無學]들도 또한 각각 아견(我見)[29]과 유견(有見)[30] 무견(無見)[31]을 떠난 것으로 스스로 열반을 얻었다고 자처하였으므로, 지금 세존 앞에서 전에 듣지 못한 법문을 듣고 모두 의혹에 빠져 있나이다.

---

27 법화경의 적문(迹門)을 법설주(法說周)·비설주(譬說周)·인연설주(因緣說周)의 삼주설법(三周說法)으로 구분할 때 비설주가 시작되는 부분이다. 앞에서 방편을 열어 진실을 밝히는 법설주를 설했으나 아직 이해하지 못한 중근기를 위해 비유를 들어 거듭 설하는 것으로 제4「신해품」, 제5「약초유품」, 제6「수기품」까지가 이에 해당한다.

28 배우는 자리[學地]: 사제(四諦)는 깨달았으나 아직 배울 것이 남아있는, 즉 계·정·혜를 닦아야 하는 단계를 말한다. 이런 수행자를 유학(有學)이라 하고, 이 수행을 거쳐 마침내 모든 번뇌를 끊어 없애 아라한과를 증득한 계위에 이르면 더 배울 것이 없으므로 무학(無學)이라 한다.

29 아견(我見): 모든 것을 주재하는 '나'가 있다고 생각하는 그릇된 견해.

30 유견(有見): 존재하는 모든 것에는 실체가 있으며, 그 실체는 변하지 아니한다고 집착하는 견해. 상견(常見)이라고 한다.

31 무견(無見): 이 세상의 모든 것이 실체로서 존재하지 않는다는 견해. 인과를 부정하여 선악의 과보도 없으며 일체가 무(無)라고 주장하는 견해로 단견(斷見)이라고 한다.

거룩하신 세존이시여, 원컨대 사부대중을 위하여 그 인연을 설하시어 의혹을 풀도록 하여 주옵소서."

이때 부처님께서 사리불에게 말씀하셨습니다.

"내가 예전에 모든 부처님 세존은 갖가지 인연과 비유와 말씀으로 방편을 만들어 법을 설하는 것이 모두 아뇩다라삼먁삼보리를 위함이라고 말하지 않았더냐? 이 모든 설법이 모두 다 보살을 교화하기 위한 것이니라. 그러나 사리불아, 이제 비유로 다시 이 뜻을 분명히 말하리니, 지혜 있는 사람들은 이 비유로 이해할 수 있으리라.

사리불아, 어느 나라 성읍의 한 마을에 큰 장자(長者)[32]가 있다고 하자. 그는 나이가 많아 늙었으나 재산은 한량없이 많고 토지와 가옥과 하인들이 대단히 많았느니라. 그 집[33]은 매우 넓고 크되 문은 오직 하나[34]뿐인데, 그 집에는 사람이 많아 1백이나 2백 내지 5백 명[35]이 살고 있었느니라. 집과 누각은 낡고 담과 벽은

32 장자(長者): 좋은 집안에 태어나서 많은 재산이 있으며 덕을 갖춘 사람. 성(姓)이 귀하고, 지위가 높고, 크게 부유하고, 위엄이 크고, 지혜가 깊은 등 10가지의 덕을 구비한 자를 말한다.

33 집[家]: 욕계 · 색계 · 무색계의 삼계를 비유한다.

34 문은 오직 하나[一門]: 90종의 외도가 있다고 해도 생사의 세간에서 벗어나는 유일한 문은 오직 불도뿐임을 나타낸다.

35 5백 명: 5도 중생을 말한다. 즉 1백은 천인, 2백은 인간, 3백은 축생,

무너지고 기둥은 썩고 대들보는 기울어져 위태한데, 문득 주위에서 한꺼번에 불이 나 집을 태웠느니라.[36] 그때 이 집 안에는 장자의 아이들이 열 또는 스물 내지 서른 명[37]이 있었느니라.

장자는 이 큰 불이 집의 사면[38]에서 일어나는 것을 보고 크게 놀라 두려워하며 이렇게 생각하였느니라.

'나는 비록 이 불타는 집에서 무사히 나왔지만, 여러 아이들은 불타는 집 안에서 장난하고 노느라고 불난 것을 깨닫지도 알지도 못하고, 놀라지도 두려워하지도 않으며, 불길이 곧 몸에 닿아서 고통이 극심해질 텐데도 싫어하거나 걱정하지 않고 나오려는 생각도 없구나.'

사리불아, 장자는 또 이렇게 생각하였느니라.

'내 몸과 손에 힘이 있으니, 옷 상자나 책궤를 들고나오듯 집에서 끌어내리라.' 또 다시 생각하기를 '이 집은 문이 하나뿐인 데다 좁고 작은데,[39] 아이들은 너무 어려 놀이에만 정신이 팔려 있으니 떨어뜨리면 불에 타게 될 것이다. 그러므로 내가 마땅히 불이 얼마나 두렵고 겁나

4백은 아귀, 5백은 지옥을 의미한다.

36 순식간에 삼독(三毒)의 불이 일어남을 비유하고 있다.

37 '열'은 보살, '스물 내지 서른'은 2승을 비유한다.

38 사면(四面): 몸과 마음인 신(身)·수(受)·심(心)·법(法)을 비유.

39 문이 좁고 작다는 것은 2승은 근기가 부족해 대승을 받아들일 수 없음을 나타낸다.

는가를 일러주어서, 이 불타는 집에서 빨리 나와 불에 타는 해를 입지 않게 하리라.'

이와 같이 생각한 장자는 아이들한테 '너희는 빨리 나오너라.' 하고 소리쳤느니라. 아버지는 불쌍히 생각하고 좋은 말로 타이르고 달랬으나, 아이들은 놀이에 정신이 팔려 들은 체도 않고 믿지도 아니하고, 놀라지도 두려워하지도 아니하여 끝내 나올 생각이 없으며, 더군다나 무엇이 불이고 무엇이 집이며, 무엇이 목숨을 잃는 것인지도 알지 못하고, 다만 동서로 달리며 놀면서 아버지를 바라보기만 하였느니라.[40]

이때 장자는 또 이런 생각을 하였느니라.

'이 집은 이미 큰 불에 타고 있으니, 아이들이 지금 나오지 않는다면 반드시 불에 타 죽게 되리라. 내가 이제 방편을 써서 아이들이 이 위기를 모면하게 하리라.'

아버지는 아이들이 예전부터 제각기 좋아하는 바를 알아, 갖가지의 장난감과 기이한 물건이라야 반드시 기뻐하리라 생각하고 이렇게 말하였느니라.

'너희들이 좋아할 이 장난감은 얻기 어려운 진귀한 장난감이니, 너희가 지금 가지지 아니하면 후에 반드시 후회할 것이다. 이러한 양이 끄는 수레[羊車], 사슴이 끄는

---

40 대승을 설해 주어도 이를 따르지 않음을 말한다.

수레[鹿車], 소가 끄는 수레[牛車][41]가 지금 대문 밖에 있으니 가히 즐길만 하리라. 너희들은 이 불타는 집에서 빨리 나오너라. 너희들이 가지고 싶은 대로 주겠노라.'

이때 아이들은 아버지가 말하는 진귀한 장난감이 자기들이 원하던 것이었므로, 마음이 기뻐 서로 밀치면서 앞다투어 불타는 집에서 뛰쳐나왔느니라.

이때 장자는 모든 아이들이 불타는 집에서 무사히 나와 네거리의 땅에 앉아 있어 더는 장애가 없는 것을 보고 마음이 태평하고 기쁨이 넘쳤느니라.

이때 아이들이 아버지에게 말하기를, '아버지께서 아까 주겠다고 하신 양이 끄는 수레, 사슴이 끄는 수레, 소가 끄는 수레를 지금 주시옵소서.' 하였느니라.

사리불아, 그때 장자는 각각 아이들에게 다 같이 똑같은 큰 수레를 하나씩 주었느니라.[42] 그 수레는 크고 높아 여러 가지 보배들로 꾸몄으며 돌아가면서 난간을 두르고 사면에는 풍경을 달았느니라. 또 그 위에는 휘장을 쳤는데 모두 진귀한 보배로 꾸몄으며, 보배 줄을 엮어 둘렀으며, 여러 꽃과 영락을 드리웠으며, 고운 대

41 중생의 근기에 맞춰 3승의 방편을 베푸는 것을 세 가지 수레로 비유한 것이다.

42 과거에 익힌 법이 같지 않기에 '각각'이라 하고, 그럼에도 다 대승으로 이끌기에 '똑같은 큰 수레'를 준다고 했다.

자리를 겹겹이 깔아 놓았으며, 붉은 베개를 놓았느니라. 흰 소에 멍에를 메웠으니,[43] 그 살빛이 알차고 깨끗하며 몸매가 좋고 기운이 세며, 걸음걸이가 고르며, 그 빠르기가 바람 같으며, 또 많은 시종들이 호위하였느니라.[44]

왜냐하면 이 장자는 재물이 한량없어서 모든 창고가 가득 차서 넘쳐났으므로 이런 생각을 하였느니라.

'나의 재물이 한량없으니 변변찮게 작은 수레를 아이들에게 주는 것은 옳지 않다. 이 아이들은 모두 내 자식이니 사랑에 치우침이 없게 하리라. 나에게는 이렇게 칠보로 꾸민 큰 수레가 무수히 있으니, 마땅히 평등한 마음으로 골고루 주어 차별하지 아니하리라. 왜냐하면 나는 이런 물건으로 온 나라 사람들에게 나누어 주어도 남겠거늘 하물며 나의 자식들이겠는가.'

이때 아이들은 각각 큰 수레를 타고 미증유를 얻었는데, 이는 본래 바라던 것이 아니었느니라.

---

43 '흰 소에 멍에를 메웠으니'는 번뇌를 다한 반야가 온갖 만행을 이끌어 살바야(최상의 지혜)에 이르는 것을 비유한다. 희다는 것은 색깔의 근본이니 본체에 만덕이 구비되었고 번뇌에 물들지 않았음을 비유한다. 뒤에 이어지는 '걸음걸이가 고른' 것은 정혜(定慧)의 균등함을, '그 빠르기가 바람 같으며'는 팔정도의 수행이 빨리 살바야에 이른다는 뜻이다.

44 '많은 시종'은 방편바라밀을 비유한다.

사리불아, 너는 어떻게 생각하느냐? 이 장자가 모든 아이들에게 진귀한 보배로 꾸민 큰 수레를 똑같이 나누어 준 것이 거짓말을 한 일이라고 생각하느냐?"

사리불이 대답하였습니다.

"아니옵니다. 세존이시여. 이 장자가 아이들을 불타는 집에서 빠져나와 목숨을 보전하게 한 것만으로도 속인 것이 아니옵니다. 왜냐하면 목숨을 보전한 것만으로도 이미 좋은 장난감을 얻은 것이 되거늘, 하물며 방편으로 저 불타는 집에서 구제됨이겠나이까?

세존이시여, 만일 이 장자가 가장 작은 수레도 주지 않았을지라도 오히려 거짓이 아니옵니다. 왜냐하면 이 장자가 처음에 생각하기를, '내가 방편을 써서 아이들을 불타는 집에서 나오게 하리라.' 했으니, 이러한 까닭으로도 거짓이 없거늘, 하물며 장자가 자기의 재물이 한량없음을 알고 모든 자식들을 이롭게 하려고 똑같이 큰 수레를 줌이겠습니까?"

부처님께서 사리불에게 말씀하셨습니다.

"옳고 옳도다. 네가 말한 것과 같으니라. 사리불아, 여래도 또한 이와 같아서 일체 세간의 아버지가 되어, 모든 두려움과 쇠함과 고뇌와 근심과 환난과 무명으로 어둡고 가려진 것을 영원히 없애 남음이 없느니라. 한량없는 지견과 힘과 무소외를 모두 성취하고, 대신력(大神力)과 지혜력을 지니고, 방편과 지혜바라밀을 다 갖추고, 대자대비하여 항상 부지런히 좋은 일을 찾아줌으로써 모든 중생을 이롭게 하느니라.

그리하여 삼계의 낡고 썩은 불타는 집에 출현하시어 중생들의 나고 늙고 병들고 죽고[生老病死] 근심하고 슬퍼하고 괴로워하고 고뇌함과[憂悲苦惱] 어리석고 어둠에 가려진 삼독(三毒)[45]의 불에서 교화하여 아뇩다라삼먁삼보리를 얻게 하려고 하느니라.

모든 중생을 보니 생 · 노 · 병 · 사와 우 · 비 · 고 · 뇌의 불에 타고 있으며, 또 오욕(五欲)[46]으로 재물과 이양(利養)을 구하므로 갖가지의 고통을 받으며, 또 탐내고 애착하여 구하므로 현세에서 여러 가지 고통을 받다가 후세에는 다시 지옥, 축생, 아귀의 고통을 받으며, 만일 천상이나 인간계에 태어난다 하더라도 가난하고 고생스러우며, 사랑하는 사람과 이별하거나, 원수를 만나는 괴로움과 같은 갖가지의 고통이 있느니라. 중생들은 이 가운데 빠져 있으면서도 기쁘게 놀면서 깨닫지도 못하고 알지도 못하며, 놀라지도 두려워하지도 아니하며,

---

45 삼독(三毒): 사람의 선한 마음을 해치는 세 가지 번뇌로 욕심, 성냄, 어리석음[貪瞋癡]을 독에 비유하여 이르는 말이다.

46 오욕(五欲): 오경(五境: 色聲香味觸)이 일으키는 세속적인 욕망의 총칭.

또 싫증도 내지 않고 해탈을 구하지도 아니하며, 이 삼계의 불타는 집에서 동서로 뛰어다니며 큰 고통을 당하면서도 걱정하지 않느니라.

사리불아, 부처님은 이를 보고 이렇게 생각하셨느니라.

'나는 중생의 아버지가 되었으니, 마땅히 그 고통에서 건져내어 한량없고 끝없는 불지혜의 기쁨을 주어서 그들을 거기서 즐겁게 놀게 하리라.'

사리불아, 여래는 다시 이런 생각을 하셨느니라.

'내가 만일 신통력과 지혜력만으로 방편을 버리고 중생을 위해 여래의 지견과 힘과 무소외 등을 찬탄한다면, 중생들은 이것만으로는 제도되지 못하리라.'

왜냐하면 이 모든 중생들이 생 · 노 · 병 · 사와 우 · 비 · 고 · 뇌를 면하지 못하여 삼계의 불타는 집에서 타고 있으니, 어떻게 부처님의 지혜를 이해할 수 있겠느냐?

사리불아, 저 장자가 몸과 팔에 힘이 있어도 이를 쓰지 않고, 다만 은근히 방편을 써서 모든 아이들을 불타는 집에서 건져낸 후에 진귀한 보배로 꾸민 큰 수레를 각자에게 주었으니, 여래도 또한 그와 같으니라.

비록 힘과 무소외가 있어도 쓰지 아니하고, 다만 지

혜와 방편으로 삼계의 불타는 집에서 중생을 빼내어 제도하기 위하여 성문과 벽지불과 불승(佛乘)의 삼승을 설하면서 이렇게 말씀하였느니라.

'너희들은 삼계의 불타는 집에 있기를 좋아하지 말라. 변변치 않은 물질(色), 소리(聲), 냄새(香), 맛(味), 감촉(觸)을 탐내지 말라. 만일 사랑하는 마음을 내어 탐착하면 불에 타게 되느니라. 너희들이 삼계에서 빨리 나오면 반드시 성문과 벽지불과 불승을 얻으리라. 내가 이제 너희들을 위하여 이 일을 책임지고 보증하니 결코 헛되지 않으리라. 너희들은 다만 부지런히 닦아 정진하라.'

여래는 이 방편으로 중생을 권유하여 바른 길로 나아가게 인도하고 또 말씀하시느니라.

'너희들은 마땅히 알지어다. 이 삼승법은 모든 성인이 칭찬하는 바이며, 자재하여 얽힘이 없고, 의지하여 구할 것도 없느니라. 이 세 수레를 타기만 하면 번뇌가 없는 오근(五根)[47]과 오력(五力)[48]과 칠각지(七覺支)[49]와 팔

---

47 오근(五根):. 번뇌를 누르고 깨달음의 길로 이끄는 다섯 가지 근원으로서 신근(信根), 정진근(精進根), 염근(念根), 정근(定根), 혜근(慧根)을 이른다.

48 오력(五力): 수행에 필요한 다섯 가지 힘으로 신력(信力), 염력(念力), 정진력(精進力), 정력(定力), 혜력(慧力)을 이른다.

49 칠각지(七覺支): 불도 수행에서 4념처를 거듭 수행함으로써 성취되는 '일곱 가지 깨달음의 지혜'. 즉 염각지(念覺支), 택법각지(擇法覺支), 정진각지(精進覺支), 희각지(喜覺支), 경안각지(輕安覺支), 정각지(定覺

정도(八正道)[50]와 선정과 해탈과 삼매 등으로 스스로 즐겨서 한량없는 편안한 기쁨을 얻으리라.'

사리불아, 만일 어떤 중생이 안으로 지혜의 성품을 지녀 부처님 세존의 법을 듣고 믿고 받들어 꾸준히 정진하여[51] 삼계에서 빨리 벗어나고자 스스로 열반의 경지를 구한다면, 이런 이를 성문승이라 하나니, 저 장자의 아이들이 양이 끄는 수레를 가지려고 불타는 집에서 뛰쳐나옴과 같으니라.

만일 어떤 중생이 부처님 세존의 법을 듣고 믿고 받들어 꾸준히 정진하여 자연혜(自然慧)[52]를 구해, 혼자서 고요한 것[善寂, 열반]을 즐기며 모든 법의 인연을 깊이 알면, 이런 이를 벽지불승이라 하나니, 저 아이들이 사슴이 끄는 수레를 가지려고 불타는 집에서 뛰쳐나옴과 같으니라.

또 만일 어떤 중생이 부처님 세존의 법을 듣고 믿고

支), 사각지(捨覺支)을 이른다.

50 팔정도(八正道): 깨달음과 열반으로 이끄는 올바른 여덟 가지 길. 즉 정견, 정사유, 정어, 정업, 정명, 정정진, 정념, 정정(正定)이다.

51 법을 듣고 믿어서[聞] 얻는 지혜를 문혜(聞慧), 받들어서 꾸준히 사유하여[思] 얻는 지혜를 사혜(思慧), 수행 정진하여[修] 얻는 지혜를 수혜(修慧)라 한다.

52 자연혜(自然慧): 12인연법은 본래부터 저절로 존재하는 법칙이므로 혼자서 깨달을 수 있는 지혜이기에 자연혜라 한다.

받들어 꾸준히 정진하여, 일체지(一切智)[53]와 불지(佛智)[54]와 자연지(自然智)[55]와 무사지(無師智)[56]와 여래의 지견과 힘과 무소외를 구하고, 한량없는 중생들을 가엾고 불쌍하게 여겨 안락하게 하며, 천상계와 인간계에 이익을 주고, 일체중생을 제도하여 해탈하게 한다면, 이런 이를 대승보살이라 하고 이렇게 대승을 구하므로 마하살[57]이라 하나니, 저 아이들이 소가 끄는 수레를 가지려고 불타는 집에서 뛰쳐나옴과 같으니라.

사리불아, 저 장자가 아이들이 무사히 불타는 집에서 나와 두려움 없는 곳에 이르렀음을 보고, 자기의 재물이 한량없음을 생각하고 똑같이 큰 수레를 모든 자식에게 주었느니, 여래도 또한 그와 같으니라.

일체중생의 아버지가 되어 한량없는 억천 중생이 부처님께서 가르치신 문을 통하여, 삼계의 고통과 두렵고

---

53 일체지(一切智): 모든 존재의 각기 다른 모습과 그 속에 감추어져 있는 참모습을 알아내는 부처의 지혜. 천태종에서는 성문 · 연각(緣覺)의 지혜를 말한다.

54 불지(佛智): 진리를 완전히 깨달은 부처의 지혜.

55 자연지(自然智): 수행의 공덕을 빌지 아니하고 저절로 생겨난 부처님의 일체종지. 법화경에서는 본래 그대로 갖추어진 실상(實相)을 올바르게 관하는 지혜를 의미한다.

56 무사지(無師智): 스승 없이 스스로 깨달은 지혜.

57 마하살(摩訶薩): 보살을 높여 부르는 말. 중생구제라는 대원(大願)과 대행(大行)을 지닌 위대한 사람이라는 의미를 갖고 있다. 「서품」 주)24 참조.

험한 길을 무사히 벗어나 열반의 즐거움을 얻는 것을 보면, 여래는 그때 이런 생각을 하느니라.

'나에게는 한량없고 끝없는 지혜와 힘과 무소외 등 모든 부처님 법장(法藏)[58]이 있으니, 이 모든 중생들은 다 나의 자식이므로 평등하게 대승법을 주리라. 한 사람이라도 홀로 멸도를 얻게 하지 않고, 모두 여래의 멸도로써 멸도하게 하리라.'

삼계를 벗어난 이 모든 중생에게 여러 부처님의 선정과 해탈 등의 즐길 것을 주었으니, 이것은 모두 한 모양 한 종류[59]로서 성인들께서 칭찬하시는 바요, 능히 깨끗하고 미묘하여 제일가는 즐거움을 일으키느니라.

사리불아, 저 장자가 처음에는 세 가지 수레로 아들들을 불타는 집에서 이끌어 낸 후, 보물로 장식된 큰 수레를 주어 가장 편안하게 하였으나 장자에게 거짓말한 허물이 없나니, 여래도 또한 그와 같아 거짓됨이 없느니라.

처음에는 삼승을 설하여 중생을 인도한 후, 오로지 대승으로 제도하여 해탈하게 하느니라. 왜냐하면 여래

---

58 법장(法藏): 온갖 진리를 갈무리하고 있다는 뜻으로, 부처의 교설 또는 교설을 담고 있는 경전을 가리킨다. 그러나 여기에서는 부처님이 갖춘 온갖 공덕을 말한다.

59 한 모양 한 종류[一相一種]: 일상(一相)은 실상으로 곧 법신(法身)이며, 일종(一種)은 종지(宗智)이니 반야를 가리킨다.

는 한량없는 지혜와 힘과 무소외와 모든 법장(法藏)이 있어서 일체중생에게 대승법을 똑같이 주건만, 능히 그것을 다 수용하지 못하기 때문이니라.

사리불아, 이러한 인연으로 마땅히 알지니, 모든 부처님은 방편력을 쓰는 까닭에 일불승에서 분별하여 삼승을 설하시느니라."

부처님께서 이 뜻을 거듭 펴시려고 게송으로 말씀하셨습니다.

비유하면 장자에게 큰 저택이 있었는데
그 저택은 오래되어 퇴락하고 낡았으며
집은 높고 위태롭고 기둥뿌리 썩었으며
대들보는 기울고 축대는 무너졌고
담과 벽이 갈라지고 바른 흙은 떨어지고
지붕 썩어 내려앉고 서까래는 빠졌으며
구부러진 담장 사이 오물만이 가득한데[60]
그 안에 5백 사람 살고 있었느니라.
소리개와 올빼미 독수리와 부엉이
까마귀와 까치 산비둘기 집비둘기[61]

---

60 '담과 벽'은 육식(六識)을, '구부러진'은 육식이 육근에 작용하여 대상을 인식함에 난관이 있음을, '오물'은 육진이 육근을 더럽히므로 가득하다고 비유하였다.

독사와 살모사 전갈 지네 그리마[62]
도마뱀과 족제비 살쾡이와 생쥐 등
온갖 나쁜 벌레들[63]이 이리저리 치달리고
똥오줌 냄새나고 더러운 것 가득한데
말똥구리와 여러 벌레 그 위에 우굴거리고
여우 이리 들짐승들 짓밟고 씹으며
죽은 것을 물어뜯어 뼈와 살이 낭자하니
이 때문에 개들이 몰려와서 잡아끌고
굶주림에 두려워서[64] 먹을 것을 찾느라고
이곳 저곳 날뛰면서 서로 다퉈 싸우면서
물어뜯고 짖어대니[65] 그 집의 무섭고
두려운 변괴가 이런 형편 이었느니라.
곳곳에서 도깨비와 야차와 악귀들이

---

61 중생이 스스로 자랑하고 남을 업신여기기 좋아하는 것을 8종의 새의 천성에 비유한 것이다. 이를 만사(慢使)란 한다. 천태종에서는 뒤에 이어지는 진사(瞋使) · 치사(癡使) · 탐사(貪使) · 의사(疑使)와 함께 오둔사(五鈍使)라 한다.

62 독이 왕성한 뱀과 절지동물로 '성냄'을 비유하고 있다. 이를 진사(瞋使)라 한다. 그리마는 지네와 가까운 종류로 다리가 여러 쌍이며 머리에 긴 더듬이가 있는 절지동물이다.

63 도마뱀부터 여기까지는 중생의 '어리석음'을 비유한다. 치사(癡使)라 한다.

64 '여우 이리' 이하 여기까지는 탐욕에 대해 비유한 것으로 탐사(貪使)라 한다. 탐심을 일으켜 아무리 많은 대상을 취해도 그 한계가 있으며, 항상 족한 줄 모르고 구하면서 두려워한다는 것이다.

65 의혹이라는 번뇌에 떨어져 서로 옳다고 싸우는 것을 비유한다. 의사(疑使)라 한다.

사람 고기 씹어 먹고 독벌레와 악한 짐승
알을 까고 새끼 쳐서 감춘 채로 기르건만
야차들이 달려와서 다투어 잡아먹고
먹은 뒤에 배부르면 악한 마음 더욱 늘어
다투는 소리 너무 두렵고 무서운데
구반다[66] 귀신들이 흙더미에 걸터앉아
어떤 때는 땅 위에서 한두 자씩 솟아 뛰고
왔다 갔다 나다니며 제멋대로 장난치고
개의 다리 움켜잡고 태질하여 소리조차
내지 못하게 발로 목을 짓눌러
개를 괴롭히며 저 혼자만 즐기느니라.
귀신들이 또 있으니 그 몸이 길고 큰데
벌거벗고 검고 야윈 것들 항상 그중에 있어
큰 소리로 악을 쓰며 먹을 것을 찾고
또 어떤 귀신은 목구멍이 바늘 같고
또 다른 귀신은 머리는 소 같은데
사람 고기 먹거나 개를 씹어 먹으면서
머리카락 흩어지고 잔인하고 흉악한데
굶주리고 목말라서 악을 쓰며 치달리고
야차와 아귀와 모든 악한 새와 짐승

66 구반다(鳩槃茶): 사람의 정기를 빨아 먹는다는 귀신으로, 사람의 몸에 말의 모양을 하고 있는 남방 증장천왕의 권속이다.

배고프고 굶주려서 배 채우기 급급하여
사방으로 달리면서 창문 틈을 엿보나니
이와 같은 여러 고난 두렵기가 한량없노라.
이와 같이 낡은 집이 한 사람의 소유더니
그 사람이 외출한 지 얼마 되지 아니하여[67]
그 집에서 갑작스레 불길이 일어나서
사면에서 한꺼번에 맹렬하게 타오르고
대들보와 서까래와 기둥들이 불길 속에
터지는 소리가 벼락치듯 진동하고
꺾이고 부러져서 담과 벽이 허물어지니
온갖 귀신들이 큰소리로 울부짖고
수리 등의 여러 새와 구반다의 귀신 등은
당황하고 두려워서 나오지를 못하느니라.
악한 짐승 독벌레는 구멍 찾아 숨어들고
비사사[68]의 귀신들도 그 속에 있더니
복과 덕이 박한 탓에 불길에 쫓기면서

67 삼계(三界)는 오직 부처님이 중생의 요청에 응현(應現)하여 오시는 곳이기에 '한 사람의 소유'라고 했으며, 다른 국토와의 연(緣)에 응해서 사바세계를 떠났으나 다시 돌아오시기에 '외출한 지 얼마 되지 아니하여'라고 했다.

68 비사사(毘舍闍): 사람의 정기나 피를 먹는다는 귀신으로 식혈육귀(食血肉鬼)라 번역. 일명 담정귀(噉精鬼)라고도 함. 용신(龍神)과 함께 광목천왕을 따라 서방을 수호하는 귀신이다. 혹은 동방의 지국천왕을 따르는 귀신이라고도 한다.

서로가 잔인하게 피를 빨고 살을 씹고
승냥이의 무리들은 이미 모두 죽었는데
크고 모진 짐승들이 몰려와서 뜯어먹노라.
연기 냄새 불기운이 사면에 자욱한데
지네와 그리마와 독사들의 무리가
불에 타며 앞다투어 구멍에서 나오면
구반다의 귀신들이 쫓아와 잡아먹고
또한 여러 아귀들이 머리에 불이 붙어
굶주리고 목마르고 뜨겁고 두려워서
당황하여 달아나니 그 저택의 두려움이
이와 같이 극심하여 모진 박해 화재 등
여러 환난이 한 가지가 아니었니라.

이때에 집주인이 대문 밖에 서 있으니
어떤 이가 말하기를 당신의 자식들이
놀기를 좋아하여 이 집에 들어갔는데
어리고 철이 없어 놀이에만 빠져있다고
하니 장자가 이 말 듣고 놀라서
불타는 집 들어가서 마땅히 구해 내서
불에 타는 피해를 입지 않게 하려고
아이들을 타이르며 여러 환난 설명했니라.

악귀와 독충 있고 큰불까지 일어나서
여러 고난 잇달아 끊이지 아니하고
살모사와 독사 전갈 모든 야차 구반다귀
승냥이와 여우 늑대 수리 솔개 올빼미와
지네 등의 무리들이 굶주리고 목이 말라
무섭고 두렵거늘 이러한 고통 속에
큰불까지 일어났노라. 아이들은 철이 없어
아버지의 타이름을 듣고도 여전히
노는 데만 정신 팔려 그치지 아니했노라.

이때에 장자가 이런 생각 하였노라.
아이들이 이 같으니 내 근심을 더하는구나.
지금 이 집에는 즐길 것이 없건마는
아이들이 노는 데만 정신 팔려 내 말을
받아들이지 않으니 장차 불에 타리로다.
그때 문득 생각하고 여러 방편 베풀어서
아이들에게 일렀느니라. 나에게는 여러 가지
진귀한 놀이기구로 보배로 꾸민
좋은 수레인 양 수레 사슴 수레
큰 소의 수레가 대문 밖에 있으니
너희들은 빨리 밖으로 나오너라.

내가 너희 위해서 이런 수레 꾸몄으니
마음대로 가지고 즐겁게 놀아라.
아이들이 이런 수레 있다는 말을 듣고
곧바로 분주하게 다투며 뛰쳐나와
빈터에 이르르니 모든 고난 벗어났니라.
장자는 아이들이 불타는 집 빠져나와
사거리에 있는 것을 보고 사자좌에
앉아서 스스로 흐뭇하여 말했느니라.
나는 이제 즐겁도다. 이 여러 아이들은
낳아서 기르기가 매우 어렵거늘
어리석고 무지하여 위험한 집 들어가서
독한 벌레 가득하고 도깨비도 무서운데
큰불이 맹렬하게 사면에서 타오르건만
아이들은 놀이에만 빠져 있어 내가 이를
구하여서 재난에서 벗어나게 했으니
그러므로 사람들아 나는 이제 즐겁도다.
그때 여러 아이들은 아버지가 편안하게
앉아 있는 것을 보고 아버지께 말했느니라.
원하건대 저희에게 세 가지의 보배수레
주옵소서. 조금 전에 말씀하시길 저희들이
나오면 세 가지의 수레를 소망따라

주신다고 하셨습니다. 지금이 바로
그때이니 베푸시어 나누어 주옵소서.
장자는 큰 부자라 창고마다 쌓여 있는
금 은 유리 자거 마노 갖가지의 보물로
큰 수레를 만드니 훌륭하게 장식하여
난간을 두르고 사면에 방울 달고
황금줄을 늘여 매고 진주 그물 위를 덮고
금으로 된 꽃과 영락 곳곳에 드리우고
여러 가지 비단으로 장식하여 두르고
보드라운 비단과 솜으로 가장 좋은
앉을자리 만드니 가치가 천억이라.
희고 맑고 정결한 천으로 위를 덮고
살이 찌고 기운 세며 몸매가 아름다운
크고 흰 소가 보배수레 멍에 매고
많은 시종이 따르며 호위했니라.
이와 같이 훌륭한 수레를 똑같이
아이들에게 주었노라.[69] 이때 모든 아이들은
뛸 듯이 기뻐하며 보배수레를 타고
사방으로 다니면서[70] 즐겁게 놀았지만

---

69 대승의 가르침을 평등하게 나누어줌을 비유한다.

70 대승의 법을 두루 배우는 것을 가리킨다. 특히 보살행을 닦는 십주(十住)·십행(十行)·십회향(十廻向)·십지(十地)를 두루 거치는 것이다.

마음이 자재하여 걸림이 없었노라.

사리불아 이르노니 나도 또한 이와 같아
성인들 중 가장 높은 세간[71]의 아버지라.
일체중생이 모두 나의 자식이건만
세상의 즐거움에 깊이 탐착하여
지혜로운 마음 없나니 삼계가
편안하지 않음이 불타는 집과 같아
괴로움이 가득하여 두려움만 극심하니라.
생노병사의 근심과 우환이 항상 있어
이와 같은 불길이 쉬지 않고 타오르도다.
여래는 삼계의 불타는 집을 이미 떠나
고요하고 한가로운 숲이나 들에서
편안하게 머무느니라. 지금 이 삼계가
모두 내 것이며 그 속의 중생이
다 나의 자식인데 이제 이곳에는
온갖 환난 가득하니 오직 나만이
능히 구하여 보호할 수 있느니라.
거듭하여 가르치고 타일러도 믿지 않고

71 세간(世間): 9종세간(九種世間)을 뜻한다. 9종세간이란 10계에서 불계(佛界)를 제외한 지옥, 아귀, 축생, 수라, 인간, 천상, 성문, 연각, 보살계를 말한다.

받아들이지도 않나니 모든 욕망에
물들어 탐착함이 깊은 까닭이니라.
이에 방편으로 삼승을 설하니
모든 중생 삼계의 괴로움을 알게 하고
출세간의 도를 열어서 보이고자
설하는 것이니라. 이 모든 자식들이
마음을 결정하면 삼명[72]과 육신통[73]을
갖추어 연각이나 불퇴전보살[74] 되느니라.
사리불아 나는 중생 위해서
이러한 비유로 일불승을 설하노니
너희들이 이 말을 믿고 받아지니면
모두 다 마땅히 불도를 이루리라.
일불승은 미묘하고 청정함이 제일이니

---

72 삼명(三明): 아라한의 지혜를 갖추어 대경(對境)을 분명히 아는 3가지 뛰어난 능력. ①숙명명(宿命明): 자기와 남의 전생을 아는 지혜로 상견(常見)을 깬다. ②천안명(天眼明): 미래의 과보를 훤히 아는 지혜로 단견(斷見)을 깬다. ③누진명(漏盡明): 현재의 번뇌를 완전히 끊어 내세의 생을 받지 않음을 아는 지혜로 사견(邪見)을 타파한다.

73 육신통(六神通): 신(神)은 불가사의, 통(通)은 무애(無礙)란 뜻. 아라한이 6종의 지혜를 얻은 신통으로 6통(通)이라고도 한다. 숙명통(宿命通)·천안통(天眼通)·누진통(漏盡通)은 위의 3명에 해당하며, 그외 어디든 마음대로 갈 수 있고 변할 수 있는 신족통(神足通), 모든 소리를 마음대로 들을 수 있는 천이통(天耳通), 다른 이의 마음속을 아는 타심통(他心通)을 말한다.

74 불퇴전보살(不退轉菩薩): 아비발치(阿鞞跋致)라 한다. 보살의 위(位)에서 다시는 퇴보하지 않는 보살을 말한다.

모든 세간에서 위가 없는 최상이며
부처님이 가히 기뻐하는 바이며
일체중생이 찬탄하고 공양 예배할 바이니라.
한량없는 억천의 여러 힘과 해탈 선정
지혜와 부처님의 모든 법을 갖췄으니
이와 같은 일승 얻어 모든 자식들이
밤낮없이[75] 오랜 세월 즐겁게 다니고
모든 보살 성문들도 이 보배수레 타고서
곧바로 도량에 이르도록 하느니라.
이런 인연 때문에 시방을 살펴 구해도
부처 방편 제외하고 다른 승은 없느니라.
사리불아 이르노니 너희들은 모두 다
나의 자식이요 나는 너희 아버지니라.
너희들이 여러 겁을 거듭하여 여러 가지
괴로움에 불타고 있으니 내가 모두
제도하여 삼계에서 벗어나게 하리라.
내가 앞서 너희에게 멸도했다 설했으나
다만 생사 다했을 뿐 실은 멸도 아니었으니
이제 마땅히 해야 할 것은

75 일불승의 지혜를 얻음은 빛이 있는 낮과 같고, 자비심으로 중생의 생사에 들어감은 밤과 같다. 이 둘을 기꺼이 행하므로 밤낮없이 즐겁게 다닌다고 했다.

오직 부처님의 지혜를 구함이니라.

만일 어떤 보살이 이런 대중 가운데서
일심으로 부처님들 참다운 법 듣는다면
모든 부처 세존께서 비록 방편 쓰시지만
교화되는 중생은 모두 보살이니라.
어떤 사람 지혜 적어 애욕에 집착하면
이들을 위해서 고제[76]를 설하시어
중생이 미증유를 얻고 기뻐하나니
부처님이 설한 고제 진실하여 틀림없노라.
어떤 중생 괴로움의 근본을 알지 못해
고의 원인[77] 집착하여 잠시라도 못 버리면
이들 위해 방편으로 도를 설하느니라.
모든 고의 원인은 탐욕이 근본이라
탐욕을 멸하면 의지할 바 없나니
모든 괴로움을 다 없애 버리면
세 번째 진리[78]를 얻었다고 하느니라.

---

76 고제(苦諦): 고성제(苦聖諦). 사제(四諦)의 하나로 현세에서의 삶이 곧 고(苦)라는 진리를 이른다.

77 고의 원인[苦本]: 고의 시작은 일체의 욕망과 집착에서 비롯한다. 이를 집제(集諦)라 한다.

78 세 번째 진리[第三諦]: 사성제의 세 번째인 멸제(滅諦). 모든 욕망을 벗어나서 괴로움이 소멸한 열반의 경지.

멸제를 이루려고 도를 닦고 행하여[79]
모든 괴로움의 속박에서 벗어나면
해탈을 얻었다고 하느니라. 이 사람은
어떻게 해탈을 얻었는가. 다만
허망함을 떠난 것을 해탈이라 이름하나
실제로는 일체 해탈[80] 얻은 것이 아니니라.
부처님은 이 사람이 참된 멸도 아니라고
설하시니 이 사람은 아직 위없는 도
얻지를 못했으므로 내가 그들을
멸도에 이르도록 하려 하지 않았느니라.
나는 법왕으로 법에 자재하여
중생을 편케 하려 세상 출현 했느니라.
사리불아 나의 이 법인[81]은 세상을
이롭게 하려고 설하나니 다니는 곳
어디서든 함부로 설하지 말아라.[82]
만일 듣는 이가 따라서 기뻐하며

---

79 도를 닦고 행하여: 열반에 이르는 팔정도를 실천하는 것으로, 사성제의 마지막인 도제(道諦)를 가리킨다.

80 일체 해탈: 일체의 미세한 번뇌까지 끊어 분단생사와 변역생사를 벗어난 완전한 해탈. 본품 주)14 참조.

81 법인(法印): 부처님의 가르침임을 증명하는 인증이라는 뜻. 여기서는 일승법을 가리킨다. 제2「방편품」 주)63 실상인 참조.

82 악한 자에게 설하면 그로 하여금 고(苦)에 떨어지고, 선한 자에게 설하지 않는다면 그로 하여금 낙(樂)을 잃게 하므로 가려서 설하라는 것이다.

받들어 지닌다면 마땅히 이 사람은
아비발치[83] 라고 알아야 하느니라.
만일 이 경의 법을 믿고 받아지니면
이 사람은 일찍이 과거불을 친견하고
공경하고 공양하며 또한 이 법 들었느니라.
만일 어떤 사람이 능히 네가 설한 것을
믿는다면 곧 나를 봄이며 또한 너와
비구승과 여러 보살 보는 것이 되느니라.
법화경은 지혜 깊은 이를 위해 설함이라
지식 얕은 사람은 들어도 미혹해서
이해하지 못하리니 모든 성문 벽지불은
이 경에 힘이 미치지 못하느니라.
사리불아 너마저도 오히려 이 경에는
믿음으로 들어올 수 있었거늘 하물며
나머지 성문들이랴. 나머지 성문들도
부처님의 말씀을 믿은 까닭으로
이 경을 믿고 따르는[84] 것이지
자기의 지혜로 알 바가 아니니라.
또한 사리불아 교만하고 게으르며

83 아비발치(阿鞞跋致): 불퇴전보살. 본품 주)74 참조.

84 믿고 따르는: 원문은 수순(隨順). 불보살 또는 경의 가르침을 기쁜 마음으로 받아 지니고 믿고 따라 수행하는 것.

아견[85] 가진 자에게는 이 경을 설하지말라.
식견 얕은 범부들은 오욕에 집착 심해
들어도 이해하지 못하리니 설하지말라.
어떤 사람 믿지 않고 이 경을 헐뜯고
비방하면 일체세간의 부처 종자 끊음이니라.
혹은 얼굴 찌푸리고 의혹을 품는다면
이 사람의 죄의 과보를 설하리니
너는 들어 보아라. 부처님이 세상에
계시거나 멸도하신 뒤이거나 이 경전을
비방하되 독송하고 쓰거나 지니는
이를 보고 경멸하고 미워하고 질투하고
원한을 품는다면 이 사람이 받을 죄의
과보를 설하리니 너는 다시 들을지니라.

그 사람 죽은 뒤에 아비지옥 들어가서
일겁 동안 죄를 받고 겁 다하면 다시 나되
이와 같이 수없는 겁 그곳에서 전전하리라.
지옥에서 나오면 축생으로 떨어져서
승냥이나 개가 되어 그 형상이 야위고
더럽고 비루먹어 사람들이 때리고

85 아견(我見): 영구불변하는 '나[我]'가 있다고 생각하는 견해.

희롱하며 또한 다시 미워하고 천대하니
항상 목마름과 배고픔에 시달려
뼈와 살이 비쩍 말라 살아서는 쓰라린
고통 받고 죽어서는 돌무더기 묻히리니
부처 종자 끊은 탓에 이런 죄보 받느니라.
혹은 낙타 되거나 당나귀로 태어나
무거운 짐 항상 지고 채찍질을 맞으면서
물과 풀만 생각할 뿐 다른 것은 모르나니
이 경을 비방한 탓 이런 죄보 받느니라.
승냥이의 몸을 받아 마을에 들어오면
몸뚱이는 비루먹고 한쪽 눈이 없어서
아이들에게 매를 맞아 온갖 고통 받다가
죽기도 하는데 죽은 뒤에는
구렁이 몸 다시 받아 그 형상이 길고 커서
5백 유순이고 귀먹고 어리석고
발이 없어서 꿈틀꿈틀 기어다니니
온갖 작은 벌레들이 비늘 밑을 빨아먹어
밤낮으로 받는 고통 쉴 사이가 없으리니
이 경을 비방한 탓 이런 죄보 받느니라.
사람 몸을 받더라도 모든 근[86]이 암둔하며

86 모든 근[諸根]: 안 · 이 · 비 · 설 · 신 · 의의 육근(六根)을 말한다.

난장이 앉은뱅이 소경 귀머거리
곱사등이 되는지라 어떤 말을 할지라도
사람들이 믿지 않고 입에서는
항상 악취 나고 귀신들이 달라붙고
빈궁하고 하천하여 남에게 부림 받고
병이 많고 수척하여 의지할 데 전혀 없고
사람들과 친하려도 붙여 주는 사람 없고
혹은 소득 있더라도 금방 다시 잃게 되고
만일 의술 익혀서 처방대로 치료해도
다른 병을 더하든가 혹은 되려 죽게 하며
자기가 병이 나면 치료해 줄 사람 없고
좋은 약을 먹더라도 병이 더욱 악화되며
다른 사람 반역죄나 겁탈이나 절도 죄에
이유없이 말려들어 그 벌 받게 되느니라.
이런 죄인 성인 중의 왕이신 부처님께서
법 설하여 교화하심을 길이 볼 수 없느니라.
이런 죄인 수행하기 힘든 곳[87]에 항상 나서

87 수행하기 힘든 곳[難處]: 부처님을 뵙고 법을 수행하기가 매우 어려운 경우. 보통 8난처(八難處)를 말한다. ①~③의 지옥 · 아귀 · 축생은 고통이 심해서 불법을 듣지 못하며, ④장수천(長壽天, 색계 제4선의 무상천)과 ⑤울단월(鬱單越, 북구로주)은 즐거움이 너무 많아서 불법을 듣지 않으며, ⑥농맹음아(聾盲瘖瘂)는 감각기관의 결함으로 수행이 어렵고, ⑦세지변총(世智辯聰)은 세간의 지혜가 뛰어나 교만하고, ⑧불전불후(佛前佛後)는 부처님이 계시지 않으므로 도심을 일으키기가 어렵다.

미치거나 귀가 먹고 마음이 산란하여
영원히 부처님의 법을 듣지 못하느니라.
항하강의 모래 같은 무수한 겁 지나도록
날 적마다 귀먹고 말 못하는 불구 되어
지옥에서 지내기를 정원에서 노닐듯이
여러 악도 드나들길 자기 집을 가듯 하며
낙타 나귀 돼지 개 등 나는 곳에 태어나리니
이 경을 비방한 탓 이런 죄보 받느니라.
사람으로 태어나도 귀머거리 소경이나
벙어리 되어 빈궁하고 여러 가지
못난 꼴로 스스로를 꾸미되 수종이나
소갈증과 옴과 문등병과 등창 등
이와 같은 병들로 옷을 삼으며
몸이 항상 악취 나는 곳에 있어서
더러운 때가 묻어 깨끗하지 않으며
아견에 집착하여 성내는 일 더욱 늘고
음욕이 치성하여 금수조차 안 가리니
이 경을 비방한 탓 이런 죄보 받느니라.
사리불아 이르노니 이 경을 비방한 자
그 죄를 말하려면 겁 다해도 끝이 없어
이러한 인연으로 너에게 말하노니

지혜 없는 사람에겐 이 경을 설하지말라.

만일 근기 예리하고 지혜 밝으며
많이 듣고 잘 알면서 부처님 법 구하는 이
있거든 이와 같은 사람에게 설할지니라.
어떤 사람 일찍이 억백천의 부처 뵙고
모든 선근 심었으며 마음 깊고 견고하면
이와 같은 사람에게 이 경을 설할지니라.
어떤 사람 정진하여 자비심을 항상 닦아
신명 아니 아끼거든 이 경을 설할지니라.
어떤 사람 공경하여 다른 마음 전혀 없고
범속하고 어리석은 무리를 멀리하고
홀로 산속이나 못가에서 지내면
이와 같은 사람에게 이 경을 설할지니라.
또한 사리불아. 만일 어떤 사람이
악지식[88]을 멀리하고 선우[89]와 친근함을
보거든 이와 같은 사람에게 설할지니라.
어떤 불자 계를 지녀 맑고 깨끗함이
명주처럼 맑게 하고 대승경을 구하거든

---

88 악지식(惡知識): 옳지 않은 법[邪法]을 말하여 다른 이를 정법에서 멀어지게 하는 사람.

89 선우(善友): 깨달음으로 이끌어주는 좋은 벗.

이와 같은 사람에게 이 경을 설할지니라.
어떤 사람 성 안 내고 마음 곧고 부드러워
모든 중생 연민하고 부처님들 공경커든
이와 같은 사람에게 이 경을 설할지니라.
다시 어떤 불자가 대중들 가운데서
청정한 마음으로 갖가지의 인연 비유
말씀으로 법 설함에 걸림 없으면
이와 같은 사람에게 이 경을 설할지니라.
만일 어떤 비구가 일체지를 위하여서
사방으로 법 구하며 합장하고 받들면서
오직 대승경전 받아 지님 좋아하고
다른 경은 한 게송도 받아들이지 아니하면
이와 같은 사람에게 이 경을 설할지니라.
어떤 사람 지극한 마음으로 부처님의
사리를 구하듯 대승경을 구하며
얻은 뒤엔 받들어 지니면서 이 사람이
다시는 다른 경전 구할 뜻이 없고
또한 외도 서적 생각하지 아니하거든
이와 같은 사람에게 이 경을 설할지니라.
사리불아 이르노니 내가 이와 같은
모습으로[90] 불도 구하는 이를 말한다면

겁이 다해도 다하지 못하리라.
이와 같은 사람들은 능히 믿고 이해하리니
너는 응당 이들 위해 묘법연화경을 설할지니라.

90 앞에서 간략하게 말한 법화경을 설할 수 있는 열 가지의 모습을 말한다.

제4 신해품(信解品)

이때 혜명 수보리[1]와 마하가전연과 마하가섭과 마하목건련이 부처님으로부터 미증유의 법을 듣고, 또 세존께서 사리불에게 아뇩다라삼먁삼보리의 수기하심을 보고 희유한 마음이 일어나 뛸듯이 기뻐하였습니다. 곧 자리에서 일어나 옷을 단정히 하고 오른쪽 어깨를 드러내고 오른쪽 무릎을 꿇고 일심으로 합장하고 몸을 굽혀 공경하며 존안을 우러러보면서 부처님께 말씀드렸습니다.

"저희들이 대중들 가운데 상수제자(上首弟子)[2]로서 나이가 들어 육신이 노쇠하여 스스로 생각하기를, '이미 열반을 얻었기 때문에 더 할 일이 없다.' 하여 더 이상 아뇩다라삼먁삼보리를 구하려 하지 않았습니다.

세존께서 예전부터 설법하심이 오래 되셨는데, 저희들은 그때부터 자리에 있었으나 이미 몸이 늙고 피로하여 다만 공(空), 무상(無相), 무작(無作)[3]만 생각하고, 보

---

1 혜명 수보리(慧命須菩提): 해공제일(解空第一) 수보리를 말한다. 공의 지혜[空慧]를 생명으로 삼았다 하여 혜명이라 한다.

2 상수제자(上首弟子): 승가의 우두머리 제자. 해공제일 수보리와 논의(論議)제일 마하가전연, 두타(頭陀)제일 마하가섭, 신통제일 마하목건련 등의 4대 제자들이 사리불에 이어 상수제자로 등장하여 깨달은 바를 부처님께 아뢰는 장면이다.

3 공(空)·무상(無相)·무작(無作): 해탈을 얻는 세 가지 문이라 하여 삼해

살의 법(法)인 신통을 즐기면서 불국토를 깨끗이 하고 중생을 성취시키는 일[4]은 즐거워하지 않았습니다. 왜냐하면 세존께서는 저희들로 하여금 삼계에서 벗어나 열반을 얻도록 하셨으며, 또 이제 저희가 늙고 노쇠한 탓에 부처님께서 보살을 교화하시는 아뇩다라삼먁삼보리에 대하여는 조금도 좋아하거나 즐거운 생각을 내지 않았습니다.

저희들이 지금 부처님 앞에서 성문들에게 아뇩다라삼먁삼보리의 수기하심을 듣고 마음이 크게 기뻐 미증유(未曾有)를 얻었습니다.[5] 생각지도 아니하다가 이제 홀연히 희유한 법을 들으니 매우 기쁘고 즐거우며, 크고 좋은 이익을 얻었으니 구하지 아니한 한량없는 진귀한 보배를 저절로 얻은 것과 같습니다.

세존이시여, 저희들이 이제 비유를 들어서 이 뜻을

탈문(三解脫門) 또는 삼공문(三空門)이라고 한다. 일체가 인연따라 이뤄지므로 공하다고 관하는 공(空)해탈문, 공하므로 차별된 모양이 없다고 관하는 무상(無相)해탈문, 모습이 없으므로 일체에 구할 것이 없다고 관하는 무작(無作)해탈문을 말한다. 무작해탈문은 무원(無願)해탈문이라고도 한다.

4 중생을 성취시키는 일: 중생을 교화하여 대승[일불승]으로 나아가게 하는 일.

5 상근기인 사리불은 제2 「방편품」의 가르침[法說]을 듣고 곧바로 깨달았으나, 중근기인 이들 4대 성문은 제3 「수기품」에서 사리불이 수기를 받음과 '불타는 집의 비유'[譬說]를 들은 뒤에야 깨닫는 모습을 보인다.

밝히겠습니다.

어떤 사람이 어린 시절에 아버지를 버리고[6] 도망하여 나가 다른 나라[7]에서 오래 머무르기를 10년, 20년 혹은 50년[8]에 이르렀습니다. 나이가 이미 들었으나 매우 가난하여 사방으로 떠돌면서 옷과 음식을 구하다가 우연히 본국으로 향하였습니다.

그의 아버지는 일찍이 아들을 찾아 나섰다가 찾지 못하고 중도에 한 성(城)에 머물러 살았습니다. 그 집은 크고 부유하여 재물과 보배[9]가 한량없고 금 · 은 · 유리 · 산호 · 호박 · 파리 · 진주 등이 창고마다 가득했고, 노비와 시종과 각종 관리인이 많았으며, 코끼리와 말, 수레, 소, 양이 무수히 많았고, 들어오고 나가는 이잣돈[10]이 다른 나라에까지 미치어 상인[商估]과 고객(賈客)[11]이 매우 많았습니다.[12]

6 어버지를 버리고: 수행의 경계에서 퇴전하여 물러났음을 뜻한다.

7 다른 나라: 열반의 법계(法界)는 부처님의 나라[自國]이나, 생사오욕(生死五欲)은 타국(他國)이다.

8 50년: 10년은 천도, 20년은 인도, 50년은 지옥, 아귀, 축생, 인, 천의 오도(五道)를 떠돌았음을 비유.

9 재물은 복덕을, 보배는 반야의 지혜를 뜻한다.

10 이잣돈[息利]: 대승의 가르침으로 중생을 이롭게 하며, 교화한 공덕이 자신에게 돌아옴을 뜻한다.

11 상고(商估)는 거처 없이 장사하는 상인이며, 고객(賈客)은 상점에서 장사하는 사람이다.

12 부처님께서 가르침을 감당할 근기가 없는 곳에서는 잠시 교화를 접지만

그때 빈궁한 아들[窮子][13]은 여러 마을을 떠돌아다니다가, 여러 나라의 도시와 성을 거쳐 마침내 그 아버지가 머무르고 있는 성[14]에 이르렀습니다.

아버지는 늘 아들을 생각하였으나 아들과 이별한 지 50여 년이 되도록 남들에게 이 일을 말하지 않고, 오직 혼자서 마음속으로 뉘우치며 한탄하였습니다.

'나는 이제 늙었는데 재물이 많아서 금·은과 진귀한 보배가 창고에 가득한데도 자식이 없으니, 어느 때든지 죽고 나면 재물은 모두 흩어질 텐데 전해줄 이가 없구나.' 이렇게 은근히 그 아들을 기다리면서 다시 생각하기를, '내가 만일 아들을 만나서 재물을 전해주면[15] 기뻐서 다시는 근심과 걱정이 없으리라.' 하였습니다.

세존이시여, 이때 빈궁한 아들은 품팔이를 하며 이리저리 다니다가 우연히 아버지의 집에 이르렀습니다. 대문 옆에 서서 멀리서 그 아버지를 바라보니, 사자좌상에 걸터앉아 보배 궤짝에 발을 올려놓았는데 많은 바라문과 왕족과 거사들이 공경하여 에워싸고 모셨으며, 천만금이나 나가는 진주 영락으로 그 몸을 치장했고, 관리인

다른 곳에서는 교화를 멈추지 않는다는 것을 의미한다.

13 빈궁한 아들[窮子]: 오도(五道)에 머물러 있는 중생을 비유.

14 성(城): 유여열반을 가리킨다.

15 재물을 전해주면: 부처님의 기(記)를 주고받는 것을 비유.

과 시종들이 손에 백우선[白拂][16]을 들고 좌우에 모시고 섰으며, 보배휘장으로 위를 덮고 화번(華幡)을 드리웠으며, 향수를 땅에 뿌리고 갖가지의 이름난 꽃을 흩으며, 보물을 늘어놓아 내어주고 받아들이는 등 이와 같이 갖가지로 장엄하여 위엄이 아주 높고 훌륭해 보였습니다.

빈궁한 아들은 그 아버지가 큰 세력을 가진 것을 보고는 곧 두려운 생각을 품어[17] 이곳에 온 것을 후회하면서 이렇게 생각하였습니다.

'저분은 아마 왕이거나 혹은 왕과 같은 사람일 터이니 내가 품을 팔아 삯을 얻을 곳[18]이 아니다. 차라리 가난한 마을에 가서 열심히 일하여 옷과 음식을 쉽게 얻는 것이 낫겠구나. 만일 이곳에서 오래 머물다가 혹 눈에 띄면 나를 잡아 강제로 일을 시킬 것[19]이다.'

이렇게 생각하고는 빨리 달아났습니다.

이때 부호인 장자는 사자좌에서 아들을 즉시 알아보고 크게 기뻐서 이렇게 생각하였습니다.

'나의 재물과 창고를 이제야 맡길 곳이 있구나. 내가

16 백우선[白拂]: 백불(白拂)은 흰 깃털로 만든 불자(拂子), 즉 먼지털이개이나, 문맥으로 보면 '흰 깃털부채[白羽扇]'를 가리킨다.

17 근기가 열등해 대승의 가르침을 두려워하는 것을 말한다.

18 소승에서는 과(果)의 증득을 위해 인(因)을 닦으므로, 품팔이 하는 사람이 값을 미리 생각하는 것과 같음을 비유한다.

19 소승을 원하고 있으나, 대승의 보리심을 일으키게 할 것이기에 강제로 일을 시킨다고 하였다.

항상 이 아들을 생각하였으나 만날 수 없더니, 홀연히 스스로 오니 내 소원이 드디어 이루어졌구나. 나는 비록 늙었으나 오히려 재산을 탐하고 아꼈노라.'[20] 하고, 곧 옆에 있는 사람을 보내어 급히 쫓아가서 데려오게 하였습니다.

이때 데리러 간 사람이 급히 쫓아가서 붙드니, 빈궁한 아들이 놀라서 크게 부르짖어 원망하되, '나는 아무런 잘못이 없는데 왜 잡으려 하는가?' 하였습니다. 심부름꾼이 더욱 단단히 붙들고 급히 끌고 가려고 하니, 그때 빈궁한 아들은 스스로 생각하되, '아무런 죄도 없이 붙잡혔으니, 반드시 죽게 되리라.' 하고 더욱 겁을 먹고 기절해서 땅에 쓰러졌습니다.

아버지는 멀리서 이 광경을 보고 심부름꾼에게 말하기를, '그 사람을 억지로 붙잡아 오지 말라. 그 얼굴에 냉수라도 끼얹어 깨어나게 하고 제정신이 들더라도 아무 말도 하지 말라.'고 하였습니다.

왜냐하면 아버지는 아들의 마음이 작고 졸렬함을 알고, 자기의 신분이 높아 아들이 가까이하기 어려워함을 알았기 때문입니다. 분명히 자기 아들인 줄 알지마는 방편을 써서 다른 사람에게는 자기 아들이란 말을 하지 않

---

20 미래에 제도할 사람들을 위하는 까닭에 '아꼈다'고 하며, 지금 스스로 왔으므로 걱정이 없어져 '소원이 이루어졌다'고 말한다.

고 심부름꾼을 시켜 말하기를, '내가 이제 너를 놓아줄 터이니, 마음대로 가라.'고 하였습니다.

빈궁한 아들은 매우 기뻐서 미증유를 얻고 땅에서 일어나 가난한 마을로 가서 옷과 음식을 구하였습니다.

이때 장자는 그 아들을 달래어 데려오려고 방편을 써서 형색이 초라하고 위덕이 없어 보이는 두 사람을 비밀리에 보내면서[21] 이렇게 말하였습니다.

'너희들은 거기 가서 그 사람에게 넌지시 말하기를, 저기 일할 곳이 있는데 품삯을 배로 준다[22]고 하여, 빈궁한 아들이 허락하면 데리고 와서 일을 시켜라. 만약 무슨 일을 하느냐고 묻거든 거름[便]을 치우는 일[23]이라 말하고, 우리 두 사람도 너와 함께 일을 한다고 하여라.'

그때 두 사람이 곧 빈궁한 아들을 찾아가서 시키는 대로 말하였습니다. 빈궁한 아들은 먼저 품삯을 받고[24] 거름을 치우거늘, 그 아버지는 아들을 보고 불쌍하고 괴

---

21 보살을 2승으로 변신시켜 대승의 가르침을 숨기고 소승의 가르침을 보이므로, 비밀리에 두 사람을 보낸다고 했다.

22 외도들의 가르침은 번뇌를 억제할 뿐이지만, 사제(四諦)와 12인연은 번뇌를 끊어 열반에 이르게 하므로 품삯을 배로 준다고 했다.

23 거름[便]을 치우는 일: 변(便)이란 똥 오줌 따위의 더러운 것이니, 혹(惑)과 업(業)의 번뇌의 찌꺼기를 비유한다. 거름을 치우는 일은 곧 생사의 번뇌를 없애는 것이다.

24 먼저 품삯을 받고: 사제(四諦)에서는 해탈이라는 과(果)를 보이는 멸제(滅諦)을 먼저 설한 뒤에, 그 인(因)이 되는 팔정도의 도제(道諦)를 설한다. 2승의 수행이 과(果)를 목적으로 인(因)을 행함을 비유한다.

이하게 생각하였습니다.

그러다가 어느 날 창 너머로 멀리 아들을 바라보니, 몸은 말라 야위어 초췌하고 먼지와 오물이 온몸에 가득하여 더럽기 짝이 없었습니다.

장자는 곧 영락과 화사한 의복과 장신구를 모두 벗어버리고, 때 묻은 허름한 옷으로 갈아입고 흙과 먼지를 몸에 묻히고 오른손에는 거름치는 도구를 들고 나가 두려워 보이는 모습으로 일꾼들에게 말했습니다.

'너희들은 부지런히 일하고 게으름을 피우지 말라.'

그러한 방편으로 아들에게 가까이 다가갔습니다.

그 후에 다시 아들에게 말하기를 '이 사람아, 너는 항상 여기에서 일하고 다른 곳에 다시 가지 말라. 그러면 품삯도 올려줄 것이니, 필요한 물건들인 그릇과 쌀 · 밀가루 · 소금 · 식초 등 무엇이든 어려워하지 말고 말하여라. 또 늙은 일꾼도 쓸 일이 있으면 붙여줄 것이니 걱정 말고 마음을 편안히 가져라. 나는 너의 아버지와 같으니 다시는 염려하지 말아라.

왜냐하면 나는 늙고 너는 젊었으며, 너는 항상 일할 때 속이거나 게으르거나 성내거나 원망하는 말이 전혀 없으니, 도무지 네게서는 이러한 나쁜 점을 다른 일꾼에게서처럼 보지 못하기 때문이니라. 이제부터는 내가 낳은 친아들처럼 생각하리라.' 하였습니다. 장자는 곧 그에게 이름을 다시 지어주고 아들이라고 불렀습니다.

이때 빈궁한 아들은 이러한 대우를 받는 것이 기뻤으나, 여전히 스스로는 머슴살이하는 천한 사람이라고 여기니[25] 20년 동안 항상 거름만 치우게 하였습니다.

이렇게 지낸 뒤부터는 마음을 서로 알고 믿게 되어 친해져서[26] 집 안을 허물없이 드나들었으나[27] 거처하는 곳은 여전히 본래 있던 곳이었습니다.

세존이시여, 이때 장자는 병이 나서 스스로 오래지 않아 죽을 것을 알고 빈궁한 아들에게 말하였습니다.

'나에게는 지금 많은 금 · 은[28]과 진귀한 보배가 창고마다 가득하니, 그 속에 있는 재물의 많고 적음과 취할 것과 주어야 할 것[29]을 네가 다 알아두어라. 나의 뜻이

---

25 천한 사람이라고 여기니: 아직 소승의 가르침에서 벗어나지 못하여 대승의 근기가 일어나지 않았음을 말한다.

26 서로 알고 믿게 되어 친해지다: 아들로서는 소승에는 해탈이라는 과보가 있으며, 보살을 위해 대승을 설한다는 것을 알고, 아버지는 이제 아들이 미혹에서 벗어나 대승을 들어도 받아들이리라는 믿음을 갖게 된 것을 말한다.

27 허물없이 드나들다: 소승과 대승을 받아들임에 거리낌이 없는 것을 말한다.

28 금은 별교(別敎)의 도리, 은은 통교(通敎)의 도리를 가리키며, 창고란 정혜(定慧)의 곳간을 말한다. 천태종에서는 부처님의 일대 교설을 내용과 방법에 따라 장교(藏敎) · 통교 · 별교 · 원교(圓敎)의 4종으로 나누는데 이를 화법사교(化法四敎) 또는 천태사교(天台四敎)라 한다.

29 취할 것과 주어야 할 것: 취할 것은 자기 수행[自行]이고, 주어야 할 것

이러하니 너는 나의 마음을 받아서 행하여라. 왜냐하면 이제 나와 너는 다름이 없기 때문이니,[30] 마땅히 마음을 더욱 써서 재물을 허비하여 잃어버림이 없게 하라.'

이때 빈궁한 아들은 즉시 명을 받고 금·은과 진귀한 보배 등 여러 가지 재산과 모든 창고를 맡았으나, 밥 한 그릇 만큼도 취할 마음이 없었고 거처하는 곳도 예전 그대로이며, 졸렬한 마음도 아직 버리지 못하였습니다.

다시 얼마를 지난 뒤에 아버지는 아들의 마음이 점점 열리고 편안해져 큰 뜻을 성취하여 스스로 예전의 마음을 비루하게 여기고 있음을 알았습니다.

장자는 죽을 때가 이르자, 아들을 시켜 친척과 국왕과 대신과 왕족과 거사들을 모두 모이게 하고[31] 곧 스스로 선언하였습니다.

'여러분은 마땅히 아시오. 이 아이는 나의 아들이며 나의 소생이오. 어느 성에서 나를 버리고 도망하여 고생하기가 50여 년[32]이었소. 이 사람의 본래 이름은 아무

은 중생 교화[化他]이다.

30 아버지와 아들이 본래의 성품[本性]에서는 다를 게 없다는 뜻. 온갖 현상이 진여(眞如) 그 자체로 다름이 없으므로 여래와 제자들 또한 절대평등임을 밝히고 있다.

31 대승의 근기가 성숙한 사람들이 시방에서 모여든 것을 이른다.

32 50여 년: 중생들이 6취(六趣)를 두루 거침을 50여 년으로 비유했다. 지옥·아귀·축생·인간·천상을 각각 10년씩, 아수라를 '여년(餘年)'으로 표현한 것으로 본다.

개이며, 나의 이름은 아무개이오. 예전부터 고향에서 무척 걱정하며 찾아다녔는데 뜻밖에 여기에서 만나게 되었소. 이 사람은 참으로 나의 아들이요, 나는 그의 아버지이니, 지금부터 내가 가진 모든 재물은 모두 다 이 아들의 소유가 되며, 예전부터 출납하던 것도 이 아들이 알아서 할 것이오.'

세존이시여, 이때 빈궁한 아들은 아버지의 이 말을 듣고 크게 기뻐하며 일찍이 없던 것을 얻고 스스로 생각하기를, '나는 본래 이 재산에 대해 바라는 마음이 없었는데 이제 이 보배 창고[寶藏]가 저절로 들어왔구나.' 하였습니다.

세존이시여, 부호인 장자는 곧 여래이시고, 저희들은 모두 부처님의 아들과 같사오니, 여래께서는 항상 저희를 아들이라고 하셨습니다.

세존이시여, 저희들이 세 가지의 괴로움[三苦][33] 때문에 생사 중에서 갖은 고통[熱惱]을 받으면서도 미혹하고 아는 것이 없어 소승법을 좋아하고 집착하였습니다. 오늘 세존께서는 저희들로 하여금 밝게 생각하여 제법에

---

33 세 가지의 괴로움[三苦]: 살아가는 데 따르는 세 가지의 괴로움. 생로병사의 괴로움인 고고(苦苦), 사랑하는 것이 멸함에서 오는 괴로움인 괴고(壞苦), 세상이 무상하여 일어나는 괴로움인 행고(行苦)를 말한다.

대한 희론의 오물[糞]을 버리라고 하셨으나, 저희들은 작은 법 가운데서 부지런히 정진하여 하루의 품삯 같은 열반[34]에 이르렀습니다. 이것을 얻고는 마음이 크게 기쁘고 즐거워 스스로 만족하게 여기고 말하되, '불법 가운데서 부지런히 정진한 까닭으로 소득이 매우 많다'고 하였습니다.

그러나 세존께서는 저희들의 마음이 부질없는 욕망에 집착하여 소승법을 좋아함을 미리 아시면서도 내버려두시고, '너희에게도 마땅히 여래의 지견보장(知見寶藏)의 몫이 있다.'고 분별하여 주시지 않으셨습니다.

세존께서는 방편력으로 여래의 지혜를 말씀하셨으나, 저희들은 부처님을 따라 열반이라는 하루의 품삯을 얻고는 큰 소득을 얻었다고 하여 대승법을 구하려는 생각이 없었습니다. 저희들은 또 여래의 지혜로써 모든 보살들에게 열어 보이며 설법하면서도 스스로는 여기에 서원을 세운 적이 없었습니다.

왜냐하면 부처님께서는 저희들이 소승법을 좋아함을 아시고 방편력으로 저희들의 근기에 따라 말씀하셨지만, 저희들은 스스로 참된 부처님의 아들인 줄을 미처 몰랐기 때문입니다.

---

34 하루의 품삯 같은 열반: 소승의 열반. 열반을 얻었지만 견사혹(見思惑)을 끊는 데 그쳤다는 뜻이다.

이제서야 저희들은 세존께서 부처님의 지혜에 아낌이 없으신 줄을 알았습니다. 왜냐하면 저희들이 예전부터 부처님의 참된 아들이면서도 다만 소승법을 좋아했기 때문이었으니, 만약 저희에게 대승을 좋아하는 마음이 있었다면 부처님께서는 곧 저희를 위하여 대승법을 설하셨을 것입니다.

지금 이 경에서는 오직 일불승만을 말씀하시니, 예전에 보살들 앞에서 성문들이 소승법을 좋아한다고 나무라셨으나, 부처님께서는 실은 대승법으로 교화하셨습니다. 그러므로 저희들이 말씀드리오니, 본래부터 바라는 마음이 없었는데 이제 법왕(法王)의 큰 보배가 저절로 들어와서 마치 부처님의 아들로서 얻을 것을 모두 얻음과 같습니다."

이때 마하가섭이 이 뜻을 거듭 펴려고 게송으로 말하였습니다.

저희들은　오늘에야　부처님의　말씀 듣고
뛸 듯이　기쁘오니　미증유를　얻었나이다.
부처님께서　성문들도　마땅히　부처님이
되리라고　설하시니　위없는　보배더미[35]

35 위없는 보배더미[無上寶聚]: 위없는 도[無上道]를 비유함.

구하지 않았음에도 저절로 얻었나이다.

비유하오면 어린아이 철이 없고 무지하여
아비 떠나 도망하여 다른 곳에 멀리가서
여러 나라 떠돌아 다니기를 50여 년.
그 아버지 걱정하여 사방으로 찾아다니다
지친 끝에 어느 한 성에 머무르며
큰 집을 지어 놓고 오욕락을 누렸나이다.
그 집은 큰 부자라 온갖 금은 자거 마노
진주 유리 코끼리와 말과 소 양과 가마
수레 전답 시종과 일꾼들이 많으며
주고받는 이잣돈이 타국까지 미쳤으며
장사꾼과 거간꾼이 없는 곳이 없는데
천만억의 사람들이 둘러서서 공경하고
항상 왕의 사랑을 받았으며
신하들과 호족들이 모두 존중 했나이다.
이런 까닭으로 왕래하는 사람 많고
부유함이 이와 같아 큰 세력을 가졌지만
나이 들어 쇠약해지니 아들을 걱정하는
마음 더욱 간절하여 밤낮으로 생각하기를
죽을 때는 다가오는데 어리석은 아들이

나를 떠난 지 50여 년 이로구나.
창고 속에 온갖 재물 어찌할까 했나이다.
이때 궁한 아들은 옷과 밥을 구하려고
이 마을 저 마을 이 나라 저 나라를
떠돌아 다니면서 혹은 소득이
있기도 하고 없기도 하는지라
굶주려서 야윈 몸엔 피부병까지 생겼는데
이곳 저곳 다니다가 아버지가 계시는
성에 이르러서 품팔이로 전전하다가
결국은 아버지 집 이르게 되었나이다.
이때 장자는 그 집의 문 안쪽에
보배 휘장 둘러치고 사자좌에 앉아 있고
권속이 에워싸고 여러 사람들이
모시고 호위하는데 혹은 금은 보물을
계산하거나 들어오고 나가는 재산을
문서에 자세하게 기록하고 있었나이다.
궁한 아들 아버지의 고귀하고 존엄함을
보며 이 사람은 국왕이거나 왕과 같은
사람이리라. 놀랍고 두려워서 괴이쩍게
여기다가 어찌하여 여기에 왔을까.
다시 생각하기를 내가 여기에

오래 있다가는 꼼짝없이 붙들려서
강제로 일을 하게 되리라.
이렇게 생각하고 재빨리 도망하여
가난한 마을 찾아 품을 팔려 하였나이다.
이때에 장자는 사자좌에 앉아
멀리서 그 아들을 잠자코 알아보고
곧 사람을 시켜 붙들어 오게 하니
궁한 아들 놀라 소리치며 어찌할 줄
모르다가 땅바닥에 쓰러지며 이 사람이
날 잡으니 필시 죽게 되었구나. 어쩌자고
옷과 밥을 구하려고 여기 왔는가 했나이다.
장자는 아들이 어리석고 변변치 못해
자신의 말 믿지 않고 아버지라는 것도
믿지 않을 줄을 알고 방편을 써서
다시 다른 사람 보내되 애꾸눈에
키가 작고 누추하여 볼품없고 덕이 없어[36]
보이는 사람을 보내면서 시켰나이다.
너는 가서 말하기를 품 팔 곳이 있으니
함께 가자 하고 똥거름을 치우면

36 '애꾸눈'은 공의 이치를 편벽되게 이해함을, '키가 작음'은 실상의 근원을 다알지 못함을, '누추함'은 대승의 장엄이 없음을, '볼품없음'은 사무외가 없음을, '덕이 없음'은 상락아정과 다름을 비유한다.

품삯을 두 배로 주리라고 하여라.
궁한 아들 그 말 듣고 기뻐하며 따라와서
똥거름을 치우고 모든 방과 집을
깨끗하게 하였나이다. 장자가 창문으로
그 아들을 항상 보니 아들이 어리석고
용렬하여 비루한 일 즐겁게 하는지라
이에 장자가 헤지고 때묻은
옷을 입고 거름 치우는 도구 들고
아들이 있는 곳으로 가서
방편으로 가까이하여 말하기를 부지런히
일하면 품삯을 더 주고 발에
바르는 기름과 먹을거리가 풍족하고
잠자리도 따뜻하게 해 주리라 하였나이다.
너는 부지런히 일을 해야 한다고
타이르고 또는 부드러운 말로
너는 나의 아들 같다고도 하였나이다.
장자는 지혜 있어 차츰차츰 집 안을
출입토록 하였는데 20년이 지난 뒤에
집안일을 보게 하여 금 은과 진주 파려
보여주며 들어오고 나가는 모든 재물
전체를 알아서 처리하게 하였나이다.

그럼에도 아들은 대문 밖 움막에서
지내면서 스스로 생각하되 나는
가난하여 이런 물건 없다고 하였나이다.
아버지는 아들의 마음이 점점
넓어짐을 알고 재물을 물려주고자
친족들과 국왕 대신 찰제리와 거사들을
모아 놓고 이들 대중에게 말했나이다.
이 사람은 나의 아들이오. 나를
떠나 타지에서 50년을 지내더니
아들이 스스로 와 만난 지가 20년이오.
지난 날 어느 성에서 이 아들을 잃고
이리 저리 찾아다니다 여기까지 온 것이오.
이제 내가 소유한 집과 사람들을
모두 아들한테 물려주어 제뜻대로
쓰게 할 것이오 라고 하였나이다.
아들이 생각하되 예전에는 가난하여
뜻과 마음 천박했는데 아버지의 처소에서
진귀한 보배와 집 일체의 재물을
크게 얻었노라 하면서 매우 크게
기뻐하며 일찍이 없던 것을 얻었나이다.

부처님도 또한 이와 같으시니 저희들이
소승법 좋아함을 아시고 일찍이
너희들도 성불하리라 말씀하지 않으시고
저희에게 온갖 번뇌 없음을 얻어
소승을 성취한 성문제자라 하셨나이다.
부처님께선 저희에게 최상의 도[37]를
닦아 익히는 자는 마땅히
성불한다고 설하라고 분부 하셨나이다.
저희들은 부처님의 가르침을 받들어
대보살을 위해서 모든 인연과
갖가지의 비유와 이야기와 변재로
위없는 도 설했나니 모든 불자들이
저희에게 법을 듣고 밤낮으로 생각하며
정성 다해 부지런히 닦고 익혔나이다.
이때 모든 부처님께서 그들에게
너희들은 오는 세상 마땅히 성불하리라
수기하시며 일체제불의 비밀스런 법장을
보살을 위해서만 진실을 설하시고[38]

37 최상의 도[最上道]: 일체가 공함을 깨닫는 지혜인 공반야(共般若)를 말한다. 삼승(三乘)을 위해 공통적으로 설한 반야경을 비롯한 대승경전의 반야 법문을 공반야라 한다.

38 대승보살을 위해 불공반야(不共般若)를 설했음을 말한다. 불공반야는 일승(一乘)의 보살을 위해 설한 것으로, 화엄경이 이에 속한다. 화엄경은

저희에겐 참된 요체 설하시지 않았나이다.
저 궁한 아들이 아버지를 가까이에서
모시면서 모든 보물을 알았으나
가지거나 바라는 마음이 없었듯이
저희들도 부처님 법의 보배 창고를
입으로는 설했으나 스스로는 원하는
뜻이 없었음이 또한 이와 같았나이다.
저희들은 안으로 번뇌를 끊은 것만
만족하게 여기고 오직 이 일 성취하면
다시 다른 일은 없는 줄 알았나이다.
저희들은 불국토를 깨끗하게 하고
중생을 교화하는 일을 듣더라도
도무지 기쁘거나 즐겁지 않았나이다.
그 까닭을 말하오면 일체의 온갖 법은
모두 다 공적하여 생도 없고 멸도 없고
큰 것도 없고 작은 것도 없으며
번뇌도 없고 번뇌 지음도 없다고
이와 같이 생각하여 좋아하지 않았나이다.
저희들은 기나긴 밤 부처님의 지혜를
탐내지 않고 집착하지 않았으며

부처의 지혜를 설한 경전이기에 성문과 연각은 완전하게 이해할 수 없다는 뜻에서 불공이라 한다.

뜻을 두거나 원하지도 아니하고
자기가 얻은 법을 구경이라 여겼나이다.
저희들이 기나긴 밤 공법(空法)을 닦아 익혀
삼계의 고뇌의 재앙에서 벗어나
최후의 몸인 유여열반[39] 머무르며
부처님의 교화 받아 허망하지 않은 도를
얻었으니 도를 얻고 나서
부처님의 은혜를 갚았다고 했나이다.
저희들은 비록 여러 불자에게 보살법을
설하여 불도를 구하도록 하면서도
이 법을 원하지도 좋아하지도 않았나이다.
부처님께서 보시고 버려둔 것은
저희 마음 살펴보신 까닭이니 처음에는
참된 이익 있노라고 권하시지 않았나이다.
마치 부유한 장자가 아들의 뜻
졸렬함을 알고서 방편력으로 그 마음을
부드럽게 하고 조복받은 뒤에야
일체 재물 물려주듯 부처님도 이와 같이
희유한 일 나타내시어 저희가 소승법을
좋아함을 아시고 방편력으로 그 마음을

39 유여열반(有餘涅槃): 번뇌를 다 끊어 공적(空寂)한 열반에 이르렀으나 아직 육신은 남아있는 상태.

조복받고 큰 지혜를 가르쳐 주셨나이다.
저희들이 오늘에야 미증유를 얻었나니
바라던 일 아니지만 지금 절로 얻었으니
저 빈궁한 아들이 한량없는 보배를
얻은 것과 같나이다. 세존이시여 제가 이제
도와 과를 얻었으며[40] 무루법에서 청정한
눈을 얻었나이다. 저희들이 오랜 세월
부처님의 청정한 계율 지니다가
오늘에야 비로소 그 과보를 얻었나니
법왕의 법 안에서 오랫동안 청정한
행을 닦은지라 이제 번뇌가
다하고 위가 없는 큰 과보를 얻었나이다.
저희들은 오늘에야 참된 성문 되었으니[41]
불도(佛道)의 소리 모든 중생에게 들려주며
저희들이 오늘에야 참된 아라한 되었으니[42]
모든 세간의 하늘 사람 마군이나
범천 등의 가운데서 널리 공양 받겠나이다.

---

40 '도(道)를 얻음'은 실상의 도를 얻음이며, '과(果)를 얻음'은 대승의 부분적인 과를 얻었음이니, 불지견(佛知見)이 열렸음을 뜻한다.

41 대승의 깨달음에 들어 부처님의 묘음(妙音)을 받아들일 수 있게 되었으므로 '참된 성문'이 되었다고 했다.

42 이제까지는 소승의 아라한이었으나 지금은 대승의 가르침에 들어 큰 과보를 얻었으므로 '참된 아라한[眞阿羅漢]'이 되었다고 하였다.

세존의 크신 은혜 희유한 일이어서
저희들을 불쌍히 여기고 교화하시어
이익 되게 하시니 한량없는 억겁엔들
누가 능히 갚으리까. 손과 발을 받들어서
머리 숙여 예경하며 온갖 것을 공양해도
다 갚을 길 없나이다. 머리 위에 받들거나
두 어깨에 메고서 항하의 모래 수
같은 겁을 마음을 다해 공경하고
맛이 좋은 음식과 한량없는 보배 옷과
침구와 온갖 탕약 바치고
우두전단과 진귀한 보배들로 탑묘를
세우고 보배 옷을 땅에 까는 등
이와 같이 공양하되 항하사 겁 하더라도
또한 능히 갚을 수가 없나이다.
제불께선 희유하사 한량없고 가없으며
생각조차 할 수 없는 큰 신통력 갖추시고
무루한 열반 이룬[43] 모든 법의 왕이시나
하열한 중생 위해 이런 일을 참으시며
상에 매인 범부에게 근기따라 설했나이다.
제불께선 법에 대해 최상의 자재함을

---

43 무루한 열반 이룬[無漏無爲]: 무위(無爲)는 진여(眞如), 열반 등과 같은 의미로 쓰인다.

얻으시어 중생들의 갖가지의 욕락과
뜻과 힘을 아시고 감당할 바를 따라
한량없는 비유로 법을 설했나이다.
중생들의 지난 세상 선근을 따라서
성숙하고 성숙하지 않은 자를 아시고
갖가지로 헤아려 분별하여 아시고는
일승도에서 근기따라 삼승으로 설했나이다.

제5 약초유품(藥草喩品)

이때 세존께서 마하가섭[1]과 여러 큰 제자들에게 말씀하셨습니다.

"장하고 장하도다, 가섭이여. 여래의 참되고 진실한 공덕을 잘 말하였으니, 참으로 그대의 말과 같으니라. 여래는 또 한량없고 끝없는 아승기(阿僧祇)[2] 수의 공덕이 있으니, 너희들이 만약 한량없는 억겁을 두고 말한다 하더라도 다할 수 없느니라.

가섭이여, 마땅히 알아라. 여래는 모든 법의 왕이므로 말하는 바가 모두 허망하지 않느니라. 모든 법에 대하여 지혜의 방편으로 설하였으나 그 설한 법은 모두 일체지지(一切智地)[3]에 이르게 하느니라. 여래는 모든 법이

---

1 마하가섭(摩訶迦葉): 대가섭(大迦葉). 바라문 출신으로 세존이 성도한 지 3년쯤 뒤에 부처님께 귀의하였다. 두타(頭陀)제일로 불리며, 세존이 입멸한 뒤 5백 아라한을 데리고 제1차 결집(結集)을 주도하였다. 부처님의 심인(心印)을 전해 받았다 하여, 부처님 이후의 법통을 말할 때 초조(初祖)가 된다. '가섭'이란 이름을 가진 또 다른 인물로 우루빈나가섭, 가야가섭, 나제가섭 등 가야 지역에서 귀의한 가섭 3형제, 녹야원의 초전법륜에서 제도한 5비구 가운데 한 사람인 십력가섭이 있다.

2 아승기(阿僧祇): 무한히 긴 시간 또는 무량의 큰 수로 항하사의 만 배라 한다. 부파불교에서는 보살이 서원을 세워 부처를 이루기까지 3아승기겁을 수행해야 한다고 말한다. 제1「서품」 주)87 참조.

3 일체지지(一切智地): 모든 것을 다 아는 지혜의 바탕 또는 그 지위. 일체지는 불지(佛智)를, 지(地)는 일체지가 일어나는 바탕[出所]이다. 따

돌아갈 곳을 관찰하여 알며, 또 일체중생이 깊은 마음으로 행하는 것을 다 알아서 통달하여 걸림이 없으며,[4] 또 모든 법의 궁극을 분명하게 잘 알아서 모든 중생에게 일체 지혜를 보이느니라.

가섭이여, 비유하면 삼천대천세계[5]의 산천과 계곡과 땅[6]에서 나서 자라는 초목과 숲과 온갖 약초들이 종류가 많고 이름과 모양도 각각 다르지만, 짙은 구름이 가득 퍼져 삼천대천세계를 두루 덮고 일시에 큰 비가 골고루 흡족하게 내리면, 모든 초목과 숲과 온갖 약초들의 작은 뿌리 · 작은 줄기, 작은 가지 · 작은 잎새, 중간 뿌리 · 중간 줄기, 중간 가지 · 중간 잎새, 큰 뿌리 · 큰 줄

라서 일체지지는 불과(佛果)의 자리를 말한다.

4 방편과 진실[權實]로 비추어보기에 '통달하여 걸림이 없다'고 했다. 앞에서 '모든 법이 돌아갈 곳을 관찰하여 안다'고 한 것은 방편의 비춤으로 약을 아는 일이며, '깊은 마음으로 행하는 일을 다 아는' 것은 진실의 비춤으로 병을 아는 것이다.

5 삼천대천세계(三千大千世界): 소천, 중천, 대천으로 이루어진 세계로 고대 인도인의 세계관에서 전 우주를 가리키는 말이다. 수미산을 중심으로 사대주(동승신주 · 북구로주 · 서우화주 · 남섬부주)가 있고 그 둘레를 9산(九山)과 8해(八海)가 둘러싸고 있는데, 이를 소세계(小世界)라 하며, 소세계가 1천 개가 모여 소천(小千)세계가 되며, 소천세계가 1천 개 모인 것이 중천(中千)세계, 중천세계가 다시 1천 개 모인 것이 대천(大千)세계이다. 천(千)이 3번 거듭되기에 삼천대천(三千大千)이라 한다.

6 대천세계는 중생세간(衆生世間)을, 산천과 계곡과 땅은 오음세간(五陰世間)을 비유한다.

기, 큰 가지 · 큰 잎새와 크고 작은 나무들이 상중하에 따라서 제각기 비를 받아들임과 같으니라. 한 구름에서 내리는 비를 맞으나, 그 초목의 종류와 성질에 맞추어서 자라고 크며 꽃이 피고 열매를 맺느니라. 비록 한 땅에서 나고 같은 비에 젖을지라도 여러 가지 초목이 각각 차별이 있느니라.

가섭이여, 마땅히 알아라. 여래도 또한 이와 같아서 세상에 출현함은 큰 구름이 일어나는 것과 같고, 큰 음성으로 온 세계의 하늘과 사람과 아수라에게 들리게 함은 저 큰 구름이 삼천대천국토를 두루 덮음과 같으니라.

그래서 대중 가운데서 이렇게 말씀하시느니라. '나는 여래 · 응공 · 정변지 · 명행족 · 선서 · 세간해 · 무상사 · 조어장부 · 천인사 · 불세존이니라. 제도 안된 자를 제도하고, 이해하지 못한 자를 이해하게 하며, 편안하지 않은 자를 편안하게 하고, 열반을 얻지 못한 자는 열반을 얻게 하리라.[7] 금세와 후세를 여실히 알아 나는 모

7 이 부분을, 제도 안된 자를 제도하고[중생무변서원도], 이해하지 못한 자를 이해하게 하며[법문무량서원학], 편안하지 않은 자를 편안하게 하고[번뇌무진서원단], 열반을 얻지 못한 자는 열반을 얻게 하리라[불도무상서원성]의 사홍서원(四弘誓願)으로 해석한다. 유사한 내용이 장아함경 · 도행반야경 등에 있으며, '사홍서원'이란 용어는 불퇴전법륜경 · 관미륵보살상생도솔천경 등에도 보이지만, 현재와 같은 사홍서원의 형태를 확립한 분은 천태 스님이다. 천태 스님은 석선바라밀차제법문에서 중생무

든 것[一切]을 아는 자[8]며, 모든 것을 보는 자[9]며, 도를 아는 자며, 도를 여는 자며, 도를 설하는 자[10]이니, 너희들 하늘과 사람과 아수라들은 다 이곳으로 오라. 법문을 들어야 하기 때문이니라.'

이때 한량없는 천만억 중생들이 부처님 계신 곳에 와서 법문을 들었느니라. 여래는 그때에 중생들의 근기가 예리하고 둔함과 정진하고 게으름을 살펴보고 그들이 감당할 수 있는 능력에 맞추어 갖가지로 무량한 법을 설하여 이들을 모두 기쁘고 즐겁게 하고 좋은 이익을 얻게 하였느니라.

이 모든 중생들이 이 법을 듣고는 현세에는 편안하고 다음생에는 좋은 곳에 태어나서 도를 닦아 즐거움을 받고 또한 법문을 듣게 되며, 법을 듣고는 모든 장애를 여의고, 모든 법 가운데서 능력에 따라 점점 깨달음을 얻

변서원도를 고제(苦諦)에, 번뇌무진서원단을 집제(集諦)에, 법문무량서원학을 도제(道諦)에, 불도무상서원성을 멸제(滅諦)에 대응시켰다.

8 모든 것을 아는 자[一切知者]: 여래는 과거세의 인연을 아는 숙명통, 미래세의 과보를 아는 천안통, 현세의 모든 번뇌를 끊는 누진통 등 삼명을 갖추었기에 현재와 미래의 인과를 여실히 안다고 말한다.

9 모든 것을 보는 자[一切見者]: 부처는 육안(肉眼)·천안(天眼)·혜안(慧眼)·법안(法眼)·불안(佛眼) 등 오안(五眼)을 갖추었기에 모든 것을 본다고 했다.

10 여래의 3업 청정을 말한다. 여래는 의업(意業)이 청정하기에 최상의 도를 알며, 신업(身業)이 청정하기에 최상의 도를 열어 보이며, 구업(口業)이 청정하기에 최상의 도를 설한다.

게[入道] 되느니라. 마치 저 큰 구름이 모든 초목과 숲과 약초에 비를 내리면 그 종류와 성질에 맞추어 흡족하게 비를 맞아 제각기 싹이 트고 자라남과 같으니라.

여래께서 설하는 법은 한 모양 한 맛[11]이니, 이른바 해탈상(解脫相)[12] 이상(離相)[13] 멸상(滅相)[14]으로 마침내 일체종지(一切種智)에 이르느니라. 어떤 중생이 여래의 법을 듣고 받들어 지니며 읽고 외우거나 설한 대로 수행하면 그 얻는 공덕을 스스로는 깨닫지 못하고 알지도 못하느니라. 왜냐하면 오직 여래만이 이 중생들의 종류와 모양과 본체와 성품과, 무엇을 기억하고 무엇을 생각하고 무엇을 닦으며, 어떻게 기억하고 어떻게 생각하고 어떻게 닦으며, 어떤 법으로 기억하고 어떤 법으로 생각하고 어떤 법으로 닦으며, 어떤 법으로 어떠한 법을 얻는가를 알기 때문이니라.

중생이 머무르는 갖가지 경지를 오직 여래만이 여실

---

11 한 모양 한 맛[一相一味]: 중생의 마음을 진여의 모습 그대로 동등하게 보므로 '한 모양[一相]'이고, 일승의 법비가 일체를 차별없이 골고루 적시기에 '한 맛[一味]'이라 한다.

12 해탈상(解脫相): 생사에서 벗어난 모습. 생사의 상(相)이 없다.

13 이상(離相): 모든 차별상을 떠난 적멸의 모습. 유무단상(有無斷常) 등의 양변을 떠난 중도의 지혜상. 열반의 상(相)이 없다.

14 멸상(滅相): 완전한 적멸에 이르러 무여열반까지 이룬 것. 생사와 열반의 상이 없다는 상(相)마저 떠난 모습이니, 이로써 오직 실상(實相)이 있을 뿐이므로 일상(一相)이라 한다.

하게 보시고 분명히 알아 걸림이 없느니라. 마치 저 초목과 숲과 온갖 약초들이 스스로는 상중하의 성품을 알지 못하는 것과 같으니라.

여래는 이 한 모양 한 맛의 법을 아시나니, 이른바 해탈상 · 이상 · 멸상과 궁극의 열반[15]인 항상 적멸한 모양[常寂滅相]이어서 마침내는 공(空)[16]으로 돌아가느니라. 부처님은 이러한 것을 알고 중생들의 마음과 욕망을 살펴 그에 따라 보호하나니, 이 까닭에 일체종지를 바로 설하지 아니하였느니라.

가섭이여, 그대들은 매우 희유하여, 여래께서 근기에 알맞게 설법하심을 알고 능히 믿고 받아 지니느니라. 왜냐하면 모든 부처님 세존께서 근기따라 설법하시는 것은 이해하기 어렵고 알기도 어렵기 때문이니라."

이때 세존께서 이 뜻을 거듭 펴시려고 게송으로 말씀하셨습니다.

유(有)[17]를 깬 법왕께서 이 세상에 출현하여

---

15 궁극의 열반[究竟涅槃]: 가장 높은 경지에 이른 열반, 곧 부처의 경계를 말한다.

16 중도(中道) 제일의공(第一義空)을 말한다. 해탈상 · 이상 · 멸상이 소승의 최종 목적이라면, 중도 공은 대승이 추구하는 상이다.

17 유(有): 업의 결과로 있는 미혹한 존재와 그 세계. 삼유(三有: 욕유 · 색유 · 무색유) 또는 삼계(三界: 욕계 · 색계 · 무색계)를 말한다.

중생들의 욕망따라 갖가지로 설법하되
여래께선 존귀하고 지혜는 깊고 멀어
그 요체[18]에 대해서는 오래도록 침묵하시고
빨리 설하시려 애쓰지 않았노라.
지혜 있는 이 들으면 믿고 이해 하겠지만
무지한 자 의심 품어 아주 잃게 되느니라.
가섭이여 그러므로 힘을 따라 설하여서
갖가지의 인연으로 정견 얻게 하느니라.
가섭이여 바로 알라. 비유하면 큰 구름이
세상에서 일어나 온갖 것을 두루
덮음과 같으니라. 지혜의 구름이
물기를 머금으면 번갯불이 번쩍이며
우뢰소리 진동하여 중생을 미리
기쁘게 하느니라. 햇볕을 가려서
땅 위는 서늘하고 짙은 구름 드리워져
손에 잡힐 듯하면 비가 두루 평등하게
사방에서 함께 내려 한량없이 흐르며
온 국토를 충분하게 적시면 산천이나
험한 골짝 깊숙한 곳에서 자라는
풀과 나무 약초들과 크고 작은 나무들과

18 요체: 법화 일승법을 의미한다.

백 가지 곡식의 싹 사탕수수 포도 등이
비에 젖어 풍족하지 아니함이 없으며
메마른 땅 고루 적셔 약초와 나무 무성하니
구름에서 나온 한 맛의 물에
초목과 숲 분수 따라 적셔지는 것이니라.
일체 모든 나무는 상중하[19] 등으로
크고 작음 맞추어서 제각각 생장하며
뿌리 줄기 가지 잎과 꽃과 열매 빛깔[20]이
같은 비에 적시어져 모두가 싱그럽고
윤택함을 얻나니 그 본체와 모습과
본성의 크고 작은 분수 따라 적셔지는
바는 같되 각각 달리 무성하게 자라느니라.

부처님도 이와 같아 세상에 출현함이
큰 구름이 온 세상을 덮음과 같으니라.
이미 세상 오셔서는 모든 중생 위하여서
모든 법의 실상을 분별하여 설하느니라.
큰 성인이신 세존께서 여러 하늘 사람들과
일체중생 가운데서 이렇게 선언하니라.
나는 여래이며 양족존[21] 이니라.

---

19 상중하(上中下): 별교 · 통교 · 삼장교의 보살을 비유.

20 꽃은 선인(善因), 열매는 선과(善果), 빛깔은 선지(善智)를 비유.

세간에 출현함은 큰 구름이 일체를
충분히 적시는 것과 같아서
메마른 중생들이 모든 괴로움을
여의게 하여 안온한 즐거움과
세간락[22]과 열반락[23]을 얻게 하느니
모든 하늘과 사람들은 일심으로 잘 듣고
모두 여기 와서 무상존[24]을 친견하라.
나는 세존이니 미칠 자가 없느니라.
중생들을 편케 하려 세상에 출현하여
대중 위해 감로의 맑은 법을 설하노라.
그 법은 한 맛으로 해탈이며 열반이니
한결같은 묘음으로 이 뜻을 널리 펴며
항상 대승 위해서 인연을 짓느니라.
나는 일체 살펴보되 널리 모두 평등하여
저것과 이것 사랑하고 미워하는 마음 없고
나는 탐내고 집착함이 없으며
또한 막히거나 걸림도 없느니라.

---

21 양족존(兩足尊): 부처님에 대한 존칭. 두 발로 걷는 존재들 중 가장 존귀한 분이라는 뜻. 또는 복덕과 지혜가 구족한 분, 앎[解]과 실천[行]이 구족한 분이라는 의미도 있다.

22 세간락(世間樂): 오욕(五欲)의 즐거움.

23 열반락(涅槃樂): 적멸에서 오는 즐거움.

24 무상존(無上尊): 모든 부처님의 통칭. 인간과 천상에서 가장 뛰어나고 위없는 덕을 지닌 분이라는 뜻.

항상 일체 위하여서 평등하게 법 설하되
한 사람을 위하듯이 대중에게도 그러하노라.
항상 법만 설했을 뿐 다른 일은 하지 않고
가고 오며 앉고 섬에 피로하거나 싫어하지
않았으니 세간을 만족하게 함이
비가 두루 적시듯 하느니라.
귀하거나 천하거나 높거나 낮거나
계를 지니거나 계를 깨뜨렸거나
위의를 갖췄거나[25] 갖추지 못했거나
정견이거나 사견이거나 총명한 근기이거나
둔한 근기이거나 평등하게 법의 비를
내림에 게으르거나 소홀함이 없느니라.

일체의 중생으로 나의 법을 듣는 이는
능력대로 받아 지녀 여러 지위 머무르니라.
사람이나 천인이나 전륜성왕[26] 제석천[27]과
범천의 왕이 되면 이는 작은 약초[28]니라.
무루법[29]을 알아 열반을 증득하고

---

25 위의구족(威儀具足): 모든 계행을 구족하게 지키는 것을 이른다.

26 전륜성왕: 인도 신화에서 윤보(輪寶)를 앞세워 천하를 통일하고 정법으로 세상을 다스린다는 이상적인 제왕. 제2「방편품」주)29 참조.

27 제석천: 수미산 꼭대기에 있는 도리천(忉利天)의 임금.

28 작은 약초: 아직 번뇌가 남아있는 인천(人天)을 비유.

육신통을 일으키며 삼명[30]을 얻고서
홀로 산림에서 항상 선정 행하여
연각을 증득하면 이는 중간 약초[31]니라.
세존 경지 구하여 나도 성불 하리라고
정진하여 선정 닦으면 이는 최상의 약초[32]니라.
또한 여러 불자들이 불도에 전념하여
항상 자비를 행하며 스스로
성불할 것을 알고 결정코 의심이
없으면 이를 작은 나무[33]라 하느니라.
신통력에 안주하여 불퇴전의 법륜 굴려
한량없는 억백천의 중생을 제도하면
이와 같은 보살은 큰 나무[34]라 하느니라.

---

29 무루법(無漏法): 번뇌를 다 끊어 더 이상 셀 것이 남아있는 않은 법.

30 삼명(三明): 육신통 중 숙명통 · 천안통 · 누진통이 삼명에 해당한다.

31 중간 약초: 성문(聲聞)과 연각(緣覺)의 이승(二乘)을 비유.

32 최상의 약초: 중생을 교화함에 이승보다 뛰어난 장교(藏敎)의 보살, 즉 소승의 보살을 비유.

33 작은 나무: 통교(通敎)보살을 비유. 중생구제의 서원에 따라 여러 존재로 태어나 중생을 교화한다고 한다.

34 큰 나무: 별교(別敎)보살을 비유. 자행(自行)과 화타(化他)가 높고 크기에 '큰 나무'라 불렀다. 천태종에서는 부처님의 일대 교설을 교화하는 방법, 곧 교리의 내용에 따라 장교(藏敎) · 통교(通敎) · 별교(別敎) · 원교(圓敎)의 4종으로 분류한다. 이를 화법사교(化法四敎) 또는 천태사교(天台四敎)라 한다.

부처님의 평등 설법 한 맛의 비와 같나
중생들은 성품 따라 받는 것이 다르나니
저 초목이 각기 달리 받는 것과 같으니라.
부처님은 이런 비유로 방편 열어 보이며
갖가지 말씀으로 한 법(一法)을 설하시니
부처님의 지혜에 있어서는 마치
바다의 한 방울 물과 같으니라.
내가 법의 비를 내려 세간 가득 채움에
한 맛의 법을 능력따라 수행함은
저 숲의 약초와 여러 나무들이
그 크고 작음따라 점점 자라나서
무성해짐 같으니라. 모든 부처님의
법은 항상 한 맛으로 온 세상 사람들이
널리 갖추어서 차례차례 닦고 행해
모두가 도과[35]를 얻게 하느니라.
성문이나 연각이 산림에 있으면서
최후 몸[36]에 머물러서 법을 듣고 과 얻으면
이는 약초가 각각 성장함을 얻음이며

---

35 도과(道果): 불도의 과(果). 즉 깨달음을 증득하는 것으로 열반을 말한다.

36 최후신(最後身): 윤회 생사가 끊기는 마지막 몸. 수행이 완성되어 불과(佛果)에 이르기 전의 몸으로 소승에서는 무여열반을 증득하는 아라한, 대승에서는 불과를 증득한 보살의 몸이다.

만일 여러 보살들이 지혜가 견고하여
삼계 도리 잘 깨달아[37] 최상승법 구한다면
이는 작은 나무가 성장함을 얻음이며
다시 선정 머물러서 신통력을 얻고
모든 법이 공함 듣고 마음 크게 기뻐하며
한량없는 광명 놓아 모든 중생 제도하면
이는 큰 나무가 성장함을 얻음이니라.

가섭이여 이와 같이 부처님의 설법은
큰 구름과 같아서 한 맛의 비로
사람 꽃을 적시어서 각각 열매를
이루게 하느니라. 가섭이여 바로 알라.
여러 가지 인연과 갖가지의 비유로
불도를 열어 보이나니 이는
나의 방편이요 제불 또한 그러하니라.
내가 이제 너희 위해 최상의 진실 말하나니
모든 성문은 다 멸도를 얻은 것이
아니니라. 너희들이 행할 바는 보살도[38]니

37 삼계의 도리를 잘 깨달아: 번뇌를 남김없이 끊는다는 뜻이다.

38 보살도(菩薩道): 보살이 불과(佛果)를 구하려고 닦는 수행. 이미 성문, 연각의 견사혹(見思惑)을 끊었으므로 보살도만 남았다는 의미이다. 천태종에서는 번뇌를 견사혹(見思惑) · 진사혹(塵沙惑) · 무명혹(無明惑)으로 분류한다. 이중 견사혹은 삼계의 중생의 알아차릴 수 있는 번뇌라 하여

점점 닦고 배우면 모두 마땅히
부처를 이루리라.

계내혹(界內惑)이라 하고, 진사혹과 무명혹은 성문과 연각이 알 수 없다 하여 계외혹(界外惑)이라 한다. 진사혹은 보살이 무수히 많은 차별 현상을 알지 못하여 중생을 구제하는 데 장애가 되는 번뇌이며, 무명혹은 일체법에 대하여 명료하지 못한 것, 곧 중도 제일의제(第一義諦)에 대해 미혹한 번뇌이다.

제6 수기품(授記品)

그때 세존께서 이 게송을 다 설하시고 여러 대중에게 이와 같이 선언하셨습니다.

"나의 제자 마하가섭은 미래세상에 마땅히 3백만억의 여러 부처님 세존을 뵙고 받들어 공양하고 공경하며 존중하고 찬탄하여, 여러 부처님의 한량없는 큰 법을 널리 펴다가 최후의 몸으로 성불하리니, 이름을 광명(光明)여래 · 응공 · 정변지 · 명행족 · 선서 · 세간해 · 무상사 · 조어장부 · 천인사 · 불세존이라 하리라.

나라 이름은 광덕(光德)이요, 겁의 이름은 대장엄(大莊嚴)이며, 부처님의 수명은 12소겁이요, 정법[1]이 세상에 머물기는 20소겁이며 상법도 20소겁을 머무르리라. 그 나라는 장엄하게 꾸며지고, 온갖 더럽고 악한 것과 기와 조각 · 자갈 · 가시덤불이나 깨끗하지 않은 오물이 없으며, 그 땅은 평평하고 반듯해서 높고 낮은 구릉과 언덕이 없으며, 유리로 땅이 되고 보배나무가 줄지어 서 있으며, 황금줄로 길 경계를 표시하고, 온갖 보배꽃을 흩어서 두루 맑고 깨끗하리라.

---

1 정법(正法): 불멸 후 5백년 간으로 이 기간에는 교법과 수행, 증과(證果)가 모두 구비된 때이다. 제3 「비유품」 주)21 참조.

그 나라의 보살은 한량없는 천억이며, 여러 성문들도 또한 헤아릴 수 없으며 마(魔)의 장난이 없으리라. 비록 마와 마의 백성이 있더라도 모두 다 불법(佛法)을 수호하리라."

이때 세존께서 이 뜻을 거듭 펴시려고 게송으로 말씀하셨습니다.

비구들아 이르노라. 내가 부처의 눈[2]으로
가섭을 보니 미래 오는 세상에서
수없는 겁을 지나 마땅히 성불하리라.
미래세에 3백만억 부처님 세존을
공양하고 받들면서 부처님의 지혜를
얻기 위해 청정한 행 깨끗하게 닦으며
일체의 위없는 지혜 닦고 익히어서
가장 높은 이족존[3]께 공양함을 마치고
최후의 몸으로 성불함을 얻으리라.
그 국토는 청정하여 유리로 땅이 되고

2 불안(佛眼): 5안(眼)의 하나. 모든 법의 참 성품[眞性]을 비춰 보는 부처의 눈.

3 이족존(二足尊): '두 발을 가진 존재 중에서 가장 높은 이'라는 뜻으로, 부처를 높여 이르는 말. 양족존(兩足尊)을 달리 이르는 말이다. 양족(兩足)은 복덕과 지혜, 계와 정, 대원과 수행을 원만하게 갖추었다는 뜻을 갖고 있다.

온갖 많은 보배나무 길가에 늘어서고
황금줄로 길 나누니 보는 사람 기뻐하리라.
항상 좋은 향기 나는 이름난 꽃 흩뿌리고
갖가지 기묘한 것들로 장엄되며
그 땅이 평정하여 언덕 구릉 없으리라.
헤아릴 수 없이 많은 보살 대중은
그 마음이 유연하여 큰 신통을 얻고
부처님들 대승경전 받들어 지니리니
여러 성문 대중으로 번뇌가 없는
최후의 몸을 받은 법왕의 아들[4]도
셀 수 없이 많아서 천안으로 볼지라도
능히 그 숫자를 알지 못하리라.
그 부처님 수명은 12소겁[5]이며 정법이
세상에 머무름은 20소겁이고 상법 또한
20소겁을 머무르리라. 광명세존의 그 일은
이와 같으리라.

이때 대목건련[6]과 수보리[7]와 마하가전연[8] 등이 모두

4 법왕의 아들[法王之子]: 법왕은 부처님, 그 아들은 보살을 말한다. 미래에 부처가 될 사람이므로 이렇게 부른다.

5 소겁(小劫): 사람의 목숨이 8만4천 세부터 100년마다 한 살씩 줄어서 10세 이르고, 다시 10세에서 100년마다 한 살씩 늘어서 8만4천 세에 이르는 동안. 제1「서품」주)100 참조.

송구스러워 일심으로 합장하고 부처님의 존안에서 잠깐도 눈을 떼지 않고 우러러보며 목소리를 함께하여 게송으로 말씀드렸습니다.

위대한 영웅이며 용맹한 세존이신
석가족의 법왕[9]이시여. 저희들을 가엾게
여기시어 부처님의 음성을 내려주소서.
저희 깊은 마음 아셔 수기하여 주신다면
감로수[10] 뿌려서 열을 식혀 청량함을
얻음과 같겠나이다. 마치 굶주리는
나라에서 와 뜻밖에 왕의 음식[11] 만났어도

---

6 대목건련(大目犍連): 보통 목건련으로 불린다. 마가다의 브라만 출신으로 처음에는 회의론자인 산자야에게서 사리불과 함께 도를 배우고 그 학문에 정통하여 각각 100명의 제자를 가르쳤다. 뒤에 사리불과 함께 200명의 제자를 이끌고 교단에 귀의하여 부처님의 가르침을 받고 신통제일(神通第一)의 영예를 얻었다.

7 수보리(須菩提): 십대제자 중 한 사람으로 반야 공(空)의 이치를 잘 알아 해공제일(解空第一)로 불린다. 십육 나한의 한 인물이기도 하다. 사위성의 장자 출신이다.

8 마하가전연(摩訶迦旃延): 십대제자 중 한 사람으로 논의를 펴는데 일가견이 있어 논의제일(論議第一)로 불린다. 서인도 아반티국 크샤트리아 출신으로 국왕 찬다파조다의 명을 받고 석가모니 부처님을 모시기 위하여 왔다가 출가하였다. 최초의 성과를 얻은 후 귀국하여 왕을 교화하여 불도에 들게 하고, 인도의 변방에 이르기까지 교화에 힘썼다.

9 석가족의 법왕(法王): 석가모니 부처님을 말한다.

10 감로수(甘露水): 부처님의 교법이 중생을 잘 제도하는 것을 비유하는 말로서, 가뭄이 든 산하대지에 비가 내리는 것에 비유하여 부처님의 법문을 감로라고 한다.

의심하여 감히 곧 먹지 못하다가
먹으라는 왕의 분부가 있으면
그때서야 먹듯이 저희들도 이와 같아
언제나 소승의 허물만을 생각하고
어찌해야 부처님의 위없는 지혜를
얻을지 알지 못했기에 비록
부처님의 음성으로 저희들도 성불한다는
말씀을 들었어도[12] 마음에는 오히려
근심과 두려움을 가졌으니 곧장
대왕의 음식을 먹지 못함과 같나이다.
만일 부처님의 수기를 받는다면
그때서야 마음이 편안하고 기쁘오리다.
위대한 영웅이시며 용맹하신 세존께선
항상 세상을 편안케 하려 하시니
원하옵건대 저희에게 수기 내려 주신다면
마치 굶주린 사람에게 먹으라고
하는 것과 같겠나이다.

이때 세존께서 여러 큰 제자들의 생각하는 바를 아시

11 왕의 음식[大王膳]: 일불승의 가르침을 비유.

12 제2「방편품」 중송에서 "1천2백 아라한도 마땅히 다 성불하리라"고 설하신 것을 가리킨다.

고 모든 비구들에게 말씀하셨습니다.

"이 수보리는 미래세상에서 3백만억 나유타[13]의 부처님을 뵙고 받들어 공양하고 공경하며 존중하고 찬탄하여, 항상 범행을 닦아서 보살도를 갖추고 최후의 몸으로 성불하리니, 이름을 명상(名相)여래 · 응공 · 정변지 · 명행족 · 선서 · 세간해 · 무상사 · 조어장부 · 천인사 · 불세존이며, 겁의 이름은 유보(有寶)요, 나라 이름은 보생(寶生)이라 하리라.

그 국토는 평탄하여 파리로 땅이 되고 보배나무로 장엄하였으며 언덕과 구릉, 모래와 자갈, 가시덤불이나 더러운 오물이 없고, 보배꽃이 땅을 덮어 두루 청정하리라. 그 나라 사람들은 모두 보배로 된 누대와 진귀하고 아름다운 누각에서 살리라. 성문제자는 한량없고 끝없어 숫자로나 비유로도 알 수 없으며, 보살 대중도 천만억 나유타로 셀 수가 없으리라.

부처님의 수명은 12소겁이요, 정법이 세상에 머물기는 20소겁이며, 상법 또한 20소겁을 머무르리라. 그 부처님은 항상 허공에 계시면서[14] 대중들을 위하여 법을 설하시어 한량없는 보살과 성문을 제도하여 해탈하게

---

13 나유타(那由他, nayuta): 아승기의 만 배가 되는 수이다.

14 해공(解空)제일인 수보리의 기별(記莂)이므로, 법공(法空)에 머물러 설법하는 것을 '허공(虛空)에서 설법'하는 것으로 표현하였다.

하시리라."

이때 세존께서 이 뜻을 거듭 펴시려고 게송으로 말씀하셨습니다.

비구들이여 지금 너희에게 이르노니
모두 일심으로 나의 말을 들을지어다.
나의 큰 제자 수보리는 마땅히
성불하리니 이름을 명상이라 하리라.
무수한 만억 부처 공양하며 부처님의
행하신 바를 따라 점점 큰 도 갖추어서
최후의 몸으로 32상을 얻으리니
단정하고 아름답기가 보배 산과 같으리라.
그 불국토 장엄하고 청정함이 으뜸이라
이를 보는 중생은 사랑하고 기뻐하지
않는 이가 없으리니 부처님은 그 안에서
무량중생 제도하리라. 그 부처님 법 가운데
모든 보살 근기가 예리하여 불퇴전의
법륜을 굴리리라. 그 나라는 언제나
보살로 장엄되고 모든 성문 대중들도
셀 수 없이 많은데 다 삼명[15]을 얻고

15 삼명(三明): 숙명명 · 천안명 · 누진명. 제3 「비유품」 주)72 참조.

육신통[16]을 갖추고 팔해탈[17]에 머물러서
큰 위덕이 있으리라. 그 부처님 설법하되
한량없는 신통과 변화를 나타내어
불가사의 하리니 항하강의 모래 같은
많은 하늘과 사람들이 다 함께
합장하고 부처님의 말씀 듣고 받들리라.
그 부처님 수명은 20소겁이며 정법이
세상에 머무름도 20소겁이며 상법 또한
20소겁을 머무르리라.

이때 세존께서 다시 모든 비구 대중에게 말씀하셨습

16 육신통(六神通): 천안통, 천이통, 타심통, 숙명통, 신족통, 누진통. 제3 「비유품」 주)73 참조.

17 팔해탈(八解脫): 색(色, 물질)과 무색(無色, 마음과 마음작용)에 대한 탐욕과 속박으로부터 해탈하여 멸진정에 이르는 여덟 가지 선정. ①마음속의 색욕(色慾)에 대한 탐욕을 버리는 부정관(不淨觀)을 닦는 것. ②마음속에 있는 색욕은 없어졌지만 이 상태를 유지하기 위해 바깥 대상에 대하여 부정관을 닦는 것. ③부정관(不淨觀)을 버리고 바깥 대상의 청정한 모습을 관하여 다시는 탐욕이 일어나지 않는 해탈에 머무는 것. ④공무변처(空無邊處)를 구족하여 물질[色]의 속박에서 벗어나 해탈에 머무는 것. ⑤식무변처(識無邊處)를 구족하여 허공(공간)이라는 속박에서 벗어나 해탈에 머무는 것. ⑥무소유처(無所有處)를 구족하여 식(識)에서 완전히 벗어나 해탈에 머무는 것. ⑦비상비비상처(非想非非想處)를 구족하여 식(識)에서 벗어난 상태인 무소유심(無所有心)마저 완전히 버려 유무(有無) 한계를 벗어나 해탈에 머무는 것. ⑧멸진정(滅盡定)에 들어 일체의 마음[心]과 마음작용[心所]'이 모두 소멸된 적정(寂靜)의 상태로 들어가는 것을 말한다.

니다.

"나는 지금 너희들에게 말하노라. 이 대가전연은 마땅히 미래세상에서 온갖 공양물을 갖추어 8천억 부처님을 받들어 공양하고 섬기며 공경하고 존중하리라. 모든 부처님이 멸도하신 뒤에는 각각 탑묘를 세우되 높이가 1천 유순이요, 가로와 세로는 똑같이 5백 유순인데, 금 · 은 · 유리 · 자거 · 마노 · 진주 · 매괴의 칠보로 이뤄지고, 온갖 꽃과 영락 · 바르는 향 · 가루 향 · 사르는 향과 증개 · 당번으로 탑묘에 공양하리라. 이렇게 한 후에 다시 2만억 부처님께 공양하기를 다시 이와 같이 하리라.

이 모든 부처님께 공양을 마친 뒤에 보살도를 갖추어 마땅히 성불하리니, 이름을 염부나제금광[18]여래 · 응공 · 정변지 · 명행족 · 선서 · 세간해 · 무상사 · 조어장부 · 천인사 · 불세존이라 하리라.

그 국토는 평탄하고 또 유리로 땅이 되며, 보배나무로 장엄하고 황금줄로 길 경계를 표시하고 미묘한 꽃으로 땅을 덮어, 두루 청정하므로 보는 이가 기뻐하리라.

---

18 염부나제금광(閻浮那提金光): '염부나제'는 염부 나무가 있는 곳, 즉 남섬부주(南贍部洲, 사바세계)를 말한다. 염부 나무의 과실이 강가에 떨어지면 모래를 금빛을 물들이는데 그 빛깔이 매우 아름다워 최상이라고 한다. 논의제일인 가전연의 성품과 지혜가 무너지지 않고[金體] 빼어나[金光] 사바세계를 장엄하므로 '염부나제금광'이라 한다.

네 가지 악도인 지옥 · 아귀 · 축생 · 아수라가 없고, 하늘과 사람들이 많으며, 성문 대중과 보살이 한량없는 만억이나 되어 그 나라를 장엄하리라. 부처님의 수명은 20소겁이요, 정법이 세상에 머물기는 20소겁이며, 상법 또한 20소겁을 머무르리라."

이때 세존께서 이 뜻을 거듭 펴시려고 게송으로 말씀하셨습니다.

비구들이여 모두 일심으로 들을지어다.
나의 말은 진실하여 다름이 없느리라.
이 가전연은 갖가지의 묘하고도 좋은
공양물로 모든 부처님을 공양하고
제불께서 멸도한 뒤 칠보탑을 세우고
또한 꽃과 향으로 사리에 공양하고
그 최후의 몸으로 부처님의 지혜 얻어
등정각을 이루리라. 그 국토는 청정하여
한량없는 만억 중생 제도하고 해탈시켜
모두가 시방세계 공양을 받으리니
부처님의 광명을 넘어설 자 없으리라.
그 부처님 이름은 염부금강 이라 하며
일체 유[19]를 끊어낸 보살과 성문이

한량없고 셀 수 없이 그 나라를 장엄하리라.

이때 세존께서 다시 대중들에게 말씀하셨습니다.

"내가 지금 너희들에게 말하노니, 이 대목건련은 갖가지의 공양구로 8천의 모든 부처님께 공양하고 공경하며 존중하리라. 모든 부처님이 멸도하신 뒤에는 탑묘를 세우되, 높이가 1천 유순이요, 가로와 세로가 똑같이 5백 유순이 되리라. 금·은·유리·자거·마노·진주·매괴의 칠보를 모아 이루어지며, 여러 가지 꽃과 영락과 바르는 향·가루향·사르는 향과 증개·당번으로 공양하리라.

이런 일을 마친 뒤에 다시 2백만억 부처님께 공양하기를 또한 이와 같이 하고, 마땅히 성불하리라. 이름은 다마라발전단향(多摩羅跋旃檀香)여래·응공·정변지·명행족·선서·세간해·무상사·조어장부·천인사·불세존이라 하리라.

겁의 이름은 희만(喜滿)이요, 나라의 이름은 의락(意樂)이니라. 그 국토는 평탄하고 유리로 땅이 되고 보배나무로 장엄하고, 진주와 꽃을 흩어 두루 청정하여 보는

19 유(有): 여기서의 유는 생사 유정이라는 뜻. '일체 유를 끊는다'는 것은 온갖 생사를 끊어 일체의 윤회에서 벗어남을 말한다. 제5「약초유품」주)17 참조.

사람마다 기뻐하리라. 여러 하늘과 사람들이 많으며 보살과 성문들도 그 수를 헤아릴 수 없으리라. 부처님의 수명은 24소겁이요, 정법이 세상에 머무르기는 40소겁이며, 상법 또한 40소겁을 머무르리라."

이때 세존께서 이 뜻을 거듭 펴시려고 게송으로 말씀하셨습니다.

나의 제자 대목건련은 이 몸이 다한 뒤에
8천2백 만억의 제불 세존 친견하고
불도 위해 공양하고 공경하며 부처님들
처소에서 항상 청정한 행을 닦고
한량없는 겁 동안 불법 받들어 지니리라.
제불께서 멸도 후엔 칠보탑을 세우리니
금 찰간[20]을 세우고 꽃과 향과 기악으로
제불 탑묘 공양하고 점점 보살도를
다 갖추고 의락(意樂) 국에서 성불하리니
이름을 다마라발 전단향이라 하리라.
그 부처님 수명은 24소겁이며 항상
하늘과 인간 위해 불도를 설하리니
항하강의 모래 같이 한량없는 성문들이

---

20 금 찰간[金刹]: 금으로 된 찰간, 또는 금빛 찰간. 찰간은 탑 꼭대기에 세우는 깃대 모양의 장식물이다.

삼명 육통 갖추어서 큰 위덕이 있으며
무수한 보살들은 뜻이 굳고 정진하여
부처님의 지혜에서 물러나지 않으리라.
부처님 멸도 후에 정법은 40소겁
머무르며 상법 또한 그러하리라.
나의 제자로 위덕이 구족한 이
그 수가 5백이라 모두에게 마땅히
수기하니[21] 미래세에 모두가 성불하리라.
나와 너희들의 숙세의 인연을
내가 지금 설하리니 너희들은 잘들어라.[22]

---

21 5백 아라한의 수기에 대해서는 뒤의 제8「오백제자수기품」에서 자세히 설하고 있다.

22 여기까지가 삼주설법(三周說法)에서의 두 번째인 '비설주(譬說周)'이다. 제2「방편품」에서 정법을 설하고 제3「수기품」에서 사리불에게 수기를 내린 뒤[法說周], 비유를 들어 다시 개삼현일(開三顯一)의 일승법을 밝힌 뒤로 지금까지 가섭·수보리·가전연·목건련의 4대성문에게 수기를 주었지만[譬說周], 아직도 스스로의 성불을 확신하지 못하는 제자들을 위해 부처님과 제자들의 인연을 설[因緣說周]하겠다는 것이다. 삼주설법의 마지막인 '인연설주'는 제7「화성유품」부터 제9「수학무학인기품」까지이다.

제7 화성유품(化城喩品)

그때 부처님께서 여러 비구들에게 말씀하셨습니다.

"지나간 과거 한량없고 끝없는 불가사의한 아승기겁에 부처님이 계셨으니, 이름은 대통지승(大通智勝)여래[1]·응공·정변지·명행족·선서·세간해·무상사·조어장부·천인사·불세존이었느니라. 그 나라 이름은 호성(好城)이요, 겁의 이름은 대상(大相)이었느니라.[2]

비구들이여, 저 부처님은 멸도하신 지가 매우 오래되었으니, 비유하면 삼천대천세계[3]의 모든 땅덩이를 어떤 사람이 갈아서 먹을 만들어 동방 1천 국토를 지나서 티끌만한 점 하나를 떨어뜨리고, 또 1천 국토를 지나 다시 점 하나를 떨어뜨리되, 이렇게 계속하여 그 땅덩이로 된 먹이 다한다면, 너희들의 생각은 어떠하냐? 이 모든 국토를 산수를 가르치는 스승이나 그 스승의 제자가 그 국토의 끝을 알아 능히 그 수를 알 수 있겠느냐?"

---

1 대통지승(大通智勝)여래: 일승의 과불(果佛)로 깨달음의 본체이며, 자취로 보면 석가여래의 스승이다.

2 범어로 호성(好城, Saṁbhava)은 '탄생, 기원'의 뜻을, 대상(大相, Mahārūpa)은 '위대한 모습을 지닌 자'라는 뜻을 갖고 있다.

3 삼천대천세계(三千大千世界): 불교의 세계관에서 우주 전체를 가리키며, 부처의 교화가 미치는 세계의 범위를 말한다. 대천세계, 삼천세계로도 약칭한다. 제5「약초유품」주)5 참조.

"알지 못합니다. 세존이시여."

"비구들이여, 이 사람이 지나간 국토에서 점이 떨어진 곳이나 떨어지지 아니한 곳을 모두 부수어 티끌로 만들고 그 티끌 하나를 일겁이라 하더라도, 저 부처님이 멸도하신 지는 이 수보다 더 오래되나니 한량없고 가없는 백천만억 아승기겁이니라. 나는 여래의 지견력(知見力)[4]으로 그렇게 오래된 옛일을 오늘의 일처럼 보느니라."

이때 세존께서 이 뜻을 거듭 펴시려고 게송으로 말씀하셨습니다.

내가 과거세를 생각하니 한량없고
가없는 겁에 양족존이신 부처님이
계셨으니 명호가 대통지승 이셨느니라.
어떤 이가 힘을 써서 삼천대천 땅덩이를
남김없이 갈아 모두 먹으로 만들어서
1천 국토 지나서야 먹 한 점을 떨어뜨리되
이와 같이 전전하며 먹 한 점씩 떨어뜨려
모든 먹이 다한 뒤에 먹 떨어진 국토거나
떨어지지 않은 국토 이 모든 국토를

---

4 지견력(知見力): 부처가 반야 지(智)에 근거하여 자각하는 능력. 제법실상의 이치를 깨닫고 비춰보는 부처의 지혜력을 말한다.

다시 티끌 만들어서 한 티끌을 일 겁으로
친다고 할지라도 이 모든 티끌보다
그 겁의 수는 더욱 많나니 저 부처님
멸도하신 지는 이처럼 무량겁이라.
여래의 걸림 없는 지혜는 저 부처님
멸도하심과 성문과 보살 알기를
지금의 멸도를 보는 듯 하느니라.
비구들아 바로 알라. 부처님의 지혜는
맑고 미묘하며 번뇌 없고 걸림 없어
한량없는 겁의 일을 막힘 없이 다 아노라.

부처님께서 여러 비구들에게 말씀하셨습니다.

"대통지승 부처님의 수명은 5백40만억 나유타 겁이니라. 그 부처님이 처음 도량에 앉으시어 마군(魔軍)[5]을 깨뜨리고 아뇩다라삼먁삼보리를 얻으려고 하였으나, 여러 부처님의 법(法)이 앞에 나타나지 아니하여 1소겁에서 10소겁에 이르도록 결가부좌 하시고 몸과 마음이 부동(不動)하였지만, 여러 부처님의 법은 아직도 나타나지 않았느니라.

---

5 마군(魔軍): 불도를 방해하는 온갖 악한 일을 모두 마군이라고 한다. 석존이 성도할 때에 제6천(天)의 마왕이 권속을 거느리고 와서 훼방 놓았으나 이들을 모두 항복받았다. 제3「비유품」 주)15 참조.

이때 도리천의 천신들이 먼저 그 부처님을 위하여 보리수 아래에 사자좌(獅子座)[6]를 펴 놓았으니 높이가 일 유순(由旬)[7]이었는데, '부처님께서는 이 자리에서 아뇩다라삼먁삼보리를 얻으소서.' 하니, 이 자리에 앉으셨느니라.

이때 여러 범천왕[8]들이 온갖 하늘꽃을 비 오듯 뿌리니 사면이 1백 유순에 이르렀느니라. 향기로운 바람이 때때로 불어와 시든 꽃을 날려 보내면 다시 새 꽃을 비 오듯 뿌리되, 이와 같이 끊이지 않고 10소겁 동안을 부처님께 공양하여 멸도에 이르도록 항상 이렇게 꽃비를 뿌렸느니라. 사천왕들은 부처님께 공양하기 위하여 항상 하늘북[9]을 치고 다른 천신들도 하늘의 기악을 울리되, 10소겁이 다하고 멸도에 이르도록 또한 이와 같이 하였느니라. 여러 비구들이여, 대통지승 부처님께서는 10소겁이 지나서야 비로소 여러 부처님의 법이 앞에 나타나서 아뇩다라삼먁삼보리를 이루셨느니라.

---

6 사자좌(獅子座): 부처님이 앉으시는 상좌(牀座). 부처님은 인간 가운데 가장 높은 지위에 있는 분이므로 사자에 비유한다.

7 유순(由旬): 요자나(yojana). 거리를 나타내는 단위로 1유순은 소달구지가 하루 동안 갈 수 있는 거리로 약 11-15km이다.

8 범천왕(梵天王): 색계 초선천(初禪天)의 우두머리. 제석천과 함께 부처를 좌우에서 모시는 불법 수호의 신이다.

9 하늘북[天鼓]: 치지 않아도 저절로 울린다는 도리천의 북. 북소리는 부처님의 설법을 상징한다.

그 부처님께서 출가하기 전에 열여섯 왕자가 있었으니, 그 첫째 아들의 이름은 지적(智積)이었느니라. 모든 아들들은 각각 여러 가지 진귀한 장난감을 가지고 있었으나, 어버지가 아뇩다라삼먁삼보리를 이루셨다는 말을 듣고는 모두가 장난감을 버리고 부처님 처소로 나아가니 어머니들은 눈물을 흘리면서 떠나보냈느니라.

그들의 할아버지인 전륜성왕은 1백의 대신들과 백천만억 백성들의 옹위(擁衛)를 받으면서 도량에 나아가 대통지승 부처님을 가까이에서 뵙고 공양하고 공경하며 존중하고 찬탄하고자, 앞에 이르러 머리를 발에 대고 예배하고 부처님을 돌고[10] 난 뒤 일심으로 합장하고 세존을 우러러보면서 게송으로 말했느니라."

큰 위덕을 갖추신 세존께서 중생 제도
하시려고 무량 억만 세월 지나 성불하시어
모든 서원 구족하시니 위없는 길상이시네.
세존께선 매우 희유하사 한 자리에
앉으시어 10소겁을 몸과 손발 고요히 하여
움직이지 않으시니 마음 항상 평안하고
산란함이 전혀 없으시니 영원히

10 부처님을 돌고[繞佛]: 오른쪽 어깨를 부처님 쪽으로 향하게 하고 부처님 주위를 세 번 도는 것. 이를 우요삼잡(右繞三匝)이라 한다.

적멸하서 무루법[11]에 편안하게 머무르시네.
지금 세존께서 안온하게 불도
이루심을 뵈옵나니 저희들은 좋은 이익
얻음에 경하하며 크게 기뻐 하나이다.
중생들은 항상 괴롭고 눈 멀고
어두워서 이끌어 줄 스승조차 없는지라
괴로움을 없애는 길 알지 못하며
해탈을 구할 줄도 알지 못하여
오랜 세월 악업의 길만 더하여서
천신들은 줄어들고 어둠에서 어둠으로[12]
들어가 부처님의 이름도 오래도록
듣지 못했나이다. 이제 부처님께서
가장 높고 안온한 무루도[13]를 얻으시니
저희들과 하늘과 사람이 가장 큰
이익 얻게 되었나니 그러므로 다 함께
머리 조아려 무상존께 귀의합니다.

"이때 열여섯 왕자는 게송으로 부처님을 찬탄하고 세

11 무루법(無漏法): 번뇌를 벗어난 깨끗한 법. 번뇌의 더러움에 물들지 않은 마음 상태. 즉 분별을 일으키지 않은 마음 상태를 말한다.

12 점점 더 무명이나 악업이 더해지는 것을 말한다.

13 무루도(無漏道): 출세간도(出世間道). 모든 번뇌의 허물을 여읜 청정한 무루지(無漏智)로 닦는 관행(觀行)을 말한다.

존께서 법륜(法輪)[14] 굴려 주시기를 간청하며 다 함께 이렇게 말했느니라.

'세존께서 법을 설하시면 안온케 하는 바가 많사오니 모든 하늘과 사람들을 불쌍히 여기시어 이롭게 하옵소서.'

그리고는 거듭 게송으로 말했느니라."

견줄 자가 없는 세상의 영웅이시여.
백 가지의 복으로 스스로를 장엄하고
위없는 지혜를 얻으셨나니 원하건대
세상을 위해 설하여 주옵소서.
저희들과 온갖 중생을 제도하여
해탈토록 하시며 분별하여 드러내
보이시고 이 지혜를 얻도록 하옵소서.
만일 저희 성불하면 중생 또한 그러하리다.
세존께선 중생들의 마음 깊이 생각하는
것을 아시고 행할 도를 아시며
지혜의 힘을 아시며 욕락과 닦은 복과
지난 세상 행한 업을 세존께선 다 아시니
마땅히 위없는 법륜을 굴리옵소서.

14 법륜(法輪): 전륜왕의 금륜이 산과 바위를 부수고 거침없이 나아가는 것에 비유하여 '부처의 교법'을 이르는 말이다.

부처님께서 여러 비구들에게 말씀하였습니다.

"대통지승 부처님이 아뇩다라삼먁삼보리를 얻으셨을 때 시방[15]으로 각각 5백만억 모든 부처님 세계가 여섯 가지로 진동하고 그 나라 가운데 해와 달의 빛이 비추지 않아 어두운 곳[16]까지 크게 밝아지니, 그곳의 중생들이 각각 서로 볼 수 있게 되어 다 같이 말하기를, '여기에 어찌하여 홀연히 중생이 생기는가?' 하였느니라.

또한 그 나라의 모든 하늘의 궁전과 범천[17]의 궁전까지 여섯 가지로 진동하며 큰 광명이 널리 비춰 두루 세계에 가득하니 모든 하늘의 광명보다 더욱 밝았느니라.

이때 동쪽 5백만억 모든 국토 중에 있는 범천의 궁전에 광명이 비추는데 평소보다 곱절이나 더 밝아지니, 여러 범천왕들이 제각기 생각하기를 '지금 궁전의 광명은 예전에는 없던 일이니, 무슨 인연으로 이런 일이 나타나는가.' 하였느니라. 그때 여러 범천왕들이 곧 서로 만나 이 일을 함께 의논하였느니라.

그때 저 대중 가운데 이름이 구일체(救一切)라는 한 대

---

15 시방(十方): 불교에서 전체 세계를 가리키는 공간 구분의 개념. 동·서·남·북 사방(四方)과 동남·남서·서북·북동의 사유(四維)와 상·하(上下)의 열 방향을 말한다.

16 대철위산과 소철위산 사이는 워낙 높은 산에 가렸으므로 해와 달빛이 미치지 못해 늘 어둡다고 한다.

17 범천(梵天): 색계(色界) 초선천(初禪天). 욕계의 음욕을 떠났으므로 항상 맑고 깨끗하다는 의미에서 범천이라 한다.

범천왕이 있었는데, 모든 범천 대중을 위하여 게송으로 말했느니라."

우리 궁전 이 광명은 예전에는 없던 일이니
이것 무슨 까닭인지 서로 함께 찾아보세.
큰 위덕 있는 천신이 나심인가
부처님이 세상에 출현하신 것일까.
큰 광명이 시방세계 두루 비추도다.

"이때 5백만억 국토의 여러 범천왕들이 궁전과 함께[18] 제각기 꽃바구니[19]에 온갖 하늘꽃을 가득 담아 함께 서쪽으로 가면서 이 상서로움을 찾다가, 대통지승여래께서 도량의 보리수 아래 사자좌에 앉아 계시고, 여러 천신과 용왕 · 건달바 · 긴나라 · 마후라가 · 사람과 사람 아닌 이들이 공경하여 둘러서 있으며, 열여섯 왕자가 부처님께 법륜 굴려 주시기를 간청함을 보았느니라.

범천왕들은 곧 머리 숙여 부처님께 예배하고 백천 번을 돌며 하늘꽃을 부처님 위에 뿌리니, 그 뿌린 꽃이 수

18 궁전과 함께: 범천왕은 복과 신통력이 뛰어나 어디를 가든 궁전이 따라다닌다고 한다.

19 꽃바구니[衣裓]: 의극(衣裓). 대로 만든 꽃 담는 그릇. 산화(散花)할 때에 쓰이는 기구이다.

미산[20]과 같았으며, 아울러 부처님께서 앉으신 보리수에도 공양하니 그 보리수의 높이는 10유순이었느니라. 꽃 공양을 마치고 나서 각각 궁전을 부처님께 바치며 이렇게 말했느니라.

'오직 저희들을 가엾게 여기시고 이익 되게 하시어, 바치는 이 궁전을 받아 주옵소서.'

그때 범천왕들이 부처님 앞에서 일심으로 소리를 함께하여 게송으로 말했느니라."

세존께선 희유하셔 만나 뵙기 어렵나이다.
한량없는 공덕을 갖추시어 능히
일체를 구호하시며 하늘과 인간의
큰 스승으로 세상을 가엾이 여기시어
시방세계 모든 중생 두루 이익 받나이다.
저희들이 온 곳은 5백만억 먼 나라로

---

20 수미산(須彌山): 불교의 우주관에서 세계의 중앙에 있는 산. 수미산을 중심으로 동서남북에 승신주(勝身洲) · 우화주(牛貨洲) · 섬부주(贍部洲) · 구로주(俱盧洲)의 4대 주가 있고, 그것을 둘러싼 구산(九山)과 팔해(八海)가 있다. 수미산의 하계(下界)에는 지옥이 있으며, 수미산의 가장 낮은 곳에 인간계가 있다. 또 수미산 꼭대기에는 제석천이 있는데 그 중심에 선견천(善見天)이 있고 주위의 사방에는 32개의 궁전이 있으므로 삼십삼천(三十三天)이라고 한다. 중턱에는 동서남북 사방으로 지국천(持國天), 광목천(廣目天), 증장천(增長天), 다문천(多聞天)의 사왕천(四王天)이 있다. 수미산 위의 공중에는 욕계(欲界) 6천(六天) 가운데 네 개의 하늘과 색계천(色界天) · 무색계천(無色界天)들이 차례대로 있다.

깊은 선정의 즐거움을 버린 것은
부처님께 공양하기 위한 까닭 이옵니다.
저희들은 앞 세상의 복덕으로 궁전을
장엄하게 꾸몄나이다. 지금 세존께 바치오니
원하건대 가엾이 여기시어 받아주소서.

"이때 범천왕들이 게송으로 부처님을 찬양하고 나서 각각 이렇게 말했느니라.

'오직 원하옵건대, 세존이시여. 법륜을 굴리시어 중생을 제도하여 해탈토록 하시며, 열반의 길을 열어 주소서.'

그때 여러 범천왕이 일심으로 소리를 함께하여 게송으로 말했느니라."

세웅[21]이신 양족존이여. 오직 원하오니
법을 설하시어 대자비의 힘으로
괴로움에 빠진 중생 제도하여 주옵소서.

"이때 대통지승여래께서 말없이 이를 허락하셨느니라.

21 세웅(世雄): 부처님을 일컫는 호칭. 부처님은 일체 세간에서 무엇이라도 굴복시킬 수 있는 웅건한 덕이 있다는 뜻.

또 비구들이여, 남동쪽 5백만억 국토에 사는 대범천왕들이 각기 자기의 궁전에 광명이 비치니 예전에 없던 것임을 보고, 뛸듯이 기뻐하며 희유한 마음이 나서 서로 찾아가 이 일을 함께 의논하였느니라.

이때 저 대중 가운데 이름이 대비(大悲)라는 한 대범천왕이 있었는데, 여러 범천 대중을 위하여 게송으로 말했느니라."

이 일 어떤 인연으로 이런 상서 나타날까.
우리들의 모든 궁전 전에 없던 광명이니
대덕천[22]이 나심인가 부처님이 세상에
나오심일까. 일찍이 본 적 없는 이 상서를
일심으로 다 함께 찾아보세. 천만억의
국토를 지나서라도 광명 함께 찾으리라.
이는 아마 부처님이 이 세상에 출현하셔
고뇌 중생 제도하여 해탈케 하심이리.

"이때 5백만억 범천왕들이 궁전과 함께 제각기 꽃바구니에 온갖 하늘꽃을 가득 담아 함께 서북쪽으로 가서 이 상서를 찾다가, 대통지승여래께서 도량의 보리수 아

22 대덕천(大德天): 대덕은 본래 부처님을 일컫던 말이었으나, 뒤에 비구에 대한 존칭으로 바뀌었다. 여기서의 대덕천은 큰 덕을 갖춘 천인을 뜻한다.

래 사자좌에 앉아 계시고, 여러 천신과 용왕 · 건달바 · 긴나라 · 마후라가 · 사람과 사람 아닌 이들이 공경하여 둘러서 있으며, 열여섯 왕자가 부처님께 법륜 굴려 주시기를 간청함을 보았느니라.

그때 범천왕들은 곧 머리 숙여 부처님께 예배하고 백천 번을 돌며 하늘꽃을 부처님 위에 뿌리니, 그 뿌린 꽃이 수미산과 같았으며, 아울러 부처님께서 앉으신 보리수에도 공양하였느니라. 꽃 공양을 마치고 나서 각각 궁전을 부처님께 바치며 이렇게 말했느니라.

'오직 저희들을 가엾게 여기시고 이익 되게 하시어, 바치는 이 궁전을 받아 주옵소서.'

이때 범천왕들이 부처님 앞에서 일심으로 소리를 함께하여 게송으로 말했느니라."

성주[23]이신 하늘의 왕이시여. 가릉빈가[24]
음성으로 중생을 불쌍하게 여기시는
분이시여. 저희 이제 공경 예배 하나이다.
세존께선 희유하셔 오랜 세월 지나서야

23 성주(聖主): 부처님의 존호. 모든 성인 가운데 가장 높은 분.

24 가릉빈가(迦陵頻伽): 사람의 머리를 한 상상의 새. 히말라야의 설산에 살며, 그 울음소리가 고와서 아무도 싫증을 내지 않는다고 한다. 부처님의 미묘한 음성을 가릉빈가의 소리에 비유한 것.

한번 오시니 1백8십 겁을
헛되게 지나도록 부처님이 안 계시어
삼악도는 가득 차고 하늘 대중 줄었나이다.
이제 부처님이 세상에 출현하셔
중생의 눈 되어 주고 세간의 귀의처가
되어 일체를 구호하고 중생의
아버지가 되시어 가엾게 여기시고
요익 되게 하옵니다. 저희들이 지난 세상
쌓은 복의 상으로 지금 세존을 뵙나이다.

"이때 범천왕들이 게송으로 부처님을 찬탄하고 나서 각각 이렇게 말했느니라.

'오직 원하옵건대, 세존이시여. 일체중생을 가엾게 여기시고 법륜을 굴리시어, 중생을 제도하여 해탈토록 하소서.'

그때 범천왕들이 일심으로 소리를 함께하여 게송으로 말했느니라."

크신 성인이시여. 법륜을 굴리소서.
모든 법의 모습[25]을 나타내 보이시고

25 모든 법의 모습[諸法相]: 일체 존재의 모습으로 제법실상(諸法實相)을 가리킨다.

괴로움에 빠진 중생을 제도하시어
큰 기쁨을 얻도록 하옵소서. 중생들이
이 법 들으면 도를 얻고 하늘 나라
태어나리니 모든 악도는 줄어들고
인욕하는 착한 이는 더욱 늘겠나이다.

"이때 대통지승여래께서 말없이 이를 허락하셨느니라.

또 비구들이여, 남쪽의 5백만억 국토에 사는 대범천왕들이 각기 자기의 궁전에 광명이 비치니 예전에 없던 것임을 보고, 뛸듯이 기뻐하며 희유한 마음이 나서 서로 찾아가 이 일을 함께 의논하였느니라.

'무슨 인연으로 우리들의 궁전에 이런 큰 광명이 비추는가?'

그때 저 대중 가운데 묘법(妙法)이라는 한 대범천왕이 있었는데, 여러 범천 대중을 위하여 게송으로 말했느니라."

우리 모든 궁전에 광명 매우 거룩하게
비추니 이는 까닭 있으리라. 이 상서를
마땅히 찾아보리라. 백천 겁을 지나도록

이런 상서 본 적이 없었나니 대덕천이
나심인가 부처님이 세상에 나오심일까.

"이때 5백만억 범천왕들이 궁전과 함께 제각기 꽃바구니에 온갖 하늘꽃을 가득 담아 함께 북쪽으로 가서 이 상서를 찾다가, 대통지승여래께서 도량의 보리수 아래 사자좌에 앉아 계시고, 여러 천신과 용왕 · 건달바 · 긴나라 · 마후라가 · 사람과 사람 아닌 이들이 공경하여 둘러서 있으며, 열여섯 왕자가 부처님께 법륜 굴려 주시기를 간청함을 보았느니라.

그때 범천왕들은 곧 머리 숙여 부처님께 예배하고 백천 번을 돌며 하늘꽃을 부처님 위에 뿌리니, 그 뿌린 꽃이 수미산과 같았으며, 아울러 부처님께서 앉으신 보리수에도 공양하였느니라. 꽃 공양을 마치고 나서 각각 궁전을 부처님께 바치며 이렇게 말했느니라.

'오직 저희들을 가엾게 여기시고 이익 되게 하시어, 바치는 이 궁전을 받아 주옵소서.'

이때 범천왕들이 부처님 앞에서 일심으로 소리를 함께하여 게송으로 말했느니라."

세존은 만나 뵙기 매우 어렵나이다.

모든 번뇌를 깨버린 분이시여
1백3십 겁을 지나 이제 한번 뵈옵니다.
굶주리고 목마른 중생에게 법의 비[法雨]
흡족하게 내리소서. 일찍이 보지 못한
무량 지혜 갖추신 분 우담발화[26] 꽃피듯이
오늘에야 뵈옵니다. 저희들의 모든 궁전
광명 받아 장엄했나니 세존이시여 대자비로
가엾이 여기시어 오직 받아 주옵소서.

"그때 범천왕들이 게송으로 부처님을 찬탄하고 나서 각각 이렇게 말했느니라.

'오직 원하옵건대, 세존이시여. 법륜을 굴리시어 일체 세간의 모든 하늘과 마왕·범천, 사문과 바라문들이 다 안온함을 얻고 제도되어 해탈토록 하옵소서.'

그때 범천왕들이 일심으로 같은 소리를 내어 게송으로 말했느니라."

원하오니 천인존이여[27] 위없는 법륜 굴리시어
큰 법고를 울리시고 큰 법라를 부시면서

---

26 우담발화(優曇鉢華): 3천년에 한번 전륜성왕이 나타날 때 꽃이 핀다고 하는 상상의 꽃. 부처님 뵙기가 어려움을 상징한다.

27 천인존(天人尊): 하늘과 인간 가운데 가장 존귀한 분, 곧 부처님.

큰 법비를[28] 널리 내려 무량 중생 제도하소서.
저희가 함께 귀의하여 청하오니
심원한 음성으로 설하여 주옵소서.

"이때 대통지승여래께서 말없이 이를 허락하셨느니라. 또한 남서쪽과 하방(下方) 세계도 이와 같은 일이 있었느니라.

이때 상방(上方)의 5백만억 국토에 사는 대범천왕들이 궁전을 비추는 찬란한 광명이 예전에 없던 것임을 보고, 뛸듯이 기뻐하며 희유한 마음이 나서 서로 찾아가 이 일을 함께 의논하였느니라.

'무슨 인연으로 우리들의 궁전에 이런 큰 광명이 비추는가?'

그때 저 대중 가운데 시기(尸棄)[29]라는 한 대범천왕이 있었는데, 범천 대중을 위하여 게송으로 말했느니라."

---

28 법고(法鼓)·법라(法螺)·법우(法雨): 부처님의 설법이 법고의 소리처럼 장엄하게 울리고, 법라처럼 중생의 근기에 따라 자재하게 설하며, 큰 비가 일체를 골고루 적시듯이 중생을 해탈로 이끌어주는 한 맛[一味]의 교법임을 상징한다.

29 시기(尸棄): 이 범천의 정수리에 육계(肉髻)가 있다 하여 정계(頂髻)·나계(螺髻) 등으로 번역한다. 또 대범천왕으로 선정을 닦아서 음욕심을 지혜의 불[智慧火]로 변화시켰다 하여 '시기'라고 한다.

지금 무슨 인연인가. 우리들의 모든 궁전
위덕 광명 비추나니 예전 없던 장엄이라.
이와 같은 묘한 상서 듣도 보도 못했거늘
대덕천이 나심인가 부처 출현 하심일까.

"이때 5백만억 범천왕들이 궁전과 함께 각각 꽃바구니에 하늘꽃을 가득 담아 하방으로 함께 가면서 이 상서를 찾다가, 대통지승여래께서 도량의 보리수 아래 사자좌에 앉아 계시고, 그 주위에 여러 천신과 용왕 · 건달바 · 긴나라 · 마후라가 · 사람과 사람 아닌 이들이 공경하여 둘러서 있으며, 열여섯 왕자가 부처님께 법륜 굴려 주시기를 간청함을 보았느니라.

그때 범천왕들은 머리 숙여 부처님께 예배하고 백천 번을 돌며 하늘꽃을 부처님 위에 뿌리니, 그 뿌린 꽃이 수미산과 같았는데, 아울러 부처님께서 앉으신 보리수에도 꽃을 공양하고 나서, 각각 가지고 온 궁전을 부처님께 바치며 이렇게 말했느니라.

'오직 저희들을 가엾게 여기시고 이익 되게 하시어, 바치는 이 궁전을 받아 주옵소서.'

그때 범천왕들이 부처님 앞에서 일심으로 소리를 함께하여 게송으로 말했느니라."

거룩하셔라. 부처님들 뵈오니 세상을
구하는 위대하신 분이어라. 삼계의
감옥[30]에서 모든 중생 부지런히 건져내시네.
넓은 지혜 갖추신 부처님께서 모든 중생
가엾이 여기시어 감로의 문을 열어
일체중생 제도하시네. 옛적부터 무량겁을
부처님이 안 계시어 헛되게 보냈나니
세존께서 출현하지 않으신 때에는
시방세계 늘 어두워 삼악도는 늘어나고
아수라는 치성하며 하늘 대중 줄어들고
죽은 뒤엔 악도에 떨어진 이 많았나이다.
부처님께 법을 듣지 못해 항상 나쁜 일만
행하며 몸의 힘과 지혜 등이 줄었나이다.
죄업의 인연으로 즐거움과 즐겁다는
생각까지 잃고 삿된 법[31]에 머물러서
선의 이치 알지 못하며 부처님의 교화도
받지 못해 항상 악도에 떨어집니다.
부처님은 세간의 눈이 되어 오랜 세월
지난 뒤에 오셨나이다. 모든 중생 가엾이

30 삼계의 감옥: 욕계 · 색계 · 무색계가 중생을 구속하므로 감옥으로 비유한 것.

31 삿된 법[邪見法]: 인과의 도리를 무시하는 그릇된 견해의 법.

여기시어 세간에 출현하셔 세간을
초월하여 정각을 이루시니 저희들은
매우 기뻐 경하드리며 다른 일체의
중생들도 기뻐서 미증유라 찬탄합니다.
광명 받아 장엄되온 저희들의 모든 궁전
세존께 바치오니 부디 받아 주옵소서.
원하오니 이 공덕이 두루 일체 중생에게
미치어서 저희들과 더불어 중생들도
다 함께 불도를 이루게 하옵소서.

"이때 5백만억 범천왕들이 게송으로 부처님을 찬탄하고 나서 각기 부처님께 이같이 말했느니라.

'오직 원하옵나니, 세존이시여. 법륜을 굴리시어 중생들을 안온하게 하시고 제도하여 해탈토록 하옵소서.'

이때 여러 범천왕들이 게송으로 말했느니라."

세존이시여. 법륜을 굴리소서. 감로의
법고[32]를 울리시어 괴로움에 빠진 중생
제도하시고 열반의 길을 열어 보이소서.
오직 원하오니 저희의 청을

32 감로법고(甘露法鼓): '감로'는 중생의 고통과 번뇌의 불을 제거하는 법문을, '법고'는 중생의 어리석음을 일깨우는 소리, 즉 가르침을 말한다.

받아주시어 가엾이 여기시고 크고도
미묘하신 음성으로 한량없는 겁 동안
익히신 법을 널리 설해 주옵소서.

"이때 대통지승여래께서 시방세계의 모든 범천왕과 열여섯 왕자의 청을 받으시고 즉시 삼전십이행(三轉十二行)[33]의 법륜을 굴리시니, 사문이나 바라문 혹은 하늘, 마왕, 범천 등 세간의 다른 자들은 능히 설하지 못할 바였느니라. 설하시기를, '이것은 괴로움[苦]이며, 이것은 괴로움의 원인[集]이며, 이것은 괴로움의 없어짐[滅]이며, 이것은 괴로움을 없애는 길[道]이라.' 하셨느니라.

또한 널리 십이인연법(十二因緣法)을 설하셨으니, '무명(無明)으로 인하여 행(行)이 생기고, 행으로 인하여 식(識)이 생기고, 식으로 인하여 명색(名色)이 생기고, 명색

33 삼전십이행(三轉十二行): 부처님이 초전법륜에서 사성제(四聖諦)를 3단계에 걸쳐 12가지 양상으로 거듭 설한 것을 말한다. 첫 단계는 "이것이 고(苦)이고, 집(集)이고, 멸(滅)이고, 도(道)이다"라고 4제의 상을 보여 준 시상전(示相轉)이며, 두 번째는 "고는 알아야 하고, 집은 끊어야 하고, 멸은 증득해야 하고, 도는 닦아야 한다"고 4제의 수행을 권한 권수전(勸修轉)이며, 세 번째는 세존께서 "나는 이미 고를 알았다, 나는 이미 집을 끊었다, 나는 이미 멸을 증득했다, 나는 이미 도를 닦았다"라고 스스로 밝힌 인증전(印證轉)이다. 줄여서 시전(示轉), 권전(勸轉), 증전(證轉)이라고 한다. 상근기는 제1의 시전에서 깨닫고, 중근기와 하근기는 각각 권전과 증전에서 깨닫는다고 한다.

으로 인하여 육입(六入)이 생기고, 육입으로 인하여 촉(觸)이 생기고, 촉으로 인하여 수(受)가 생기고, 수로 인하여 애(愛)가 생기고, 애로 인하여 취(取)가 생기고, 취로 인하여 유(有)가 생기고, 유로 인하여 생(生)이 생기고, 생으로 인하여 노사(老死)와 우비고뇌(憂悲苦惱)가 생기느니라.

따라서 무명(無明)이 멸하면 행(行)이 멸하고, 행이 멸하면 식(識)이 멸하고, 식이 멸하면 명색(名色)이 멸하고, 명색이 멸하면 육입(六入)이 멸하고, 육입이 멸하면 촉(觸)이 멸하고, 촉이 멸하면 수(受)가 멸하고, 수가 멸하면 애(愛)가 멸하고, 애가 멸하면 취(取)가 멸하고, 취가 멸하면 유(有)가 멸하고, 유가 멸하면 생(生)이 멸하고, 생이 멸하면 노사(老死)와 우비고뇌(憂悲苦惱)가 멸하노라.'고 하셨느니라.

부처님께서 하늘과 인간 대중에게 이 법을 설하실 때 6백만억 나유타 사람들이 일체 세간법을 받아들이지 아니함으로써 모든 번뇌를 벗어나서 마음의 해탈을 얻고, 모두 깊고 미묘한 선정(禪定)[34]과 삼명(三明)과 육통(六通)[35]을 얻어 팔해탈(八解脫)[36]을 갖추었느니라.

---

34 깊고 미묘한 선정(深妙禪定): 초선, 2선, 3선, 4선 등의 색계4선은 잠복해 있는 번뇌까지 완전히 소멸할 수 없지만, 선정이 깊어지면 견혹(見惑)과 사혹(思惑)을 끊고 성인(聖人)의 과위(果位)에서 진제(眞諦)의 이치를 봄으로 '깊고 미묘한 선정'이라 한다.

두 번째와 세 번째와 네 번째의 설법 때에도 천만억 나유타 중생들이 또한 온갖 세간법을 받아들이지 아니함으로써 모든 번뇌를 벗어나서 마음에 해탈을 얻었으며, 그 후로 여러 성문 대중들이 한량없고 끝없어 그 수를 헤아릴 수 없었느니라.

이때 열여섯 왕자는 모두 동자로 출가하여 사미(沙彌)가 되었는데, 육근(六根)[37]이 예리하고 지혜가 밝아, 일찍이 백천만억의 부처님께 공양하고 청정한 범행(梵行)[38]을 닦아 아뇩다라삼먁삼보리를 구하였느니라. 그들이 함께 부처님께 여쭈었느니라.

'세존이시여, 이 한량없는 천만억 대덕 성문들은 이미 다 성취하였습니다. 세존이시여, 또한 저희들을 위하여 아뇩다라삼먁삼보리의 법을 설하여 주옵소서. 저희들이 듣고 다함께 닦아 배우겠습니다. 세존이시여, 저희들은 간절히 여래의 지견(知見)을 원하오니, 마음속 깊이 염원

---

35 육통(六通): 육신통.

36 팔해탈(八解脫): 물질과 마음에 대한 탐욕과 속박으로부터 해탈하여 멸진정에 이르는 여덟 가지 선정. 제6「수기품」주)17 참조.

37 육근(六根): 심신에 작용하는 여섯 가지 감각기관으로 눈, 귀, 코, 입, 몸, 뜻[眼耳鼻舌身意]의 총칭이다.

38 범행(梵行): 음욕을 끊고 계율을 지키는 청정한 수행. 또는 청정한 마음으로 자비를 베풀어, 중생에게 즐거움을 주고 그의 괴로움을 덜어주는 보살의 수행.

하는 것을 부처님께서는 스스로 증명하시어 아실 것입니다.'

이때 전륜성왕이 거느리고 온 무리 중 8만억의 사람들이 열여섯 왕자가 출가하는 것을 보고 자기들도 출가하고자 하니 왕은 즉시 허락하였느니라.

이때 저 부처님께서 사미들의 청을 받으시고 2만 겁을 지나서야 사부대중에게 대승경을 설하시니[39] 이름이 묘법연화경(妙法蓮華經)이라. 보살을 가르치는 법이며, 부처님께서 호념(護念)하시는 경이었느니라.

이 경을 다 설하시니, 열여섯 사미들은 아뇩다라삼먁삼보리를 위하므로 다 함께 받아 지니고 읽고 외워서 깊은 뜻을 통달하였느니라. 이 경을 설하실 때, 열여섯의 보살사미(菩薩沙彌)[40]는 다 믿고 받았으며 성문 대중 중에서도 믿고 이해하는 이가 있었으나, 그 나머지 천만억 종류의 중생[41]들은 모두 의혹을 내었느니라.

부처님께서는 8천 겁 동안 쉬지 않고 이 경을 설하셨

---

39 2만 겁이 지나서야 법화경을 설했다는 것은 앞에서 사제와 십이인연법을 설한 이래 오랜 세월을 지난 뒤에야 중생의 근기가 성숙해졌음을 나타낸다.

40 보살사미(菩薩沙彌): 대통지승여래에게 처음 출가할 때는 소승의 입장이었으나, 지금은 대승의 범행을 닦고 있기에 '보살사미'라 칭하고 있다.

41 이들 의혹을 일으킨 천만억 종류의 중생이 일찍이 16왕자로부터 법화경을 들은 인연으로 이제 개권현실(開權顯實)의 가르침을 듣고 능히 이해하게 된다는 취지이다.

으며, 이 경을 다 설하고는 곧 고요한 방에 들어가 8만4천 겁 동안을 선정(禪定)에 머무르셨느니라.

이때 열여섯 보살사미는 부처님께서 방에 드시어 고요하게 선정에 드신 것을 알고, 각기 법좌(法座)에 올라 8만4천 겁 동안 사부대중을 위하여 묘법연화경을 널리 분별하여 설하니, 그 하나하나가 모두 6백만억 나유타 항하사 중생을 제도하여 보이고[示] 가르치고[教] 이롭게 하고[利] 기쁘게 하여[喜][42] 아뇩다라삼먁삼보리의 마음을 일으키게 하였느니라.

대통지승불께서 8만4천 겁을 지나 삼매(三昧)에서 일어나 법좌에 나아가 편안히 앉으셔서 여러 대중에게 이르셨느니라.

'이 열여섯 보살사미는 매우 희유하여 여섯 감관(六根)이 뛰어나 지혜가 밝으며, 이미 한량없는 천만억 부처님께 공양하고 그 여러 부처님 처소에서 항상 청정한 범행을 닦고, 부처님의 지혜를 받아 지녀 중생들에게 열어 보여 그 안으로 들어오게 하였으니, 너희들은 모두 자주 친근하며 공양할지니라. 왜냐하면 만일 성문[43]

42 시교이희(示教利喜): 시(示)는 중생에게 제법의 실상과 육바라밀 등의 법을 보여주는 것이며, 교(教)는 악을 버리고 선을 행하도록 가르치는 것이며, 이(利)는 중생을 괴로움에서 벗어나게 함이며, 희(喜)는 가르침을 행하고 증득함을 칭찬해 기쁘게 하는 것이다.

43 성문(聲聞): 부처님의 설법을 듣고 사제(四諦)의 이치를 깨달아 아라한

이나 벽지불[44]이나 보살들로 이 열여섯 보살이 설하는 경법(經法)을 믿고 받아지녀 훼손하지 아니하는 사람은 아뇩다라삼먁삼보리의 여래 지혜를 얻을 것이기 때문이니라.'"

부처님께서 여러 비구들에게 말씀하셨습니다.

"이 열여섯 보살은 항상 묘법연화경을 즐겨 설하였으며, 하나 하나의 보살들이 교화한 6백만억 나유타 항하사 중생은 세세생생 보살들과 함께하며 그에게서 법을 듣고 모두 다 믿고 이해하였으니, 이러한 인연으로 4백만억의 부처님 세존을 만나 뵈었으나 아직도 다하지 아니하였느니라.

여러 비구들이여, 나는 이제 너희들에게 말하노라.

저 부처님의 제자인 열여섯 사미는 지금 모두 아뇩다라삼먁삼보리를 얻어 시방(十方) 국토에서 법을 설하고 있으며, 한량없는 백천만억 보살과 성문들이 그 권속이 되었느니라.

그 중에서 두 사미는 동방에서 성불하셨으니, 한 분

이 되고자 하는 제자.

44 벽지불(辟支佛): 부처의 가르침에 기대지 않고 스스로 도를 깨달은 성자. 그 과위는 보살의 아래, 성문의 위이다. 연각 또는 독각이라고도 한다. 제1「서품」주)75 참조.

의 이름은 아촉(阿閦)[45]으로 환희국에 계시고, 다른 한 분의 이름은 수미정(須彌頂)[46]이시니라.

동남방의 두 부처님은, 한 분의 이름은 사자음(獅子音)[47]이시고, 다른 한 분의 이름은 사자상(獅子相)[48]이시니라.

남방의 두 부처님은, 한 분의 이름은 허공주(虛空住)[49]이시고, 다른 한 분의 이름은 상멸(常滅)[50]이시니라.

서남방의 두 부처님은, 한 분의 이름은 제상(帝相)[51]이시고, 다른 한 분의 이름은 범상(梵相)[52]이시니라.

서방의 두 부처님은, 한 분의 이름은 아미타(阿彌陀)[53]이시고, 다른 한 분의 이름은 도일체세간고뇌(度一切世間苦惱)[54]이시니라.

---

45 아촉(阿閦): 동요함이 없는 분이라 하여 부동존(不動尊)으로 번역.

46 수미정(須彌頂): 공덕이 일체를 초월하여 수미산 정상과 같다는 뜻.

47 사자음(獅子音): 위엄과 용맹이 뭇 짐승들이 사자를 두려워하는 것과 같다는 뜻.

48 사자상(獅子相): 나아가거나 멈춰 있는 모습이 사자와 같다는 뜻.

49 허공주(虛空住): 일체의 유(有)를 떠나 법성이 공한 경계에 머무는 적멸한 모습을 의미.

50 상멸(常滅): 항상 적멸의 경계에 머문다는 뜻.

51 제상(帝相): 위엄과 덕이 존엄한 천제(天帝)의 모습을 의미.

52 범상(梵相): 청정한 행을 갖추어 범천의 모습이라는 의미.

53 아미타(阿彌陀): 무량한 수명[無量壽], 무량한 자비광명[無量光]으로 번역.

54 도일체세간고뇌(度一切世間苦惱): 대자비로 세상의 일체 고통과 액난에서 건네준다는 뜻.

서북방의 두 부처님은, 한 분의 이름은 다마라발전단향신통(多摩羅跋栴檀香神通)[55]이시고, 다른 한 분의 이름은 수미상(須彌相)[56]이시니라.

북방의 두 부처님은, 한 분의 이름은 운자재(雲自在)[57]이시고, 다른 한 분의 이름은 운자재왕(雲自在王)[58]이시니라.

동북방의 부처님은, 이름이 괴일체세간포외(壞一切世間怖畏)[59]이며, 열여섯째는 나 석가모니불[60]이니, 사바세계에서 아뇩다라삼먁삼보리를 성취하였느니라.

여러 비구들이여, 우리가 사미로 있을 때 각각 한량없는 백천만억 항하사 중생을 교화하였으니, 그들이 나를 따라 법을 들음은 아뇩다라삼먁삼보리를 위함이었느니라. 이들 여러 중생 중에는 아직도 성문의 경지에 머

---

55 다마라발전단향신통(多摩羅跋栴檀香神通): 맑고 깨끗한 향기가 그윽히 통하듯 부처님의 신통하고 오묘한 공덕이 법계에 충만하여 앞설 자가 없다는 의미.

56 수미상(須彌相): 몸이 웅대하고 상호를 갖추어 마치 수미산과 같다는 뜻.

57 운자재(雲自在): 일체의 법 가운데 크게 자유자재하다는 뜻.

58 운자재왕(雲自在王): 자재로운 구름과 같이 걸림 없는 지혜로 정각을 이루어 모든 법 중의 왕이라는 뜻.

59 괴일체세간포외(壞一切世間怖畏): 세간 중생들의 모든 두려움을 무너뜨린다는 뜻.

60 석가모니불(釋迦牟尼佛): '석가'는 능인(能仁)으로 번역하니 중생을 능히 길러서 교화해 주시기 때문이며, '모니'는 적묵(寂默)으로 번역하니 여래의 적정한 법신을 의미한다.

무르는 이가 있어 내가 항상 아뇩다라삼먁삼보리로 교화하니, 이들은 모두 이 법으로써 점차 불도(佛道)에 들게 되리라. 왜냐하면 여래의 지혜는 믿기도 어렵고 알기도 어렵기 때문이니라.

이때에 교화한 한량없는 항하사의 중생들은 너희들 여러 비구와 내가 멸도한 후의 미래세상의 성문 제자가 바로 그들이니라.

내가 멸도한 후에 어떤 제자가 있어 이 경을 듣지 못하여 보살의 행을 알지 못하고 깨닫지도 못하면서, 스스로 얻은 공덕으로 멸도하였다는 생각을 내어 열반에 들려고 하리라. 그때 내가 다른 국토에서 성불하여 다른 이름을 가지고 있어, 이 사람이 비록 멸도하였다는 생각을 내어 열반에 들려 할지라도 저 국토에서 부처님의 지혜를 다시 구하여 이 경을 얻어 들으리라. 오직 불승(佛乘)[61]으로 멸도를 얻을 뿐이요 다시 다른 승은 없나니, 모든 여래가 방편으로 설한 법은 제외하느니라.

여러 비구들이여, 만약 여래가 스스로 열반할 때에 이르고 대중들이 또한 청정하고 믿고 이해함이 견고하여 공한 법[空法]을 통달하고[62] 깊은 선정에 든 것을 알

61 불승(佛乘): 오직 부처가 될 것을 가르치는 실천도로, '일불승(一佛乘)'을 말한다.

62 반야의 설법을 듣고 공법(空法)에 통달한 것, 곧 제일의공(第一義空)에

면, 곧 모든 보살과 성문 대중을 모아 그들을 위하여 이 경을 설하느니, 세간에서는 이승(二乘)으로는 멸도를 얻을 수 없고 오직 일불승(一佛乘)으로만 멸도를 얻을 수 있느니라.

비구들이여, 마땅히 알라. 여래는 방편으로 중생들의 성품 속에 깊이 들어가서 그들의 뜻이 소승법을 좋아하며 오욕락에 깊이 탐착함을 알고 이들을 위하여 열반을 설하나니, 이런 사람이 만일 듣게 되면 곧 믿고 받게 되느니라.

비유하건대, 5백 유순이나 되는 험난하고 나쁜 길[惡道][63]에 광막하고 인적마저 끊어져 두렵고 무서운 곳을, 많은 사람[64]들이 이 길을 지나서 진귀한 보배가 있는 곳[65]에 가고자 하였느니라.

이때 한 인도자[66]가 있었으니 지혜가 총명하고 사리

밝게 통달한 것을 말한다.

63 험난하고 나쁜 길[惡道]: 생사의 인과를 비유. 분단생사(分段生死, 범부들의 생사)와 변역생사(變易生死, 성자가 받는 삼계 밖의 생사)는 과(果)가 험난한 것이고, 견혹과 사혹은 인(因)이 험난한 것이다. 이러한 인과가 있기에 악도(惡道)라 한다.

64 많은 사람[多衆]: 앞에서 16왕자에게 교화를 받았으나 아직 제도되지 않은 무리이다. 5도의 중생을 상징한다.

65 일체종지를 얻어 원만한 깨달음을 성취한 일불승의 경지.

66 16째 왕자, 곧 석가모니 부처님을 말한다.

에 통달하여 그 험난한 길의 통하고 막힌 데를 잘 알아서, 여러 사람을 인도하여 이 험난한 길을 지나가려고 하였느니라. 데리고 가는 사람들이 중도에 피로하고 게으름이 생겨 인도자에게 말하기를, '우리는 몹시 지치고 또 두려워서[67] 다시 더 나아갈 수 없습니다. 앞길은 아직도 멀기만 하니 이제 돌아가고 싶습니다.' 하였느니라.

인도자는 여러 방편이 많으므로 이렇게 생각하였느니라.

'이들은 참으로 가엾구나. 어찌하여 크고도 진귀한 보배를 버리고 돌아가려고 하는가.'

이렇게 생각하고는 방편의 힘으로 험난한 길 중에서 3백 유순을 지난 곳에 한 성(城)을 변화[化]로 만들어 놓고 사람들에게 말하였느니라.

'너희들은 무서워하지도 말고 돌아가지도 말라. 이제 이 큰 성에 머무르며 뜻대로 할 수 있으니, 만일 이 성에 들어가면 즐겁고 안온함을 얻으리라.[68] 또한 앞으로 더 나아가면 보배가 있는 곳에 능히 갈 수 있으리라.'

---

67 소승의 근기는 미약해서 무명에 가려지므로 '몹시 지쳤다'고 하며, 대승법을 감당할 수 없기에 '두렵다'고 한다.

68 소승의 열반의 과(果)를 얻어 범부의 분단생사를 벗어나므로 마음이 편안해지는 것을 말한다.

이때 피로에 지친 사람들이 마음이 크게 기뻐서 일찍이 없던 일이라 찬탄하며, '우리들은 이제야 이 험난한 길[惡道]을 모면하고 즐겁고 안온함을 얻었도다.' 하고, 이에 사람들은 앞에 있는 변화로 만든 성[化城]에 들어가[69] 이미 다 왔다고 생각하고[70] 편안하다는 생각을 하였느니라.

이때 인도자는 이 사람들이 이미 휴식을 취해 다시 피로하지 않음을 알고,[71] 곧 변화로 만든 성을 없애 버리고 사람들에게 말하였느니라.

'너희들은 어서 가자. 보배가 있는 곳이 가까우니라. 아까 있던 큰 성은 그대들을 쉬게 하고자 내가 변화로 만든 것이니라.'

여러 비구들이여, 여래도 또한 이와 같아, 이제 너희들을 위하여 훌륭한 인도자가 되어 온갖 생사와 번뇌의 악도가 험난하고 멀되, 마땅히 건너가고 제도할 바를 아느니라.

만일 중생이 오직 일불승만 듣는다면, 부처님을 뵈려

---

69 사제의 이치를 깨달아 생사를 초래하는 견혹을 끊고 성인의 경지에 들어가는 첫 번째 단계인 예류과에 들었음을 의미한다.

70 생사의 번뇌인 견사혹을 다 끊은 무학위(無學位)에 들었음을 뜻한다.

71 대승의 구도심이 생겨난 것을 말한다.

하지도 아니하고 친근(親近)하려 하지도 않고서 문득 이렇게 생각하느니라.

'부처님의 도[佛道]는 멀고 멀어서 오래도록 부지런히 고행한 후에야 성취함을 얻으리라.'

부처님은 그들의 마음이 약하고 졸렬함을 아시고, 방편의 힘으로 중도에서 쉬게 하려고 두 가지의 열반[72]을 설하느니라.

만일 중생이 성문과 연각의 두 경지에 머무르면 이때 여래께서는 그들을 위해 설하느니라.

'너희들은 할 일을 아직 다하지 못하였노라. 너희가 머물러 있는 경지는 부처님의 지혜에 가까우니 마땅히 잘 관찰하고 헤아려 보아라. 너희들이 얻은 열반은 진실한 것이 아니오, 다만 여래가 방편의 힘으로 오직 일불승을 분별하여 삼승으로 설한 것이니라.'

마치 저 인도자가 사람들이 쉬었다가 갈 수 있도록 변화로 큰 성을 만들고 충분히 쉬었음을 안 후에 말하기를, '보배가 있는 곳은 가까우니라. 이 성은 실재가 아니며 내가 변화로 만들었을 뿐이다.'고 한 것과 같으니라."

이때 세존께서 이 뜻을 거듭 펴시려고 게송으로 말씀

72 성문의 열반과 연각의 열반을 말한다.

하셨습니다.

대통지승 부처님이 10겁 동안 도량에
앉았으나 불법이 앞에 나타나지
않아 불도를 이루지 못하시거늘
여러 천신 용왕과 아수라의 무리들이
항상 하늘 꽃을 뿌려 저 부처님을
공양하고 모든 하늘은 하늘북을 울리고
온갖 기악 연주하며 향기로운 바람이
시든 꽃을 쓸어가면 또 다시 싱싱하고
고운 꽃을 비 내리듯 뿌렸느니라.
10소겁이 지난 뒤에 불도를 이루시니
하늘과 세상 사람 모두 기뻐 뛰놀았니라.
저 부처님 16왕자 천만억의 권속에게
둘러싸여 다 함께 부처님 처소에
이르러서 머리 숙여 부처님 발에
예배하고 법륜 굴리시길 청했느니라.
거룩하신 스승이시여. 법의 비를 내리시어
우리들과 일체중생 흡족하게 적시소서.
세존은 만나뵙기 너무 어려워
구원겁을 지나서야 한번 출현하시니

모든 중생 깨우치시려 일체를 진동케
하옵니다. 동방의 여러 세계 5백만억
국토마다 범천왕의 궁전을 비추는
광명은 예전에는 일찍이 없던 바라
여러 범천 이 상서를 보고 부처님의
처소를 찾아와서 꽃을 흩어 공양하고
궁전을 바치면서 법륜 굴리시기를
청하고 게송으로 찬탄하나 부처님은
때가 이르지 않았음을 아시기에
청을 받고 묵묵히 앉아 계셨느니라.
남 서 북방 사유[73]와 상하의 범천들도
이와 같이 꽃을 흩고 궁전을 바치며
부처님께 법륜 굴리시길 청했느니라.
세존은 만나뵙기 매우 어렵나니
원하건대 대자비로 감로의 문 널리 열어
무상법륜 굴리소서. 지혜가 한량없는
세존께서 저 여러 사람들의 청을 받고
갖가지의 법과 사성제와 12인연을
설했느니라. 무명에서 죽음에 이르기까지
모두가 태어남을 인연하여 있으니

73 사유(四維): 동·서·남·북 사이의 네 간방.

이와 같은 여러 허물 너희들은 알지어다.
이 법 널리 설하실 때 6백만억 해[74]의 중생
모든 고제[75] 다 여의고 아라한이 되었노라.
두 번째의 설법 때도 천만 항하사 중생들이
온갖 것에 물듦 없어 아라한이 되었으며
이후로도 득도한 이 그 수가 한량없어
만억 겁을 헤아려도 끝을 알 수 없었느니라.

이때 16왕자 출가해서 사미 되어
다 함께 저 부처님께 대승법
설하시기를 청했노라. 저희들과 저희를
따르는 이 모두가 불도를 이루어
세존처럼 가장 청정한 지혜의 눈
얻고자 하옵니다. 부처님은 동자들의
마음과 지난 세상 행한 일을 아시고
한량없는 인연과 갖가지의 비유로
육바라밀과 여러 가지 신통한 일 설하시어
진실법인 보살이 행할 도를 분별하시고
법화경의 항하사 게송을 설하셨노라.

---

74 해(垓): 조(兆)의 만 배가 되는 수를 경(京)이라 하고, 경의 만 배가 되는 수를 해라 한다. 예전에는 경의 억 배가 되는 수를 일컬었다고 한다.

75 고제(苦際): 고통의 끝, 즉 괴로움의 소멸을 뜻한다.

저 부처님 경을 설해 마치시고 고요한
방에서 선정에 드셨으니 일심으로
한곳에서 8만4천 겁을 앉아 계셨느니라.
이 사미들 부처님이 선정에서 나오지
않으실 것을 알고 무량억의
중생을 위해 부처님의 위없는
지혜를 설하려고 각각 법좌에
앉아 이 대승경을 설하면서
저 부처님 편안하게 선정에 드신 뒤에
선양하여 법으로 교화함을 도왔느니라.
사미들 하나하나가 제도한 중생들이
6백만억 항하 모래 수처럼 많았노라.
저 부처님 멸도한 뒤 이 법 들은 모든 이는
곳곳의 불국토에 항상 스승과
함께 태어났니라. 이 열여섯 사미는
구족하게 불도를 행하여 지금은
시방에 있으면서 각각 정각 이뤘느니라.
그때 법을 들은 이들도 각각
모든 부처님 처소에 있으니
그들 중에 성문으로 머물러 있는 이는
불도로 교화하여 차츰차츰 이끄느니라.

나도 16사미로 있을 때 일찍이
너희 위해 설했나니 이런 까닭으로
방편으로 너희 이끌어 부처님의 지혜로
나아가게 하노라. 이 본래의 인연으로
지금 법화경을 설하여서 너희를
불도에 들게 하니 놀라거나 두려워말라.

비유하면 험악한 길 아득한데 사나운
짐승 많고 물도 없고 풀도 없어 사람들이
두려워하는 곳을 수없는 천만 대중이
그 험한 길을 지나고자 하느니라.
그 길은 매우 멀어 5백 유순 되었는데
그때에 한 인도자가 식견 많고 지혜 있어
밝게 알고 마음마저 굳세어서 험한 곳에
있으면서 온갖 어려움에서 구해내니
사람들이 지치고 게을러져 인도자에게
말하기를 저희들은 이제 그만두고
돌아가려 하나이다. 인도자가 생각하길
이 무리가 참으로 불쌍하구나. 어찌하여
되돌아가 귀한 보배 잃으려고 하는가.
방편으로 신통력을 베풀리라 생각하고

변화로 큰 성곽[76]을 만드니 집들은
장엄하게 꾸몄으며 주위에는 동산과 숲[77]
개울과 목욕하는 연못[78]이 있으며
안팎 문[79] 누각에는 남녀[80]가 가득했니라.
이렇게 변화로 만들고서 대중을
위로했니라. 두려워말라. 너희들이 이 성에
들어가면 각자가 마음대로 즐기리라.
모든 사람들이 성에 들어가
마음 크게 기뻐하며 안온하다 생각하고
스스로 이미 제도되었다 여겼느니라.
인도자는 충분하게 쉬었음을 알고
대중들을 불러 모아 말했노라. 너희들은
마땅히 앞으로 나아가라. 여기
이 성은 변화로 만든 성일 뿐이니라.
너희들이 지쳐서 중도에 돌아가려

---

76 성곽: 성(城)은 선정으로 지혜의 체[智體]를 두루 갖춤을, 곽(廓, 외성)은 계행에 어긋남이 없어 선법(善法)이 원만히 갖추어 짐을 비유한다.

77 동산과 숲[園林]: 2승의 총지(總持, 다라니)로 무루법의 숲이다.

78 '개울'은 구차제정(九次第定)을, '연못'은 팔해탈을 비유한다.

79 안팎 문[重門]: 삼공문(三空門)으로 곧 해탈을 얻는 세 가지 방법인 삼해탈문을 비유한다. 제법의 공함을 관하는 공(空)해탈문, 제법이 공이기에 차별상이 없다고 관하는 무상(無相)해탈문, 바라거나 구할 것이 없다고 관하는 무작(無作)해탈문이 그것이다.

80 남녀(男女): 정혜(定慧)를 비유한다. 또는 바르게 도리를 따라 자행(自行)을 이루는 것을 남자로, 자비가 밖으로 교화함을 여자로 비유.

함을 보고 내가 방편력으로 이 성을
변화로 만들었노라. 너희들은 부지런히
정진하여 다 같이 보배가 있는 곳에
이르름이 마땅하리라.

나도 또한 이와 같아 일체를 인도하는
스승으로서 도를 구하는 이가 중도에서
게을러져 생사와 번뇌의 험한 길을
건너지 못하는 것을 보고 쉬게 하려
방편력으로 열반을 설하되 너희들은
고를 멸해 할 일 이미 마쳤다고 했느니라.
이미 열반 이르러서 모두가 아라한과
얻었음을 알고는 대중을 불러모아
진실한 법 설하노라. 모든 부처님은
방편력으로 분별하여 삼승을 설하시나
오직 일불승만 있을 뿐이니
쉬게 하려고 이승을 설하시니라.
지금 너희에게 진실을 설하노니
너희가 얻은 것은 참 멸도가 아니니라.
부처님의 일체지를 얻기 위해서
마땅히 큰 정진의 마음을 일으켜라.

너희가 일체지와 10력[81] 등 부처님의
법을 증득하고 32상을 갖추어야
진실한 멸도이니라. 도사이신 제불께서는
쉬게 하려고 열반을 설하시나니
이미 쉬었음을 아신 뒤에는
부처님의 지혜에 들도록 인도하노라.

---

81 10력(十力): 부처님이 지니고 있는 10가지 지혜의 힘. 제2「방편품」 주)9 참조.

제8 오백제자수기품(五百弟子授記品)

이때 부루나미다라니자(富樓那彌陀多羅尼子)[1]는 부처님께서 지혜와 방편으로 근기에 따라 설법하심을 듣고, 또 여러 큰 제자들[2]에게 아뇩다라삼먁삼보리를 수기하심을 듣고, 더하여 지난 세상의 인연 맺은 일을 듣고, 또 다시 여러 부처님들이 크게 자재한 신통력이 있음을 듣고, 미증유를 얻어 마음이 맑아져 뛸 듯이 기뻤습니다.

곧 자리에서 일어나 부처님 앞에 나아가 머리 숙여 발 아래 예배하고, 한쪽으로 물러나 부처님의 존안을 우러러보면서 잠시도 눈을 떼지 않고 이렇게 생각하였습니다.

"세존께서는 매우 거룩하시고 하시는 일이 희유하시구나. 세간의 온갖 중생의 성품을 따라서 방편과 지견(知見)으로 법을 설하시어 중생들이 곳곳에 욕심내고 집착함을 빼내어 주시니, 우리들은 부처님의 공덕을 이루 다 말할 수가 없구나. 오직 부처님 세존만이 우리들의

1 부루나미다라니자(富樓那彌多羅尼子): 설법제일(說法第一)로 불리는 부루나의 온전한 이름이다. '마이트라야나 족 여인의 아들인 부루나'라는 뜻이다.

2 앞에서 수기받은 제3 「비유품」의 사리불, 제6 「수기품」의 마하가섭 · 수보리 · 가전연 · 목건련 등을 말한다.

마음속 깊은 본원(本願)을 능히 아시리라."

이때 부처님께서 여러 비구들에게 말씀하셨습니다.

"너희들은 이 부루나미다라니자를 보느냐?[3] 나는 항상 그를 칭찬하여 설법자 중에서 제일이라 하였으며, 또 항상 그의 여러 가지 공덕을 찬탄하였느니라. 그는 부지런히 정진하여 나의 법을 수호하고 나를 도와서 널리 펴며, 사부대중에게 보이고 가르쳐서 이익되게 하고 기쁘게 하며, 부처님의 정법(正法)을 갖추어 해석하여[4] 함께 범행(梵行)을 닦는 이들에게 큰 이익이 되었느니라. 실로 여래를 제외하고는 그 언론의 변재(辯才)를 당할 자가 없느니라.

너희들은 부루나가 다만 나의 법만 수호하여 돕고 널리 전한다고 생각하지 말라. 그는 과거 90억의 모든 부처님 처소에서도 부처님의 정법을 수호하여 돕고 널리 전하였으며, 그때의 설법자 중에서도 제일이었느니라.

또 여러 부처님께서 설하신 공(空)의 법에도 밝게 통달하여 사무애지(四無碍智)[5]를 얻고 항상 잘 살피어 청정

3 이 질문에는 두 가지 뜻이 있으니, 소승의 모습을 나타낸[垂迹] 설법제일의 부루나로 보느냐, 아니면 옛적부터 공덕을 쌓은 부루나 본래의 모습[本地]을 보느냐를 묻고 있다.

4 '사부대중을 가르쳐 이익되게 함'은 소승의 가르침을 분별함이며, '부처님의 정법을 갖추어 해석함'은 원교(圓敎)의 반야의 가르침을 도왔다는 뜻이다.

5 사무애지(四無碍智): 막힘이 없는 네 가지 지혜. 법무애지, 의무애지, 사

하게 법을 설하여 의혹이 없었으며, 보살의 신통력을 갖추어 그 수명이 다하도록 항상 범행을 닦았으므로, 저 부처님 세상의 사람들이 모두 다 말하기를, '참다운 성문'이라 하였느니라.

부루나는 이러한 방편으로 한량없는 백천 중생을 이익되게 하였고, 또 한량없는 아승기의 사람들을 교화하여 아뇩다라삼먁삼보리를 일으키게 하였으니, 불국토를 청정하게 하려고 항상 부처님의 일[佛事]을 하여 중생들을 교화하였느니라.

비구들이여, 부루나는 과거 일곱 부처님[6]의 설법자 중에서도 제일이었으며, 지금 나의 처소의 설법자 중에서도 또한 제일이며, 현겁(現劫)[7] 중에 오실 모든 부처님

무애지, 변무애지를 이른다. ①온갖 교법에 통달하여 걸림이 없는 법무애지(法無碍智). ②교설의 이치에 막힘이 없는 의무애지(義無碍智). ③여러 가지 언어에 막힘 없이 설하는 사무애지(辭無碍智). ④앞의 세 가지 지혜를 갖추어 중생의 근기에 맞추어 자유자재로 법을 설함에 중생이 알아듣기 좋게 하는 요설무애지(樂說無礙智)가 그것이다.

6 일곱 부처님(七佛): 과거 칠불로 비바시불(毘婆尸佛)·시기불(尸棄佛)·비사부불(毘舍浮佛)·구류손불(拘留孫佛)·구나함불(拘那含佛)·가섭불(迦葉佛)·석가모니불(釋迦牟尼佛)을 말한다. 이중 앞의 세 분은 과거 장엄겁의 부처이고, 뒤의 네 분은 현겁의 부처이다. 선종에서는 과거칠불을 석가모니불에게 심인(心印)을 전한 법맥으로 주장하기도 한다.

7 현겁(現劫): 현재의 일대겁(一大劫). 곧 지금의 세계가 성(成)·주(住)·괴(壞)·공(空)하는 동안을 말한다. 세계가 성립되는 지극히 긴 기간을 성겁(成劫), 머무르는 기간을 주겁(住劫), 파괴되어 가는 기간을 괴겁(壞

의 설법자 중에서도 또한 제일로서, 불법을 수호하고 도와서 널리 전하리라. 또한 미래세에도 한량없고 가없는 모든 부처님의 법을 수호하고 도와서 널리 전하여 한량없는 중생을 교화하여 요익(饒益)하게 하고 아뇩다라삼먁삼보리를 일으키게 하리라.

불국토를 청정하게 하기 위하여 항상 힘써 정진하고 중생을 교화하여 점차 보살도를 갖추고, 한량없는 아승기겁을 지난 뒤에 이 땅에서 아뇩다라삼먁삼보리를 얻으리니, 그 이름은 법명(法明)여래 · 응공 · 정변지 · 명행족 · 선서 · 세간해 · 무상사 · 조어장부 · 천인사 · 불세존이라 하리라.

그 부처님은 항하사 같은 삼천대천세계를 하나의 불국토로 하리니, 칠보로 땅이 되고 땅은 손바닥처럼 평평하여 산과 언덕과 계곡과 골짜기가 없으며, 칠보로 된 누대가 그 나라에 가득하며, 여러 하늘의 궁전이 가까운 허공에 있어 사람과 하늘이 가까이에서 서로 볼 수 있으며, 모든 악도(惡道)가 없고 여인도 없어 일체중생이 모두 변화로 태어나[化生] 음욕이 없으리라.

또한 큰 신통을 얻어 몸에서 광명이 나고 자재하게

劫), 파괴되어 아무것도 없는 상태로 지속되는 기간을 공겁(空劫)이라 하며, 이 네 겁(劫)을 합하여 1대겁이라 한다. 또 과거의 일대겁(一大劫)을 장엄겁(莊嚴劫), 현재의 일대겁을 현겁(現劫), 미래의 일대겁은 성수겁(星宿劫)이라 한다.

날아다니며, 뜻과 생각이 견고하고 부지런히 정진하며 지혜가 있어서, 모두가 금빛으로 32상을 스스로 장엄하리라. 그 나라의 중생들은 항상 두 가지로 음식을 삼으리니, 하나는 법희식(法喜食]이요 둘째는 선열식(禪悅食]이니라.[8]

한량없는 아승기 천만억 나유타의 보살이 있어, 큰 신통을 얻고 사무애지(四無礙智)를 얻어서 능히 중생들을 잘 교화하리라. 그의 성문 대중은 산수로 헤아려 알 수 없나니 모두 육통(六通)과 삼명(三明)과 팔해탈(八解脫)을 얻어 갖추리라.

그 불국토는 이와 같이 한량없는 공덕으로 장엄되고 성취하리니, 겁의 이름은 보명(寶明)이요, 나라 이름은 선정(善淨)이라 하리라. 그 부처님의 수명은 한량없는 아승기겁이요, 법의 머무름도 매우 오래 가리라. 부처님이 멸도하신 뒤에는 칠보탑을 세워서 그 나라에 가득하리라."

이때 부처님께서 이 뜻을 거듭 펴시려고 게송으로 말

---

8 법희식(法喜食)은 법을 듣는 기쁨이라는 음식이다. 법을 듣고 기뻐하면 선근이 자라나 혜명(慧命)을 유지하므로, 이를 음식에 비유한 것이다. 선열식(禪悅食)은 선정에 드는 기쁨이라는 음식이다. 선정에 들면 편안하고 적정한 낙이 있어 마음을 기쁘게 함을 비유한 것이다. 법희식으로 지혜가 열리고 선열식으로 선정이 깊어지니, 곧 정혜(定慧)로써 법식(法食)을 삼는 것이다.

씀하셨습니다.

비구들아 잘 들어라. 불자들이 행하는
도는 방편으로 잘 배우는 까닭으로
헤아리기 어렵도다. 사람들이 소승법을
좋아하여 큰 지혜 두려워함을 알기에
모든 보살은 성문과 연각 되어
한량없는 방편으로 여러 중생 교화하되
스스로 이 몸은 성문이라 불도에
나아가기가 너무 멀다고 말하여
한량없는 중생을 제도하고 해탈시켜
모두 다 불도를 성취토록 하느니라.
비록 작은 것을 바라는 게으른
자일지라도 점차 닦아 성불하게 하느니라.
안으로 보살행을 감추고 있으면서
밖으로는 성문의 모습을 나타내어
작은 것을 바라고 나고 죽음 싫어하나
실제로는 스스로 불국토를 청정하게
함이니라. 중생에게 삼독 있음 보여주고
또는 사견에 빠진 모습 보이느니라.
나의 제자는 이와 같은 방편으로

중생을 제도하니 만일 내가 갖가지 몸
나타내어 한 일을 모두 다 말한다면
이를 들은 중생은 깊이 의혹 품으리라.

지금 이 부루나는 옛적 천억 부처님의
처소에서 행할 도를 부지런히 닦았으며
모든 부처님의 법을 펴고 수호하며
무상 지혜 구하려고 부처님들 처소에서
높은 제자로 있으면서 많이 듣고 지혜로워
설법함에 두려움이 없어서 중생들을
기쁘게 하였으니 일찍이 지치거나
괴로워 하지 않고 부처님 일 도왔느니라.
큰 신통을 이미 얻고 사무애지 갖추어서
모든 근기 총명하고 둔함을 알아서
항상 청정한 법을 설했느니라.
이와 같이 뜻을 널리 펴서 천억 중생
가르쳐서 대승법에 머무르게 하여
스스로 불국토를 청정하게 하였느니라.
미래에도 한량없이 셀 수 없는 부처님을
공양하고 정법을 수호하고 도와 펴서
스스로 불국토를 청정하게 하리라.

항상 모든 방편으로 설법하되
두려움이 없으며 헤아릴 수 없는 중생
제도하여 일체지를 성취시켜 주리라.
모든 여래 공양하고 법의 보장 지키다가
그 후에 성불하면 이름을 법명(法明)
이라 하며 나라 이름 선정(善淨) 이라 하니
칠보로 이뤄지고 겁의 이름 보명이라
하리라. 보살 대중 매우 많아 그 숫자가
무량 억이니 모두가 큰 신통을 얻고
위덕의 힘 구족한 이 그 국토에 가득하리라.
성문 또한 많고 많아 삼명과 팔해탈과
사무애지 얻은 이들로 승가(僧伽)를 이루리라.
그 나라의 중생들은 음욕 이미 끊어져서
순수하게 변화로 태어나서[9] 미묘한
상호 갖추어 몸을 장엄하고
법희와 선열로 음식을 삼으리니
다른 음식 생각 없고 여인들이 없으며
또한 악도 없으리라. 부루나 비구는
공덕을 다 원만하게 성취하고 이런 정토
얻으리니 현성[10]의 대중 매우 많으리라.

---

9 변화로 태어나서(變化生): 업력으로 태어나는 것을 말한다.
10 현성(賢聖): 악을 여의었지만 아직 미혹한 마음을 끊지 못하고 범부의

이와 같이 한량없는 일을 내가 지금
간략하게 말하노라.

이때 마음이 자재한 천이백 아라한[11]들이 이렇게 생각하였습니다.

"우리들은 환희하여 미증유한 일을 얻었으니, 만일 세존께서 저 큰 제자들처럼 우리에게도 수기를 주신다면 또한 얼마나 기쁘고 상쾌하랴!"

부처님께서 이들의 마음속 생각하는 바를 아시고 마하가섭에게 말씀하셨습니다.

"여기 천이백 아라한에게 내가 지금 앞에서 차례대로 아뇩다라삼먁삼보리의 수기를 주리라. 이 대중 가운데 나의 큰 제자인 교진여(驕陳如)[12] 비구는 6만2천억의 부처님을 공양한 뒤에 성불하리니, 그 이름을 보명(普明)여

자리에 있는 것을 현(賢), 이미 진리를 증득하고 미혹한 마음을 끊어 범부의 성품을 버린 이를 성(聖)이라 한다. 곧 견도(見道) 이전의 지위를 현, 견도 이상의 지위를 성이라 함.

11 모든 장애에서 벗어나 번뇌를 다 여의었으므로 '마음이 자재한' 아라한이라 했다. '천이백'은 초전법륜 이후 교단에 귀의한 사리불과 목건련의 제자 2백 명과 가섭 삼형제의 제자 1천 명으로 초기교단의 제자 수를 상징적으로 표현한 숫자이다. 금강경 등에서는 청법대중의 숫자를 1250인으로 설하고 있다.

12 교진여(憍陳如): 아야교진여(Ajñāta-Kauṇḍīnya). 5비구 중의 한 명으로 녹야원에서 초전법륜을 듣고 가장 먼저 깨달음을 얻은 비구이다. 그 자리에서 귀의하여 부처님의 첫 제자가 되었다.

래 · 응공 · 정변지 · 명행족 · 선서 · 세간해 · 무상사 · 조어장부 · 천인사 · 불세존이라 하리라. 5백 아라한인 우루빈나가섭 · 가야가섭 · 나제가섭 · 가류타이 · 우타이 · 아누루타 · 이바다 · 겁빈나 · 박구라 · 주타 · 사가타 등도 모두 아뇩다라삼먁삼보리를 얻으리니 다 같이 한 가지 이름으로 보명이라 하리라."

이때 세존께서 이 뜻을 거듭 펴시려고 게송으로 말씀하셨습니다.

교진여 비구는 무량 부처 친히 뵙고
아승기겁 지난 뒤에 등정각[13]을 이루리라.
항상 큰 광명 놓고 모든 신통 구족하여
이름이 시방에서 두루 들리고
모든 이의 공경을 받으리니 위없는 도
항상 설해 이름을 보명이라 하리라.
그 국토는 청정하고 보살은 다 용맹하니
모두가 아름다운 누각에 올라
시방세계 여러 국토 노닐면서 가장 좋은
공양물을 부처님들께 받들어 올리고

13 등정각(等正覺): 부처님 10호(號)의 하나. 삼먁삼불타(三藐三佛陀)라 음역. 정변지(正遍智) · 정등각(正等覺) · 정변각(正遍覺)으로도 번역한다. 평등한 진리를 깨달은 분이라는 뜻.

이 공양을 마치고는 환희심을 가득 품고
잠깐 사이 본국으로 돌아오는 이와 같은
신통력이 있으리라. 부처님의 수명은
6만 겁이며 정법의 머무름은 수명의
배가 되며 상법은 정법의 배가 되리라.
법이 멸해 하늘과 사람이 근심하면
5백 비구 차례차례 부처를 이루리니
이름을 다 같이 보명이라 하리라.
차례로 수기하되 내가 멸도 한 뒤에
아무개가 성불하리니 그 세상을 교화함이
또한 나의 오늘과 같으리라. 국토의
장엄과 여러 가지 신통력과 보살과 성문
정법과 상법 부처님 수명의 겁 많고 적음이
모두 다 앞에서 설한 것과 같으리라.
가섭이여. 너는 이미 5백 명의 자재한
이들을 아노라. 다른 여러 성문들도
또한 이와 같으리니 이 자리에 있지 않은
이들에게는 네가 펴서 일러주어라.

이때 5백 아라한이 부처님께 수기를 받고 뛸듯이 기뻐하며 자리에서 일어나 부처님 앞에 나아가 머리 숙여 발에 예배하면서 그동안의 허물을 뉘우치고 스스로 책망하면서 말씀드렸습니다.

"세존이시여, 저희들이 항상 생각하기를 이미 최후의 열반[究竟滅度]을 얻었다고 하였더니, 이제서야 무지한 자와 같았음을 알았나이다. 왜냐하면 저희들도 부처님의 지혜를 얻을 수 있었건만 스스로 작은 지혜를 만족하게 여겼기 때문입니다.

세존이시여, 비유하면 어떤 사람이 친한 친구의 집[14]에 갔다가 술에 취하여 잠들었습니다. 그때 친구는 관청의 일로 갈 데가 있어서[15] 값을 매길 수 없는 보배구슬[無價之寶][16]을 그의 옷 속에 매어주고[17] 나갔습니다.

그 사람은 술에 취해 자고 있었기에 전혀 알지 못했습니다. 깨어난 뒤에 길을 떠나 다른 나라에 이르러서 옷과 밥을 구하기 위해 부지런히 애쓰며 고생이 무척 심

---

14 친구의 집: '친구'란 옛적의 16왕자이며, 대승의 가르침을 '집'으로 삼았음을 말한다.

15 관청의 일로 갈 데가 있어서: 왕자가 다른 곳에서 교화할 일이 생겨서 거기에 응하심을 밝힌 것이다. 법을 펴서 중생을 교화함은 사사로운 일이 아니므로 '관청의 일'이라 했다.

16 값을 매길 수 없는 보배구슬[無價之寶]: 제법실상에 바로 보고 일어난 진여(眞如)의 지혜 보배, 곧 불성(佛性)을 상징한다.

17 옷 속에 매어주고: 과거세에 이미 부처님이 법화경을 설하여 인연을 지어준 것을 말한다.

했으므로, 조그마한 소득이라도 있으면 그것으로 만족하게 생각하였습니다.[18]

후에 친구는 우연히 그 사람을 만나 그 모습을 보고 이렇게 말하였습니다.

'가련하구나, 이 친구야. 어찌하여 옷과 밥을 구하기 위하여 이 지경이 되었는가? 내가 예전에 너로 하여금 안락하게 살면서 오욕락을 마음대로 누리게 하려고, 모년 모월 모일에 값을 매길 수 없는 보배구슬을 네 옷 속에 매어 두었으니 지금도 그대로 있으리라. 너는 그것도 알지 못하고 이렇게 고생하고 근심하면서 살길을 구하고 있으니 참으로 어리석구나. 이제라도 이 보배구슬을 필요한 물품들로 바꾼다면 항상 뜻과 같이 되어 부족함이 없으리라.'

부처님도 이와 같아서 보살로 계실 때에 저희들을 교화하여 일체지를 구하는 마음을 일으키게 하셨으나, 곧 잊어버려 알지도 못하고 깨닫지도 못하면서 이미 아라한의 도를 얻고는 스스로 멸도했다고 여겼습니다. 살림살이가 어려워 적은 것을 얻고도 만족하게 여기면서도 일체지를 얻으려는 서원은 오히려 남아있어 잃어버리지

18 조그마한 소득에도 만족했다는 것은 소승의 방편 열반에 만족하여 대승으로 더 이상 나아가지 않았음을 말한다.

않았습니다. 지금 세존께서는 저희들을 깨닫게 하려고 이렇게 말씀하셨습니다.

'여러 비구들이여, 너희들이 얻은 것은 최후의 열반이 아니니라. 내가 오래전부터 너희들에게 부처님의 선근(善根)을 심게 하려고 방편으로 열반의 모습을 보였거늘, 너희들은 참으로 열반을 얻었다고 말하노라.'

세존이시여, 저희들이 이제서야 참된 보살로서 아뇩다라삼먁삼보리의 수기를 받았음을 알았습니다. 이러한 인연으로 매우 환희하며 미증유를 얻었습니다."

이때 아야교진여 등이 이 뜻을 거듭 펴려고 게송으로 말하였습니다.

저희들은 위없이 안온하게 수기하시는
음성 듣고 일찍이 없던 기쁨에 차
한량없는 지혜의 부처님께 예배하오며
이제 세존 앞에서 모든 허물 뉘우칩니다.
부처님의 한량없는 보배에서 조그마한
열반의 몫을 얻고 지혜 없는 어리석은
사람처럼 스스로 만족하게 여겼나이다.
비유하면 빈궁한 이 친구 집을 찾아가니
그 집 매우 부유하여 갖은 음식 대접하고

값도 모를 보배구슬을 옷 속에 매어주고
말없이 떠났으나 그는 그때 잠이 들어
알지를 못했나이다. 이 사람이 잠을 깨어
이곳저곳 떠돌다가 타국까지 이르러서
옷과 밥을 구했으나 생활고가 극심하여
작은 것을 얻은 것에 만족하고 좋은 것은
바라지도 않았으며 옷 속에 값도 모를
보배구슬이 있는 줄을 몰랐나이다.
후에 구슬을 준 친구가 이 빈궁한
이를 보고 몹시 책망하며 매어 둔
보배를 보여주니 빈궁한 사람이
이 구슬을 보고 크게 기뻐하며
모든 재물 넉넉하여 오욕락을 누렸나이다.

저희들도 이와 같아 세존께서 기나긴 밤
항상 가엾게 보고 교화하시어
위없는 서원을 심게 하셨으나
저희들이 지혜 없어 깨닫지도 못하고
알지도 못하면서 작은 열반 얻은 것에
스스로 만족하여 더 구하지 않았나이다.
지금 부처님께서 저희를 깨우치시려

그것은 참다운 멸도가 아니며
부처님의 위없는 지혜를 증득해야
참다운 멸도라 하셨나이다. 저희는
이제 부처님께서 수기하시는 장엄한
일과 차례차례 이어질 수기에
대해 듣고 몸과 마음 기쁨으로 넘치옵니다.

제9 수학무학인기품(授學無學人記品)

이때 아난[1]과 라후라[2]는 이렇게 생각하였습니다.

"우리들도 늘 생각하였으니, 수기를 받는다면 얼마나 좋을까?"

곧 자리에서 일어나 부처님 앞에 나아가 머리를 숙여 발에 예배하고 부처님께 말씀드렸습니다.

"세존이시여. 저희도 이에 있어서 마땅히 몫이 있으리니, 오직 여래만이 저희가 귀의할 분이십니다. 또한 저희는 일체 세간의 하늘과 사람과 아수라들이 선지식으로 보고 있습니다. 아난은 항상 시자(侍者)가 되어 법장(法藏)[3]을 수호하여 지녔고,[4] 라후라는 부처님의 아들이오니, 부처님께서 아뇩다라삼먁삼보리의 수기를 하신다면 저희의 소원이 이루어지고 대중들의 소망 또한 충

---

1 아난(阿難): 부처님의 사촌동생으로 10대제자 가운데 다문제일(多聞第一)로 불린다. 16나한의 한 분이기도 하다. 부처님이 성도 후 고국에 왔을 때 난타, 아나율 등과 함께 출가하였고, 부처님이 50여 세 무렵에 시자(侍者)로 추천되어 입멸할 때까지 부처님을 모셨다. 부처님께 여성의 출가를 세 번이나 간청하여 허락을 받기도 했다.

2 라후라(羅睺羅): 부처님의 출가 전 아들로 어머니는 야소다라이다. 10대 제자의 한 분으로 밀행제일(密行第一)로 불린다.

3 법장(法藏): 법의 창고. 경전을 달리 이르는 말이다.

4 수호하여 지녔고[護持]: 부처님 입멸 후, 아난의 송출(誦出)에 의해 경전이 결집됨으로써 후대에 교법이 존속된 것을 가리킨다.

족할 것입니다."

이때 배우는 이와 다 배운 이[5]들인 성문제자 2천 명이 모두 자리에서 일어나 오른쪽 어깨를 드러내고 부처님 앞에 나아가 일심으로 합장하고 세존을 우러러보면서 아난과 라후라와 같기를 소원(所願)하며 한쪽으로 물러나 서 있었습니다.

이때 부처님께서 아난에게 말씀하셨습니다.

"너는 오는 세상에 마땅히 성불하여 이름을 산해혜자재통왕(山海慧自在通王)여래 · 응공 · 정변지 · 명행족 · 선서 · 세간해 · 무상사 · 조어장부 · 천인사 · 불세존이라 하리라. 마땅히 62억 모든 부처님을 공양하고, 법장을 수호하여 지닌 후에 아뇩다라삼먁삼보리를 얻으리라. 20천만억 항하사의 보살들을 교화하여 아뇩다라삼먁삼보리를 이루도록 하리라.

나라의 이름은 상립승번(常立勝幡)이요, 그 국토는 청정하여 유리로 땅이 되며, 겁의 이름은 묘음변만(妙音徧滿)이요, 그 부처님의 수명은 한량없는 천만억 아승기겁이리라.

만일 어떤 사람이 천만억의 한량없는 아승기겁 동안

5 배우는 이와 다 배운 이(學無學): 유학, 무학의 2승 대중의 통칭이다. '유학(有學)'은 아직 번뇌를 다 끊지 못하여 배울 것이 남아있는 성문을, '무학(無學)'은 생사윤회의 번뇌인 견혹과 사혹을 끊고 4과(四果)를 증득하여 더 이상 배울 것이 없는 이를 말한다.

산수로 계산하여도 능히 알지 못하리라. 정법이 세상에 머무름은 부처님 수명의 배가 되고, 상법이 세상에 머무름은 정법의 배가 되리라.

아난아, 이 산해혜자재통왕불은 시방세계의 한량없는 천만억 항하사 같은 수의 여러 부처님께서 함께 그 공덕을 칭찬하여 찬탄하시리라."

이때 세존께서 이 뜻을 거듭 펴시려고 게송으로 말씀하셨습니다.

내가 지금 대중에게 말하노라.
아난은 법을 지녀 수호하는 비구로서
제불을 공양한 후 정각을 이루리니
이름을 산해혜 자재통왕불 이라 하리.
그 국토는 청정하고 이름은 상립승번
여러 보살 교화하여 그 수가 항하사며
이 부처님 큰 위덕으로 명성이 시방에
가득하게 들리고 수명도 한량없나니
중생을 가엾게 여기기 때문이니라.
정법은 수명의 배이고 상법은
정법의 배이리니 항하사 수와 같은
무수한 중생들이 이 부처님의

법 안에서　불도의　　　인연을　　　심으리라.

이때 회중에 있던 새로 발심한 8천의 보살들이 다 이렇게 생각하였습니다.

"우리들 여러 대보살들도 이러한 수기를 아직 듣지 못하였는데, 무슨 인연으로 모든 성문들이 이와 같은 수기를 받는가?"

이때 세존께서 여러 보살들의 생각하는 바를 아시고 말씀하셨습니다.

"여러 선남자들이여, 내가 아난 등과 함께 공왕불(空王佛)[6] 처소에 있을 때 아뇩다라삼먁삼보리의 마음을 동시에 일으켰는데, 아난은 항상 많이 듣기를 좋아하였고, 나는 항상 부지런히 정진하였느니라. 그런 까닭에 나는 이미 아뇩다라삼먁삼보리를 이루었고, 아난은 나의 법장을 수호해 지니며 또한 장차 오는 세상의 모든 부처님의 법장도 수호하면서 여러 보살들을 교화하여 성취토록 하리니, 그의 본래 서원이 이와 같으므로 이 수기를 받느니라."

아난은 부처님 앞에서 수기하심과 그 국토의 장엄함을 친히 듣고 소원하던 바를 구족하여, 마음이 크게 환

---

6 공왕불(空王佛): 과거세의 부처님을 총칭하나, 과거 공겁(空劫)에 출현한 최초의 부처님을 지칭하기도 한다.

희하여 미증유를 얻었습니다. 곧 과거의 한량없는 천만 억 여러 부처님의 법장을 기억하고, 막힘 없이 통달하여 지금 듣는 것과 같았으며 또 본래의 서원도 알게 되었습니다.

이때 아난이 게송으로 말씀드렸습니다.

세존께서는 매우 희유 하시옵니다.
저로 하여 지난 세상 한량없는 불법을
마치 오늘 들은 듯이 생각하게 하시니
저는 이제 다시 의심이 없사옵니다.
부처님의 도에 편안하게 머무르며
방편으로 시자가 되어 모든
부처님의 법을 수호하여 지니리다.

그때 부처님께서 라후라에게 말씀하셨습니다.

"너는 오는 세상에 마땅히 성불하리니, 이름을 도칠보화(蹈七寶華)여래 · 응공 · 정변지 · 명행족 · 선서 · 세간해 · 무상사 · 조어장부 · 천인사 · 불세존이라 하리라. 마땅히 10세계의 티끌 수와 같은 여러 부처님을 공양하고 항상 여러 부처님의 장자(長子)가 됨이 지금과 같으리라.

이 도칠보화 부처님의 국토의 장엄과 수명의 겁수와 교화하는 제자의 수와 정법과 상법의 기간은 산해혜자재통왕여래와 다름이 없으리라. 또한 이 부처님의 장자가 되리니, 이것을 다 마친 뒤에 마땅히 아뇩다라삼먁삼보리를 얻으리라."

이때 세존께서 이 뜻을 거듭 펴시려고 게송으로 말씀하셨습니다.

내가 태자로 있을 때 라후라가
장자이더니 내가 불도를 이룬 지금
법을 받아 법의 아들이 되었도다.
미래세 중에서도 무량억의 부처님을
친히 뵙고 그때마다 장자 되어 일심으로
불도를 구하리니 라후라의 밀행[7]은
오직 나만 아느니라. 현재 나의 장자 되어
중생에게 보이는 한량없는 억천만의
공덕은 헤아릴 수 없지만 불법에
편안히 머무르며 위없는 도 구하느니라.

이때 세존께서 배우는 이와 다 배운 이들 2천 명을 보

7 밀행(密行): 스스로 계행을 지켜 어긋남이 없지만 겉으로 드러나지 않은 수행.

니, 그 뜻이 유연하고 고요하고 청정하여 일심으로 부처님을 우러러보는지라, 부처님께서 아난에게 말씀하셨습니다.

"아난아, 너는 이 배우는 이와 다 배운 이 2천 명을 보느냐?"

"예, 이미 보았나이다."

"아난아, 이 모든 사람들은 5십 세계 티끌 같은 수의 여러 부처님을 공양하고 공경하고 존중하며 법장을 수호해 지닌 뒤, 맨 나중에 한꺼번에 시방국토에서 각각 성불하리라. 이름은 모두 같아서 보상(寶相)여래 · 응공 · 정변지 · 명행족 · 선서 · 세간해 · 무상사 · 조어장부 · 천인사 · 불세존이라 하리라. 수명은 일겁이요, 국토의 장엄과 성문과 보살과 정법과 상법이 다 같으리라."

이때 세존께서 이 뜻을 거듭 펴시려고 게송으로 말씀하셨습니다.

지금 내 앞에 머무르는 2천 명의
성문 모두에게 수기를 주나니
장차 오는 세상에 마땅히 성불하리라.
공양할 부처님들 위에 말한 것처럼
띠끌 수와 같나니 그 부처님 법장을

수호하여 지니다가 정각을 이루리라.
각각 시방 국토에서 다 같은 이름으로
같은 때에 도량에 앉아 위없는
지혜를 얻으리니 모두 이름을
보상이라 하리라. 국토의 장엄과
제자 수와 정법과 상법의 머무름이
모두 같아 다름이 없으리라. 다 함께
온갖 신통력으로 시방중생 제도하여
이름 널리 퍼지고 점차 열반에 들리라.

이때 배우는 이와 다 배운 이들 2천 명이 부처님께서 수기하심을 듣고 뛸 듯이 기뻐하며 게송으로 말씀드렸습니다.

세존께선 지혜의 등불이셔라. 저희들
수기하시는 말씀 듣고 마음이 기쁨으로
가득하여 감로수가 뿌려진 듯 하옵니다.[8]

---

8 「수학무학인기품」을 끝으로 적문(迹門)의 삼주설법(三周說法)이 끝난다.

제10 법사품(法師品)[1]

이때 세존께서 약왕보살(藥王菩薩)[2]로 인하여 8만 대사(大師)들에게 말씀하셨습니다.

"약왕이여, 그대는 이 대중 가운데 있는 한량없는 여러 하늘과 용왕 · 야차 · 건달바 · 아수라 · 가루라 · 긴나라 · 마후라가와 사람과 사람 아닌 이[3]들 및 비구 · 비구니 · 우바새 · 우바이와 성문(聲聞)을 구하는 이와 벽지불을 구하는 이와 불도(佛道)를 구하는 이들을 보느냐?

---

1 제10「법사품」부터 제14「안락행품」까지의 5품은 적문의 유통분에 해당한다.「법사품」은 세존께서 직접 홍경(弘經)의 공복(功福)을 설하여 유통을 구했으며,「견보탑품」은 다보불과 분신불로 하여금 증명하고 돕게 하여 유통을 구했으며,「제바달다품」은 과거세 홍경의 공덕이 깊고 무거움을 증명했으며,「권지품」은 인욕의 힘을 성취한 사람들은 이 국토에서 경을 홍포하고, 새로이 기(記)를 얻은 사람들은 다른 국토에서 경을 홍포함을 밝혔다. 또「안락행품」에서는 네 가지 안락행으로 법을 홍포하도록 하여 법을 전하는 이의 두려움과 걱정을 없게 했다.

2 약왕보살(藥王菩薩): 중생에게 좋은 약을 주어 몸과 마음의 병고를 덜어주고 모든 고통에서 구제하기를 서원한 보살. 대비의 약으로 일체중생의 혹업(惑業)을 치료하고 즐거움을 주는 데 자재를 얻었다 한다. 제23「약왕보살본사품」과 제27「묘장엄왕본사품」에 그 본사(本事)가 설해져 있다. 왼손은 주먹을 쥐어 무릎에 얹고 오른손은 구름 위의 해를 가리키는 형상으로 조성되는데, 왼손은 정(定)을, 오른손은 혜(慧)를 상징한다.

3 사람과 사람 아닌 이[人非人]: '사람[人]과 사람이 아닌 이[非人]'이라 할 때 비인은 천룡팔부의 총칭이다. 달리 '사람인 듯 사람 아닌 것'으로 해석하기도 하는 데, 이때는 천룡팔부 중 하나인 긴나라(緊那羅)를 가리킨다. 긴나라의 모습이 사람과 비슷하지만 사람이 아니라는 것.

이와 같은 중생들로서 부처님 앞에서 묘법연화경의 한 게송이나 한 구절을 듣고, 한 생각이라도 따라 기뻐하는 이에게는 내가 다 수기하리니, 마땅히 아뇩다라삼먁삼보리를 얻으리라."

부처님께서 약왕보살에게 말씀하셨습니다.

"또한 여래가 멸도한 뒤에라도 어떤 사람이 묘법연화경의 한 게송이나 한 구절을 듣고, 한 생각이라도 따라 기뻐하는 이에게는 내가 또 아뇩다라삼먁삼보리의 수기를 주리라.

또 어떤 사람이 묘법연화경의 한 게송이라도 받아 지니고 읽고 외우고 해설하고 베껴 쓰며,[4] 이 경전을 공경하기를 부처님과 같이 하여, 갖가지 꽃과 향과 영락이며 가루 향 · 바르는 향 · 사르는 향과 증개(繒蓋)[5] · 당번(幢幡)[6] · 의복 · 기악으로 공양하고 합장 공경한다면, 약왕이여, 마땅히 알아라. 이 사람은 일찍이 10만억 부처님께 공양하고 여러 부처님의 처소에서 큰 서원을 성취하

---

4 경전을 받아지니는 수지(受持), 경전을 읽는 독(讀), 경전을 외우는 송(誦), 경전을 풀이해 주는 해설(解說), 경문을 베껴 써서 널리 유포하는 서사(書寫) 등의 5가지를 행하는 이를 오종법사(五種法師)라 한다. 특히 수지(受持)는 통달하여 잊지 않고 받아들인다는 의미를 갖고 있다.

5 증개(繒蓋): 비단으로 만든 햇빛 가리개. 보통은 불상 위나 법상(法床) 위에 드리운 일산(日傘)을 말한다.

6 당번(幢幡): 채색 직물에 불교를 상징하는 글이나 문양, 그림 등을 그리거나 각종 구슬을 엮어 사찰 경내에 걸어 놓은 깃발.

였으나 중생을 가엾게 여기는 까닭으로 이 인간 세상에 태어났느니라. 약왕이여, 어떤 사람이 묻기를 '어떤 중생이 미래세상에서 성불하겠느냐?'고 하면, 마땅히 이 사람이 미래세상에 반드시 성불하리라고 가르쳐야 하느니라.

왜냐하면 만일 선남자 선여인이 법화경의 한 구절만이라도 받아 지니고 읽고 외우고 해설하고 베껴 쓰며 갖가지로 이 경전을 공양하되, 꽃과 향과 영락이며 가루향 · 바르는 향 · 사르는 향과 증개 · 당번 · 의복 · 기악으로 공양하고 합장 공경하면, 이 사람은 일체 세간의 사람들이 우러러 받들기를 마땅히 여래에게 공양하듯이 공양할 것이기 때문이니라.

마땅히 알아라. 이 사람은 대보살로서 아뇩다라삼먁삼보리를 성취하였으나, 중생을 가엾게 여기고 이 세상에 태어나기를 원하여 묘법연화경을 널리 펴 설하고 분별하는 것이니라. 하물며 이 경을 모두 받아지니며 갖가지로 공양하는 사람이겠느냐? 약왕이여, 마땅히 알아라. 이 사람은 스스로 청정한 업보를 버리고, 내가 멸도한 뒤에 중생을 가엾게 여기는 까닭에 악한 세상에 태어나서 이 경을 널리 펴 설하는 것이니라.[7]

7 여기까지는 오종법사행을 행하는 상품(上品) 법사의 특질과 공덕의 과보를 밝혔다.

이러한 선남자 선여인이 내가 멸도한 뒤에 은밀하게 한 사람만을 위해서 법화경의 한 구절이라도 설한다면,[8] 마땅히 이 사람은 곧 여래의 사도(使徒)로서 여래가 보낸 것이며 여래의 일을 행함이라고[9] 알아야 하나니, 하물며 대중 가운데서 널리 사람들을 위하여 설함이겠느냐.

약왕이여, 만일 어떤 악한 사람이 나쁜 마음으로 일겁 동안을 부처님 앞에 나타나서 항상 부처님을 헐뜯고 욕하더라도 그 죄는 오히려 가벼우나, 만일 어떤 사람이 한마디의 나쁜 말로써 재가자나 출가자가 법화경 독송하는 것을 헐뜯는다면 그 죄는 매우 무거우니라.

약왕이여, 이 법화경을 독송하는 사람이 있다면, 마땅히 알아라. 이 사람은 부처님의 장엄으로 스스로를 장엄하며[10] 여래께서 어깨에 지고 메심이 되니,[11] 그가 가는 곳마다 마땅히 따라가서 예배할지니라. 일심으로 합

---

8 '은밀하게 한 사람만을 위해' 경을 설하는 사람은 하품(下品)의 법사이다. 비록 한 구절의 도리는 이해함을 얻었다 해도, 널리 법을 듣지 못하여 많은 사람들 속에서는 법을 설하지 못함을 말한다.

9 원문은 "則如來使 如來所遣 行如來事". 하품의 법사라 할지라도 그는 부처님의 심부름꾼(使徒)으로 부처님이 보내어 부처님의 일을 하는 사람이라고 강조하고 있다.

10 부처님의 장엄으로 스스로를 장엄하며: 부처님은 선정과 지혜로 장엄하거니와, 법화경을 독송함으로써 선정과 지혜를 갖추어 부처님과 같이 몸을 장엄한다는 것이다.

11 여래께서 어깨에 지고 메심이 되니: 법신의 체(體)를 닦는 것을 여래가 어깨에 지는 바[荷]라 하고, 방편과 진실이라는 이지(二智)의 작용을 여래가 메신 바[擔]라 한다.

장 공경하고 공양하며 존중하고 찬탄하여, 꽃과 향과 영락이며 가루 향·바르는 향·사르는 향과 증개·당번·의복·음식과 기악을 연주하여 사람 가운데서 가장 훌륭한 공양물로 공양하고, 하늘의 보배를 가져다 뿌리며 하늘의 보배더미를 받들어 바칠지니라. 왜냐하면 이 사람이 기뻐하는 마음으로 법을 설할 때, 잠깐이라도 듣는다면 끝내는 아뇩다라삼먁삼보리를 얻게 되기 때문이니라."

이때 세존께서 이 뜻을 거듭 펴시려고 게송으로 말씀하셨습니다.

만일 불도 머물러서 자연지[12]를 이루고자
한다면 법화경을 받아 지니는 이
항상 힘써 공양하라. 일체종지[13] 빨리 얻고
싶다면 마땅히 이 경을 받아지니고
아울러 받아지닌 이를 공양하라.
만일 묘법 연화경을 수지하는 이 있으면
모든 중생을 가엾이 여기는
부처님의 사도라고 알아야 하느니라.
법화경을 능히 받아 지니는 이는

12 자연지(自然智): 공용(功用)을 빌리지 않고 자연히 생긴 부처님의 지혜.
13 일체종지(一切種智): 모든 것을 완전하게 아는 부처님의 지혜.

중생을 가엾이 여기므로 청정한
땅을 버리고 이 세상에 태어나니라.
마땅히 알지니 이런 사람 자재하여
나고픈 곳 태어나되 이 악한 세상에서
널리 위없는 법 설하는 것이니라.
마땅히 하늘꽃과 향과 보배 의복과
묘한 보배로 설법하는 자를 공양할지라.
내가 멸도한 뒤 악한 세상에서
이 경을 지니는 이 세존을 공양하듯
합장하고 예경하되 좋은 반찬 맛난 음식
갖가지의 의복으로 이 불자를 공양하고
잠깐 동안 일지라도 법문 듣기 바랄지니라.
만약 다음 세상에서 이 경을 받아지니는
이가 있다면 내가 보내어 인간에
있으면서 여래의 일을 하는 것이니라.

만일 일 겁 동안을 악한 마음 항상 품어
낯빛 바꾸어 부처님을 욕한다면
무량 중죄 받으리니 법화경을 독송하고
지니는 이에게 잠시라도 나쁜 말을
한다면 그 죄는 저보다 더 크리라.

어떤 사람 불도를 구하려고 일 겁 동안
내 앞에서 합장하고 수없는 게송으로
찬탄하면 부처님을 찬탄한 까닭으로
무량 공덕 얻지만 이 경을 지니는 이
찬미한다면 그 복덕은 저보다 더 크리라.
80억겁을 가장 묘한 색과 음성 향과 맛과
촉감 가진 것으로[14] 이 경 지닌 사람을
공양하되 이와 같은 공양을 마친 뒤에
만일 잠깐 동안이라도 법문을 듣는다면
마땅히 스스로 기뻐하고 경하하며
내가 지금 큰 이익을 얻었다고 생각하라.
약왕이여. 지금 네게 이르노니 내가 설한
모든 경전 중에서 법화경이 제일이니라.

이때 부처님께서 다시 약왕보살마하살에게 말씀하셨습니다.

"내가 설한 경전이 한량없는 천만억이지만, 이미 설하였고 지금 설하며 앞으로 설할 것들[15] 중에서 이 법화

---

14 색성향미촉의 오경(五境)으로 공양함을 말한다. 좋은 모습이나 색체를 가진 것을 바치면 색의 공양이며, 아름다운 말이나 노래를 바치면 성의 공양이며… 부드러운 옷을 바치면 촉의 공양이다.

15 이미 설한 것은 아함부터 반야에 이르는 점교와 돈교이고, 지금 설하는 것은 무량의경과 법화경이며, 앞으로 설할 것은 열반경을 의미한다.

경은 가장 믿기 어렵고 이해하기 어려우니라.

약왕이여, 이 경은 모든 부처님께서 비밀스럽고 중요하게 여기시는 법장[秘要之藏][16]이니 사람들에게 함부로 주어 퍼트리지 말아라. 모든 부처님 세존께서 보호하고 간직하시는 경전으로 옛적부터 오늘에 이르기까지 드러내어 설하지 않았느니라. 이 경은 여래가 머무르고 있는 현세에도 오히려 원망과 질시가 많거늘, 하물며 여래가 멸도한 뒤이겠느냐.

약왕이여, 바로 알아라. 여래가 열반한 뒤에 어떤 사람이 이 경을 능히 쓰고 지니고 읽고 외우고 공양하고 다른 사람을 위해 설해준다면, 여래께서 곧 그 옷으로 덮어 줄 것이며, 또 다른 세계에 계시는 여러 부처님께서 보살펴 주심(護念)이 되느니라.

이 사람에게는 크게 믿는 힘[大信力][17]과 발원하는 힘[志願力][18]과 여러 선근(善根)의 힘[19]이 있으니, 마땅히 알아라. 이 사람은 여래와 함께 자며[共宿][20] 여래께서

16 비요지장(秘要之藏): 숨기고 설하지 않음을 '비(秘)'라 하고, 온갖 것을 총괄하여 도리를 담고 있음을 '요(要)'라 하며, 진여실상을 간직함을 '장(藏)'이라 한다.

17 크게 믿는 힘[大信力]: 불 · 법 · 승의 삼보와 계(戒)에 대한 믿음.

18 발원하는 힘[志願力]: 사홍서원(四弘誓願)을 일으키는 힘.

19 선근의 힘[善根力]: 대지(大智)를 말한다.

손으로 그의 머리를 어루만져 주시리라.[21]

약왕이여, 어디서든지 이 경을 설하거나 읽거나 외우거나 쓰거나 또 이 경전(經典)이 있는 곳에는 마땅히 칠보(七寶)로 탑을 쌓되, 지극히 높고 넓고 장엄하게 꾸밀 것이나 반드시 사리(舍利)까지 봉안하지 않아도 좋으니라. 왜냐하면 이 법화경 가운데는 이미 여래의 전신(全身)이 있기 때문이니라.[22]

그러므로 이 탑에는 마땅히 온갖 꽃과 향과 영락과 증개, 당번, 풍악과 노래로 공양하고 공경하며 존중하고 찬탄하라. 만일 어떤 사람이 이 탑을 보고 예배하고 공양하면 이들은 다 아뇩다라삼먁삼보리에 가까우리라.

약왕이여, 많은 사람들이 집에 있거나 출가하여 보살

---

20 여래와 함께 자며: 오종법사행의 공덕으로 열반삼덕을 드러내는 3가지 힘에 머무르므로 '여래와 함께 잔다'고 했다. 대신력은 진리를 믿는 것인 바 진리는 곧 '법신'이요, 지원력은 행을 확립시키는 바 행의 궁극은 '해탈'이요, 선근력은 큰 지혜이니 곧 '반야'이다. 이들 법신 · 해탈 · 반야를 열반삼덕이라 한다.

21 중생이 원력과 선근력 등의 자행(自行)의 방편과 진실로 부처님과 감응하는 것을 머리로 삼고, 여래가 중생을 교화하는 방편과 진실의 이지(二智)를 손이라 하므로, '손으로 머리를 어루만진다'고 한다.

22 법화경의 법신사리 사상을 보여주는 구절이다. 사리(舍利)는 본래 부처님의 유골인 진신사리(眞身舍利)를 이르나, 후대에 불법(佛法)이 부처의 또 다른 몸이라 하여 경전을 사리처럼 간주하는 '법신사리(法身舍利)' 사상이 나타났는데, 법화경은 이러한 법신사리 사상을 가장 적극적으로 드러낸 경전이다.

도를 수행하면서 이 법화경을 보고 듣고 읽고 외우고 쓰고 지니거나 공양하지 않는다면 이 사람은 보살도를 잘 행하지 않는 것이요, 만일 이 경전을 듣는 이라면 보살도를 잘 행하는 것이라고 알아야 하느니라.

어떤 중생으로 불도(佛道)를 구하는 이가 있어, 이 법화경을 보거나 들으며 듣고 나서는 믿고 이해하고 받아 지닌다면 이 사람은 아뇩다라삼먁삼보리에 가까워졌다고 알아야 하느니라.

약왕이여, 비유하자면 어떤 사람이 목이 말라 물을 구하려고 저 높은 언덕에서 우물을 팔 적에 마른 흙[23]이 나오는 것을 보고는 물이 아직 먼 것을 알고, 파기를 쉬지 아니하여 젖은 흙[24]을 보게 되고 점점 더 파서 진흙[25]이 나오면 마음속으로 반드시 물[26]이 가까이 있는 줄을 알게 되느니라.

보살도 또한 이와 같아서 이 법화경을 아직 듣지도 못하고 이해하지도 못하고 닦아 익히지도 못했다면 이 사람은 아뇩다라삼먁삼보리에 이르기가 아직 멀다고 알

---

23 마른 흙: 삼장교(三藏敎)의 가르침이 중도를 드러내지 못함을 비유.

24 젖은 흙: 방등경과 반야경이 중도의 도리를 설함을 비유.

25 진흙: 법화경이 곧바로 위없는 도[無上道]를 설함을 비유.

26 물: 법화경의 가르침으로 인해 문사수(聞思修)를 낳아 중도를 깨닫게 됨으로써 불성을 보고 일으킨 참된 지혜는, 흙이 섞이지 않은 맑은 물과 같음을 비유.

아야 하느니라. 만일 이 경을 듣고 이해하며 생각하고 닦아 익히면 반드시 아뇩다라삼먁삼보리에 가까워지는 줄을 알 것이니라. 왜냐하면 모든 보살들의 아뇩다라삼먁삼보리가 모두 이 경에 속하기 때문이니라.

이 경은 방편문을 열어서 참된 실상[眞實相]을 보이느니, 이 법화경의 법장(法藏)은 깊고 견고하며 아득히 멀어서 능히 도달할 자가 없지마는 이제 부처님께서 보살들을 교화하여 성취시키려고 열어 보이는 것이니라.

약왕이여, 만일 어떤 보살이 이 법화경을 듣고 놀라서 의심하고 두려워하면 이 사람은 새로 발심한 보살이라고 알아야 하며, 만일 성문이 이 경을 듣고 놀라서 의심하고 두려워하면 이 사람은 증상만(增上慢)[27]이라고 알아야 하느니라.

약왕이여, 만일 선남자 선여인이 여래가 멸도한 뒤에 사부대중을 위하여 이 법화경을 설하려면 어떻게 설해야 하겠느냐? 이 선남자 선여인은 여래의 방에 들어가 여래의 옷을 입고 여래의 자리에 앉아야[28] 사부대중을 위하여 이 경을 널리 설할 수 있느니라. 여래의 방이란

---

27 증상만(增上慢): 깨닫지 못했음에도 깨달았다고 하는 무리.

28 '여래의 방'에 들어가[入如來室] '여래의 옷'을 입고[著如來衣], '여래의 자리'에 앉아[坐如來座] 법을 설하는 것을 가리켜 '법을 홍포할 때의 세 가지 준수사항'이라는 의미에서 '홍법삼궤(弘法三軌)'라 한다.

일체중생을 감싸는 대자비심(大慈悲心)이요, 여래의 옷이란 부드럽고 온화한 인욕심(忍辱心)이요, 여래의 자리란 모든 법이 다 공(空)한 것이니라. 이 가운데 편안히 머물러 있으면서 게으르지 않은 마음으로 여러 보살과 사부대중을 위하여 이 법화경을 널리 설할지니라.

약왕이여, 그리하면 내가 다른 국토에서 변화로 된 사람(化人)[29]을 보내어 그를 위하여 법을 듣는 대중들을 모으고, 또 변화로 된 비구 · 비구니 · 우바새 · 우바이를 보내어 그의 설법을 듣게 하리라. 이 모든 변화로 된 사람들은 법을 듣고 믿고 받들며 순종하여 거역하지 않으리라.

만일 법을 설하는 이가 아무도 없는 한적한 곳에 있으면 내가 그때에 널리 천 · 용 · 귀신 · 건달바 · 아수라들을 보내어 그의 설법을 듣게 하리라. 내가 비록 다른 국토에 있을지라도[30] 법을 설하는 이로 하여금 때때로

29 화인(化人): 불 · 보살이 중생을 교화하기 위하여 근기에 맞추어 다른 몸으로 변화시켜 나타낸 사람.

30 여래의 청정법신은 상적광토(常寂光土)에, 원만보신은 실보토(實報土), 천백억화신은 동거토(同居土)에 머무른다고 한다. 천태종에서는 부처님의 일대 설법을 교화하는 방법에 따라 장교(藏敎) · 통교(通敎) · 별교(別敎) · 원교(圓敎)로 나누고 이에 따른 4종불토가 있다고 본다. 즉 범부와 성인이 섞여 사는 3계 안의 세계인 범성동거토(凡聖同居土), 방편으로 공관(空觀)을 닦아서 견혹과 사혹은 끊었으나 아직 중도관(中道觀)을 닦지 못해 무명의 번뇌가 남아있는 방편유여토(方便有餘土), 중도(中道)의 이치를 증득한 이가 가서 나는 실보토(實報土), 진리와 지혜가 일치된

나의 몸을 보게 할 것이며, 만일 이 경의 한 구절이라도 잊어버린다면 내가 돌아와 다시 설해 주어 구족함을 얻게 하리라."

이때 세존께서 이 뜻을 거듭 펴시려고 게송으로 말씀하셨습니다.

모든 게으름을 버리려면 마땅히
이 경을 들을지니 이 경은 얻어 듣기
어렵고 믿고 받아 들이기도 어렵노라.
어떤 사람 목이 말라 언덕에서 우물 팔 때
마른 흙이 나오면 물이 먼 줄 알 것이요
점차 파서 진흙 보면 물 가깝다 아느니라.
약왕이여 너는 알라. 이와 같이 사람들이
법화경을 못 들으면 부처님의 지혜에서
매우 멀어지나 만일 이 깊은 경을
듣는다면 반드시 성문법을 깨달으리라.
이 경은 모든 경의 왕이니 듣고서
자세하게 생각하여라. 이러한 사람들은
부처님의 지혜에 가깝다고 알리라.
만일 어떤 사람이 이 경을 설하려면

각자(覺者) 곧 법신불의 세계인 적광토(寂光土)가 그것이다.

마땅히 여래의 방에 들어가
여래의 옷을 입고 여래의 자리에 앉아
대중 가운데서 두려움 없이
널리 분별하여 설해야 하느니라.
대자비로 방을 삼고 부드럽고 온화한
인욕의 옷을 입고 일체법이 공(空)함을
자리 삼아 이곳에서 법을 설해야 하느니라.

만일 이 경 설할 때에 어떤 사람이
나쁜 말로 욕하거나 칼과 막대 기와 돌로
해 입혀도 부처님을 생각하며 참을지니라.
나도 천만억의 국토에서 청정하고
견고한 몸 나타내어 한량없는 억겁 동안
중생 위해 법을 설하리니 만일 내가
멸도한 뒤 이 경을 설하는 이 있다면
내가 변화로 된 사부대중인 비구와
비구니 청신사와 청신녀를 보내어
법사에게 공양케 하고 여러 중생 끌어모아
법을 듣게 하리라. 만일 어떤 사람이
악한 마음 가지고 칼과 막대 기와 돌로
해 끼치려 한다면 변화로 된 사람 보내

호위하여 주리라. 만일 설법 하는 이가
혼자서 고요하고 사람 없는 적막한 곳
있으면서 이 경전을 독송하면 내가 이때
청정하고 밝게 빛나는 몸 나타내리라.
만일 경의 구절을 잊었으면 일러주어
통달하게 하리라. 어떤 사람 이러한 덕[31]
갖추고서 사부대중 위해서 설하거나
한적한 곳에서 이 경을 독송하면
모두 나의 몸을 보게 되리라.
만일 어떤 사람이 한적한 곳 있으면
내가 하늘 용왕 야차 귀신 등을 보내어서
법을 듣는 대중이 되게 하리라.
이 사람은 법 설하길 좋아하고 분별함에
걸림 없어 제불께서 호념하시는 까닭으로
능히 대중들을 기쁘게 하리라.
만일 법사 가까이하면 보살도를 빨리 얻고
이 법사를 좇아서 배우면 항하사처럼
많은 부처님을 만나뵙게 되리라.

31 이러한 덕: 앞에서 여래의 방, 여래의 옷, 여래의 자리로 비유한 대자비, 인욕, 법공(法空)의 덕을 가리킨다.

제11 견보탑품(見寶塔品)

이때 부처님 앞에 칠보탑(七寶塔)[1]이 있으니 높이가 5백 유순이요 가로와 세로는 2백5십 유순으로, 땅에서 솟아나서 공중에 머물러 있었습니다.[2] 갖가지 보물로 장식하였으니,[3] 5천의 난간과 천만의 감실(龕室)[4]이 있고 무수한 당번(幢幡)으로 장엄하게 꾸몄으며, 보배로 된 영락을 드리우고 만억의 보배 방울을 그 위에 달았으며, 사면에서 퍼지는 다마라발 전단향[5] 향기가 세계에 두루 가득하고, 모든 당번(幢幡)과 증개(繒蓋)는 금 · 은 · 유리 · 자거 · 마노 · 진주 · 매괴 등의 칠보로 이루어져 그

---

1 칠보탑(七寶塔): 다보여래가 보살 시절에, 자신이 멸도 후 법화경을 설하는 곳이 있으면 그곳에 나의 탑이 솟아나 그 일을 증명하고 찬탄하리라는 서원의 공덕으로 출현하는 탑이다. 우리나라 불국사 대웅전 앞뜰 동쪽에 위치한 다보탑(多寶塔)이 곧 본품인 「견보탑품」에 근거하여 건립된 다보여래의 칠보탑이다.

2 땅에서 솟아나서 공중에 머물러: '땅'이란 무명(無明)의 심지(心地)이니, 무명을 깨고 솟아나 '제일의공(第一義空)'에 머무른 것을 상징한다.

3 갖가지 보물로 장식: 수많은 작용을 하는 선정과 지혜로 장식했음을 뜻한다.

4 감실(龕室): 벽면에 굴을 뚫어 방을 만들고 불상을 안치하는 공간.

5 다마라발 전단향(栴檀香): 다마라발(tamāla-pattra)은 더러움이 없는 향기라는 뜻의 성무구(聖無垢)로 번역된다. 전단향 또한 최상품 향나무의 일종이어서, 다마라발전단향을 하나의 향으로 보지만, 다마라발과 전단향의 두 가지 향으로 보기도 한다.

높이가 사천왕의 궁에까지 이르렀습니다.

33천[6]은 하늘의 만다라꽃을 비 내리듯 뿌려 보탑에 공양하고, 그 밖의 여러 하늘과 용왕 · 야차 · 건달바 · 아수라 · 가루라 · 긴나라 · 마후라가와 사람과 사람 아닌 이들 천만억의 대중도 온갖 꽃과 향과 영락 · 당번 · 증개 · 기악으로 보탑에 공양하고 공경하고 존중하며 찬탄하였습니다.

이때 보탑 안에서 커다란 음성이 울려 나와 찬탄하였습니다.

"훌륭하고 훌륭하셔라, 석가모니 세존이시여. 평등한 큰 지혜[7]로 보살들을 가르치는 법이며, 모든 부처님께서 호념(護念)하시는 묘법연화경을 대중에게 설하시니, 이와 같고 이와 같습니다. 석가모니 세존께서 설하시는 말씀은 모두가 진실합니다."

이때 사부대중은 큰 보탑이 공중에 머무르는 것을 보고, 또 탑 안에서 나오는 음성을 듣고 모두 법의 기쁨[法喜]을 얻었으나, 전에 없던 일인지라 기이하게 생각하여

---

6 33천(三十三天): 욕계 2천의 도리천(忉利天). 수미산을 중심으로 사방의 네 봉우리에 각각 8개의 천(天)이 있고, 중앙의 제석궁을 합하여 33천이라 한다.

7 평등한 큰 지혜[平等大慧]: 제불의 지혜로 두 가지 평등이 있다. 하나는 법등(法等)이니 곧 중도의 도리요, 둘째는 중생등(衆生等)이니 온갖 중생이 똑같이 부처님의 지혜를 얻는 일이다.

자리에서 일어나 공경하여 합장하고 물러나 한쪽에 있었습니다.

이때 보살마하살이 있었으니 이름이 대요설[大樂說]이라, 그는 모든 세간의 하늘과 인간과 아수라들이 마음속으로 의심하는 것을 알고 부처님께 여쭈었습니다.

"세존이시여, 무슨 인연으로 이 보탑이 땅에서 솟아올랐으며 또 그 속에서 이러한 음성이 나오나이까?"

이때 부처님께서 대요설보살에게 말씀하셨습니다.

"이 보탑 안에는 여래의 전신(全身)이 계시느니라. 먼 옛날 동방의 한량없는 천만억 아승기 세계를 지나 한 나라가 있었으니 이름이 보정(寶淨)이요, 그 나라에 부처님이 계셨으니 이름이 다보여래(多寶如來)였느니라. 그 부처님께서 보살도를 수행하실 때 큰 서원 세우시기를, '만일 내가 성불하여 멸도한 뒤에 시방국토 어디서라도 법화경을 설하는 곳이 있다면, 나의 탑묘(塔廟)[8]가 이 경을 듣기 위하여 그 앞에 솟아올라 증명하고, 훌륭하다고 찬탄하리라.' 하셨느니라. 저 부처님께서 성불하신 뒤 멸도하실 때에 하늘과 인간 대중 가운데서 여러 비구들에게 이르시기를, '내가 멸도한 뒤에 내 전신(全身)에 공양하고자 하는 이는 마땅히 하나의 큰 탑을 세우라.'고

8 탑묘[塔廟]: 원문 탑묘(塔廟)에서의 탑은 탑파(塔婆, stūpa)의 줄임말이며, 묘는 탑을 한역한 말이다.

하셨느니라.

그 부처님이 신통력과 원력으로 시방세계 어느 곳에서나 법화경을 설하는 이가 있으면 저 보탑이 그 앞에 솟아나며, 부처님의 전신이 탑 안에 계시어 '훌륭하고 훌륭하십니다.'라고 찬탄하시느니라.

대요설이여, 지금도 다보여래의 탑이 법화경을 설하는 것을 들으려고 땅에서 솟아올라 '훌륭하고 훌륭하십니다.'라고 찬탄하시느니라."

이때 대요설보살이 여래의 신력을 입은 까닭에[9] 부처님께 말씀드렸습니다.

"세존이시여, 저희들은 이 부처님의 몸[佛身]을 뵙기 원합니다."

부처님께서 대요설보살마하살에게 말씀하셨습니다.

"이 다보 부처님은 깊고도 중대한 서원이 있었느니라. '만일 나의 보탑이 법화경을 듣기 위하여 여러 부처님 앞에 솟아났을 때, 나의 몸을 사부대중에게 보이려고

---

9 여래의 신력을 입은 까닭에: 다보여래를 보려면 탑 문을 열어야 하고, 탑을 열고자 하면 시방세계의 분신불을 모아야 하며, 분신불을 모은 바에는 경을 부촉하실 것이며, 부촉하시는 바에는 하방의 보살을 부르실 것이며, 하방의 보살이 땅에서 솟아나오면 마땅히 개근현원(開近顯遠)하실 것이다. 그런데 이 모든 큰 일을 위해서는 '다보여래를 뵙겠다'는 청이 있어야 하는데, 부처님의 신력에 의해 청하게 되었다는 뜻이다.

하면, 저 부처님의 분신(分身)으로 시방세계에서 설법하는 모든 부처님을 한곳에 모은 뒤에야 나의 모습을 나타내어 보이리라.' 하셨느니라. 대요설이여, 나의 분신으로 시방세계에서 설법하는 모든 부처님을 이제 응당 모으리라."

대요설보살이 부처님께 말씀드렸습니다.

"세존이시여, 저희들도 또한 세존의 분신이신 모든 부처님을 뵙고 예배하고 공양하기를 원하옵니다."

이때에 부처님께서 미간의 백호(白毫)[10]로부터 한 줄기 광명을 놓으시니, 동방 5백만억 나유타 항하사 같은 국토의 여러 부처님들을 뵙게 되었습니다. 그 모든 국토는 다 파리로 땅이 되었고 보배 나무와 보배 옷으로 장엄하였으며, 무수한 천만억 보살이 그 가운데 가득 찼는데 보배 휘장을 둘러치고 보배 그물을 그 위에 덮고 있었습니다. 저 나라의 모든 부처님들은 크고 묘한 음성으로 모든 법을 설하시는데, 한량없는 천만억 보살이 나라마다 가득하여 중생을 위해 법을 설하는 것을 볼 수 있었습니다. 남 · 서 · 북방과 사유(四維)[11]와 상방, 하방의 백호 광명이 비치는 곳은 모두 이와 같았습니다.

---

10 백호(白毫): 부처님의 두 눈썹 사이에 있는 흰 털로, 오른쪽으로 말려 있고 여기에서 광명을 발한다고 한다.

11 사유(四維): 동 · 서 · 남 · 북의 사이인 동남, 남서, 서북, 북동방.

이때 시방의 여러 부처님들이 각각 보살들에게 말씀하셨습니다.

"선남자여, 내가 지금 마땅히 사바세계의 석가모니 부처님이 계신 곳으로 가서 아울러 다보여래의 보탑에도 공양하리라."

그때 사바세계가 곧 청정하게 변하니 유리로 땅이 되고 보배 나무로 장엄되고 황금 줄로 여덟 갈래 길의 경계를 쳤으며, 모든 부락과 촌영(村營)과 성읍, 큰 바다와 강과 하천, 산천(山川)의 숲과 덤불이 없어지고, 큰 보배 향을 피우며 만다라꽃을 그 땅에 두루 뿌리고, 보배 그물과 보배 휘장을 그 위에 펴고 여러 보배 방울을 달았습니다. 또 법회의 대중만 남겨 두고 다른 하늘과 사람들은 다른 나라로 옮겨 놓았습니다.

이때 여러 부처님께서 각각 한 명의 대보살을 시자로 삼아 사바세계에 오시어 각각 보배 나무 아래에 이르셨습니다. 그 하나하나의 보배 나무는 높이가 5백 유순이요, 가지와 잎과 꽃과 열매가 차례대로 장엄되어 있었습니다. 여러 보배 나무 아래에는 모두 사자좌가 있는데 높이가 5유순이며 또한 큰 보배로 아름답게 꾸며져 있었습니다.

이때 모든 부처님께서 각각 이들 사자좌에 결가부좌

(結跏趺坐)[12]하시니, 이와 같이 차례로 이어져 삼천대천 세계에 두루 가득했으나 석가모니 부처님의 한쪽 방위의 분신 부처님도 오히려 다 앉지 못하였습니다.

그때 석가모니 부처님께서 여러 분신 부처님을 모두 앉게 하시려고, 다시 팔방으로 각각 2백만억 나유타 국토를 변화시켜 모두 청정하게 하시니, 지옥과 아귀와 축생과 아수라가 없어졌으며 또 모든 하늘과 사람들을 다른 국토로 옮기셨습니다.

그 변화시킨 나라들도 또한 유리로 땅이 되고 보배나무로 장엄되고, 나무의 높이가 5백 유순이요, 가지와 잎과 꽃과 열매가 차례로 장엄되었으며, 나무 아래에는 모두 보배로 된 사자좌가 있었는데 높이가 5유순이요 갖가지 보배로 꾸며져 있었습니다. 또한 큰 바다와 강과 목진린타산[13] · 마하목진린타산 · 철위산[14] · 대철위산 · 수미산 등의 여러 큰 산이 없고 서로 통해서 하나

---

12 결가부좌(結跏趺坐): 좌선할 때 앉는 자세의 하나. '가'는 발바닥을, '부'는 발등을 뜻한다. 왼쪽 발을 오른쪽 허벅지 위에 놓고 오른쪽 발은 왼쪽 허벅지 위에 놓고 앉는 것을 길상좌라고 하고, 그 반대를 항마좌라고 한다. 손은 왼손바닥을 오른손바닥 위에 겹쳐 배꼽 밑에 편안히 놓는데, 이를 결가부좌(結跏趺坐)라고 한다. 이와 달리 한쪽 발만 다른 쪽 허벅지에 올려놓는 것을 반가부좌라 한다. 반가부좌는 '보살좌'라 한다.

13 목진린타산(目眞隣陀山): 목진린타란 용왕이 사는 산.

14 철위산(鐵圍山): 수미산을 중심으로 9산8해(九山八海)가 있는데 이 가운데 가장 바깥에 있는 산.

의 불국토가 되었는데, 보배로 된 땅은 평평하고 반듯하며, 보배 휘장을 엇걸어 그 위를 두루 덮고 여러 당번과 증개를 달았으며, 큰 보배향을 사르고 모든 하늘의 보배 꽃을 땅 위에 두루 뿌려 놓았습니다.

석가모니 부처님께서 여러 분신 부처님들을 앉게 하시려고, 또 다시 팔방으로 각각 2백만억 나유타 국토를 변화시켜 모두 청정하게 하시어 지옥·아귀·축생과 아수라가 없고, 모든 하늘과 사람들을 다른 국토로 옮기셨습니다.

그 변화시킨 국토들도 또한 유리로 땅이 되고 보배나무로 장엄되었는데, 나무는 높이가 5백 유순이요 가지와 잎과 꽃과 열매가 차례로 장엄되었으며, 나무 아래에는 모두 보배로 된 사자좌가 있어 높이가 5유순이요 또한 큰 보배로 꾸며져 있었습니다. 또한 큰 바다와 강과 목진린타산·마하목진린타산·철위산·대철위산·수미산 등의 여러 큰 산이 없고 서로 통해서 하나의 불국토가 되었는데, 보배로 된 땅은 평평하고 반듯하며, 보배 휘장을 엇걸어 그위를 두루 덮고 여러 당번과 증개를 달았으며, 큰 보배 향을 사르고 모든 하늘의 보배 꽃을 땅 위에 두루 뿌려 놓았습니다.

이때 동방에 계시는 석가모니 부처님의 분신으로 백천만억 나유타 항하사 같은 국토에서 각각 법을 설하시던 모든 부처님께서 이곳에 모이려고 오셨습니다. 이와 같이 차례로 시방의 모든 분신 부처님들이 다 모여 와서 팔방에 앉으시니, 이때 하나하나 방위마다 4백만억 나유타 국토의 여러 부처님들이 그 안에 가득하셨습니다.

이때 모든 부처님께서 각각 보배 나무 아래의 사자좌에 앉으시어, 모두 시자를 보내어 석가모니 부처님께 문안 드리되, 각각 보배 꽃을 한아름씩 가지고 가게 하시며 말씀하셨습니다.

"선남자여, 너는 기사굴산[15] 석가모니 부처님이 계신 곳으로 가서 내 말과 같이 여쭈어라. '병환이 없으시고 괴로움도 없으시며 기력은 안락하시며, 보살과 성문 대중들도 다 안온하십니까?' 하고, 이 보배꽃을 부처님께 흩어 공양하며 '저 아무 부처님께서 이 보탑을 열어 주시길 바라옵니다.' 하고 말씀드려라."

모든 부처님들도 시자를 보내어 또한 이와 같이 하셨습니다.

이때 석가모니 부처님께서는 분신 부처님들이 다 모

---

15 기사굴산(耆闍崛山): 석가모니 부처님 당시 마갈타국의 도읍지인 왕사성(王舍城)에서 동쪽 약 3Km 지점에 있는 산으로, 영취산(靈鷲山)으로 한역한다. 여기서는 법화경이 설해지는 영산법회 회상을 말한다.

여 와서 각각 사자좌에 앉는 것을 보고, 또 여러 부처님들이 다 함께 보탑을 열어주기 바라는 것을 듣고는 곧 자리에서 일어나 공중으로 올라가 머무르시니, 모든 사부대중이 일어서서 합장하고 일심으로 부처님을 우러러 보았습니다.

그때 석가모니 부처님께서 오른손 손가락으로 칠보탑(七寶塔)의 문을 여시니,[16] 큰 소리가 나는 것이 마치 빗장과 자물쇠를 잡아제쳐 큰 성문을 여는 것과 같았습니다. 법회에 모인 모든 대중들은 즉시 다보여래께서 보탑 안의 사자좌에 앉으시어 선정에 드신 것처럼 전신이 흐트러지지 않은 모습을 뵈었고 또 이러한 말씀을 들었습니다.

"훌륭하고 훌륭하셔라. 석가모니 부처님께서 흔쾌히 이 법화경을 설하시니 내가 이 경을 듣고자 여기에 왔노라."

이때 사부대중은 과거의 한량없는 천만억겁 전에 멸도하신 부처님이 이와 같이 말씀하시는 것을 듣고, 일찍이 없었던 일이라 찬탄하면서 하늘의 보배 꽃 더미를 다보 부처님과 석가모니 부처님 위에 흩었습니다.

---

16 탑의 문을 여는 것은 방편을 여는 것[開權]이며, 탑 안의 다보여래를 대중들이 보는 것은 진실을 드러냄[顯實]이다. 또한 지금까지의 설법이 진실임을 증명한 것이며, 뒤에 이어질 본문(本門)을 여는 뜻도 있다.

이때 다보 부처님께서 보탑 안에서 자리를 반으로 나누어 석가모니 부처님께 드리며 이렇게 말씀하셨습니다.

"석가모니 부처님이시여, 이 자리에 앉으소서."

석가모니 부처님께서는 즉시 탑 안으로 들어가시어 반으로 나누어진 자리에 결가부좌하셨습니다.[17]

이때 대중들은 두 분의 여래께서 칠보탑 안의 사자좌 위에 결가부좌하신 것을 보고 각각 이렇게 생각하였습니다.

'부처님의 자리가 너무 높고 머오니, 원컨대 여래께서는 신통력으로 저희들도 허공에 함께 있게 하여 주옵소서.'

즉시 석가모니 부처님께서 신통력으로 여러 대중들을 이끌어 다 허공에 있게 하시고, 큰 음성으로 사부대중에게 이르셨습니다.

"누가 능히 이 사바세계에서 묘법연화경을 널리 설하겠느냐? 지금이 바로 그때이니라. 여래는 오래지 않아

---

17 과거불인 다보여래와 현재불인 석가불이 한자리에 앉는 이 장면을 '이불병좌(二佛並坐)'라 한다. 이미 멸(滅)한 다보여래가 불멸(不滅)을 보임으로써 방편의 생멸을 드러냈고, 석가불과 한자리에 앉음으로써 석가불 또한 다보여래와 같은 법신이나 다만 중생제도를 위해 방편의 몸을 나타낸 것으로 본다. 또한 법화경이 부처님의 정법을 계승했다는 것을 상징적으로 표현한 것으로 해석한다.

열반에 들 터이니, 부처님은 이 묘법연화경을 부촉(咐囑)[18]하고자 여기에 있느니라."

이때 세존께서 이 뜻을 거듭 펴시려고 게송으로 말씀하셨습니다.

거룩하신 세존께서 멸도한 지 오래지만
보탑 안에 계시면서 오히려 법을 위해
오시거늘 사람들이 어찌하여 법을 위해
힘 쓰지 않으리오. 이 부처님 멸도한 지
아승기겁 지났어도 곳곳에서 법 들으려
출현하심은 들을 기회 얻기 힘든 까닭이니라.
저 부처님 본래의 서원은 내가 멸도
한 뒤에도 어디든지 찾아가서 항상 이 법
듣겠다는 것이었노라. 또한 나의 분신인
항하강의 모래 같이 한량없는 부처님들
법을 듣고 멸도하신 다보여래를 뵙고자
저마다 아름다운 국토와 제자들과
하늘 인간 용과 신의 온갖 공양 다 버리고
불법 오래 머물게 하려 여기에 왔느니라.

---

18 부촉(咐囑): 부처님이 설법을 마친 뒤에 청중 가운데서 어떤 이를 가려내어 그 법의 유통(流通)을 부탁하여 맡기는 것. 부촉은 흔히 경이 끝날 때에 이루어지나 법화경의 경우는 예외이다.

모든 부처님을 앉으시게 하려고
신통력으로 한량없는 중생을 옮겨
국토를 청정케 하고 여러 부처님들
보배나무 아래에 제각각 이르시니
맑은 못을 연꽃으로 장엄한 듯 하였으며
보배나무 아래의 모든 사자좌는
부처님들 앉으시어 광명으로 장엄함이
어두운 밤 큰 횃불을 밝힘과 같았느니라.
몸에 이는 묘한 향기 시방 국토 가득하여
중생들이 향기 맡고 기쁨을 못 누르니
비유하면 큰 바람이 작은 나무 가지를
스치는 것과 같으니라. 이와 같은
방편으로 법이 오래 머무르게 하느니라.

대중에게 이르노니 내가 멸도 한 뒤에
누가 능히 이 경을 수호하여 지니고
읽고 설하겠느냐. 지금 부처님
앞에서 스스로 맹세하여 말하라.
이 다보 부처님은 비록 멸도 하신 지가
오래지만 큰 서원으로 사자후[19]를 하시나니

19 사자후(獅子吼): 부처님의 설법을, 모든 짐승이 사자의 울음소리를 두려워하여 굴복하는 것에 비유하여 이르는 말.

다보여래와 나와 여기 모인 나의
분신불[20]은 이 뜻을 아시느니라. 불자들이여.
누가 능히 이 법을 수호하여 지키겠느냐.
큰 서원을 일으켜 오래도록 머무르게
할지니 이 경의 가르침을 수호하면
곧 나와 다보불께 공양함이 되느니라.
다보여래 부처님이 보탑에 계시면서
늘 시방에 다니심은 이 경을 위해서이며
또한 여기 오신 모든 분신불로 여러 세계를
장엄하게 빛낸 이를 공양하기 위함이니라.
만일 이 경 설한다면 나와 다보여래와
모든 분신불을 뵙는 것이 되느니라.
선남자들아. 각자 깊이 생각하여라. 이 일은
어렵나니 마땅히 큰 서원을 낼지어다.

다른 경전 항하사 수 같지만 비록 이를
설한다 할지라도 어렵지 아니하며
수미산을 들어서 타방의 셀 수 없는
불국토에 던진다 해도 어렵지 아니하며

---

20 원문은 화불(化佛). 부처가 중생을 교화하기 위하여 여러 모습으로 변화하여 나타나는 불신(佛身)을 말하지만, 여기서는 석가세존의 분신불을 말한다.

발가락으로 대천세계 움직여서 멀리 다른
나라에 던진다 해도 어렵지 아니하며
유정천[21]에 올라서서 한량없는 다른 경전
중생 위해 설하여도 어렵지 아니하나
부처님이 멸도한 뒤 악한 세상 중에서
이 경을 설한다면 이 일은 어렵노라.
가령 어떤 사람이 손으로 허공을
움켜쥐고 노니는 것 어렵지 아니하나
내가 멸도 한 뒤에 이 경 쓰고 지니거나
남 쓰도록 시킨다면 이 일은 어렵노라.
만일 큰 땅덩이를 발톱 위에 올려놓고
범천[22]에 올라감도 어렵지 아니하나
부처님이 멸도한 뒤 악한 세상 중에서
잠시라도 이 경을 읽는 일은 어렵노라.
세상이 다하여 겁의 불길 타오를 때
마른 풀을 짊어지고 겁화[23] 속에 뛰어들어
불에 타지 않는 것 어렵지 아니하나
내가 멸도 한 뒤에 이 경 지녀 한 사람을

---

21 유정천(有頂天) : 욕계와 색계의 가장 높은 하늘. 이 위로 무색계 4천이 있다.

22 범천이 태어나는 하늘인 색계 초선천, 또는 범천의 주인인 범천왕을 말한다. 여기에서는 전자의 뜻이다.

23 겁화(劫火): 세상이 파괴될 때 일어난다고 하는 큰 불.

위해서라도 설한다면 이 일은 어렵노라.
8만4천 법장과 12부경[24] 지니고서
사람들을 위해 널리 설하고
들은 사람들 모두가 육신통을
얻게 할지라도 어렵지 아니하나
내가 멸도 한 뒤에 이 경을 듣고 지녀
그 뜻을 묻는다면 이 일은 어렵노라.
어떤 사람 설법하여 한량없고 수없는
천만억의 항하사 수 중생들이 아라한을
증득하고 육신통을 갖추도록 한다면
비록 이익 있다 해도 어렵지 아니하나
내가 멸도한 뒤에 이 경전을
받들어 지닌다면 이 일은 어렵노라.

---

24 12부경(十二部經): 부처님의 교설(敎說)을 내용과 형식으로 구분하여 12가지로 나눈 것. ①계경(契經, sūtra): 산문체의 경전. ②중송(重頌, geya) 산문체 경문을 운문(韻文)으로 한번 더 노래한 것. ③인연(因緣, nidāna): 부처님을 만나 법을 들은 인연 등을 말한 것. ④비유(譬喩): 비유로 은밀한 교리를 명백하게 한 것. ⑤본사(本事): 제자들의 과거세 인연을 말한 것. ⑥본생(本生, jātaka): 부처님 자신이 지난 세상에서 행한 보살행을 말한 것. ⑦풍송(諷頌, gāthā): 운문(韻文)으로 된 게송. ⑧미증유(未曾有): 부처님이 부사의(不思議)한 신통력을 나타내는 것을 말한 것. ⑨논의(論議, upadeśa): 교법의 의리를 논의 문답한 것(여기까지의 9가지를 달리 9부경이라 한다). ⑩기별(記別=授記): 부처님이 제자가 다음 세상에 날 곳을 예언한 것. ⑪자설(自說, udāna): 남이 묻지 않는데 부처님이 스스로 말씀한 교설. ⑫방광(方廣): 방정(方正)하고 광대한 진리를 설한 것.

내가 불도 위하여서 한량없는 국토에서
처음부터 지금까지 널리 여러 경전
설했으나 그 중에서 이 경이 제일이니라.
만일 이 경 지닌다면 부처님의 몸을
지니는 것 되느니라. 여러 선남자여.
내가 멸도한 뒤에 누가
이 경을 받아지녀 읽고 외우겠느냐.
지금 부처님 앞에서 스스로
맹세하여 말하여라. 이 경은 지니기
어렵나니 잠시라도 지닌다면 내가 매우
기뻐하고 제불께서도 또한 그러하리라.
이와 같은 사람들은 제불께서 찬탄하사
이것이 용맹이며 이것이 정진이며
이것을 계를 지니는 이라 하고
두타[25]를 행하는 이라 하나니

25 두타(頭陀): 두타(dhūta)는 닦는다[修治]는 뜻으로 불도를 수행함에 있어서 의 · 식 · 주에 대한 탐착을 떠나 번뇌를 제거하는 수행이다. 12가지의 행법(行法)이 있는데 이를 12두타행이라 한다. ①재아란야처(在阿蘭若處): 인가(人家)를 떠나 한적한 곳에 머물며 ②상행걸식(常行乞食): 밥을 빌어 생활하며 ③차제걸식(次第乞食): 빈부를 가리지 않고 차례로 걸식하며 ④수일식법(受一食法): 한 자리에서 한번만 먹으며 ⑤절량식(節量食): 발우에 든 것으로 만족하며 ⑥중후부득음장(中後不得飮漿): 정오가 지나면 과실즙 따위도 마시지 아니하며 ⑦착폐납의(著弊衲衣): 헌 옷을 빨아 기워 입으며 ⑧단삼의(但三衣): 중의(重衣) · 상의(上衣) · 내의(內衣) 외에는 가지지 아니하며 ⑨총간주(塚間住): 무덤 곁에 머물

빨리 위없는 불도를 얻으리라.
미래세에 능히 이 경을 읽고 지니면
이 사람은 참된 불자여서 순수하고
선한 곳에 머무르리라. 부처님이 멸도한 뒤
능히 그 뜻을 이해하면 이 사람은
하늘과 사람과 세간의 눈이 되며
두려운 세상에서 잠깐이라도 설한다면
일체의 하늘과 사람 모두 공양하리라.

러 무상관(無常觀)을 닦으며 ⑩수하지(樹下止): 나무 밑에 있어 애착을 버리며 ⑪노지좌(露地坐): 습기와 독충의 해를 피해 노지(露地: 한데)에 앉으며 ⑫단좌불와(但坐不臥): 앉기만 하고 눕지 않는 것 등.

제12 제바달다품(提婆達多品)

이때 부처님께서 모든 보살과 하늘과 사람과 사부대중에게 말씀하셨습니다.

"내가 옛적 한량없는 겁 동안 법화경을 구하기에 게으름이 없었느니라. 여러 겁 동안 항상 국왕이 되어서도 발원하여, 위없는 깨달음을 구함에 마음이 물러나지 않았느니라. 또 육바라밀을 만족하게 이루고자 부지런히 보시를 행하되, 마음에 인색하고 아낌이 없어서 코끼리 · 말 · 칠보 · 국성(國城) · 처자 · 노비 · 종복과 머리, 눈, 골수, 뇌와 온몸의 살과 손발, 목숨까지도 아끼지 아니하였느니라.

그때 세상 사람과 수명이 한량없었지만, 법을 구하기 위하여 왕위를 버리고 정사를 태자에게 맡기고 북을 쳐서 영을 내려 사방으로 법을 구하되, '누가 나를 위하여 대승(大乘)을 설하여 주겠느냐? 내가 몸이 다하도록 그를 공양하고 받들어 모시리라.' 하였느니라.

그때 한 선인(仙人)이 왕에게 와서 말하였느니라.

'나에게 대승경전이 있으니, 이름이 묘법연화경이라, 만일 내 뜻을 따르면 마땅히 설하여 주겠노라.'

왕은 선인의 말을 듣고 뛸 듯이 기뻐하며 곧 선인을 따라가 원하는 것을 공급하되, 과일을 따고 물을 긷고 땔나무를 하고 음식을 장만하며, 몸으로는 침상이 되고 앉는 자리가 되어도 몸과 마음이 게으르지 아니하였느니라. 그때 이렇게 받들어 모시기를 1천 년이 지났으나 법을 구하는 까닭으로 정성껏 부지런히 시중하여 조금도 부족함이 없게 하였느니라."

이때 세존께서 이 뜻을 거듭 펴시려고 게송으로 말씀하셨습니다.

내가 과거겁을 생각하니 큰 법을
구하려고 비록 세상의 국왕 되었지만
오욕락[1]에 탐착 않고 종을 쳐서 사방에
일렀느니라. 누가 큰 법을 지녔는가.
나를 위해 해설한다면 그의 종이 되리라.
그때 아사 선인[2]이 대왕에게 와서
말했노라. 나에게 미묘한 법 있는데

---

1 오욕락(五欲樂): 색(色)·성(聲)·향(香)·미(味)·촉(觸)의 5경(境)이 일으키는 세속적인 욕망의 총칭. 이 다섯 가지가 모든 욕망을 일으키므로 5욕이라 한다. 또는 재물욕·색욕(色欲, 성욕)·식욕·명예욕·수면욕 등 인간이 갖는 근본 욕망을 말하기도 한다.

2 아사선인(阿私仙人): 아사타(阿私陀). 장수선인(長壽仙人)으로 석가모니 부처님이 태어날 때 예언을 한 아시타선인과는 다른 인물이다.

세간에선 보기 드문 것이오. 만일 닦고
행하겠다면 마땅히 그대 위해 설하리라.
그때 왕은 선인의 말을 듣고
마음이 크게 기뻐 곧 선인을 따라가서
필요한 것 공급하되 나무하고 나물 캐고
과실 따서 때에 맞게 공경하여 바치되
뜻이 묘법에 있었으므로 몸과 마음에
게으름이 없었노라. 널리 모든 중생 위해
부지런히 큰 법을 구하면서 자신의
몸과 오욕락을 위하지 않았으며
큰 나라의 왕이 되어서도 이 법을
얻으려고 부지런히 구했으므로 마침내
성불하여 지금 너희 위해 설하느니라.

부처님께서 여러 비구들에게 말씀하셨습니다.

"그때의 왕은 바로 지금 나의 몸이요, 그 선인은 지금의 제바달다[3]이니라. 이 제바달다 선지식 때문에 내가

---

3 제바달다(提婆達多): 부처님의 사촌동생으로 아난다(阿難陀)의 형이다. 부처님이 성도 후 고국인 가빌라성을 찾았을 때 난다, 아나율(아니룻다) 등의 왕족들과 함께 출가했다. 자신이 교단을 이끌테니 부처님께서는 쉬시라고 요청했다가 거절당하자 5백 명의 수행자들을 이끌고 나가 최초로 교단을 분열시킨 인물이다. 영취산에서 돌을 굴려 부처님의 발에 피가 나게 하는 등 수차례에 걸쳐 부처님을 시해하려고 했으나 실패했으며 산 채로 지옥에 떨어졌다고 한다.

육바라밀과 자비희사(慈悲喜捨)[4]와 거룩한 32상과 빼어난 80종호와 붉은 황금빛[5]과 십력[6]과 사무소외(四無所畏)[7]와 사섭법(四攝法)[8]과 십팔불공법(十八不共法)[9]과 신통과 도력을 다 갖추고 등정각을 이루어 널리 중생을 제도하느니, 이것은 모두 제바달다 선지식 덕분이니라.

모든 사부대중에게 이르노라.

이 뒤 제바달다는 한량없는 겁을 지나서 마땅히 성불하리니, 이름을 천왕(天王)여래 · 응공 · 정변지 · 명행족 · 선서 · 세간해 · 무상사 · 조어장부 · 천인사 · 불세존이라 하며, 그 세계의 이름은 천도(天道)이니라.

그때 천왕불은 20중겁(中劫)[10]을 세상에 머무르며 널

---

4 자비희사(慈悲喜捨): 자(慈)는 남에게 즐거움을 주려는 마음이며, 비(悲)는 남의 괴로움을 덜어 주려는 마음, 희(喜)는 남이 괴로움을 떠나 즐거움을 얻으면 기뻐하는 마음, 사(捨)는 남을 평등하게 대하는 마음이다. 이 네 가지 마음을 한량없이 일으키므로 사무량심(四無量心)이라 한다.

5 붉은 황금빛[紫磨金色]: 황금 중에서 최상의 품질을 가진 자마금의 빛.

6 십력(十力): 부처님이 지닌 열 가지 지혜의 힘. 제2「방편품」 주)9 참조.

7 사무소외(四無所畏): 부처님이 법을 설함에 두려움을 느끼지 않는 4가지 지혜의 힘. 제2「방편품」 주)10 참조.

8 사섭법(四攝法): 중생을 구제하려는 보살이, 중생을 불도에 이끌어 들이기 위해 취하는 네 가지 방법. ①보시섭(布施攝): 좋아하는 재물이나 법을 보시하며 ②애어섭(愛語攝): 부드럽고 온화한 말을 하며 ③이행섭(利行攝): 선행(善行)으로 중생을 이익케 하며 ④동사섭(同事攝): 상대의 근성(根性)에 맞추어 행동을 같이하여 이끌어 들이는 것 등을 말한다.

9 십팔불공법(十八不共法): 부처님에게만 있는 18가지의 정신적 공덕을 말한다. 일반적으로 십력(十力), 사무소외(四無所畏), 삼념주(三念住), 대비(大悲)를 말한다. 제3「비유품」 주)10 참조.

리 중생을 위하여 묘법(妙法)을 설하리니, 항하사 같은 많은 중생이 아라한과[11]를 얻고, 한량없는 중생들이 연각의 마음을 내며, 항하사 같은 많은 중생이 위없는 도를 구하려는 마음을 내어 무생인(無生忍)[12]을 얻어서 불퇴전의 경지에 이르리라.

그때 천왕불께서 반열반[13]에 드신 뒤에 정법이 세상에 머무름은 20중겁이며, 전신사리(全身舍利)로 칠보탑을 세우리니 높이는 60유순이요, 가로와 세로는 40유순이리라. 모든 하늘과 사람들이 온갖 꽃과 가루향 · 사르는 향 · 바르는 향 · 의복 · 영락 · 당번 · 증개 · 기악과 노래로 칠보 묘탑에 예배하고 공양하리라. 한량없는 중생들이 아라한과를 얻고, 무량한 중생들이 벽지불을 깨달으며 헤아릴 수 없는 중생들이 보리심을 내어 불퇴전[14]의 경지에 이르리라."

---

10 중겁(中劫): 20소겁(小劫)을 1중겁이라 한다. 1소겁은 수명이 10세 되는 때부터 100년마다 1세씩 늘어나 8만 4천세까지 이르고, 거기서 다시 100년마다 1세씩 줄어들어 10세에 이르는 동안을 말한다. 제1「서품」주)100 참조.

11 아라한과(阿羅漢果): 수행을 완수하여 모든 번뇌를 끊고 다시 생사의 세계에 윤회하지 않는 과위(果位). 소승의 교법을 수행하는 성문(聲聞) 4과의 가장 윗자리. 응공(應供)으로 한역.

12 무생인(無生忍): 무생법인(無生法忍). 불생불멸하는 진여 법성을 깨닫고, 거기에 안주하여 움직이지 않는 것을 말한다.

13 반열반(般涅槃): 완전한 열반인 무여열반(無餘涅槃)을 말한다.

14 불퇴전(不退轉): 한번 도달한 수행의 계위에서 뒤로 물러나는 일이 없는

부처님께서 모든 비구들에게 말씀하셨습니다.

"미래세에 어떤 선남자 선여인이 이 묘법연화경의 제바달다품을 듣고 청정한 마음으로 믿고 공경하여 의혹을 내지 않는다면 지옥, 아귀, 축생에 떨어지지 아니하고 시방의 부처님들 앞에 태어나며, 나는 곳마다 항상 이 경을 들으리라. 만일 인간이나 하늘에 태어나면 가장 수승하고 미묘한 즐거움을 받을 것이며, 부처님 앞에 있으면 연꽃 위에 화생(化生)[15]하리라."

이때 하방(下方)[16]에서 다보 세존을 따라온 지적보살(知積菩薩)이 다보 부처님께 본 국토로 돌아가겠노라 아뢰자, 석가모니 부처님께서 지적보살에게 말씀하셨습니다.

"선남자여, 잠깐만 기다려라. 여기에 문수사리(文殊師利)라는 보살이 있으니 서로 만나서 묘법을 논의하고 본 국토로 돌아감이 좋으리라."

이때 문수사리는 수레바퀴 같이 큰 천 개의 잎을 가진 연꽃 위에 앉고, 함께 온 보살들도 또한 보배 연꽃에

것. 그 지위를 불퇴위(不退位)라 한다.

15 화생(化生): 9품의 행업(行業)에 따라 아미타불 정토의 칠보연화 속에 태어나는 것.

16 하방(下方): 지적보살이 온 곳은 다보불의 세계인 보정국(寶淨國)이나, 탑이 솟아난 곳이 땅속이기에 '하방'이라 했다.

앉아 큰 바다의 사갈라[17] 용궁으로부터 저절로 솟아올라 허공에 머물다가, 영취산(靈鷲山)에 이르러 연꽃에서 내려와 부처님 앞에 나아가 머리를 숙여 두 분 세존의 발 아래 공경하여 예배하였습니다. 예배를 마치고 지적보살의 처소로 가서 서로 안부를 나눈 뒤 한쪽으로 물러나 앉으니, 지적보살이 문수사리에게 물었습니다.

"인자(仁者)께서 용궁에 가시어 교화한 중생이 얼마나 됩니까?"

문수사리가 답하였습니다.

"그 수는 한량없어 헤아릴 수 없고, 입으로 말할 바가 아니며, 마음으로 측량할 바가 아니니, 잠깐만 기다리면 스스로 증명할 것입니다."

그 말을 다 마치기도 전에 무수한 보살들이 보배 연꽃에 앉아 바다로부터 솟아올라와서 영취산에 이르러 허공에 머물렀습니다. 이 보살들은 모두 문수사리가 교화하고 제도한 이들이니, 보살행을 갖추어 다 함께 육바라밀을 논의하였습니다. 또 본래 성문이던 이들은 허공에 있으면서 성문행(聲聞行)을 설하다가 지금은 모두 대승의 공(空)한 이치를 닦고 행하고 있었습니다.

문수사리가 지적에게 말하였습니다.

---

17 사갈라(娑竭羅, Sāgara): 사갈라는 '큰 바다'라는 뜻. 사갈라용왕은 불법을 수호하는 8대 용왕의 하나이다.

"바다에서 교화한 일이 이러합니다."

이때 지적보살이 게송으로 찬탄하였습니다.

큰 지혜와 위덕과 굳건한 용맹으로
한량없는 중생들을 교화하고 제도하시니
지금 이 회중들과 내가 모두 보았습니다.
실상의 뜻 설하여 일승법을 열어서
밝히시어 널리 모든 중생 인도하여
깨달음을 속히 이루게 하십니다.

문수사리가 말하였습니다.

"나는 바다에서 오직 늘 묘법연화경을 설하였습니다."

지적이 문수사리에게 물었습니다.

"이 경은 뜻이 매우 깊고 미묘하여 여러 경전 중에서 보배이며, 세상에서 희유한 경입니다. 중생이 이 경을 수행함에 부지런히 정진하여 빠르게 성불한 적이 있습니까?"

문수사리가 말하였습니다.

"사갈라 용왕의 딸이 있습니다. 나이가 겨우 여덟 살인데 지혜롭고 근기가 총명하여 중생들의 근기와 행한 업을 잘 알며, 다라니[18]를 얻어서 여러 부처님께서 말씀하신 깊고 비밀한 법장(法藏)을 다 받아 지니고, 선정에 깊이 들어 모든 법을 통달하여, 찰나 동안에 보리심을 내어 불퇴전을 얻었습니다. 변재(辯才)[19]가 걸림이 없고, 자애로운 마음으로 중생을 갓난아이 같이 여기며, 공덕이 구족하여 마음으로 생각하고 입으로 연설함이 미묘하고 광대하며, 자비롭고 어질고 겸손하며 그 뜻이 부드럽고 온화하여 능히 보리(菩提, 깨달음)에 이르렀습니다."

지적보살이 말하였습니다.

"제가 석가여래를 뵙건대, 한량없는 겁 동안 행하기 어려운 고행(苦行)으로 공덕을 쌓고 보리도(菩提道)를 구하시되 일찍이 잠깐도 쉬지 않았으며, 삼천대천세계를 봐도 겨자씨만한 곳이라도 이 보살이 몸과 목숨을 바치지 아니한 곳이 없나니, 중생을 위한 까닭입니다. 그런 뒤에야 보리도를 성취하셨는데, 이 용왕의 딸이 잠깐 사이에 정각(正覺)[20]을 이루었다는 말은 믿을 수가 없습니다."

말을 마치기도 전이었습니다. 용왕의 딸이 홀연히 앞

---

18 다라니(陀羅尼): 총지(摠持) · 능지(能持) · 능차(能遮)라 번역. 무량 무변한 뜻을 지니고 있어, 모든 악한 법을 버리고 한량없이 좋은 법을 가지는 지혜나 삼매를 말한다. 제1「서품」주)26 참조.

19 변재(辯才): 교묘하게 법과 뜻에 맞게 말을 잘하는 능력.

20 정각(正覺): 올바른 깨달음. 일체의 참된 모습을 깨달은 더할 나위 없는 지혜이다.

에 나타나서 머리 숙여 예배 공경하고 한쪽으로 물러나 머물며 게송으로 찬탄하였습니다.

죄와 복의 모습 깊이 통달하시고 시방을
두루 비추시며 미묘하고 청정한
법신은 32상과 80종호 갖추시고
법신 장엄 하셨습니다. 하늘과 사람이
우러러 받들고 용과 귀신 공경하니
일체중생 받들지 않는 자가 없습니다.
또한 법을 듣고 깨달음을 성취함은
오로지 부처님만 아시고 증명하시니
제가 대승의 가르침을 밝혀서
괴로움에 빠진 중생 해탈케 하오리다.

그때 사리불이 용녀에게 말했습니다.

"네가 오래되지 않은 사이에 무상도(無上道)[21]를 얻었다고 하나 이 일은 믿기가 어렵도다. 왜냐하면 여자의 몸은 때 묻고 더러워서 법의 그릇[法器][22]이 아니거늘, 어떻게 위없는 깨달음[無上菩提][23]을 얻을 수 있으랴? 불

---

21 무상도(無上道): '불도'를 달리 이르는 말. 위없는 최상의 깨달음이란 뜻으로 불과(佛果)를 말한다.

22 법기(法器): 불법을 받아들여 감당할 만한 능력이 되는 사람.

도는 아득히 멀어서 한량없이 오랜 겁을 지나도록 부지런히 수행하고 모든 바라밀을 구족하게 닦은 뒤에야 이루어지는 것이니라. 또 여자의 몸에는 다섯 가지 장애가 있으니 첫째는 범천왕이 되지 못하고, 둘째는 제석천왕이 되지 못하고, 셋째는 마왕(魔王)이 되지 못하고, 넷째는 전륜성왕이 되지 못하고 다섯째는 부처님의 몸이 되지 못하노라. 어떻게 여자의 몸으로 빨리 성불할 수 있겠는가?"

이때 용녀에게 한 보배구슬이 있었으니, 값이 삼천대천세계와 같았습니다. 그것을 부처님께 바치니 부처님께서 곧 이것을 받으셨습니다.[24] 용녀가 지적보살과 사리불존자에게 말했습니다.

"제가 보배구슬을 바치니 세존께서 받으셨습니다. 이 일이 빠르지 않습니까?"

매우 빠르다고 답하니, 용녀가 말했습니다.

"여러분들의 신통력으로 내가 성불하는 것을 보십시오. 이보다 더욱 빠를 것입니다."

그때에 모인 대중들이 다 용녀를 보니, 홀연히 잠깐

---

23 무상보리(無上菩提): 무상도(無上道).

24 보배구슬은 원만한 인(因)을 닦은 일, 즉 원교(圓敎)의 수행을 나타내며, 부처님께 바친 것은 인(因)을 가지고 과(果)를 이룸을 보임이며, 부처님께서 받으심이 빠른 것은 과(果)를 얻음이 빠름을 뜻한다.

사이에 남자로 변하여 보살행을 갖추고 곧 남방의 무구세계로 가서 보배연꽃에 앉아 등정각을 이루었으며, 32상과 80종호를 갖추고 널리 시방세계의 모든 중생을 위하여 미묘한 법을 설했습니다.[25]

이때 사바세계의 보살 · 성문 · 팔부(八部)[26]와 사람과 사람 아닌 이들 모두가, 저 용녀가 성불하여 그때에 모인 사람과 하늘의 무리를 위해 설법하는 것을 보고 마음이 크게 기뻐서, 멀리서 보며 공경하여 예배했습니다.

또 한량없는 중생들이 법을 듣고 깨달아서 불퇴전을 얻고, 한량없는 중생들이 도(道)의 수기를 받으니, 청정한 세계는 여섯 가지로 진동하고, 사바세계의 3천 중생도 보리심을 일으키고 수기를 받았습니다. 지적보살과 사리불, 이곳에 모인 모든 대중은 묵묵히 믿고 받아 지녔습니다.

25 남방의 무구세계는 인연이 성숙했기에 불도 이룸을 보였으나, 이 국토는 인연이 박하니 다만 용녀의 모습으로 교화한 것이다.

26 팔부(八部): 천룡팔부. 천 · 용 · 야차 · 아수라 · 가루라 · 건달바 · 긴나라 · 마후라가 등 불법을 수호하는 여덟 신장(神將). 이 가운데서 천과 용이 으뜸이므로 천룡팔부라 한다.

제13 권지품(勸持品)

이때 약왕보살마하살[1]과 대요설보살마하살이 2만 보살 권속과 함께 부처님 앞에서 이렇게 맹세했습니다.

"오직 원하옵건대, 세존이시여. 염려하지 마옵소서. 저희들이 부처님 멸도하신 뒤에 마땅히 이 경을 받들어 지니고 독송하고 설하겠습니다. 뒷날 악한 세상의 중생은 선근(善根)은 점점 적어지고 증상만은 많아져서, 이로운 공양은 탐내고 착하지 못한 뿌리[不善根]는 점점 늘어나 해탈을 멀리하므로 비록 교화하기가 어려울지라도, 저희들은 마땅히 큰 인욕(忍辱)의 힘을 일으켜서 이 경전을 독송하고 지니고 설하고 베껴 쓰고 갖가지로 공양하되, 신명(身命)을 아끼지 않겠습니다."

---

1 약왕보살(藥王菩薩): 유리광소여래(瑠璃光昭如來)가 멸도한 후에 일장(日藏) 비구가 대중에게 대승(大乘)의 평등대혜(平等大慧)를 연설하였는데, 대중 가운데 성수광 장자가 아우와 함께 설법을 듣고 마음으로 기뻐하여 과실과 좋은 약으로 비구와 대중에게 공양하고 대보리심을 내었다. 그때의 장자가 지금의 약왕보살, 그 아우는 약상보살이다. 약왕보살은 미래에 성불하여 누지여래(樓至如來) 혹은 정안불(淨眼佛)이 되리라고 하였다. 이 보살은 항상 대비의 약으로 일체중생의 혹업(惑業)을 치료하고 즐거움을 주는데 자재를 얻었다. 한편 법화경 제23「약왕보살본사품」에서는 일체중생희견보살을 약왕보살의 전생으로, 제27「묘장엄왕본사품」에서는 묘장엄왕의 두 아들인 정장과 정안을 약왕보살과 약상보살의 전생으로 이야기하고 있다.

이때 대중 가운데 5백 아라한으로 수기를 받은 이들이 부처님께 말씀드렸습니다.

"세존이시여, 저희들도 또한 스스로 맹세하고 발원하오니, 다른 국토에서 이 경을 널리 설하겠습니다."

다시 아직 배우는 이와 다 배운 이[學無學][2] 8천 사람으로 수기를 받은 이들이 자리에서 일어나 부처님을 향하여 합장하고 이렇게 맹세하였습니다.

"세존이시여, 저희들도 또한 마땅히 다른 국토에서 이 경을 널리 설하겠습니다. 왜냐하면 이 사바세계에는 사람들의 폐단과 악습이 많고 뛰어난 체하는 마음을 품어서 공덕이 천박하고, 성을 잘 내고 마음이 혼탁하고 아첨하고 바르지 않아 진실하지 않은 자가 많기 때문입니다."

이때 부처님의 이모이신 마하파사파제[3] 비구니가 배우는 이들과 다 배운 비구니 6천 인과 함께 자리에서 일

---

2 학 · 무학(學無學): 불법을 수행하여 번뇌를 끊어버림을 학(學) 또는 유학(有學)이라 하며, 번뇌가 완전히 없어져 다시 더 수학(修學)할 것 없는 경지를 무학이라 한다. 수다원 · 사다함 · 아나함의 세 과위를 학, 아라한을 무학이라 한다.

3 마하파사파제(摩訶波闍波提, Mahāprajāpatī): 대애도(大愛道)라 한역. 부처님의 어머니 마야부인의 동생으로 마야부인이 죽은 뒤, 정반왕의 부인이 되어 부처님의 양육을 맡았다. 뒤에 난타(難陀)를 낳아 두 아들을 양육하였다. 석존이 성도한 뒤 정반왕이 죽자, 석존의 태자 때의 부인인 야수다라와 함께 출가하여 비구니의 시초가 되었다.

어나 일심으로 합장하고 부처님 존안을 우러러보며 잠깐도 눈을 떼지 아니하였습니다.

그때 세존께서 교담미(憍曇彌)[4]에게 말씀하셨습니다.

"어찌하여 근심 어린 얼굴로 여래를 보는가? 그대 마음에, 장차 내가 그대의 이름을 불러서 아뇩다라삼먁삼보리의 수기를 하지 않으리라 생각하느냐?

교담미여, 내가 앞에서 한꺼번에 이미 모든 성문들에게 다 수기를 주었느니라. 이제 그대가 수기를 알고자 한다면, 장차 오는 세상에서 마땅히 6만8천억의 모든 부처님 법 중에서 대법사(大法師)가 되리니, 6천의 배우는 이들과 다 배운 비구니들도 함께 법사가 되리라.

그대는 이와 같이 점점 보살도를 갖추어 마땅히 성불하리니, 이름이 일체중생희견(一切衆生喜見)여래 · 응공 · 정변지 · 명행족 · 선서 · 세간해 · 무상사 · 조어장부 · 천인사 · 불세존이리라.

교담미여, 이 일체중생희견불과 6천 보살들은 차례차례 수기하여 아뇩다라삼먁삼보리를 얻으리라."

이때 라후라의 어머니인 야수다라[5] 비구니는 이렇게

4 교담미(憍曇彌): 범어 Gautami 또는 Gotamī의 음차. 인도 찰제리[무사] 종족 중의 한 성(姓)의 여성 명사이다. 석가족, 즉 구담족(瞿曇族)의 여자를 통칭하는 명칭이나, '교담미'는 특히 부처님의 이모인 마하파사파제를 지칭할 때 쓰인다.

생각하였습니다.

'세존께서 수기하시면서 어찌 내 이름만 말씀하시지 않는가.'

부처님께서 야수다라에게 말씀하셨습니다.

"그대는 오는 세상에 백천만억 모든 부처님의 법 중에서 보살행을 닦아 대법사가 되어, 점차로 불도를 갖추어 훌륭한 국토에서 마땅히 성불하리라. 이름은 구족천만광상(具足千萬光相)여래 · 응공 · 정변지 · 명행족 · 선서 · 세간해 · 무상사 · 조어장부 · 천인사 · 불세존이며, 그 부처님의 수명은 한량없는 아승기겁이니라."

이때 마하파사파제 비구니와 야수다라 비구니와 그 권속들이 모두 크게 기뻐하며 미증유를 얻고는 곧 부처님 앞에서 게송으로 말씀드렸습니다.

세존이신　도사이시여. 하늘과　사람을
안온하게　하옵니다. 저희들은　수기 듣고
마음이　편안하여　만족함을　이뤘나이다.

모든 비구니들이 이 게송 읊기를 마치고 부처님께 말

---

5 야수다라(耶輸多羅, Yaśodharā): 구리 성주 선각왕의 딸로 석존의 외사촌. 석존이 출가하기 전 싯다르타 태자 때의 비(妃). 라후라의 어머니로 마하파사파제와 함께 출가하여 비구니가 됨.

씀드렸습니다.

"세존이시여, 저희들도 타방의 국토에서 이 경을 널리 전하겠습니다."

이때 세존께서 80만억 나유타의 여러 보살마하살을 보셨습니다. 이 보살들은 모두 아유월치(阿惟越致)[6]로서 불퇴전의 법륜을 굴리며 모든 다라니를 얻은 이들이었는데, 곧 자리에서 일어나 부처님 앞에 나아가 일심으로 합장하고 이렇게 생각하였습니다.

'만일 세존께서 우리에게 이 경을 지니고 설하라고 분부하신다면, 마땅히 부처님의 가르침과 같이 이 법을 널리 펴리라.'

다시 생각하기를, '부처님께서 지금 묵묵히 계시면서[7] 분부가 없으시니 우리는 어떻게 해야 하는가?" 하였습니다.

이때 여러 보살들이 부처님 뜻을 공경하여 따르고 또 자신들의 본래 서원을 만족케 하려고 부처님 앞에서 사

---

6 아유월치(阿惟越致): 불퇴전(不退轉)이라는 뜻으로 아비발치(阿鞞跋致)라고도 한다. 불도를 구하는 마음이 견고해 보살위에서 물러나지 않는 위계를 말한다. 제3「비유품」 주)74 참조.

7 이미 앞에서 경을 수지하는 공덕의 깊고 큼을 분명히 밝혔고, 다보불과 분신불께서도 경을 수지하는 사람을 격려하시어 간곡한 도리가 충분히 드러났으니, 부처님의 부촉에 응하려는 자가 있다면 서원을 일으키면 될 뿐 번거롭게 다시 말할 필요가 없기에 침묵하신 것이다.

자후를 내어 맹세하였습니다.

"세존이시여, 저희들도 여래께서 멸도하신 뒤에 시방세계를 두루 돌아다니면서 중생들로 하여금, 이 경을 베껴 쓰고 받아 지니고 독송하고 그 뜻을 해설하며 법과 같이 수행하여 바르게 기억하고 생각하도록 하겠습니다. 이것은 모두 부처님의 위신력(威神力)[8]이오니, 원하옵건대 세존께서는 타방(他方)에 계실지라도 멀리서 보시고 수호해 주시옵소서."

곧 여러 보살들이 다함께 소리 내어 게송으로 말씀드렸습니다.

원컨대 염려하지 마옵소서. 부처님이
멸도하신 뒤 두렵고 악한 세상에서
저희들은 마땅히 널리 설하오리다.
지혜 없는 사람들이 거친 입으로 욕을 하고
칼 막대로 때려도 저희는 다 참으오리다.
악한 세상 비구들은 그릇된 지혜와
사특한 마음으로 얻지 못하고도
얻었다고 말을 하고 아만심이 가득하여
아련야[9]에 살거나 납의[10]를 걸치고

---

8 위신력(威神力): 부처님이 지닌 헤아릴 수 없는 영묘하고도 불가사의한 힘.

한가롭게 지내면서 스스로 참된 도를
행한다고 말하며 사람들을 업신여기고
이익과 공양에만 탐착하여 백의[11]만을
위해 법을 설하리니 세간에서 공경하기를
육신통을 얻은 아라한처럼 하오리다.
이런 자는 나쁜 마음 품고 있어 언제나
세상 일만 생각하고 아란야란 이름 빌어
저희들의 허물을 들춰내기 좋아하여
이와 같이 말하옵니다. 이 비구들은 이익과
공양 탐내 외도의 이론을 말하고
자신들이 경전 지어 세상 사람 현혹하며
이름을 구하려고 이 경을 분별하도다.
항상 대중 가운데서 저희를 헐뜯고자
국왕과 대신과 바라문과 거사와
다른 비구들에게 저희를 나쁘다고
비방하며 이들은 삿된 견해 가지고
외도를 논의하고 설한다고 하오리다.

---

9 아련야(阿練若): 고요하고 한적하여 수행자들이 머물기에 적합한 숲 또는 승원. 대개는 아란야(阿蘭若)라고 한다.

10 납의(衲衣): 출가 수행자가 입는 물들인 옷. 누더기 조각을 기워 만든 옷이라는 뜻. 똥 묻은 헝겊을 주워 만든다고 해서 분소의(糞掃衣)라고도 한다.

11 백의(白衣): 재가자. 출가자는 염색한 옷을 입고, 재가자는 흰옷을 입었기에 '백의'라 했다.

저희는 부처님을 공경하므로 이 모든
나쁜 일을 참으오리다. 가벼이 말하기를
너희들은 모두 부처이다 이와 같이
빈정거리는 말들도 모두 참고 받겠나이다.
탁한 시대 악한 세상[12] 겁나고 두려운 일
많으리니 악귀가 그들 몸에 들어가
욕을 하고 꾸짖으며 헐뜯고 모욕해도
저희는 부처님을 공경하고 믿으므로
마땅히 인욕의 갑옷 입고 이 경을
설하기 위해 온갖 어려운 일 참겠나이다.
저희의 몸과 목숨 아끼지 아니하고
오로지 위없는 도(道)만을 아끼오리다.
저희는 오는 세상 부처님이 부촉하신
법을 수호하고 지니오리다. 부처님은
마땅히 아시리니 혼탁한 세상의
나쁜 비구들은 부처님이 방편으로
근기따라 설하신 법을 알지 못하므로
거친 말로 비난하고 수시로 쫓아내어
탑과 절을 멀리 떠나게 하더라도

---

12 탁한 시대 악한 세상[濁劫惡世]: 오탁악세(五濁惡世). 명탁, 겁탁, 중생탁, 견탁, 번뇌탁으로 오염되어 타락한 나쁜 세상, 또는 말세를 의미한다.

이런 나쁜 일들을 부처님의 분부하심
생각하여 당당하게 모두 다 참겠나이다.
촌락이나 성읍에서 법을 구하는 이
있으면 저희는 언제든지 그곳 가서
부처님이 부촉하신 법을 설하오리다.
저희는 세존의 심부름꾼 이오니
대중 속에서도 두려움 없이
당당하게 법을 잘 설하오리다.
원하건대 부처님이여. 편안하게 머무르소서.
저희가 세존과 시방에서 오신
부처님들 앞에서 이와 같이 맹세하오니
부처님은 저희의 마음을 아시옵소서.

제14 안락행품(安樂行品)

이때 문수사리법왕자 보살마하살[1]이 부처님께 여쭈었습니다.

"세존이시여, 이 여러 보살들은 있기가 매우 어렵사오니, 부처님을 공경하고 따르는 까닭에 큰 서원을 일으켜, 미래의 악한 세상에서 이 법화경을 수호하여 지니고 읽고 설하려 하옵니다. 세존이시여, 보살마하살이 미래의 악한 세상에서 어떻게 이 경을 설해야 하겠나이까?"

부처님께서 문수사리에게 말씀하셨습니다.

"만일 보살마하살이 미래의 악한 세상에서 이 경을 설하려면 마땅히 네 가지 법[2]에 편안히 머물러야 하느니라.

첫째는 보살의 행할 곳[行處]과 친근할 곳[親近處][3]에 편

1 보살마하살(bhodhisattva mahāsattva): 보리살타마하살타를 줄여 부르는 말로 '깨달음을 이룬 위대한 사람'이라는 뜻. 보리살타는 깨달음[道果]을 구한다고 해서 도중생(道衆生)·각유정(覺有情)으로 번역한다. 마하살타는 도과를 구하는 것은 성문·연각과 같으나 이들과 구별하기 위해 대중생(大衆生)·대유정(大有情)이라 한역한다. 보살의 원이 크고, 행이 크고, 중생을 제도함이 커서 마하살[大士]이라 한다. 또는 10지(地) 이상의 보살을 가리켜 마하살이라 한다.

2 네 가지 법[四法]: 뒤에 이어지는 신(身)·구(口)·의(意)·서원(誓願)의 4안락행을 말한다.

3 행할 곳[行處]과 친근할 곳[親近處]: 행처는 진리를 깨달아 실천하는 것

안히 머물러야 중생을 위해 이 경을 설할 수 있느니라.

문수사리여, 무엇을 보살마하살의 행할 곳이라 하는가?

만일 보살마하살이 인욕의 경지에 머물러서 부드럽고 온화하고 착하고 수순하여, 조급하지 아니하고 마음에 놀라지 아니하며, 또 대상[法]에 대하여 행하는 바가 없으며, 모든 대상을 실상(實相) 그대로 관(觀)하되, 또한 행함이 없고 분별하지도 않으면, 이것을 보살마하살의 행할 곳이라 하느니라.

무엇을 보살마하살의 친근할 곳이라 하는가?

보살마하살은 국왕이나 왕자 · 대신 · 관리를 친근하지 말며, 범지(梵志)[4]와 니건자(尼楗子)[5] 등의 모든 외도와, 세속의 글을 짓고 정법 외의 서적을 찬탄하는 이와, 로가야타[6]나 역로가야타[7]도 친근하지 말라. 서로 치고

이며, 친근처는 그 교제의 범위를 말한다. 또 행과 친근은 제10「법사품」에서 보인 홍경의 방법이니, 행처는 여래의 옷이요 친근처는 여래의 자리이다.

4 범지(梵志): 바라문의 생활을 4기로 나누었을 때 제1기를 말하며, 8세부터 16세 또는 11세부터 22세까지로 스승에게 가서 수학하는 동안을 말한다. 이 기간 동안에는 스승에게 가서 여러 가지 고행을 하면서 성지(聖智)에 이르기 위하여 정진하는데, 이 기간을 마치면 집으로 돌아가 가정을 꾸린다.

5 니건자(尼楗子): 외도의 일파인 자이나교 수행자.

6 로가야타(路伽耶陀): 순세외도(順世外道). 지수화풍(地水火風)의 4원소

받는 흉측한 놀이와 광대 등의 갖가지 재주를 부리는 것에도 친근하지 말라. 전다라[8]와 돼지 · 양 · 닭 · 개를 기르거나, 사냥하고 물고기 잡는 나쁜 짓을 하는 이들을 친근하지 말지니라. 만일 이러한 사람들이 찾아오거든 그들을 위해 법을 설하되 아무것도 바라는 바가 없어야 하느니라.

또 성문승(聲聞乘)을 구하는 비구 · 비구니 · 우바새 · 우바이를 친근하지 말고 방문하지도 말지니라. 만일 방안에서나 경행(徑行)하는 곳에서나 강당에 있을 때에도 함께 머무르지 말지니, 혹 찾아오더라도 근기따라 법을 설할 뿐 바라는 바가 없어야 하느니라.[9]

문수사리여, 또한 보살마하살은 여인의 몸에 애욕을 일으키는 생각을 내어 법을 설하지 말고 또 보기를 좋아하지 말 것이며, 만일 남의 집에 들어가더라도 나이 어린 여자아이나 처녀, 과부 등과 더불어 말하지 말지니

와 그 원소의 활동 공간인 허공만을 인정하는 유물론적 입장의 외도이다. 즉 유물론적 쾌락주의자를 말한다.

7 역로가야타(逆路伽耶陀): 역순세외도(逆順世外道), 좌순세외도(左順世外道)라 번역. 극단의 쾌락주의자들을 지칭하는 것으로 본다. 법화경 범어본에서는 '순세(順世)의 비밀한 말을 지닌 자'라고 표현하고 있다고 한다.

8 전다라(旃陀羅): 도살 · 고기잡이 · 사냥 따위를 하거나 사형을 집행하는 천민.

9 대승의 깨달음을 구하는 마음[보리심]을 잃을까 경계하는 것이다.

라. 또 다섯 가지가 불구인 남자[10]를 가까이하여 깊이 친하지 않아야 하느니라. 혼자서 남의 집에 들어가지 말지니, 만일 까닭이 있어서 혼자서 들어갈 때에는 오직 일심으로 부처님을 생각하여라.

만일 여인을 위하여 법을 설하게 되면 이를 드러내어 웃지 말고 가슴을 드러내지도 말라. 법을 위함에 있어서도 친하지 않아야 하거늘, 하물며 다른 일에 있어서 이겠느냐.

나이 어린 제자나 사미(沙彌)[11]나 어린아이 기르기를 좋아하지 말고, 저들과 함께 한 스승 섬기기를 좋아하지도 말지니라.

항상 좌선을 좋아하여 한적한 곳에 있으면서 그 마음을 닦고 거두어드릴지니,[12] 문수사리여, 이것을 첫 번째의 친근할 곳이라 하느니라.

또한 보살마하살은 모든 법이 공(空)함[13]을 관하되 실

10 오종불남(五種不男): 선천적인 기형이나 기타 병변으로 인해 생식능력이 없는 다섯 부류의 남자를 말한다.

11 사미(沙彌): 비구가 되기 전의 수행승. 7세에서 20세 미만의 남자 출가자로 10계를 받고 비구가 되기 위해 수행 중에 있는 사람.

12 '항상 좌선을 좋아함'은 선정의 마음[定心]이며, '한적한 곳에 있음'은 선정의 장소[定處]이며, '마음을 닦고 거두어들임'은 선정의 방법[定門]이다.

13 모든 법이 공함[諸法皆空]: 세상에 존재하는 모든 존재는 인연으로 생겼

상과 같아서 뒤바뀌지 않고 동요하지 않으며, 물러나지 않고 변하지도 않아야 하느니라.

마치 허공이 성품이 없는 것처럼 일체의 말이 끊어져 생기지도 않고 나오지도 않고 일어나지도 않으며, 이름도 없고 모습도 없어서 실로 있는 것이 없으며, 한량없고 그지없고 걸림도 없고 막힘도 없건만, 다만 인연으로 있으며 거꾸로 된 생각 때문에 생긴다고 설하느니라.

항상 이와 같은 법의 모습[法相]을 즐겨 관해야 하나니, 이것을 보살마하살의 두 번째 친근할 곳이라 하느니라."

이때 세존께서 이 뜻을 거듭 펴시려고 게송으로 말씀하셨습니다.

만일 어떤 보살 있어 훗날 악한 세상에서
두려움 없는 마음으로 이 경을 설하려면
마땅히 행할 곳과 친근할 곳 들어가라.
국왕과 왕자와 대신 관리 흉한 놀이
하는 자와 전다라와 외도의 바라문을
가까이 하지 말며 증상만의 사람들과
소승에 탐착하여 삼장[14]을 배우는 이와

으며 변하지 않는 참다운 자아라는 실체는 존재하지 않는다는 것.

14 삼장(三藏): 경장, 율장, 논장을 통틀어 이르는 말이나 여기에서는 소승

계를 파한 비구들과 이름뿐인 아라한과
놀이와 웃기를 좋아하는 비구니와
오욕에 탐착하여 멸도가 나타나길
구하는 우바이들을 가까이 하지 말라.
만일 이런 사람들이 좋은 마음으로
보살 처소 찾아와서 불도를 듣고자 하면
보살은 곧 두려움 없는 마음으로
바라는 마음 없이 그를 위해 설법하라.
과부거나 처녀거나 불구의 남자들도
가까이하지 말 것이니 친분을 깊게 하여
가까이 하지 말라. 짐승을 도살하고
사냥하고 고기 잡고 이익 위해 살생하고
고기 팔아 생활하고 여색(女色)을 파는
이와 같은 사람을 가까이 하지 말라.
흉악하게 서로 치고 여러 가지 놀이와
음탕한 여인들도 가까이 하지 말라.
홀로 외진 곳에서는 여인에게 설법 말고
만일 법을 설할 때는 희롱하고 웃지 말라.
마을에 들어가서 걸식할 땐 다른 비구
함께하고 비구가 없을 때엔 일심으로

의 가르침을 일컫는다.

부처님을 생각하라. 이것을 행할 곳과
친근할 곳이라 하나니 이러한
두 곳에서 편안하고 즐겁게 설하여라.
또한 상중하[15]의 법과 유위와 무위[16]법
참된 법과 거짓된 법 행하지 말고
남자라거나 여자라고 분별하지 말며
모든 법을 얻었다고 하지 말며 안다고도
하지 말며 보았다고 하지도 말라.
이것 일러 보살이 행할 곳이라 하느니라.
일체법은 공하여 있는 바가 없어서
항상 머물러 있을 수가 없으며
일어남도 멸함도 없으니 이것을
지혜 있는 이가 가까이 할 곳이라 하느니라.
뒤바뀐 생각으로 모든 법이 있다거나
없다거나 이것은 참되다거나 참되지
않다거나 이것은 생겨난다거나 생겨나지
않는다고 분별하노라. 한적한 데 있으면서
그 마음을 닦고 거두어 편안하게 머무르되

---

15 상중하(上中下): 보살, 연각, 성문의 3승(三乘)을 가리킨다.

16 유위와 무위: 유위(有爲)는 인연으로 말미암아 조작되는 모든 현상. 생멸하는 온갖 법의 총칭이다. 이와 반대 개념인 무위(無爲)는 인연을 떠남으로써 생주이멸(生住異滅)의 변천이 없는 진리를 말한다. 열반 · 법성 · 실상 등은 무위의 다른 이름이다.

수미산처럼 동요 말라. 일체법은 모두
있는 바가 없어서 허공과 같으므로
견고함이 없으며 생겨나지 않으며
나오지도 않고 움직이지도 물러나지도
않아서 늘 하나의 모습[17]으로 머무른다고
관하면 이것을 친근처라 하느니라.
만일 어떤 비구가 내가 멸도 한 뒤에
이렇게 행할 곳과 친근할 곳 들어가면
이 경을 설할 때에 두려운 일 없으리라.
보살이 때 맞추어 고요한 방 들어가서
바른 생각으로 뜻을 따라 법을 보고
선정에서 나와서 여러 국왕 왕자 신하
백성들과 바라문을 위해서 이 경전을
설하여 교화하고 널리 편다면
그 마음이 안온하여 두려운 일 없으리라.
문수사리여. 이것을 일러 보살이
초법[18]에 편안하게 머물러 후세에
법화경을 설하는 것이라 하느니라.[19]

---

17 하나의 모습[一相]: 일체의 차별을 초월한 절대 평등한 모습을 뜻한다.

18 초법(初法): 4안락행의 첫 번째 법. 곧 몸[身]의 행해야 할 곳과 친근할 곳.

19 여기까지가 4안락행의 첫 번째 몸의 안락행[身安樂行]의 수행과 공덕을 말한 부분이다.

"또 문수사리여, 여래가 멸도한 뒤의 말법(末法) 세상에서 이 경을 설하려면 마땅히 안락한 행에 머물러야 하느니라.

만일 입으로 설하거나 경을 읽을 때에는 남의 허물과 경전의 허물 말하기를 좋아하지 말고, 또한 다른 법사(法師)를 가볍게 여겨 업신여기지 말며, 다른 사람의 좋고 나쁨과 잘잘못을 말하지 말라. 성문(聲聞)들에 대해서도 이름을 거명하며 그 허물을 말하지 말고 또한 이름을 거명하며 그 좋은 점을 칭찬하지도 말며,[20] 원망하고 싫어하는 마음도 내지 말지니라.

이와 같이 안락한 마음을 잘 닦음으로써 설법을 듣는 이들의 뜻을 거스르지 않으며, 어려운 질문이 있더라도 소승법으로 답하지 말고 오직 대승법으로 해설하여 일체종지(一切種智)를 얻도록 할지니라."

이때 세존께서 이 뜻을 거듭 펴시려고 게송으로 말씀하셨습니다.

보살 항상 즐겨서 안온하게 법 설하되
청정한 곳에 법상[21]과 자리 펴고

20 이승(二乘)을 칭찬하면 소승에 머물러 대승으로 나아가지 못하게 하며, 그들을 비난하면 대승과 소승을 모두 잃게 할 수 있기에 칭찬과 비난 두 가지를 모두 하지 말라고 말한다.

몸에 기름 발라 먼지와 때 씻어내고
깨끗한 새 옷 입어 안팎 모두 깨끗이 하고
법좌에 편히 앉아 물음 따라 설하여라.
만일 비구 비구니와 우바새 우바이와
국왕 왕자 신하 관리 백성들이 찾아오면
미묘한 뜻 온화한 얼굴로 설할지니
어려운 질문이 있더라도 뜻에 따라
대답하되 인연과 비유로 자세하게
분별하여 설할지니라. 이와 같은 방편으로
모두가 발심하여 점점 이익 늘어나서
불도에 들어가게 할지니라. 게으른
마음과 나태한 생각을 버리고
온갖 근심 걱정 떠나서 자비로운
마음으로 설법하라. 밤낮으로 항상
위없는 도의 가르침을 설할지니
모든 인연과 한량없는 비유로
중생에게 열어 보여 다 기쁘게 할지니라.
의복 침구 음식 의약[22] 그 중에서 아무것도

21 법상(法床): 법을 설하는 자리. 또는 설법하는 승려가 올라앉는 상.

22 의복(衣服)·와구(臥具: 침구)·음식(飮食)·의약(醫藥, 또는 湯藥)은 출가 수행자가 갖추어야 할 네 가지 물건으로, 이를 공양하는 것을 사사공양(四事供養)이라 한다.

바라지 말며 다만 일심으로 설법의
인연만을 생각하여 불도 이룸 원할지니
중생도 또한 그러하기를 원하여라.
이것이 크게 이롭고 안락한 공양이니라.
내가 멸도 한 뒤에 만일 어떤 비구가
이 묘법 연화경을 능히 널리 설한다면
마음에 질투와 성냄과 온갖 번뇌와
장애가 없어지고 근심과 욕하는 자
없으리라. 더하여 두려운 일 없어지고
칼 막대로 해치거나 쫓겨나는 일 없으리니
인욕에 편안하게 머무르기 때문이니라.
지혜 있는 이가 이와 같이 그 마음을
잘 닦으면 안락행에 머무름이 나의 설한
말과 같으리니 그 사람의 공덕은
천만억 겁 동안 산수나 비유로
말한다고 해도 다할 수가 없느니라.[23]

"또 문수사리여, 보살마하살이 훗날 말법 세상에 법이 멸하려고 할 때에 이 경을 받아 지니고 독송하는 사람은 질투와 아첨과 속이려는 마음을 품지 말며, 또 불

23 여기까지가 4안락행의 두 번째 입의 안락행[口安樂行]의 수행과 공덕을 말한 부분이다.

도(佛道) 배우는 사람을 업신여기고 꾸짖어서 그의 잘잘못을 찾으려고 하지 말라.

혹은 비구 · 비구니 · 우바새 · 우바이로서 성문을 구하는 이와 벽지불을 구하는 이와 보살도를 구하는 이를 혼란케 하여 그들로 하여금 의심하고 후회하게 하며, 그들에게 말하기를 '너희들은 도에서 매우 멀어서 끝내 일체종지를 얻지 못하리라. 왜냐하면 너희는 게으른 사람이어서 도 닦음에도 게으르기 때문이다.'고 하지 말라. 또 모든 법을 희론(戱論)[24]하여 말다툼하는 일이 없어야 하느니라.

마땅히 모든 중생에게 자비로운 생각을 일으키고, 모든 여래께서는 인자한 아버지라는 생각을 일으키며, 모든 보살은 큰 스승이라는 생각을 일으켜 시방의 모든 대보살에게 항상 깊은 마음으로 공경하고 예배할지니라. 모든 중생에게 평등하게 법을 설하되 법에 따라서 많이 설하지도 말고 적게 설하지도 말며, 법을 깊이 사랑하는 이라 할지라도 또한 많이 설하지 않아야 하느니라.

문수사리여, 이 보살마하살이 훗날 말세에 법이 멸하려고 할 때에 이 셋째 안락행을 성취하는 이는 이 법을 설할 때에 괴롭거나 혼란함이 없으리라. 좋은 도반(道伴)

24 희론(戱論): 불도 수행에 도움이 되지 않는 논의, 농담 등을 말한다.

을 만나 이 경을 함께 독송하며 또한 대중들이 와서 듣고 받아들이리라. 듣고는 능히 지니며, 지니고는 능히 외우며, 외우고는 능히 설하며, 설하고는 능히 쓰며 혹은 다른 이를 시켜 쓰게 하여, 경전을 공양하고 공경하며 존중하고 찬탄하리라."

이때 세존께서 이 뜻을 거듭 펴시려고 게송으로 말씀하셨습니다.

만약 이 경 설하려면 질투하고 화 내거나
아만과 아첨 속임 삿되고 거짓된
마음을 버릴지니 항상 꾸밈없이
바른 행을 닦을지니라. 다른 사람 가벼이
업신여기지 말며 법을 희론하지 말며
다른 이를 의심하고 후회하도록 하여
너는 성불하지 못한다고 하지 말라.
이 불자가 법 설하면 언제나 부드럽고
온화하며 능히 인욕하여 일체에
자비하고 게으른 마음 일으키지 않느니라.
시방세계 대보살은 중생을 가엾이 여겨
보살도를 행하나니 공경하는 마음 내어
이 분은 나의 큰 스승이라고 생각하라.

모든 부처님은 위없는 아버지라는
생각을 일으켜 교만심을 깨뜨리고
법을 설함에 장애가 없게 하라.
세 번째 법 이와 같아 지혜 있는 사람이
마땅히 수호하여 일심으로 안락하게
행하면 한량없는 대중이 공경 하리라.[25]

"또 문수사리여, 보살마하살로서 훗날 말세에 법이 멸하려 할 때에 이 법화경을 지니는 이가 있다면, 재가의 사람이나 출가한 사람에게 대자심(大慈心)을 내고 보살이 아닌 사람에게도 대비심(大悲心)을 내고[26] 마땅히 이렇게 생각할지니라.

'이런 사람은 크게 잃는구나. 여래께서 방편으로 근기 따라 설법하심을 듣지 못하고 알지도 못하며, 깨닫지도 못하고 묻지도 못하며, 믿지도 못하고 이해하지도 못하는구나. 이 사람이 비록 이 경을 묻지 못하고 믿지 못하며 이해하지 못할지라도, 내가 아뇩다라삼먁삼보리를 얻을 때 어디에 있을지라도 신통력과 지혜력으로 이들

25 여기까지가 4안락행의 세 번째 뜻의 안락행[意安樂行]의 수행과 공덕을 말한 부분이다.

26 앞의 사람은 일찍이 발심(發心)한 바가 있기에 대자심을 나타냈지만, '보살 아닌 사람'은 아직 방편의 가르침조차 받아들이지 못한 자이기에 대비심을 낸다. 대비심은 삼계의 온갖 중생을 다 대상으로 삼는 탓이다.

을 이끌어서 이 법 가운데 머물게 하리라.'

문수사리여, 이 보살마하살이 여래가 멸도한 뒤에 이 네 번째 법을 성취한 사람은 이 법을 설할 때에 허물이 없으리라. 항상 비구 · 비구니 · 우바새 · 우바이와 국왕 · 왕자 · 대신 · 인민 · 바라문과 거사들이 공양하고 공경하며 존중하고 찬탄하리라. 또 허공의 모든 천신들이 법을 듣기 위하여 항상 따르고 모시리라.[27]

만일 촌락이나 성읍의 아무도 없는 한적한 숲속에 있을 때, 어떤 사람이 찾아와서 어려운 질문을 하더라도, 모든 하늘이 밤낮으로 법을 위하는 까닭에 그를 지켜서 듣는 이들로 하여금 모두 기쁘게 하리라. 왜냐하면 이 경은 일체의 과거, 미래, 현재의 모든 부처님께서 신통력으로 보호하시기 때문이니라.

문수사리여, 이 법화경은 한량없는 나라에서 이름을 얻어 듣기도 어렵거늘, 하물며 얻어 보고 받아 지니며 독송함이겠느냐?

문수사리여, 비유하자면 강력한 전륜성왕이 위엄과 세력으로 여러 나라를 항복받고자 할 때에, 작은 나라의

27 여기까지가 4안락행의 네 번째 서원안락행[誓願安樂行]의 수행과 공덕을 말한 부분이다.

왕들이 그의 명을 따르지 않으면, 전륜왕이 갖가지의 병력을 일으켜서 토벌하러 가느니라.

왕은 병사들 중에서 싸움에 공이 있는 이를 보면 크게 기뻐하여 공에 따라 상을 내리되, 혹은 전답과 집과 마을과 성읍을 주며, 혹은 의복과 몸을 단장할 장신구를, 혹은 갖가지의 진귀한 보배인 금 · 은 · 유리 · 자거 · 마노 · 산호 · 호박과 코끼리 · 말 · 수레와 노비 · 인민을 주기도 하지만, 오직 상투 속의 밝은 구슬[髻中明珠]만은 주지 않느니라.

왜냐하면 오직 왕의 정수리에만 이 구슬 하나가 있기에, 만일 이것을 주면 왕의 권속들이 필연코 크게 놀라고 이상하게 여길 것이기 때문이니라.[28]

문수사리여, 여래도 또한 이와 같아서, 선정과 지혜의 힘으로 진리의 국토를 얻어 삼계의 왕이 되었으나, 여러 마왕들이 순종하여 항복하지 않으면 여래는 어질고 훌륭한[賢聖] 장수를 거느리고 함께 싸우느니라. 그래서 공이 있는 이를 보면 마음이 매우 기뻐서 사부대중에게 여러 가지 경전을 설하여 마음을 기쁘게 하고, 선정과 해탈과 무루(無漏)[29]의 오근과 오력 등 모든 법의 재

28 법화칠유 중 여섯 번째 '계중명주(髻中明珠)의 비유'이다.

29 무루(無漏): 누(漏)는 마음에서 더러움이 새어 나온다는 뜻으로, 번뇌를

보를 주고, 또 열반의 성(城)을 주어 멸도를 얻었다고 말하여 그 마음을 인도하고 모두를 기쁘게 하면서도, 이 법화경만은 설하지 아니하노라.

문수사리여, 전륜왕이 여러 군사들 가운데서 큰 공을 세운 이를 보고 마음이 매우 기뻐서, 그 믿기 어려운 구슬을 오랫동안 상투 속에 두고 함부로 다른 사람에게 주지 않다가 지금 내어줌과 같으니라.

여래께서도 또한 이와 같으니, 삼계 중에서 대법왕이 되어 법으로 모든 중생을 교화함에 있어서, 어질고 훌륭한 군사들이 오음마(五陰魔)[30] 번뇌마(煩惱魔)[31] 사마(死魔)[32]와 싸워서 큰 공을 세우되, 삼독(三毒)을 멸하고 삼계에서 벗어나 마의 그물을 깨뜨리는 것을 보면, 이때에 여래께서도 또한 크게 기뻐하여 능히 중생을 일체지에 이르게 하되 모든 세간에서 원적(怨敵)이 많고 믿지 아니하여 지금까지 설하지 아니하던 법화경을 이제야 설하느니라.

말한다. 즉 무루란 번뇌와 망상이 소멸된 상태, 분별을 일으키지 않는 마음 상태이다.

30 오음마(五陰魔): 오온마(五蘊魔). 오온(색 · 수 · 상 · 행 · 식)은 여러 가지 괴로움을 일으키고 수행에 장애가 되므로 오음마라고 한다.

31 번뇌마(煩惱魔): 몸과 마음을 어지럽혀 깨달음을 얻는 데 장애가 되는 것을 말한다.

32 사마(死魔): 몸과 마음을 괴롭혀 오온을 파멸시키고 마침내는 사람의 목숨까지 빼앗는 장애를 뜻한다.

문수사리여, 이 법화경은 모든 여래의 가장 으뜸가는 설법이니라. 모든 설법 중에서도 그 뜻이 가장 깊어서 제일 나중에야 설해 주나니, 마치 저 강력한 왕이 오래도록 수호하던 명주를 이제서야 주는 것과 같으니라.

문수사리여, 이 법화경은 모든 부처님 여래의 비밀한 법장(法藏)으로서, 모든 경전 중에서 가장 위에 있느니, 오랜 세월 동안 수호하여 함부로 설하지 않다가 오늘에야 비로소 그대들에게 널리 펴서 설하느니라."

이때 세존께서 이 뜻을 거듭 펴시려고 게송으로 말씀하셨습니다.

항상 인욕 행하고 일체중생 연민하여
부처님이 찬탄하시는 이 경을 설하여라.
훗날의 말세에 이 경을 지닌 이는
재가자나 출가자나 보살이 아니라도
마땅히 자비심을 일으켜라. 이들은
이 경을 듣지 않고 믿지 않아서
큰 손실이 되었도다. 내가 불도 이루어서
온갖 방편으로 이 법을 설하여서
이 가운데 머무르게 하리라고 할지니라.
비유하면 힘이 강한 전륜왕이 전쟁에서

공이 있는 군사에게 온갖 물건을
상 내리되 코끼리 말 수레와 몸을 꾸밀
장신구와 밭과 집 촌락과 성읍과
혹은 의복과 갖가지 진귀한 보배와
노비와 재물을 기쁘게 내어주다가
용맹하여 어려운 일 해낸 이 있으면
왕이 상투 풀어 그 속의 명주를
하사함과 같으니라. 여래도 또한
이와 같이 모든 법의 왕이 되어 인욕의
큰 힘과 지혜의 보배창고 있으므로
대자비로 법과 같이 세상을 교화하노라.
일체의 사람들이 온갖 고통 받으면서
해탈하려고 마군들과 싸우는 것을 보고
이런 중생 위해서 갖가지 법 설하시되
큰 방편으로 여러 경을 설하시다
중생들이 그 힘을 얻었음을 아시면
맨 나중에 그를 위해 법화경을 설하시니
왕이 상투 풀어 명주 내줌과 같으니라.
이 경은 존귀하여 경 가운데 으뜸이라
내가 항상 수호하여 함부로
열어 보이지 않았으나 지금이

바로 그때이므로 너희 위해 설하노라.
내가 멸도한 뒤 불도를 구하는 이
안온하게 이 경을 설하고자 한다면
마땅히 이와 같은 네 가지 법 친근하여라.
이 경을 읽는 이는 근심 걱정 항상 없고
또 병이나 고통 없어 얼굴빛이 맑으리라.
가난하고 비천하고 추하게 태어나지
않고 중생들이 보기를 좋아하여
어지신 성현을 흠모하듯 하며
천상의 동자들이 모시어 시중들리라.
칼 막대로 못 범하고 독으로도 못 해치며
만일 누가 욕설하면 입이 곧 막히며
돌아다녀도 사자왕처럼 두려움이 없어서
지혜의 밝은 빛이 해와 같이 비추느니라.
꿈속에서도 미묘한 일만 볼 것이니
모든 여래께서 사자좌에 앉으시어
비구들에게 둘러싸여 설법하는 것을 보며
항하사 같은 용과 귀신과 아수라들이
공경하여 합장하는데 자신이 그들 위해
법 설하는 모습을 스스로 보리라.
또한 모든 부처님들 온몸 모습 금빛으로

한량없는 광명 놓아 일체를 비추시며
청정한 음성으로 제법 설함 보리라.
부처님이 사대대중 위하여 위없는 법
설하시면 자신도 그 속에서 합장하고
부처님을 찬탄하며 법을 듣고 기뻐하며
공양을 올리고 다라니를 얻고
물러나지 않는 지혜 증득함을 보리라.
부처님은 그 마음이 불도에 깊이
들었음을 아시고 최정각을 이루리라고
수기하여 주시느니라. 선남자야. 너는
마땅히 오는 세상에 부처님의 큰 도인
한량없는 지혜를 얻으리니 그 국토는
청정하게 장엄되고 광대하기 짝이 없고
사부대중 합장하고 법을 들으리라.
또한 자신이 산림 속에 있으면서
좋은 법을 닦고 익혀 모든 실상 증득하고
선정 깊이 들어가서 시방의 부처님을
친견함을 보리라. 모든 부처님의
몸은 금빛이며 백복상으로 장엄되고[33]
사람들을 위해 설하시는 법을 듣는

33 백복상으로 장엄되고[百福相莊嚴]: 부처님의 몸이 갖춘 32상 각각에는 백 가지 복이 구족되어 있다고 한다.

이렇게 좋은 꿈만 항상 있으리라.
또한 꿈에 국왕이 되어서도 궁전과
권속들과 최상의 오욕락을 버리고
도량에 나아가서 보리수 아래의
사자좌에 앉아 도 구하되 7일 지나
제불의 지혜 얻어 위없는 도 성취한 뒤
자리에서 일어나 법륜을 굴리니
사부대중 위해서 법 설하기를 천만억겁
지나도록 무루 묘법 설하여서 한량없는
중생을 제도하고 열반에 들어가리니
연기가 사라지고 등불 꺼지듯 하리라.
만일 훗날의 악한 세상에서
이 최상의 법[第一法]을 설한다면
이 사람이 얻는 큰 이익
앞에서 설한 여러 공덕과 같으리라.

제15 종지용출품(從地涌出品)

이때 다른 국토에서 온 여러 보살마하살이 8항하사의 수보다 많았는데, 대중 가운데서 일어나 합장하여 예배하고 부처님께 말씀드렸습니다.

"세존이시여, 만일 저희들에게 부처님께서 멸도하신 뒤에 이 사바세계에서 부지런히 정진하고 이 경전을 수호하여 지니고 독송하고 베껴 쓰고 공양할 것을 허락하신다면, 마땅히 이 국토에서 널리 설하겠나이다."

이때 부처님께서 여러 보살마하살에게 말씀하셨습니다.

"그만 두어라, 선남자들이여. 굳이 너희들이 이 경을 수호해 지니지 않아도 되느니라. 왜냐하면 나의 사바세계에는 6만 항하사 수의 보살마하살이 있고, 각각의 보살마다 6만 항하사의 권속이 있으니, 이 모든 사람들이 내가 멸도한 뒤에 이 경을 수호하여 지니고 독송하고 널리 설할 것이기 때문이니라."

부처님께서 이 말씀을 하실 때, 사바세계 삼천대천국토의 땅이 모두 다 진동하면서 갈라지더니 그 속에 있던 한량없는 천만억 보살마하살이 동시에 솟아올랐습니다.

이 모든 보살은 몸이 다 황금색으로 32상(三十二相)을 갖추고 한량없는 밝은 광명으로 빛났습니다. 이 보살들은 모두 예전부터 사바세계 아래의 허공에 머물러 있다가[1] 석가모니 부처님이 설하시는 음성을 듣고 아래로부터 올라온 것입니다.[2]

한 분 한 분의 보살은 모두 대중을 인도하는 지도자로서 각각 6만 항하사의 권속을 거느리고 있었습니다. 하물며 5만 · 4만 · 3만 · 2만 · 1만 항하사의 권속을 거느린 보살이겠습니까. 하물며 1항하사 · 반 항하사 · 4분의 1 항하사 내지 천만억 나유타분의 일이나 또는 천만억 나유타 권속, 억만 권속, 천만 · 백만 내지 일만이겠습니까. 또 일천 · 일백 내지 일십과 다섯 · 넷 · 셋 · 둘 · 하나의 제자를 거느린 보살이겠습니까. 하물며 번거로움을 멀리 떠나 홀몸으로 수행하기를 좋아하는 이들이겠습니까. 이와 같은 이들이 한량없고 그지없어 산수나 비유로는 알지 못할 정도였습니다.

---

1 땅 아래에 있으므로 이 국토[此土]에 속하지 않고, 공중에 있으므로 다른 국토[彼土]에도 속하지 않으니, 곧 중도(中道)이다.

2 이 보살들을 땅에서 솟아올랐다 하여 '지용(地涌)보살'이라 한다. 한편 천태종의 개창조인 천태 스님은 "땅이란 무명(無明)의 심지(心地)이다." 고 했으며, 삼론종의 길장 스님은 이들 지용보살에 대해, "미집(迷執)으로 땅을 삼았다. 미집이 무너졌기 때문에 땅을 가르고 탑이 나타난 것과 같다."고 했다. 땅을 뚫고 올라온 것을 수행의 통한 깨달음으로 인식한 것이다.

이 여러 보살은 땅에서 솟아난 뒤 각각 허공의 칠보묘탑(七寶妙塔)[3]에 이르러 다보여래와 석가모니불께 나아가 두 분 세존을 향하여 머리 숙여 발에 예배하고, 또 모든 보리수 아래 사자좌 위의 부처님 처소에 이르러 모두 예배하고, 오른쪽으로 세 번 돌고 합장하고 공경하며 모든 보살의 갖가지 찬탄하는 법대로 찬탄하고, 한쪽에 머무르며 기쁜 마음으로 두 분 세존을 우러러보았습니다.[4]

이 모든 보살마하살이 땅에서 솟아올라 모든 보살의 갖가지 찬탄하는 법으로 부처님을 찬탄하니, 이렇게 하는 동안 50소겁이 지나갔습니다.

이때 석가모니불께서 묵묵히 앉아 계시니 모든 사부대중도 또한 묵묵하게 있는 동안 50소겁이 되었으나 부처님의 신력(神力)으로 모든 대중이 반나절처럼 여기도록 하였습니다.

이때 사부대중은 또한 부처님의 신력으로 모든 보살들이 한량없는 백천만억 국토의 허공에 가득함을 보았습니다.

이 보살 대중 가운데 네 분의 도사(導師)[5]가 있었으니,

---

3 제11「견보탑품」에서, 땅에서 솟아오른 칠보탑을 말한다.

4 합장 공경함은 신업의 공양이요, 찬탄함은 구업의 공양이며, 우러러봄은 의업의 공양이다.

첫째는 상행(上行)이요, 둘째는 무변행(無邊行)이요, 셋째는 정행(淨行)이요, 넷째는 안립행(安立行)이었습니다. 이 네 분 보살은 그 대중 가운데서 가장 상수(上首)로서 대중을 인도하는 스승으로서, 대중 앞에서 다같이 합장하고 석가모니불을 우러러보며 문안하여 여쭈었습니다.

"세존이시여, 병환이 적으시고 괴로움도 적으시어 안락하게 지내시옵니까? 제도(濟度) 받을 사람들은 가르침을 잘 받으며 세존을 피로하게 하지는 않사옵니까?"

이때 네 분의 대보살이 게송으로 말씀드렸습니다.

세존께서 안락하사 병환 괴롬 적으시며
중생 교화 하심에 피로하지 않나이까.
또한 여러 중생들이 가르침을 잘 받들며
세존께서 힘드시게 하지는 않나이까.

이때 세존께서 보살 대중에게 이렇게 말씀하셨습니다.

"그러하고 그러하니라. 여러 선남자들이여, 여래는 안락하여 병도 적고 괴로움도 적으며 모든 중생들도 제도하고 교화하기 쉬워 피로함이 없느니라. 왜냐하면 이

---

5 도사(導師): 중생을 불도(佛道)로 이끌어 제도하는 불·보살의 통칭이나, 여기에서는 다른 지용보살들을 이끄는 스승이라는 의미로 쓰이고 있다.

모든 중생은 세세생생에 항상 나의 교화를 받았고, 과거의 여러 부처님께도 공양하고 존중하며 모든 선근(善根)을 심은 까닭이니라. 이 모든 중생이 처음에 내 몸을 보고 나의 설법을 듣고는 곧 모두 믿고 받아서 여래의 지혜에 들어갔느니라. 다만 먼저 소승(小乘)을 배워 수행하고 익힌 이들은 제외하나니, 이런 사람들도 내가 지금 이 경을 듣고 부처님의 지혜에 들도록 하리라."

이때 모든 대보살들이 게송으로 말씀드렸습니다.

훌륭하고 훌륭하셔라. 대웅이신 세존이시여.
모든 중생 교화하고 제도하기 쉬워서
부처님들 깊고 깊은 지혜를 능히 묻고
듣고는 믿고 행한다 하시니
저희들도 따라서 기뻐합니다.

그때 세존께서 상수(上首)의 여러 대보살을 칭찬하셨습니다.

"훌륭하고 훌륭하구나. 선남자들이여, 너희들이 능히 여래를 따라서 기쁜 마음을 일으키는구나."

이때 미륵보살과 8천 항하사의 보살대중은 모두 이렇게 생각하였습니다.

'우리들은 옛적부터 지금까지 이와 같이 대보살마하살들이 땅에서 솟아나와 세존 앞에 머물러 합장하고 공양하며, 여래께 문안드리는 것을 보지도 못하였고 듣지도 못하였도다.'

이때 미륵보살마하살이 8천 항하사 보살들의 마음속 생각을 알고, 자신의 의심도 풀고자 합장하고 부처님께 게송으로 여쭈었습니다.[6]

한량없는 천만억 대중 모든 보살이
예전에는 일찍이 보지 못한 일이오니
원하건대 양족존[7] 이시여 설하소서.
이들은 어디에서 왔으며 어떠한
인연으로 모였나이까. 큰 몸과 큰 신통력
지혜는 헤아릴 수 없으며 뜻과 생각
견고하고 큰 인욕의 힘이 있어 중생들이
보기를 좋아하니 어디에서 왔나이까.
하나하나 보살이 거느린 권속들은

6 제1「서품」에서, 미륵보살이 '법화육서'의 상서로운 광경이 일어난 연유를 문수보살에게 묻는 것을 계기로 적문(迹門) 14품의 설법이 시작되었듯이, 본문(本門)의 서분(序分)인「종지용출품」또한 미륵보살의 청법으로 시작하고 있다.

7 양족존(兩足存): 두 발을 가진 존재 중에서 가장 높은 이라는 뜻으로, '부처'를 높여 이르는 말이다. 양족은 복덕과 지혜, 계와 정, 대원과 수행을 원만하게 갖추었다는 뜻.

그 수가　한량없어　항하사와　같사옵니다.
혹은 어떤　대보살은　6만 항하사　거느리되
이들 모든　대중들이　일심으로　불도 구하며
이들　대사(大師)　6만 항하사　함께 와서
부처님께　공양하고　이 경 지녀　수호합니다.
5만 항하사　거느린 이　그 수가　이보다 많고
4만 3만　2만 1만이나　1천 1백　등이나
1항하사　내지 반분　삼분 사분　억만분의
일이거나　천만의　나유타며　만억의
제자 내지　반억의　제자를　거느린 이
그 수는　더욱 많고　백만 내지　1만이며
1천이나　1백이나　5십 또는　1십 내지
셋이나 둘　하나만을　거느리거나　권속 없이
혼자서　한적하게　있기를　좋아하는
이들 모두　부처님의　처소에　이르니
그 수 더욱　많나이다.　이와 같은　대중들을
어떤 사람　산수로　헤아리려　한다면
항하사겁　지나도　알지 못할　것이옵니다.
이들　큰 위덕을　갖추고　정진하는
보살 대중　누가　그들 위해　법을
설하여　교화하고　성취하게　하였나이까.

누구를 따라 처음으로 발심하고
어떤 부처님의 법을 찬양했으며
어떤 분의 경을 받아 지녀 행하였으며
어떤 불도를 닦아 익혔나이까.
이와 같은 여러 보살 신통력과 큰 지혜의
힘이 있어 사방의 땅 진동하고 갈라지더니
그 속에서 솟아 올랐나이다. 세존이시여.
저희들은 옛적부터 이런 일을 일찍이
본 적이 없나이다. 원하건대 그들이
온 국토의 이름을 설하여 주옵소서.
제가 항상 여러 국토 다녔으나 이런 대중
아직 보지 못했으며 저는 이들 대중
가운데서 한 사람도 알지를 못하옵니다.
홀연하게 땅에서 솟아났으니 원하건대
그 인연을 설하소서. 지금 이 큰 회중의
한량없는 백천만억 보살들이 모두 이 일
알고자 하옵니다. 이들 여러 보살 대중의
처음부터 끝까지의 인연을 설하소서.
한량없는 덕 갖추신 세존이시여. 오직
원하오니 대중들의 의심을 풀어주소서.

이때 석가모니불의 분신(分身)[8]인 여러 부처님께서 한량없는 천만억의 타방국토에서 오셔서 팔방의 여러 보배나무 아래의 사자좌에 결가부좌하고 계시니, 그 부처님의 시자(侍者)들도 각각 이 보살 대중이 삼천대천세계의 사방의 땅에서 솟아나와 허공에 머물러 있는 것을 보고 각각 그가 섬기는 부처님께 여쭈었습니다.

"세존이시여, 이 한량없고 그지없는 아승기 보살 대중은 어디에서 왔습니까?"

이때 여러 부처님께서 각각 시자들에게 말씀하셨습니다.

"모든 선남자들이여, 잠깐만 기다려라. 여기에 보살마하살이 있으니 이름이 미륵이라, 석가모니불의 수기를 받아 다음 차례에 성불하리라. 이 보살이 이미 이 일을 물어서 부처님께서 이제 대답하시리니, 너희들도 마땅히 이것을 인연으로 들을 수 있으리라."

이때 석가모니 부처님께서 미륵보살에게 말씀하셨습니다.

"훌륭하고 훌륭하구나, 아일다(阿逸多)[9]여. 그대가 능히 부처님의 이와 같은 큰 일을 묻는구나? 너희들은 마

8 분신(分身): 중생제도를 위해 신통력으로 만든 부처님의 또 다른 몸.

9 아일다(阿逸多, Ajita): '이길 자가 없다'는 뜻으로, 미륵보살을 달리 부르는 호칭이다.

땅히 함께 일심으로 정진의 갑옷을 입고 견고한 뜻을 일으켜라. 여래는 지금 모든 부처님의 지혜와, 모든 부처님의 자재한 신통력과, 모든 부처님의 사자 같이 빠르고 센 힘과, 모든 부처님의 위엄 있고 용맹스러운 큰 세력을 일으켜 나타내어 보이고자 하느니라."

이때 세존께서 이 뜻을 거듭 펴시려고 게송으로 말씀하셨습니다.

일심으로 정진하라. 내가 이 일 설하리니
의혹을 품지 마라. 부처님의 지혜는
헤아릴 수 없나니 너희 이제 믿음의
힘을 내어 인욕하고 선법 중에 머무르면
지금까지 못 들은 법 지금 모두 들으리라.
내가 지금 너희를 편안하게 위로하니
의심과 두려움을 가지지 말라.
부처님은 참되지 않은 말씀 없으시고
지혜는 헤아릴 수 없으며 얻으신
제일법은 매우 깊어 분별할 수 없느니라.
이러한 법 지금 설하리니 너희들은
일심으로 들어라.[10]

10 여기까지가 법화경 후반부인 '본문(本門)'의 서분(序分)이며, 이후부터 제17 「분별공덕품」의 첫 번째 중송까지가 정종분(正宗分)이다.

이때 세존께서 이 게송을 설하시고 미륵보살에게 말씀하셨습니다.

"나는 이제 이 대중 앞에서 너희들에게 선언하노라. 아일다여, 이 한량없고 수없는 아승기의 대보살마하살들이 땅에서 솟아나온 것은 너희들이 예전에 보지 못한 일이니라.

내가 이 사바세계에서 아뇩다라삼먁삼보리를 얻은 뒤부터 이 모든 보살을 교화하여 보이고 이끌어서 그 마음을 조복(調伏)하고 도에 대한 마음을 내게 하였느니라. 이 모든 보살은 다 이 사바세계 아래의 허공 가운데 머물면서 모든 경전을 읽고 외우며 통달하고 깊이 생각하고 분별해서 바르게 기억하였느니라.

아일다여, 이 모든 선남자들은 대중 속에 있으면서 말 많은 것을 좋아하지 않고, 항상 고요한 곳에서 부지런히 정진하는 것을 좋아하여 잠시도 쉬지 아니하였느니라. 또한 인간이나 천상에 의지하여 머무르지 않고, 항상 깊은 지혜를 좋아하여 걸림이 없고, 또 항상 모든 부처님의 법을 좋아하여 일심으로 정진하여 위없는 지혜[無上慧]를 구하였느니라."

이때 세존께서 이 뜻을 거듭 펴시려고 게송으로 말씀하셨습니다.

아일다여 알지어다. 이들 모든 대보살들
무수한 겁 이래로 부처님의 지혜를
닦아 익혔느니라. 이들은 모두 내가
교화하여 큰 도의 마음을 일으키게
하였느니라. 이들은 나의 자식인지라
이 세계에 의지하여 항상 두타[11] 행하고
고요한 곳 좋아하여 시끄러운 대중 처소
버리고 말 많은 것 좋아하지 않았느니라.
이와 같은 모든 자식 나의 도법 배워 익혀
밤낮없이 정진하여 불도를 구하고자
사바세계 아래의 허공중에 머물러
있었느니라. 뜻과 생각 원력이 견고하여
어느때나 부지런히 지혜를 구하면서
갖가지의 묘법을 설하되 그 마음에
두려움이 없느니라. 내가 가야성[12]의
보리수 아래 앉아 최정각을 성취하고
위없는 법륜 굴려 이들을 교화하여
처음으로 도의 마음 일으키게 하였나니

11 두타(頭陀, dhūta): 의 · 식 · 주에 탐착하지 않고 청정하게 불도를 수행하는 것. 제11「견보탑품」주)25 참조.

12 가야성(伽耶城, Gayā): 부처님 당시 마갈타국의 도성. 부처님 성도지인 붓다가야는 이곳에서 남쪽으로 10km 정도의 거리이다.

지금은 다 불퇴지에 머물면서 마땅히
모두 성불 이루리라. 내가 지금 진실하게
이르노니 너희들은 일심으로 믿을지라.
내가 오랜 옛적부터 이 대중을 교화했노라.

이때 미륵보살마하살과 수없이 많은 보살들이 일찍이 없었던 괴이한 일이므로 마음에 의혹이 생겨 이렇게 생각하였습니다.

'세존께서 어떻게 이 짧은 시간에 이와 같은 한량없고 가없는 아승기의 모든 대보살을 교화하여 아뇩다라삼먁삼보리에 머무르게 하셨는가?'

그래서 곧 부처님께 여쭈었습니다.

"세존이시여, 여래께서 태자로 계실 적에 석가족의 궁을 나오시어 가야성에서 멀지 않은 도량에 앉아 아뇩다라삼먁삼보리를 이루셨습니다. 그때부터 지금까지 겨우 40여 년이 지났는데, 세존께서는 어떻게 이 짧은 기간에 큰 불사(佛事)를 지어, 부처님의 세력과 부처님의 공덕으로 이와 같이 한량없는 대보살을 교화하여 아뇩다라삼먁삼보리를 이루도록 하셨나이까?

세존이시여, 이 대보살들은 가령 어떤 사람이 천만억 겁 동안 헤아려도 능히 다하지 못하여 그 끝을 알 수 없겠나이다. 이들은 오랜 옛적부터 한량없고 가없는 모든 부처님의 처소에서 온갖 선근을 심어 보살도를 이루고 항상 범행(梵行)[13]을 닦았겠나이다. 세존이시여, 이와 같은 일은 세상 사람들이 믿기 어렵습니다.

비유하건대, 얼굴이 아름답고 머리가 검은 스물다섯 살의 사람이 백 살 된 사람을 가리켜 '내 아들이다' 하고, 그 백 살 된 사람도 또한 젊은이를 가리켜 '이분은 나의 아버지요 우리를 낳아 길렀다'고 한다면 이 일은 믿기 어렵습니다.

부처님도 그와 같아서 도를 이루신 지 오래되지 않았는데, 이 보살 대중은 이미 한량없는 천만억 겁 동안 불도(佛道)를 위하여 부지런히 정진하여 한량없는 백천만억 삼매에 잘 들어가고 나오며 머무르는 큰 신통을 얻고, 오랫동안 범행을 닦아 능히 차례대로 모든 선법(善法)을 잘 익혀 문답에 자재하니, 사람들 가운데 보배이며 일체 세간에서 매우 보기 힘든 이들입니다.

오늘 세존께서 말씀하시기를, '불도를 얻었을 때 처음으로 깨달음의 마음을 내게 하고 교화하여 보이고 이끌어서 아뇩다라삼먁삼보리에 향하도록 하였다'고 하셨으

---

13 범행(梵行): 맑고 깨끗한 행실, 곧 범천의 행법이란 말. 또는 공(空)과 유(有)의 양쪽에 치우치지 않는 맑고 깨끗한 자비심으로 중생의 고통을 건지고 낙을 주는 보살행을 말한다.

니, 세존께서 성불하신 지 오래되지 않았는데 어떻게 이 큰 공덕을 능히 지으셨나이까?

저희들은 부처님께서 근기에 따라 설하시고, 부처님의 말씀에 거짓이 없으시며, 부처님은 아실 바를 모두 다 통달하셨음을 믿고 있사옵니다. 그러나 새로 발심한 보살들이 부처님이 멸도하신 뒤에 이 말씀을 듣고 믿고 받아들이지 아니한다면, 법을 깨뜨리는 죄업의 인연을 짓게 되옵니다.

그러하오니, 세존이시여. 원하옵건대, 자세히 설하시어 저희들의 의심을 풀어 주시고 아울러 미래세의 여러 선남자들이 이 일을 듣고도 또한 의심을 내지 않게 하시옵소서.

이때 미륵보살이 이 뜻을 거듭 펴려고 게송으로 말씀드렸습니다.

부처님은 옛적에 석가족으로 출가하여
가야성 가까운 곳 보리수 아래 앉으신 지
오래되지 않았건만 이 여러 제자들은
그 수를 헤아릴 수 없습니다. 오랫동안
불도를 행하여 신통력에 머무르며
보살도를 잘 배워서 세간 법에 물들지

않음이 마치 물에 있는 연꽃 같나이다.
땅에서 솟아올라 공경심을 일으키어
세존 앞에 있사오니 이런 일은 생각하기
어려운 일이오니 이를 어찌 믿으리까.
부처님이 득도하신 지는 아주 가까운데
성취하신 일은 매우 많으시니 원하건대
대중들의 의심을 제거하여 주시고
여실하게 분별하여 설하여 주옵소서.
비유하면 나이 스물다섯 젊은이가
흰머리에 주름 잡힌 백세 노인 가리켜서
이 사람은 나의 아들 이라 하고 아들 또한
이 분이 아버지라 말한다면 아비 젊고
아들 늙어 세상에서 믿지 않음과 같나이다.
세존 또한 이와 같아 도 얻은 지 가까운데
이 모든 보살들은 뜻이 굳고 겁내거나
약하지 않아서 한량없는 겁 이래로
보살도를 행하여 어려운 질문에도
답 잘하고 그 마음에 두려움이 없나이다.
인욕심이 확고하고 단정하고 위덕 있어
시방의 부처님이 찬탄하시는 바입니다.
능히 잘 분별하여 설하며 사람들과

함께 있기를 좋아하지 아니하고
항상 선정 들기를 좋아하며
불도를 구하려고 아래 허공에 머무릅니다.
저희들은 부처님께 이 일을 들었기에
의심이 없사오나 원하건대 부처님께서
미래 중생 위하시어 해설하여 설하소서.
만약 이 경 의심하여 믿지 않는 사람들은
곧 악도에 떨어지리니 원하건대 지금
해설하여 주소서. 이 한량없는 보살들을
어떻게 짧은 시간 교화하여 발심토록
하셨으며 불퇴지에 머물도록 하셨나이까?

제16 여래수량품(如來壽量品)

이때 부처님께서 여러 보살과 일체 대중에게 말씀하셨습니다.[1]

"모든 선남자들이여, 너희는 마땅히 여래의 진실하고 참된 말씀을 믿고 이해할지니라."

다시 대중에게 말씀하셨습니다.

"너희는 마땅히 여래의 진실하고 참된 말씀을 믿고 이해할지니라."

또 다시 여러 대중에게 말씀하셨습니다.

"너희는 마땅히 여래의 진실하고 참된 말씀을 믿고 이해할지니라."

이때 보살 대중은 미륵보살이 상수(上首)[2]가 되어 합장하고 부처님께 말씀드렸습니다.

"세존이시여, 오직 원하옵건대 이를 설하여 주옵소서. 저희들은 마땅히 부처님의 말씀을 믿고 받겠나이다."

---

1 본문(本門) 정종분(正宗分)의 주요 내용은, 여래가 무량 아승기겁 이전부터 존재했으며 미래세에도 그렇다며, 여래 수량(壽量)의 장원(長遠)함을 밝히는 「여래수량품」과, 이것을 '듣고 믿고 이해하는 공덕'을 설한 「분별공덕품」으로 이루어진다.

2 상수(上首): 대중 가운데 우두머리. 미륵보살이 대중을 대표하여 질문하였으므로 상수라 칭하고 있다.

이렇게 세 번이나 청하고 나서 다시 말씀드렸습니다.

"오직 원하옵건대, 이를 설하여 주옵소서. 저희들은 마땅히 부처님의 말씀을 믿고 받겠나이다."

이때 세존께서는 여러 보살들이 세 번이나 청하고도 그치지 않을 것을 아시고 말씀하셨습니다.

"너희들은 여래의 비밀한 신통력(神通力)을 자세히 들어라. 일체 세간의 하늘과 사람과 아수라들이 모두 말하기를, '석가모니 부처님이 석씨의 궁을 나와 가야성(伽耶城)에서 멀지 않은 도량에 앉아 아뇩다라삼먁삼보리를 얻었다.'고 하느니라. 그러나 선남자여, 내가 참으로 성불한 지는 한량없고 가없는 백천만억 나유타겁이니라.

비유하면, 5백천만억 나유타 아승기의 삼천대천세계를 어떤 사람이 부수어 아주 작은 먼지로 만들어, 동방으로 5백천만억 나유타 아승기의 국토를 지나서 먼지 하나를 떨어뜨리되, 이같이 하며 동쪽으로 계속 가서 이 먼지를 다 떨어뜨렸다면, 선남자들이여, 어떻게 생각하느냐? 이 모든 세계를 생각하고 계산하여 그 수를 알 수 있겠느냐?"

미륵보살과 대중들이 함께 부처님께 말씀드렸습니다.

"세존이시여, 이 모든 세계는 한량없고 가없어 산수로 알 수 없으며 마음의 힘으로도 미칠 바가 아닙니다.

모든 성문이나 벽지불이 무루(無漏)의 지혜(智慧)로 생각하여도 그 수를 알 수 없으며, 저희들이 불퇴전(不退轉)[3]의 자리에 있다 해도 이 일에 대해서는 아직 통달하지 못한 바입니다. 세존이시여, 이와 같은 모든 세계는 한량없고 끝이 없나이다."

이때 부처님께서 대보살 대중에게 말씀하셨습니다.

"선남자들이여, 이제 분명히 너희들에게 말하리라. 이 모든 세계에 작은 먼지가 떨어진 곳이거나 떨어지지 아니한 곳을 모두 다 먼지로 만들어 이 먼지 하나를 일 겁으로 치더라도, 내가 성불한 지는 이보다 더하여 지남이 백천만억 나유타 아승기겁이니라.

이로부터 나는 항상 이 사바세계에 있으면서 법을 설하여 교화하였고, 또 다른 백천만억 나유타 아승기의 국토에서 중생들을 인도하여 이롭게 하였느니라.

모든 선남자여, 이 중간에 나는 연등불 등의 일을 설하였고[4] 또한 다시 연등불이 열반에 들었다고 말했으나, 이와 같은 것은 다 방편으로 분별했던 것이니라.

---

3 불퇴전(不退轉): 한 번 도달한 수행의 지위에서 물러서지 않는 계위. 제3 「비유품」 주)74 참조.

4 석가모니 부처님이 전생에 선혜보살로 있을 때 연등불로부터 "오는 세상에 부처가 되리니 이름을 석가모니라 하리라."는 수기를 받은 일 등을 말한다.

선남자들이여, 만일 어떤 중생이 나의 처소에 찾아오면 나는 부처님의 눈[佛眼]으로 그의 신심과 제근(諸根)[5]의 총명함과 둔함을 보아 제도할 바에 따라 곳곳에서 스스로 설하되, 그 부처님의 이름이 같지 아니하며, 수명도 길고 짧으며, 또한 다시 열반에 든다고 드러내어 말했으며, 또 갖가지 방편으로 미묘한 법을 설하여 중생으로 하여금 환희심을 일으키게 하였느니라.

선남자들이여, 여래는 여러 중생들이 작은 법[小法][6]을 좋아하여 박덕하고 업이 무거운 것을 보면 이런 사람들을 위하여 설하되, '내가 젊어서 출가하여 아뇩다라삼먁삼보리를 얻었다.'고 하였느니라. 그러나 내가 참으로 성불한 지는 이와 같이 오래 되었느니, 다만 방편으로 중생을 교화하여 불도(佛道)에 들게 하려고 이와 같이 설하였느니라.

선남자들이여, 여래가 설한 경전은 모두 다 중생들을 제도하여 해탈케 하기 위함이니, 혹은 자신의 몸[佛身]에 대하여 설하고 혹은 다른 몸에 대하여 설하기도 하며, 혹은 자신의 몸을 보이고 혹은 다른 이의 몸을 보이기도

5 제근(諸根): 안 · 이 · 비 · 설 · 신의 5근(五根).

6 작은 법[小法]: 보통은 소승의 뜻으로 쓰이나, 여기서는 부처님이 가야성에서 성불했다는 것에 얽매여 부처님이 무량 아승기겁 전부터 성불해 있었다는 이 경의 본지(本地)와 다른 법을 말한다.

하며, 혹은 자신의 일을 보이고 혹은 다른 이의 일을 보이기도 하지만, 설하시는 말씀은 모두 진실하여 거짓이 없느니라.

왜냐하면 여래는 여실하게 삼계(三界)의 모습을 알고 보나니, 태어나고 죽거나 물러가고 나옴이 없으며, 또한 세상에 존재함도 없고 멸도하는 것도 없어서 진실하지도 아니하고 허망하지도 아니하며, 같지도 않고 다르지도 않나니, 이는 삼계와 다르게 삼계를 보기 때문이니라.[7]

이와 같은 일을 여래는 밝게 보아 그릇됨이 없건마는 모든 중생은 갖가지 성품과 갖가지 욕망과 갖가지 행(行)과 갖가지 생각과 분별이 있으므로, 그들로 하여금 온갖 선근(善根)을 일으키게 하려고 인연과 비유의 말로 갖가지 법을 설하여 불사(佛事)를 하되 잠시도 쉬지 않았느니라.

이와 같이 내가 성불한 지는 매우 오래 되어 수명이 한량없는 아승기겁이므로 항상 머물러 있으면서 멸도하지 않았느니라. 선남자들이여, 내가 본래 보살도를 행하여 이룬 수명은 아직도 다하지 아니하여, 위에서 말한 수명의 배가 되느니라. 그러나 지금 참으로 멸도하지 않

---

7 삼계(三界)와 다르게 삼계를 보다: 원문은 '不如三界 見於三界'. 중생은 삼계의 드러난 현상만 보지만 여래는 삼계의 실상을 본다는 뜻이다.

으면서도 방편으로 말하기를, '마땅히 멸도를 취하리라.'고 하니, 여래는 이러한 방편으로 중생을 교화하느니라.

왜냐하면 만일 부처님이 이 세상에 오래도록 머무른다면 박덕한 사람들은 선근을 심지 않아 빈궁하고 하천하며 오욕에 탐착하여 기억하고 생각하는 것이 허망한 견해의 그물에 빠질 것이며, 만약 여래가 항상 머물러 있어 멸도하지 않음을 보면 곧 교만한 마음을 일으켜 싫증 내고 게으른 생각을 품어서 부처님 만나기 어렵다는 생각으로 공경하는 마음을 일으키지 않기 때문이니라.

그런 까닭에 여래께서 방편으로 설하되, '비구들이여, 마땅히 알라. 여러 부처님께서 세상에 출현하심을 만나기 어려우니라.'고 하느니라. 왜냐하면 박덕한 사람들은 한량없는 백천만억 겁을 지나도 혹은 부처님을 보거나 보지 못하는 이도 있기 때문이니라. 이런 일 때문에 내가 말하기를, '여러 비구들아, 여래는 뵙기가 어렵다.'고 하느니라.

중생들이 이런 말을 들으면 반드시 만나기 어렵다는 생각을 내고, 마음에 연모하는 생각을 품으며, 부처님을 갈망하여 곧 선근을 심으리니, 그런 까닭에 여래는 참으로 멸도하지 않건만 멸도한다고 말하느니라.

또 선남자여, 모든 부처님 여래의 법은 다 이와 같아서 중생을 제도하기 위한 것이니 모두가 진실하여 허망함이 없느니라.

비유하면, 훌륭한 의사[良醫][8]가 있는데 지혜가 총명하고 의술에 밝아 좋은 약을 잘 처방하여 온갖 병을 잘 치료했느니라. 그에게는 자식이 많아 그 수가 열, 스물 내지는 백 명이었는데,[9] 어떤 사연이 있어 멀리 다른 나라에 가 있는 동안에 아이들이 남의 독약을 마시고[10] 약 기운이 퍼져 정신이 어지러워 땅바닥에 뒹굴고 있었느니라.

이때 그 아버지가 집에 돌아오니, 아이들이 독약을 마시고는 혹 본 마음을 잃기도 하고 혹은 잃지 않은 아이도 있었는데, 멀리서 그 아버지를 보고 모두 크게 기

---

8 훌륭한 의사[良醫]: 어질고 현명하면서도 의술이 뛰어난 의사. 부처님을 비유한다. 십이부교(十二部敎)는 뜻이 매우 깊으니 약을 잘 만드는 것과 같고, 사실단(四悉壇)의 가르침으로 중생의 병을 고침은 '여러 병을 잘 다스리는' 것과 같다. 무량의경에서 부처님을 가리켜 '대의왕(大醫王)'이라 했으니, 대의(大醫)인 까닭에 양의(良醫)임을 알 수 있다. 법화칠유 중 일곱 번째인 '양의(良醫)의 비유'이다.

9 자식이 열이라 함은 성문을, 스물은 벽지불, 백 명은 보살을 뜻한다.

10 남의 독약을 마시고[飮他毒藥]: 부처님이 멸도한 뒤 그릇된 스승의 가르침에 집착함을 뜻한다.

빼서 무릎 꿇고 절하면서 문안드렸느니라.

'편안하게 잘 다녀오셨습니까? 저희들이 어리석어서 잘못하여 독약을 먹었사오니, 원하건대 살펴보시고 치료하시어 다시 살게 해 주소서.'

아버지는 자식들의 고통이 이와 같음을 보고, 온갖 약방문[11]에 의거하여 좋은 빛깔과 향기와 맛[12]을 다 갖춘 약초를 구해다가 방아에 찧고 체로 쳐서 환을 지어 아이들에게 주어 먹게 하고 이렇게 말했느니라.

'이것은 매우 좋은 약으로 빛깔과 향기와 좋은 맛을 모두 갖추었으니, 너희들이 먹으면 속히 고통이 사라져서 다시는 근심이 없으리라.'

그 아이들 중에서 본 마음을 잃지 않은 아이는 이 좋은 약이 빛깔과 향기를 잘 갖추었음을 보고 곧 먹어서 병이 다 없어져 나았느니라. 그러나 본 마음을 잃은 아이들은 그 아버지가 오는 것을 보고 비록 기뻐하고 문안드리며 병 고쳐주기를 원하였으나, 그 약을 주어도 먹지 않았느리라. 왜냐하면 독기가 깊이 들어가 본 마음을 잃었으므로 이 좋은 빛깔과 향기로운 약을 좋지 않게 생각

---

11 약방문: 부처님 설한 모든 경전, 즉 12부경(十二部經)을 말하며, 약초는 8만4천 법문을 말한다. 12부경은 제11「견보탑품」주)24 참조.

12 빛깔은 계(戒)를 비유하니, 계는 신구(身口)의 악을 막으므로 그 모습이 밝게 드러난다. 향은 정(定)을 비유하니, 공덕의 향이 풍기는 것이다. 맛은 혜(慧)를 비유하니, 진리의 맛을 체득했음을 이른다.

했기 때문이니라.

아버지는 이렇게 생각하였느니라.

'이 아이들이 참으로 가련하구나. 중독이 되어서 마음이 온통 뒤집혀서 나를 보고 기뻐하며 병을 고쳐 달라고 하면서도 이렇게 좋은 약을 먹지 않으니, 내가 이제 방편을 써서 이 약을 먹게 하리라.'

곧 이렇게 말하였느니라.

'너희들은 마땅히 알아라. 나는 이제 늙고 쇠약하여 죽을 때가 되었다. 이 좋은 약을 여기에 남겨두니 너희들은 가져다 먹되 낫지 않을까 걱정하지 말라.'

이렇게 타일러 놓고 다시 타국에 이르러[13] 사람을 보내어 말하기를, '너희 아버지는 이미 죽었다.'고 하였느니라.

이때 자식들은 아버지가 돌아가셨다는 말을 듣고 크게 근심하고 괴로워하면서 이렇게 생각하였느니라.

'만일 아버지가 계시다면 우리들을 불쌍히 여기고 구해주시련만, 이제는 우리들을 버리고 멀리 타국에서 돌아가셨구나.'

스스로가 '외롭고 다시는 의지할 데가 없구나.'라고 생각하여, 항상 비통한 생각을 품고 있다가 드디어 정신

13 타국에 이르러: 부처님이 이 세계에서 멸도를 보이시고, 다른 세계에서 생(生)을 보이심을 비유.

이 깨어나, 이 약의 빛깔과 맛과 향기가 좋은 것을 알고 곧 가져다 먹으니 독한 병이 다 나았느니라.

그 아버지는 자식들이 다 나았다는 소식을 듣고 다시 돌아와서, 아이들이 자기를 보게 하였느니라.[14]

선남자들이여, 어떻게 생각하느냐? 어떤 사람이 이 훌륭한 의사가 거짓말을 하였다고 죄를 따질 수 있겠느냐?"

"아니옵니다. 세존이시여."

부처님께서 말씀하셨습니다.

"나도 또한 이와 같아서 성불한 지가 한량없고 가없는 백천만억 나유타 아승기겁이지만, 중생을 위하는 까닭에 방편력으로 '이제 멸도하리라.'고 말하나니, 또한 법과 같이 그대로 설한 나에게 허물이 있다고 할 자는 없으리라."

이때 세존께서 이 뜻을 거듭 펴시려고 게송으로 말씀하셨습니다.

내가 부처 이룬 뒤로 지낸 모든 겁의 수는

---

14 '자식들이 다 나았다는 소식을 들음'은 중생의 바람을 들음[機感]이요, '아이들이 자기를 보게 함'은 중생구제를 위해 근기에 맞춰 몸을 드러냄[應化]이다.

한량없는 백천만억 아승기가 되느니라.
항상 법을 설해 무량 억만 중생 교화하여
불도 들게 한 이래로 무량 겁이 되었노라.
중생을 제도하기 위해서 방편으로
열반을 보였지만 실은 멸도 아니하고
항상 여기 머무르며 이 법을 설했느니라.
나는 항상 여기에 머물러 있으면서
모든 신통력으로 전도[15]된 중생에겐
가까이에 있어도 보이지 않게 하느니라.
중생들이 나의 멸도함을 보고
널리 사리에 공양하고 다 함께 연모하여
갈망하는 마음을 일으키거나 중생들이
이미 믿고 따르며 바르고 부드러워
일심으로 부처님을 뵙고자 하여
자신의 몸과 목숨 아끼지 아니하면
그때 나와 출가대중이 함께 영취산에
출현하여 내가 중생에게 말하느니라.
항상 여기 있으면서 멸도하지 아니하나
방편력을 쓰므로 멸도함과 멸도하지
아니함을 나타내니라. 다른 국토 중생으로

15 전도(顚倒): 진리를 바르게 보지 못하는 것. 여기에서는 일승법을 알지 못한다는 뜻.

공경하고 믿고 좋아하는 이 있으면
나는 다시 그곳에서 위없는 법 설하지만
너희들은 이것을 듣지 못하므로
단지 내가 멸도한 줄로만 아느니라.
내가 보니 여러 중생 고해(苦海)에 빠져 있는
까닭에 몸을 드러내지 아니하여
그들에게 목마르게 그리는 맘 내게 하고
그 마음을 인하여 연모하게 되면
그때서야 출현하여 법을 설하느니라.
신통력이 이와 같아 아승기겁 동안
항상 영취산과 다른 모든 곳에
머물러 있나니 중생이 겁 다하면
큰 불이 일어나 타는 것을 볼 때에도
나의 국토 안온하여 하늘 인간 충만하며
동산 수풀 집과 누각 온갖 보배로 장엄되고
보배나무는 꽃과 열매 가득하여 중생들은
즐겁게 노닐고 모든 하늘에선
하늘북을 치고 항상 온갖 기악 연주하며
만다라 꽃비 부처님과 대중에게 흩뿌리리라.
나의 정토는 무너짐이 없건만
중생들은 다 타버린 것만 보고 근심 공포

온갖 고통 번뇌로 가득하게 되느니라.
이 죄 많은 중생은 악업의 인연으로
아승기겁 지나도록 삼보 이름 못 듣지만
모든 공덕 잘 닦아서 부드럽고 바른 이는
곧 모두 나의 몸이 여기에 있으면서
법 설함을 보느니라. 어느 때는 이런 대중
위하여서 부처 수명 한량없다 설하고
오랜 세월 지나서야 부처님을 뵌 이에겐
부처님은 만나 뵙기 어렵다고 설하느니라.
나의 지혜의 힘 이와 같아 지혜 광명
한량없이 비추느니라. 수명 또한 무수겁이니
오랫동안 닦은 업으로 얻은 것이니라.
너희들 지혜 있는 자는 여기에
의혹을 내지 말라. 마땅히 의혹을
끊어 영원히 없앨지니 부처님의
말씀은 진실하여 거짓됨이 없느니라.

의사가 좋은 방편으로 정신 잃은
자식을 고치려고 살아 있으면서도
죽었다고 말한 것을 거짓이라 할 수 없듯
나도 또한 세간의 아버지가 되어

괴롭고 병든 이들 모두를 구하고자
전도된 범부 위해 실재로는 있으면서
멸도한다 말하노라. 항상 나를 보게 되면
교만하고 방자한 마음을 일으켜서
제멋대로 지내며 오욕에 탐착하여
악도 중에 떨어지므로 나는 항상 중생들이
도를 행하고 아니 행함 알아서
제도할 바를 따라 갖가지 법 설하며
언제나 스스로 이런 생각 하느니라.
어찌하면 중생들이 위없는 지혜 얻어
속히 부처님 몸 성취하게 할 것인가.

제17 분별공덕품(分別功德品)

이때 법회에서 부처님 수명의 겁 수가 길고 오래됨이 이와 같다고 설하심을 듣고 한량없고 가없는 아승기의 중생들이 큰 이익을 얻었습니다. 그때 세존께서 미륵보살마하살에게 말씀하셨습니다.

"아일다여, 내가 여래의 수명이 길고 오랜 것을 설할 때에 680만억 나유타 항하사 중생이 무생법인(無生法忍)[1]을 얻었으며, 또 그 천 배의 보살마하살은 문지다라니문(聞持陀羅尼門)[2]을 얻었고, 또 한 세계의 미진수 보살마하살은 요설무애변재(樂說無礙辯才)[3]를 얻었으며, 또 한 세계의 미진수 보살마하살은 백천만억의 한량없는 선다라니(旋陀羅尼)[4]를 얻었느니라.

---

1 무생법인(無生法忍): 불생불멸하는 진여 법성을 인지(忍知)하고, 거기에 안주하여 움직이지 않는 것. 십주(十住)의 위계에 들었음을 뜻한다.

2 문지다라니(聞持陀羅尼): 4다라니의 하나로 법다라니(法陀羅尼)라고도 한다. 부처님의 교법을 듣고 명심하여 잊지 아니하는 다라니이다. 십행(十行)의 위계에 들었음을 뜻한다. 이와 함께 온갖 법에 있는 의취(義趣)를 잊지 않는 의다라니(義陀羅尼), 선정에 들어가 부사의한 온갖 주문을 잊지 않는 주다라니(呪陀羅尼), 온갖 법의 실상을 깨닫고 인지(忍持)하여 잊지 않는 인다라니(忍陀羅尼)를 4다라니라 한다.

3 요설무애변재(樂說無礙辯才): 중생의 근기에 맞추어 자유자재로 법을 설함에 중생이 알아듣기 좋게 하는 능력. 십회향(十廻向)의 위계에 들었음을 뜻한다.

4 선다라니(旋陀羅尼): 범부의 집착을 돌려[旋轉] 집착에서 벗어난 공(空)

또 삼천대천세계의 미진수 보살마하살은 능히 불퇴전의 법륜을 굴렸으며, 또 2천 중국토(中国土)[5]의 미진수 보살마하살은 능히 청정한 법륜을 굴렸으며, 또 소천국토의 미진수 보살마하살은 8생(八生)만에 아뇩다라삼먁삼보리를 얻었으며, 또 네 사천하(四天下)의 미진수 보살마하살은 4생(四生)만에 아뇩다라삼먁삼보리를 얻었으며, 또 세 사천하의 미진수 보살마하살은 3생(三生)만에 아뇩다라삼먁삼보리를 얻었으며, 또 두 사천하의 미진수 보살마하살은 2생(二生)만에 아뇩다라삼먁삼보리를 얻었으며, 또 한 사천하의 미진수 보살마하살은 1생(一生)만에 아뇩다라삼먁삼보리를 얻었으며, 또 8세계의 미진수 중생이 다 아뇩다라삼먁삼보리의 마음을 일으켰느니라."

부처님께서 이 모든 보살마하살들이 큰 법의 이익 얻었음을 설하실 때, 허공에서는 만다라꽃과 마하만다라꽃이 비 오듯 내려 한량없는 백천만억 보배나무 아래 사

의 이치에 들어가는 지혜를 말한다. 초지(初地)의 위계에 들었음을 뜻한다. 천태종에서는 선다라니와 함께 백천만억선(百千萬億旋)다라니 · 법음방편(法音方便)다라니를 공지(空持) · 가지(假持) · 중지(中持)라 하여, 공(空) · 가(假) · 중(中)의 3관에 배당하여 설명한다. 이를 법화 3다라니라고 한다.

5 중국토(中國土): 중천세계(中千世界). 일사천하(一四天下)가 1천 개 모인 것을 소천세계라 하며, 이 소천세계가 1천 개 모인 것을 중천세계라 한다. 제5「약초유품」주)5 참조.

자좌에 계시는 여러 부처님께 뿌려졌으며, 아울러 칠보탑 안의 사자좌에 계신 석가모니불과 오래 전에 멸도하신 다보여래께도 뿌려졌으며, 또한 일체의 모든 대보살과 사부대중에게도 뿌려졌습니다. 또 가루로 된 전단향과 침수향 등이 비 오듯 뿌려졌으며, 허공에서는 하늘북이 저절로 울리니 묘한 소리가 깊고도 그윽하였습니다. 또 천 가지의 하늘옷이 비 오듯이 내리고, 진주영락·마니주영락·여의주영락 등의 여러 가지 영락들이 드리워져 아홉 방향[九方]에 가득하였으며, 여러 보배 향로에서는 값을 매길 수 없는 향을 사르니 저절로 두루 퍼져 법회 대중들을 공양하였습니다.

한 분 한 분의 부처님 위에는 보살들이 있는데, 번(幡)[6]과 천개[蓋][7]를 들고 차례로 올라 범천(梵天)까지 이르니, 이 보살들이 미묘한 음성으로 한량없는 게송을 노래하여 모든 부처님을 찬탄하였습니다.

이때 미륵보살이 자리에서 일어나 오른쪽 어깨를 드러내고 합장하고 부처님을 향하여 게송으로 말씀드렸습니다.

---

6 번(幡): 불보살의 성덕(盛德)을 나타내는 깃발.

7 천개[蓋]: 천증개(天繒蓋)로 천개 또는 증개라 한다. 불상의 위를 가리는 일산(日傘)을 말한다. 설법하는 자리의 법상 위를 가리는 일산은 산개(傘蓋)라 한다.

부처님께서 설하신 희유한 법은
옛적부터 지금까지 듣지 못한 바입니다.
세존께선 큰 위력 있으시고 수명은
헤아릴 수 없으시니 수많은 불자들이
세존께서 법의 이익 얻은 사람 분별하여
설함 듣고 기쁨이 온몸 가득 하나이다.

불퇴지에 머무르거나 다라니를 얻거나
요설무애와 만억의 선다라니 얻거나
대천세계 미진수의 보살이 각각 모두
불퇴전의 법륜 굴리고 중천세계 미진수의
보살은 각각 모두 청정 법륜 굴리고
소천세계 미진수의 보살은 각각 남은
여덟 생에 마땅히 불도를 이루고
넷 셋 둘의 이와 같은 사천하의 미진수의
보살은 남은 생의 수를 따라 성불하며
혹은 일사천하 미진수의 보살도
남은 일생 머물면서 일체지를 이루나이다.
이런 중생 부처 수명 장원하다는 말을 듣고
한량없는 무루의 청정 과보 얻었으며
8세계의 미진수 중생들도 부처님이

설하신 수명 듣고 모두가 위없는
마음을 내었나이다. 세존께선 한량없고
불가사의한 법을 설하시어 이익되게
하는 바가 가없는 허공처럼 많사옵니다.
하늘에선 만다라꽃 마하만다라꽃 비 내리듯
흩뿌리고 항하사 수와 같은 제석과 범천
수없는 부처님의 나라에서 찾아와
전단향과 침수향을 분분하게 날리니
새들이 허공에서 날며 내려오듯
모든 부처님께 흩으며 공양합니다.
하늘북은 허공에서 묘한 소리 절로 내며
천만 가지 하늘옷이 빙빙 돌며 내려오고
여러 가지 보배향로 값 모르는 향 피우니
저절로 두루 퍼져 모든 세존 공양합니다.
대보살들 칠보로 미묘한 만억 가지
번과 일산 들고서 차례대로 범천 올라
각각 모든 부처님 앞 보배 당간에
수승한 깃발 달고 천만 가지 게송으로
모든 여래 찬탄합니다. 이와 같은 갖가지 일
전에 없던 일이오니 부처님의 수명이
한량없다는 말씀 듣고 일체 모두 기뻐합니다.

부처님의 이름이 시방에서 들리어
널리 중생을 이익 되게 하시니
모두가 선근을 갖추어서 깨달음을
구하는 위없는 마음 도우 셨나이다.[8]

이때 부처님께서 미륵보살마하살에게 말씀하셨습니다.

"아일다여, 어떤 중생이 부처님 수명이 이와 같이 장원(長遠)하다는 말씀을 듣고 능히 한 생각이라도 믿고 이해한다면 얻는 공덕이 한량없으리라.[9]

만일 선남자 선여인이 아뇩다라삼먁삼보리를 위하여 80만억 나유타겁 동안 반야바라밀을 제외한[10] 보시바라밀, 지계바라밀, 인욕바라밀, 정진바라밀, 선정바라밀 등의 다섯 바라밀을 행한 이 공덕을 앞에서 말한 공덕과 비교하면 백분의 일, 천분의 일, 백천만억분의 일에도 미치지 못하나니 숫자나 비유로도 능히 알 수 없

8 이 중송까지가 본문(本門)의 정종분이며, 이하부터는 유통분이다.

9 이후 본품은 법화경 수행법으로 부처님 재세시를 '사신(四信)', 멸도 후를 '오품(五品)'으로 설하는데, 이 부분이 사신의 첫 번째인 '일념신해(一念信解)'이다.

10 여기서의 반야는 부처님 수명의 장원함을 이해한 원교(圓敎)의 지혜이기에 제외한다고 했다. 따라서 뒤에 이어지는 5바라밀은 원교의 반야를 떠나 이뤄지는 바라밀이라 볼 수 있다. 원교에서의 6바라밀은 원융의 관계에 있으므로 반야와 분리될 수 없기 때문이다.

느니라. 만일 선남자 선여인이 이러한 공덕이 있다면 아뇩다라삼먁삼보리에서 물러나는 일은 있을 수 없느니라."

이때 세존께서 이 뜻을 거듭 펴시려고 게송으로 말씀하셨습니다.

만일 어떤 사람이 부처 지혜 구하려고
80만억 나유타 겁에 5바라밀 행하기를
여러 겁 동안에 부처님과 연각과
제자[11]와 보살들에게 보시하고 공양하되
진기한 음식과 좋은 의복 침구와
전단으로 정사[12] 짓고 숲과 동산 장엄하여
이와 같은 갖가지로 미묘하게 보시하길
여러 겁이 다하도록 불도에 회향했노라.
또한 계행 지니되 청정하고 결함 없이
위없는 도 구하므로 모든 부처 찬탄하노라.
다시 인욕 행하여 고르고 부드러운
마음자리 머물러 온갖 악행 가하여도
그 마음이 기울거나 흔들리지 않느니라.

11 부처님의 제자들인 성문(聲聞)을 가리킨다.

12 정사(精舍): 수행에 정진하는 이는 있는 집. 절이나 승원 등의 도량을 일컫는다.

법을 얻는 자들이 교만한 마음 품어
멸시하고 괴롭혀도 이와 같이 다 참노라.
또한 부지런히 정진하여 뜻과 생각
항상 견고하며 한량없는 억겁 동안
한결같은 마음으로 게으르지 아니하노라.
무수한 겁 고요하고 한적한 곳 머물면서
앉거나 경행하며 졸지 않고 마음 챙겨
이러한 인연으로 모든 선정 생기어서
80억만 겁 편안하게 머무르며 마음이
산란하지 않았느니라. 이러한 한결같은
마음 지닌 복으로 위없는 도 구하여
원하기를 일체지를 내가 얻어
모든 선정 궁극까지 다해지이다 하느니라.
이 사람이 백천만억 겁 동안 여러 공덕을
앞에서 설한 것처럼 행하여도
선남자 선여인이 내가 설한 수명 듣고
한 생각 만이라도 믿는다면 그 복이
저보다 많으리라. 만일 어떤 사람이
일체의 의혹과 후회 없이 마음 깊이
잠깐이라도 믿는다면 그 복 이와 같으니라.
보살들이 한량없는 겁 동안 도 닦아야[13]

내가 설한 수명 듣고 이를 바로 믿고
받아들일 수 있나니 이러한 사람들은
이 경전을 머리에 이고 원하기를[14]
제가 오는 세상에서 장수하여
중생을 제도하되 오늘의 세존처럼
석가족의 왕으로서 도량에서 사자후로
두려움 없이 설법하며 우리들도 미래세에
모든 사람 존경 받고 도량에 앉았을 때
수명 설함 이와 같게 하소서 하리라.
만일 깊은 마음 지닌 이가 청정하고
정직하며 많이 듣고 다라니를 얻어
뜻에 따라 부처님의 말씀을 해설한다면
이런 사람 이것에 의혹이 없으리라.

"또 아일다여, 만일 어떤 이가 부처님 수명의 장원함을 듣고 그 말뜻을 안다면 이 사람이 얻는 공덕은 한량없어서 능히 여래의 위없는 지혜[無上慧][15]를 일으키

---

13 한량없는 겁 동안 도 닦아야: 온갖 바라밀을 닦는 것이다.

14 원하기를: 자비의 서원을 일으키는 것이니, 이 행원(行願)에 의해 경을 듣고 신해(信解)가 이뤄진다. 이 일념신해의 공덕이 오래 수행한 끝에 얻는 공덕과 동등하거나 그 이상인 것도 이 때문이다.

15 무상혜(無上慧): 만물의 참다운 실상을 깨달아 불법을 꿰뚫는 지혜. 곧 반야(般若)를 가리킨다.

리라.[16]

그런데 하물며 널리 이 경을 듣거나 다른 사람이 듣도록 가르치거나, 스스로 지니거나 다른 사람이 지니도록 가르치거나, 스스로 쓰거나 다른 사람이 쓰도록 가르치거나 또는 꽃과 향과 영락(瓔珞)·당번(幢幡)·증개(繒蓋)·향유와 소등(蘇燈)[17]으로 경전에 공양함이겠느냐. 이 사람의 공덕은 한량없고 끝없어 능히 일체종지(一切種智)가 일어나느니라.[18]

아일다여, 만일 선남자와 선여인이 '나의 수명이 장원하다'는 설법을 듣고 깊은 마음으로 믿고 이해하면, 곧 부처님께서 항상 기사굴산에 계시면서 대보살과 여러 성문대중에게 둘러싸여 설법하심을 보게 되리라.[19]

또, 이 사바세계의 땅이 유리로 되고 평탄하고 반듯하며, 염부단금(閻浮壇金)[20]으로 여덟 갈래 길을 경계 지

16 사신의 두 번째인 약해언취(略解言趣)이다. '일념신해'에서는 신해만 할 뿐지만 여기에서는 그 말의 취지를 알고 설함이다.

17 소등(蘇燈): 우유를 가공하여 만든 기름을 넣어 밝히는 등불.

18 사신의 세 번째인 광위타설(廣爲他說). 널리 듣고 널리 이해하며 널리 설하고 널리 공양함을 닦음이다.

19 사신의 네 번째인 심신관성(深信觀成). 수명의 장원함을 듣고 관행(觀行)을 닦음이다. 선정에 들어 지혜를 쓰니 불토를 보게 됨이다. 이들 사신 중 일념신해와 약해언취는 문혜(聞慧)의 위계이며, 광위타설은 사혜(思慧), 심신관성은 수혜(修慧)의 위계이다.

20 염부단금(閻浮檀金): 염부나무 밑으로 흐르는 강에서 나는 금으로 가장 고귀한 금이라고 한다. 견고한 정법(正法)을 의미한다. 염부는 나무의

으며, 보배나무가 늘어서 있고, 모든 대(臺)와 누각이 모두 보배로 이루어졌으며 보살대중들이 모두 그 안에 거처함을 보게 되리라. 만일 능히 이와 같이 볼 수 있다면, 이것이 깊이 믿고 이해하는 모습이라고 마땅히 알아야 하느니라.

또한 다시 여래께서 멸도한 뒤에[21] 만일 이 경을 듣고서 비방하거나 헐뜯지 아니하고 따라서 기뻐하는 마음을 일으키면,[22] 이미 깊이 믿고 이해하는 모습이라고 마땅히 알아야 하느니라.

하물며 이 경을 읽고 외우고 받아 지니는 사람이겠느냐?[23] 이 사람은 여래를 정수리에 이고 받드는 것이 되느니라. 아일다여, 이 선남자 선여인은 나를 위하여 다시 탑과 절을 세우거나 승방을 짓거나 음식 · 의복 · 침구 · 탕약의 사사(四事)[24]로써 승가 대중에게 공양하지 않아도 되느니라.

이름. 단은 강 · 바다란 뜻.

21 이하는 여래가 멸도한 뒤의 5품(五品) 수행을 설한다. 5품이란 수희 · 독송 · 설법 · 겸행육도 · 정행육도를 말한다.

22 오품의 첫 번째인 '수희(隨喜)'이다.

23 오품의 두 번째인 '독송(讀誦)'이다.

24 사사(四事): 음식 · 의복 · 와구(침구) · 탕약 등 수행자에게 꼭 필요한 네 가지 물품. 와구 대신 방사(房舍)를 넣기도 한다.

왜냐하면 이 선남자 선여인이 이 경전을 받아 지니고 읽고 외우는 일이 이미 탑을 세우고 승방을 짓고 승가 대중에게 공양함이 되기 때문이니라. 이는 곧 부처님의 사리(舍利)로 칠보탑을 세우되, 높이와 넓이가 점점 작아져서 범천까지 이르고, 여러 가지 번과 천개와 보배방울을 달고, 꽃과 향과 영락과 가루향 · 바르는 향 · 사르는 향과, 여러 가지 북과 기악과 퉁소 · 피리 · 공후를 연주하며 갖가지 춤을 추고 아름다운 음성으로 노래하고 찬탄하기를, 한량없는 천만억겁 동안 이와 같이 공양함과 같으니라.

아일다여, 만일 내가 멸도한 뒤에 이 경전을 듣고 능히 받아 지니며 스스로 쓰거나 다른 사람을 가르쳐 쓰게 한다면,[25] 곧 승방을 세우기 위해 붉은 전단향으로 서른두 채의 전당을 짓되, 높이는 8다라수며 높고 크고 아름답게 장엄하여, 백천의 비구가 그 안에 머무르되 동산과 숲, 목욕하는 연못, 경행하는 길, 좌선하는 굴이 있으며 의복 · 음식 · 침구 · 탕약 등의 온갖 생활 용구가 그 안에 가득한데, 이와 같은 승방과 당우와 누각이 백천만억으로 그 수가 한량없으니, 이로써 지금[現前]의 나와 비구들을 공양함이 되느니라.

---

25 오품의 세 번째인 '설법(說法)'이다.

그러므로 내가 설하기를 '여래가 멸도한 뒤에 만일 이 경전을 받아 지니고 읽고 외우고 남을 위하여 설하며, 스스로 쓰거나 다른 사람을 가르쳐 쓰게 하여 이 경전을 공양한다면, 다시 탑과 절을 세우거나 승방을 지어 승가에 공양하지 않아도 된다.'고 하느니라.

하물며 어떤 사람이 이 경을 받아 지니고 겸하여 보시·지계·인욕·정진·선정[一心]·지혜의 바라밀을 행함이겠느냐.[26] 그 공덕은 가장 수승(殊勝)하여 한량없고 끝없나니, 비유하면 허공의 동서남북과 네 간방과 상·하방이 한량없고 끝없음과 같으니라. 이 사람의 공덕도 또한 이와 같아서 한량없고 끝없어 속히 일체종지에 이르리라.

만일 어떤 사람이[27] 이 경을 읽고 외우며 받아 지니고 다른 사람을 위해 설하거나, 스스로 쓰거나 다른 사람을 가르쳐 쓰게 하고, 다시 탑을 세우고 승방을 지어 성문 대중에게 공양하고 찬탄하며, 또한 백천만억의 찬탄하는 법으로 보살의 공덕을 찬탄하고, 또 다른 사람을 위하여 갖가지 인연으로 뜻에 따라 이 법화경을 해설하고,

---

26 오품의 네 번째인 '겸행육도(兼行六度)'이다. 5종 수행에 더하여 육바라밀을 행함이다.

27 이하는 오품의 마지막으로 바르게 육도를 행하는 '정행육도(正行六度)'이다. 이들 오품 중 앞의 셋은 문혜(聞慧)의 위계이며, 겸행육도는 사혜(思慧), 정행육도는 수혜(修慧)의 위계이다.

다시 청정하게 계를 지켜 부드럽고 온화한 이들과 함께 살며, 인욕하여 성내지 않으며, 뜻과 생각이 견고하여 항상 좌선을 귀히 여겨 모든 깊은 선정을 얻고, 용맹하게 정진하여 여러 선법(善法)을 받아들이고, 날카로운 근기와 지혜로 어려운 질문에도 잘 대답한다고 하자.

아일다여, 만일 내가 멸도한 뒤에 모든 선남자 선여인이 이 경전을 받아 지녀 읽고 외우면서 다시 이와 같이 선한 공덕을 갖춘다면, 이 사람은 이미 도량에 나아가 아뇩다라삼먁삼보리에 가까워서 보리수 아래에 앉은 것이라고 마땅히 알지니라.

아일다여, 이 선남자 선여인이 앉아 있거나 서 있거나 다니는 곳에는 마땅히 탑을 세울지니, 모든 하늘과 인간들이 모두 부처님의 탑과 같이 공양할 것이니라."

이때 세존께서 이 뜻을 거듭 펴시려고 게송으로 말씀하셨습니다.

만일 내가 멸도한 뒤 이 경 받들어 지닌다면
이 사람 복 한량없어 위에 설함 같으리니
이것이 곧 모든 공양 갖춘 것이 되느니라.
사리 모셔 탑 세우되 칠보로 장엄하고
표찰[28]은 크고 높아 차츰 차츰 좁아져서

범천까지 이르고 천만억의 보배방울
바람에 흔들리며 묘한 소리 울리면서
한량없는 겁 동안 이 탑을 공양하되
꽃과 향과 모든 영락 하늘옷과 온갖 기악
향유등과 소등 켜서 두루 밝게 비추나니
악한 세상 말법시대 이 경을 지니는 이
위와 같은 모든 공양 갖춘 것이 되느니라.
만일 이 경 지닌다면 부처님이 계실 때에
우두전단[29] 향나무로 승방 지어 공양하되
승당은 서른두 채 높이는 8다라수[30]
좋은 음식 아름다운 의복 침구 다 갖추고
백천 대중 머물 곳인 동산과 숲 연못과
경행하는 길과 선정에 드는 굴을
갖가지로 모두 장엄함과 같으니라.
만일 믿고 이해하는 마음이 있어서
받아 지녀 독송하고 쓰거나 다른 사람

---

28 표찰(表刹): 탑의 꼭대기에 세우는 깃대 모양의 장식품.

29 우두전단(牛頭栴檀): 인도 우두산에서 나는 향나무로 적전단(赤栴檀)이라 한다. 전단 중 가장 향기가 좋고 오래도록 없어지지 않으므로 불상 조성에 많이 쓰였다.

30 다라수(多羅樹): 종려과에 딸린 나무로 높이가 70~80척에 이른다. 인도에서는 이 나무를 척도(尺度)의 단위를 삼는다. 1다라수의 높이를 49척으로 본다. 잎은 부채꼴로 평활하고 단단하여 종이 대신으로 쓴다. 이것을 패엽(貝葉)이라 한다.

가르쳐서 쓰게 하며 경전에 공양하되
꽃과 향을 뿌리거나 수만나꽃[31] 첨복화[32]와
아제목다가[33] 기름으로 항상 불을 밝히는
이런 공양 하는 이는 무량 공덕 얻으리니
허공이 가없듯이 그 복 또한 이 같노라.
하물며 이 경을 받아 지니면서
보시하고 계행 지키며 인욕하고 선정 즐겨
성내지 아니하고 악한 말도 아니하고
탑묘를 공경하고 비구에게 겸손하며
스스로 뛰어나다는 마음을 멀리하고
항상 지혜 생각하여 어려운 것 물어 와도
성내지 아니하고 뜻에 따라 해설함이랴.
만일 이런 행을 닦는다면 그 공덕은
헤아리지 못하리라. 만일 이 법사가
이와 같은 공덕을 성취함을 본다면
하늘꽃을 뿌려주고 하늘옷으로 그 몸 덮고
머리 숙여 발에 예배하고 부처님과
같다는 마음을 일으키고 마땅히

31 수만나(須曼那): 수마나화라고도 한다. 황백색의 향기로운 꽃이다.

32 첨복화(瞻蔔華): 우리나라에서는 흔히 담복화라 한다. 금색화로 번역. 노란꽃이 피며 향내가 강하다.

33 아제목다가(阿提目多伽): 삼과 비슷한 모양의 풀로 붉은 꽃이 피고, 씨앗은 기름을 짜며 향료로 사용한다.

이렇게 생각할지라. 오래지 않아 도량의
보리수 아래에서 무루법과 무위법[34]을
얻어서 널리 모든 사람과 하늘을
이롭게 하리라. 그가 머무르는
곳이나 경행하거나 앉고 누운 곳이거나
한 구절 게송이라도 설한다면 이곳에는
마땅히 탑을 세워 미묘하게 장엄하고
갖가지로 공양할지라. 불자가 이 땅에
머무르면 곧 바로 부처님이 받아들여
항상 그곳에 계시면서 경행하고
앉고 누우리라.

34 무루법과 무위법: 원문은 無漏無爲. 번뇌를 떠나 6근에서 허물이 누출되지 않음을 무루(無漏)가 하고, 인연이 되는 임의적 조작을 여의고 생주이멸(生住異滅)의 4상을 떠난 진리를 무위(無爲)라 한다.

제18 수희공덕품(隨喜功德品)

이때 미륵보살마하살이 부처님께 여쭈었습니다.

"세존이시여, 만일 선남자 선여인이 이 법화경을 듣고 따라서 기뻐한다면 어떠한 복을 얻나이까?"

다시 게송으로 말씀드렸습니다.

세존께서 멸도한 뒤 이 경을 듣고
따라서 기뻐하면 어떠한 복 얻나이까.

이때 부처님께서 미륵보살마하살에게 말씀하셨습니다.

"아일다여, 여래가 멸도한 뒤 만일 비구 · 비구니 · 우바새 · 우바이나 그 밖에 지혜 있는 이로서 어른이나 아이가 이 경을 듣고 따라서 기뻐하고, 법회에서 나와 다른 곳에 이르러 승방이나 한적한 곳, 성읍이나 거리, 마을이나 들판에서 그 들은 바와 같이 부모나 친척, 친한 친구, 아는 이들을 위하여 능력따라 설하였다고 하자.

그 여러 사람들이 듣고 나서 따라서 기뻐하여 또 다른 사람에게 다시 가르침을 전하고, 그 다른 사람이 또한 따라서 기뻐하여 가르침을 전하고, 이렇게 전하고 전하여 50번째에 이르렀느니라. 아일다여, 그 50번째 선남자 선여인이 따라서 기뻐하는 공덕을 내가 지금 말하리니, 너는 잘 들을지어다.

만약 4백만억 아승기 세계의 육취[1] 사생[2]의 중생인 난생 · 태생 · 습생 · 화생과 형체가 있는 것[有形]과 형체가 없는 것[無形], 생각이 있는 것[有想]과 생각이 없는 것[無想], 생각이 있지도 않고 생각이 없지도 않은 것[非有想非無想],[3] 발이 없는 것[無足]과 두 발 가진 것[二足] · 네 발 가진 것[四足] · 발이 여럿인 것[多足] 등 이와 같은 중생들이 있는데, 어떤 사람이 복을 구하려고 그들이 원하는 대로 오락거리를 각각의 중생에게 모두 나누어주기를, 염부제[4]에 가득 찰 만한 금 · 은 · 유리 · 자거 · 마노 · 산호 · 호박 등의 여러 가지 아름답고 진귀한 보배와 코끼리 · 말 · 수레와 칠보로 지은 궁전과 누각을 주었느니라.

---

1 육취(六趣): 삼악도(지옥도 · 축생도 · 아귀도)와 삼선도(천도 · 인도 · 아수라도)를 통틀어 이르는 말. 육도(六道)라고도 한다.

2 사생(四生): 생물이 태어나는 네 가지 형태. 뒤에 이어지는 태생(胎生), 난생(卵生), 습생(濕生), 화생(化生)이다.

3 '태생'부터 '비유상비무상'까지가 과거에 지은 선 · 악의 행위에 따라 받는 9가지 생(生)인데, 이를 구류생(九類生) 또는 구류중생(九類衆生)이라 한다.

4 염부제(閻浮提): 남염부제(南閻浮提). 사람이 사는 인간세계를 말한다.

이 대시주(大施主)가 이와 같이 80년 동안 보시하고 이렇게 생각하였느니라.

'내가 이미 중생들에게 오락거리를 보시하여 원하는 대로 따랐으나, 이 중생들이 이미 노쇠하여 나이 팔십이 넘어 머리는 희어지고 얼굴은 주름살이 잡히고 죽음이 멀지 않았으니, 내가 마땅히 부처님의 법[佛法]으로 그들을 가르쳐 인도하리라.'

곧 이 중생들을 모아 법을 베풀어 펴서 교화하여 보이고 가르치고 이롭게 하고 기쁘게 하여, 일시에 모두 다 수다원도[5] · 사다함도[6] · 아나함도[7] · 아라한도[8]를 얻어, 모든 번뇌를 없애고 깊은 선정에 들어 자재함을 얻고 팔해탈[9]을 갖추게 한다면, 너의 생각은 어떠하냐. 이 대시주가 얻는 공덕이 많지 않겠느냐?"

---

5 수다원도(須陀洹道): 성문 4과(果)의 첫 번째 계위. 삼계(三界)의 견혹을 끊고 성인의 흐름에 처음 들어가기에 입류(入流) 또는 예류(預流)라 한다.

6 사다함도(斯陀含道): 성문 4과의 두 번째 계위. 욕계에 한번만 다시 태어나서 성불하므로 일래(一來) 또는 일왕래(一往來)라 한다.

7 아나함도(阿那含道): 성문 4과의 세 번째 계위. 욕계에서 죽어 색계(色界) · 무색계(無色界)에 난 뒤 번뇌가 없어져서 다시 욕계로 돌아오지 아니한다고 하여 불환(不還) 또는 불래(不來)라 한다.

8 아라한도(阿羅漢道): 성문 4과의 가장 윗 계위. 색계와 무색계의 번뇌까지도 다 끊어 천상과 인간으로부터 공경받을 자격이 있으므로 응공(應供)이라 한다. 살적(殺賊) 또는 불생(不生)으로도 부른다.

9 팔해탈(八解脫): 물질과 마음작용에 대한 탐욕과 속박으로부터 해탈하여 멸진정에 이르는 여덟 가지 선정. 제6「수기품」 주)17 참조.

미륵보살이 부처님께 말씀드렸습니다.

"세존이시여, 이 사람의 공덕은 매우 많아서 한량없고 끝없나이다. 이 시주가 다만 중생들에게 온갖 오락거리를 보시했다고 해도 공덕이 한량없는데, 하물며 아라한과[10]를 얻도록 함이겠나이까?"

부처님께서 미륵에게 말씀하셨습니다.

"내가 지금 너희에게 분명히 말하노라. 이 사람이 온갖 오락거리를 4백만억 아승기 세계의 육취 중생에게 보시하고 또 아라한과를 얻게 한다 해도, 그 얻은 공덕은 이 50번째 사람이 법화경의 한 게송을 듣고 따라서 기뻐한 공덕만 못해서,[11] 그 백분의 일, 천분의 일, 백천만억분의 일에도 미치지 못하니 산수와 비유로도 능히 알 바가 아니니라.

아일다여, 이와 같이 50번째 사람이 전하고 전한 법화경을 듣고 따라서 기뻐한 공덕도 한량없고 끝없는 아승기이거늘, 하물며 맨 처음 법회에서 듣고 따라서 기뻐

---

10 아라한과(阿羅漢果): 아라한도에 들어선 경지를 말한다. 성문이 수행하여 과(果)를 증득하는 네 가지 계위(階位)를 4향4과(四向四果)라 하는데, 아직 과(果)에 이르지 못한 동안을 수다원향 · 사다함향 · 아나함향 · 아라한향, 과(果)를 증득한 계위를 수다원과 · 사다함과 · 아나함과 · 아라한과라 한다.

11 앞에 언급한 과보는 일불승이 아닌 방편에 따른 복인 까닭에 최후의 과인 아라한에 머문다 해도, 법화경을 초수희한 공덕에 못미친다는 것이다.

한 사람이겠느냐. 그 복은 더욱 수승(殊勝)해서 한량없고 끝없는 아승기로도 가히 견주지 못하리라.

또 아일다여, 만일 어떤 사람이 이 경을 위하여 승방에 나아가 앉거나 서서 잠깐이라도 듣고 받아들인다면, 이 공덕을 인연으로 몸을 바꾸어 태어날 때에는 미묘하고 좋은 코끼리나 말이 끄는 수레와 보배로 만든 가마를 타고 하늘궁전에 오르리라.

또 어떤 사람이 법을 강론하는 곳에 앉아 있다가 다른 사람이 와서 권하여 앉아 듣게 하되, 자리를 나누어 앉게 하면, 이 사람의 공덕은 몸을 바꾸어 태어날 때 제석천왕이 앉는 자리나 범천왕이 앉는 자리, 전륜성왕이 앉는 자리를 얻으리라.

아일다여, 만약 또 어떤 사람이 다른 사람에게 말하기를 '법화라는 경이 있으니 함께 가서 듣자.'고 하여 그 말을 받아들여 잠깐이라도 듣는다면, 이 사람의 공덕은 몸을 바꾸어 태어날 때에 다라니를 얻은 보살과 한곳에 함께 태어나리라.

근기가 총명하고 지혜가 있으며, 백천만 번 태어나도 벙어리가 되지 않고, 입에서 악취가 나지 않으며, 혀는 항상 병이 없고 입도 또한 병이 없으며, 치아는 때가 끼거나 검거나 누렇거나 성글지 않고 빠지거나 어긋나거나 굽지도 않으며, 입술이 아래로 처지거나 위로 말리지도 않으며, 거칠지도 더듬지도 부스럼나지도 않으며, 또는 언청이도 아니되고 비뚤어지지도 않으며, 두텁지도 크지도 않고 검지도 않아서 미운 데가 전혀 없으며, 코는 납작하지 않고 비뚤어지지 않으며, 얼굴은 검지 않고 좁지도 길지도 않으며 또 우묵하거나 비뚤어지지 않아서 좋아하지 않는 모습은 일체 없으리라.

입술과 혀와 치아가 모두 보기 좋고, 코는 길고 높고 곧으며, 얼굴 모양은 원만하고, 눈썹은 높고 길며, 이마는 반듯하고 넓어서 사람의 모습을 잘 갖추어, 세세생생 태어나는 곳마다 부처님을 친견하여 법을 듣고 가르침을 믿고 받아들이리라.

아일다여, 그대는 잠시라도 이를 관(觀)해 보아라.

한 사람을 권하여 가서 법을 듣게 한 공덕이 이와 같거늘, 하물며 일심으로 듣고 설하고 읽고 외우며 많은 대중 가운데서 남을 위하여 분별해서 설하며, 설한 대로 수행함이겠느냐?"

이때 세존께서 이 뜻을 거듭 펴시려고 게송으로 말씀하셨습니다.

어떤 사람 법회에서 이 경전을 듣고
하나의 게송이라도 따라서 기뻐하고
다른 이를 위하여 설해 주되 이와 같이
점차 전해 50번째 이르러 마지막 사람
얻는 복을 지금 분별해서 설하리라.
어떤 대시주가 한량없는 중생에게
80년 동안 그들이 원하는 것을 뜻에 따라
나눠주고 그들의 노쇠한 모습 보니
백발 되고 얼굴은 주름지며 이 빠지고
그 몸이 야윈지라 생각하기를 이들은
멀지 않아 죽으리라. 내가 이제 마땅히
가르쳐서 깨달음을 얻게 하리라 하고 곧
방편으로 열반의 진실한 법 설하느니라.
세상의 모든 것은 견고하지 아니하여
물거품 같고 불꽃 같나니 그대들은
모두 속히 싫어하고 멀리하는 마음 내라.
여러 사람 이 법 듣고 아라한과 모두 얻어
육신통과 삼명과 팔해탈을 갖추어도
마지막 50번째 사람이 한 게송을
듣고 따라서 기뻐하면 이 사람의 복덕은
저보다 많아서 비유할 수 없느니라.

이와 같이 전해 들은 그 복도 한량없거늘
하물며 법회에서 처음으로 듣고 따라서
기뻐한 사람이랴. 만일 한 사람이라도
권하고 이끌어서 법화경을 듣게 하되
이 경은 뜻이 깊고 미묘해 천만겁에도
만나기 어렵다고 말하여 그 말 듣고
나아가서 잠깐이라도 듣는다면 이 사람이
받을 복을 지금 분별하여 설하리라.
세세생생 입병 없고 치아는 성글거나
누렇지도 검지도 아니하며 입술은
두껍거나 말리거나 찢기지도 아니하여
나쁜 모습 없으며 혀는 마르거나
검거나 짧지 않고 코는 높고 곧으며
이마 넓고 평정하고 얼굴 모습이
단엄하여 사람들이 보기를 좋아하며
입에서는 나쁜 냄새 없으며 우발화[12]의
향기가 항상 그 입에서 피어나리라.
만일 법화경을 들으려고 승방으로
나아가서 잠깐이라도 듣고 기뻐하는
그 복에 대하여 지금 설하리라.

---

12 우발화(優鉢華): 우담발화(優曇鉢華). 3천년 만에 한 번 전륜성왕이 나타날 때만 핀다는 상상의 꽃이다.

다음 세상 하늘이나 사람 중에 태어나되
아름다운 코끼리와 말 수레와 진귀한
보배 가마 얻어서 하늘궁전 오르리라.
만일 법을 강설하는 곳에서
다른 사람에게 권하여서 자리에
앉아 경을 듣게 하면 이 복의 인연으로
제석천과 범천왕 전륜성왕의 자리를
얻으리니 하물며 일심으로 듣고
그 뜻을 해설하며 설한 대로 수행함이랴.
그 복은 헤아릴 수 없느리라.

제19 법사공덕품(法師功德品)

이때 부처님께서 상정진(常精進)보살마하살에게 말씀하셨습니다.

"만일 선남자 선여인이 이 법화경을 받아지니고 읽거나 외우거나 해설하거나 베껴 쓰면[1] 이 사람은 마땅히 800가지 눈의 공덕과 1200가지 귀의 공덕과 800가지 코의 공덕과 1200가지 혀의 공덕과 800가지 몸의 공덕과 1200가지 의근의 공덕을 얻으리니, 이 공덕으로 육근(六根)[2]을 장엄하여 다 청정하게 하리라.

이 선남자 선여인은 부모에게서 받은 청정한 육안(肉眼)[3]으로 삼천대천세계 안팎에 있는 산림과 강과 바다를 보되, 아래로는 아비지옥[4]에서 위로는 유정천[5]에 이르

---

1 법화경을 받아지니고(受持) · 읽고(讀) · 외우고(誦) · 해설하고(解說) · 베껴 쓰며(書寫) 경을 신행(信行)하고 홍포(弘布)하는 이를 '오종법사(五種法師)'라 한다.

2 육근(六根): 안근(眼根) · 이근(耳根) · 비근(鼻根) · 설근(舌根) · 신근(身根) · 의근(意根)으로 바깥 대상[對境]을 인식케 하는 근원이다. 안근은 안식(眼識)을 내어 색경(色境)을 인식하고… 의근은 의식을 내어 법경(法境)을 인식하므로 근이라 한다.

3 생사의 여의지 못한 몸이므로 육안이라 했으나, 대천세계 안팎을 봄은 천안(天眼)이며, 일체중생의 업과 인연을 봄은 법안(法眼), 안근이 청정함은 혜안(慧眼), 이러한 공덕으로 무명을 억제함은 불안(佛眼)이니, 5종행의 공덕을 갖추어 안근(眼根)을 장엄함이다.

4 아비지옥(阿鼻地獄): 여러 지옥 중 고통이 가장 극심한 지옥이다. 고통

기까지 다 보리라. 또한 그 가운데 있는 모든 중생의 업의 인연과 과보로 태어날 곳을 다 보고 다 알리라."

이때 세존께서 이 뜻을 거듭 펴시려고 게송으로 말씀하셨습니다.

만일 대중 가운데서 두려움 없는 마음으로
법화경을 설한다면 그 공덕을 말하리니
너희들은 들어보라. 이 사람은 800가지
공덕의 수승한 눈 얻으리니 이것으로
장엄한 까닭으로 그 눈 매우 청정하리라.
부모에게 받은 눈으로 삼천대천
안과 밖의 미루산과 수미산과 철위산과
다른 모든 산과 숲과 큰 바다와 강과 하천
아래로는 아비지옥 위로는 유정천에
이르기까지 다 보리라. 그 가운데 여러 중생
다 보나니 비록 천안 얻지 못했으나
육안의 힘이 이와 같으니라.

"또 상정진이여, 만일 선남자 선여인이 이 경을 받아

이 간극이 없이 계속되기에 무간지옥(無間地獄)이라고 한다.

5 유정천(有頂天): 욕계 · 색계 · 무색계 3계(界)의 최상천(最上天). 비상비비상천(非想非非想天)이라 한다.

지니고 읽거나 외우거나 해설하거나 베껴 쓰면 1200가지 귀의 공덕을 얻으리라. 이 청정한 귀[6]로 삼천대천세계의 아래로는 아비지옥에서 위로는 유정천에 이르기까지 그 안팎에서 나는 갖가지 말과 소리를 들으리라.

코끼리 소리, 말의 소리, 소의 소리, 수레의 소리, 우는 소리, 탄식하는 소리, 소라 소리, 북 소리, 종 소리, 방울 소리, 웃음 소리, 말소리, 남자의 소리, 여자의 소리, 동자의 소리, 동녀의 소리, 법의 소리, 법 아닌 소리, 괴로운 소리, 즐거운 소리, 범부의 소리, 성인의 소리, 기쁜 소리, 기쁘지 않은 소리, 하늘의 소리, 용의 소리, 야차의 소리, 건달바의 소리, 아수라의 소리, 가루라의 소리, 긴나라의 소리, 마후라가의 소리, 불타는 소리, 물 소리, 바람 소리, 지옥의 소리, 축생의 소리, 아귀의 소리, 비구의 소리, 비구니의 소리, 성문의 소리, 벽지불의 소리, 보살의 소리, 부처님의 소리를 다 들으리라.

요약해서 말하면 삼천대천세계 안팎의 모든 소리를,

---

6 육도의 음성을 들음은 육이(肉耳)와 천이(天耳)며, 이승(二乘)의 음성을 들음은 혜이(慧耳), 보살의 음성을 들음은 법이(法耳), 부처님의 음성을 들음은 불이(佛耳)이다. 또 부모에게 받은 것이 육이(肉耳)이며, 내외의 음성을 듣는 것이 천이(天耳), 듣고도 집착하지 않음이 혜이(慧耳), 그르침이 없는 것 법이(法耳), 이근이 아닌 다른 근으로도 들음은 불이(佛耳)이다. 뒤에 이어지는 나머지 근[鼻舌身意]의 장엄도 이에 준한다.

비록 천이(天耳)는 얻지 못했으나 부모에게 받은 청정한 평상시의 귀로 모두 듣고 알 것이니, 이와 같은 갖가지 소리를 분별할지라도 이근(耳根)이 상하지 않으리라."

그때 세존께서 이 뜻을 거듭 펴시려고 게송으로 말씀하셨습니다.

부모님께 받은 귀가 청정하고 탁하거나
더러움이 없나니 평상시의 이 귀로
삼천대천 세계의 소리를 들으리라.
코끼리 말 수레와 소의 소리 종 방울
소라 고동 북소리와 가야금과 비파 공후
피리 소리 청정하고 듣기 좋은 노랫노리
듣더라도 애착 않고 무수한 사람 소리
모두 듣고 이해하며 또 모든 하늘 소리
미묘한 노랫소리 그 소리도 다 들으며
남자 소리 여자 소리 동자 소리 동녀 소리
험한 산천 계곡의 가릉빈가 소리와
명명[7] 등의 온갖 새의 소리를 다 들으리라.
지옥 중생 고통 받는 갖가지 벌 받는 소리
아귀들이 기갈나서 음식을 찾는 소리

7 명명(命命): 몸은 하나인데 머리가 둘인 새. 생사를 함께 한다고 해 공명조(共命鳥)라 한다.

아수라들　큰 해변에　모여 살며　서로 서로
말을 할 때　큰 소리로　질러 대며　주고받아도
이와 같은　설법자는　이 세간에　편히 있으며
중생들의　소리 듣되　이근 파괴　안되리라.
시방세계　새와 짐승　울며 서로　부르는 소리
그 설법자　여기에　있으면서　모두 듣고
그 여러　범천 위의　광음천과　변정천과
유정천의　말 소리를　법사 여기　머물면서
모두 다　들으리라.　모든 비구　대중들과
비구니들　이 경전을　읽거나　외우면서
남을 위해　설한다면　법사 여기　머물면서
그 소리 다　들으리라.　보살들이　이 경법을
읽고　외우거나　남을 위해　설법하고
모아서　찬술하고　그 뜻을　해설하는
이와 같은　여러 음성　모두 다　들으리라.
모든 부처　대성존께서　중생을　교화하셔
큰 법회에서　미묘한 법　설하여　펼치심을
법화경을　지닌 이는　모두 다　들으리라.
삼천대천　세계　안과 밖의　모든 음성
아래로는　아비지옥　위로는　유정천까지
그 소리를　다 들어도　이근 파괴　아니되리라.

그 귀 밝고 예리하여 분별해서 다 아나니
법화경을 지닌 이는 천이 얻지 못했어도
부모에게 받은 귀의 공덕 이와 같노라.

"또 상전진이여, 만일 선남자 선여인이 이 경을 받아 지니고 읽거나 외우거나 해설하거나 베껴 쓰면 800가지 코의 공덕을 얻으리라. 이 청정한 비근(鼻根)으로 삼천대천세계의 위 · 아래와 안팎의 갖가지 향기를 다 맡느니라. 수만나꽃[8]의 향기, 사제꽃[9] 향기, 말리꽃[10] 향기, 첨복꽃[11] 향기, 바라라꽃[12] 향기, 붉은 연꽃 향기, 푸른 연꽃 향기, 흰 연꽃 향기와 꽃나무의 향기, 과일나무 향기와 전단향, 침수향, 다마라발향,[13] 다가라향,[14] 천만 가지를 화합한 향과 가루향이나, 환으로 된 향이나, 바르는 향을 이 경을 지니는 사람은 여기에 있으면

8 수만나(須曼那): 황백색의 향기로운 꽃.

9 사제화(闍提華): 금전화(金錢華). 꽃향기가 매우 좋으며 금색꽃이 핀다.

10 말리화(茉莉花): 쟈스민의 일종으로 흰색의 작은 꽃이 핀다.

11 첨복화(瞻蔔華): 담복화라 한다. 금색화로 번역. 노란꽃이 피며 향내가 강하다.

12 바라라화(波羅羅華): 꽃과 열매에서 향기가 나며, 중생화(重生華)라고도 한다.

13 다마라발향(多摩羅跋香): 다마라발은 더러움이 없는 향기라는 뜻의 성무구(聖無垢)로 번역된다. 제11「견보탑품」주)5 참조.

14 다가라향(多伽羅香): 인도 전역에 분포하는 다가라나무에서 채취한 향이다. 근향(根香) 또는 목향(木香)이라고 한다.

서 다 능히 분별하여 알리라.

또 중생들의 냄새를 분별해 알 것이니, 코끼리 · 말 · 소 · 양의 냄새와 남자 · 여자 · 동자 · 동녀의 냄새와 초목과 수풀 냄새 등 가까이 있거나 멀리 있는 모든 냄새를 다 맡아서 분별하여 착오가 없으리라.

이 경을 지니는 사람은 비록 여기에 있을지라도 천상에 있는 모든 하늘의 향기를 맡을 수 있나니, 바리질다라[15]와 구비다라나무[16]의 향기와 만다라꽃[17] 향기, 마하만다라꽃 향기, 만수사꽃[18] 향기, 마하만수사꽃 향기와 전단향, 침수향과 갖가지의 가루향, 온갖 꽃의 향기와 이와 같이 하늘의 향기가 뒤섞여서 나는 향기를 맡아서 분별하지 못하는 것이 없으리라.

또 모든 천인(天人)의 몸 향기를 맡으리니, 석제환인이 수승한 궁전에서 오욕락을 즐기면서 유희할 때의 향

---

15 바리질다라(波利質多羅): 도리천 선견성에 있다는 나무로 둘레가 7유순, 높이가 10유순, 가지가 사방으로 50유순이라 한다. 나무 전체에서 향기가 나와 도리천을 가득 메운다고 해서 향변수(香遍樹)라 하며, 나무 가운데 왕이라 하여 천수왕(天樹王)이라 한다.

16 구비다라나무(拘鞞陀羅樹): 흑단나무의 일종. 히말라야에서 중국에까지 분포하는 키가 크고 수려한 나무로 가지와 잎이 무성하여 오래 지나도 시들지 않는다고 한다.

17 만다라화(曼茶羅華): 천상계에 핀다고 하는 성스럽고 흰 연꽃. 만다라는 '뜻에 마땅하다'는 말이다.

18 만수사화(曼殊沙華): 천상계의 꽃으로, 만수사는 보드랍다는 뜻이다. 이 꽃을 보면 악업을 여읜다고 한다.

기와, 미묘한 법당에서 도리천들에게 설법할 때의 향기와, 여러 동산에서 유희할 때의 향기와, 그 밖의 다른 천상의 남녀의 몸 향기를 멀리서도 다 맡으리라.

이와 같이 점점 옮겨져 범천(梵天)에 이르고, 위로 유정천(有頂天)에 이르기까지 모든 천인들의 몸 향기를 다 맡으며, 아울러 모든 하늘이 사르는 향기도 다 맡으리라. 또 성문의 향기, 벽지불의 향기, 보살의 향기와 모든 부처님의 몸 향기를 멀리서도 다 맡아 그 있는 곳을 알리라.

비록 이들 향기를 맡을지라도 비근(鼻根)은 상하지 않고 착오도 없나니, 만일 분별하여 다른 사람을 위해 설할지라도 그 기억이 분명하여 틀림이 없으리라."

그때 세존께서 이 뜻을 거듭 펴시려고 게송으로 말씀하셨습니다.

이 사람의 청정한 코 이 세계의 향기거나
악취거나 갖가지 향 다 맡아서 알리라.
수만나향 사제향 다마라향 전단향과
침수향과 계수향과 갖가지의 꽃 향과
과일 향과 중생의 향과 남녀의 향을 알리니
설법자는 먼곳에 있으면서도 향기 맡고

있는 곳을 알리라. 세력이 큰 대전륜왕
소전륜왕과 그 아들과 군신들과 궁인들을
향기 맡고 그들이 있는 곳을 알며
몸에 지닌 보배와 땅속 보배 전륜왕의
보녀[19]를 향기 맡고 있는 곳을 알며
사람들의 장신구와 의복 영락 갖가지의
바르는 향 향기 맡고 그 몸을 알며
천인들이 다니거나 앉거나 즐기거나
신통 변화 하는 일을 이 법화경 지니는 이
향기 맡고 모두 능히 알리라.
온갖 나무 꽃과 과일과 소유[20] 향기
경 가진 이 여기에서 그 있는 곳 다 알리라.
깊은 산골 험한 계곡 전단향이 꽃이 피면
그 가운데 있는 중생 향기 맡고 다 알리라.
철위산과 큰 바다와 땅속의 모든 중생
경 가진 이 향기 맡고 그 있는 곳 다 알리라.
아수라의 남녀와 그들 모든 권속들이
싸우고 유희할 때 냄새 맡고 다 알며

---

19 보녀(寶女): 전륜성왕이 갖춘 칠보 가운데 하나로 옥녀(玉女)라고도 한다.
20 소유(酥油): 우유로 만든 기름으로 음료로 쓰이나 몸에 바르기도 한다. 또 소유(蘇油)라 하여, 소마나(蘇摩那, 수만나) 꽃을 즙내어 만든 향유를 말하기도 한다.

넓은 들판 험한 골짝 사자 코끼리 호랑이와
들소 물소 냄새 맡고 있는 곳을 다 알며
아기 가진 이 있으면 남아인지 여아인지
온전한지 사람 아닌지 냄새 맡고 능히 알며
향기 맡는 힘으로 첫 회임에 성취하고
성취하지 못함과 안락하게 복된 자식
낳을지를 알리라. 향기 맡는 힘으로
남녀가 생각하는 탐욕 성냄 어리석은
마음 알고 또한 선법 닦은 이를 알리라.
땅속 깊이 감추어진 금은 등의 온갖 보배
구리 그릇 가득한 것 냄새 맡고 능히 알며
값도 모를 갖은 영락 냄새 맡고 귀하고
하천함과 나온 곳과 있는 곳을 다 알리라.
천상의 여러 꽃들 만다라꽃 만수사꽃
바리질다 나무들도 향기 맡고 능히 알며
천상의 여러 궁전 상중하의 차별과
보배 꽃의 장엄함을 향기 맡고 능히 알며
하늘 동산 좋은 궁전 미묘한 법당에서
노래하고 춤추는 것 향기 맡고 능히 알며
천인들이 법 듣거나 오욕락을 누릴 때에
오고 가고 앉고 누움 향기 맡고 능히 알며

천녀들이 입은 옷에 꽃과 향을 장엄하고
돌아다니며 유희함도 향기 맡고 다 알리라.
이와 같이 점차 올라 범천에 이르기까지
선정 들고 나오는 이 향기 맡고 능히 알며
광음천과 변정천과 유정천에 이르기까지
태어남에서 없어짐까지 냄새 맡고 다 알리라.
여러 비구 대중들이 법에 항상 정진하여
앉거나 경행하거나 경전 읽고 외우거나
혹은 나무 아래에서 오로지 좌선할 때
경 지닌 이 냄새 맡고 있는 곳을 다 알며
보살이 뜻이 굳어 좌선하고 독송하며
남을 위해 설법함을 향기 맡고 능히 알며
곳곳에 계신 세존 일체 공경 받으면서
중생 위해 설법함을 향기 맡고 능히 알며
중생들이 부처님 앞에서 이 경 듣고
모두가 기뻐하며 법과 같이 수행함을
향기 맡고 다 알리라. 비록 보살의
무루법으로 생겨난 코 아직 얻지 못했어도
이 경을 지니는 이는 먼저
이러한 코의 모습을 얻으리라.

"또 상정진이여, 만일 선남자 선여인이 이 경을 받아 지니고 읽거나 외우거나 해설하거나 베껴 쓰면, 1200 가지 혀의 공덕을 얻으리라.

맛이 좋거나 나쁘거나 맛있거나 맛없거나 쓰고 떫은 음식도 그 혀에 닿으면 모두 최상의 맛으로 변하여 하늘의 감로수 같아서 맛없는 것이 없으리라.

만일 이런 혀로 대중 가운데서 설법하면 깊고 묘한 음성 나와서 그들의 마음속에 들어가 모두가 기쁘고 즐겁게 하리라. 또 모든 천자와 천녀, 제석천과 범천 등 모든 천신이 이 깊고 묘한 음성으로 논리정연하게 연설하는 말을 모두 와서 들으며, 여러 용과 용녀, 야차와 야차녀, 건달바와 건달바녀, 아수라와 아수라녀, 가루라와 가루라녀, 긴나라와 긴나라녀, 마후라가와 마후라가녀들이 법을 듣기 위하여 모두 와서 가까이하며 공경하고 공양하고, 비구 · 비구니 · 우바새 · 우바이와 국왕 · 왕자 · 신하 · 권속들과 소전륜왕 · 대전륜왕과 칠보[21]와 천 명의 자식들과 내외 권속이 그들의 궁전을 타고 와서 법을 들으리라.

이 보살이 설법을 잘하므로 바라문과 거사와 나라 안의 백성들이 그 수명이 다하도록 따르고 모시며 공양하

21 칠보(七寶): 전륜성왕이 갖춘 일곱 가지 보배를 말한다. 제3「비유품」 19 참조.

리라. 또 여러 성문과 벽지불과 보살과 부처님께서 항상 이 사람을 즐겨 보시며, 이 사람이 있는 방면으로 모든 부처님께서 그곳을 향하여 법을 설하시니, 일체의 불법(佛法)을 다 받아 지니며 또한 깊고 묘한 법음(法音)을 내리라."

이때 세존께서 이 뜻을 거듭 펴시려고 게송으로 말씀하셨습니다.

이 사람의 혀는 맑고 깨끗하여 끝끝내
나쁜 맛을 받지 아니하리니 먹고 씹는
그것들이 모두 다 감로 맛이 되리라.
깊고 맑은 묘한 음성 대중에게 설법하되
여러 인연 비유로 중생 마음 인도하니
듣는 이들 모두 기뻐 최상 공양 올리리라.
여러 천룡 야차와 아수라들이 공경하는
마음으로 함께 와서 법을 들으리라.
이런 설법 하는 사람 미묘한 음성으로
삼천세계 두루 가득 채우려고 한다면
뜻한 대로 이루리라. 크고 작은 전륜왕과
일천 아들 권속들이 합장하고 공경하는
마음으로 항상 와서 법을 듣고 받으리라.

여러 천룡 야차 나찰[22] 비사사[23]도 기뻐하는
마음으로 항상 와서 즐겁게 공양하며
범천왕과 마왕과 자재천과 대자재천
이와 같은 하늘 대중도 항상 그곳 찾아오리라.
모든 부처님과 제자들도 설법하는
그 음성을 들으시고 항상 생각하고
지켜주며 때로는 그 몸을 드러내리라.

"또 상정진이여, 만일 이 선남자 선여인이 이 경을 받아 지니고 읽거나 외우거나 해설하거나 베껴 쓰면 800가지 몸의 공덕을 얻으리라.

청정한 몸을 얻어 맑은 유리와 같으므로 중생들이 보기를 좋아하리라. 그 몸이 청정하므로 삼천대천세계의 중생이 날 때와 죽을 때, 상품과 하품과 잘 생기고 못생긴 것과 좋은 곳과 나쁜 곳에 태어나는 일이 모두 그 몸 가운데 나타나리라.

또 철위산과 대철위산과 미루산과 마하미루산 등의 모든 산과 그 속의 중생들이 모두 그 몸에 나타나며, 아

---

22 나찰(羅刹): 사천왕에 딸린 여덟 귀신의 하나. 사람을 잡아먹으며 지옥에서 죄인을 못살게 군다고 한다. 나중에 불교의 수호신이 되었다.

23 비사사(毘舍闍): 사람의 정기나 피를 먹는다는 귀신. 광목천왕을 따라 서방을 수호하는 귀신이다.

래로는 아비지옥에서 위로는 유정천에 이르기까지 있는 중생들이 모두 그 몸에 나타나며, 또 성문과 벽지불과 보살과 모든 부처님께서 설법하시는 것이 다 그 몸 가운데 형상으로 나타나리라."

이때 세존께서 이 뜻을 거듭 펴시려고 게송으로 말씀하셨습니다.

법화경을 지니는 이 그 몸 매우 청정하여
저 맑은 유리 같아 중생 보기 좋아하리라.
깨끗하고 맑은 거울 온갖 형상 다 보이듯
보살의 맑은 몸에서 세상 것을 다 보리니
혼자서만 밝게 알뿐 다른 사람에게는
보이지 않으리라. 삼천세계 가운데의
일체 모든 생명들과 천상 인간 아수라와
지옥 아귀 축생들의 이와 같은 모든 형상
그 몸에 다 나타나며 모든 하늘 궁전들과
유정천에 이르기까지 철위산과 미루산과
대미루산 모든 큰 바다의 물 등도
그 몸에 다 나타나리라. 모든 부처님과
성문 불자 보살들이 홀로 있거나
대중 속에 있으면서 설법함이 모두 다

나타나리니 비록 무루 법성의 묘한 몸을
아직 얻지 못했으나 청정한 평상시의
몸으로 온갖 것이 그 가운데 나타나리라.

"또 상정진이여, 만일 선남자 선여인이 여래가 멸도한 뒤에 이 경을 받아 지니고 읽거나 외우거나 해설하거나 베껴 쓰면 1200가지 의근(意根)의 공덕을 얻으리라.

이 청정한 의근으로 한 게송이나 한 구절만 들어도 한량없고 가없는 뜻을 통달하리니, 이 뜻을 알고 나서 능히 한 구절이나 한 게송을 설하되, 한 달에서 넉 달 내지 일 년이 되어도 모든 설하는 법이 그 뜻을 따라서 실상(實相)과 서로 어긋남이 없으리라. 만일 세간의 경서나 세상을 다스리는 언설이나 살아가는 방법[資生業]을 설하더라도 모두 정법(正法)에 순응하리라.

삼천대천세계의 육취 중생이 마음으로 행하는 것과, 마음이 움직이는 것과, 마음의 부질없는 생각을 다 아리니, 비록 무루의 지혜는 얻지 못했지만 그 의근의 청정함이 이와 같으리라.

이 사람이 생각하고 헤아려서 말하는 것은 모두 불법(佛法)이므로 진실하지 않음이 없으며, 또한 이것은 과거의 부처님께서도 경전 가운데에서 설하신 것이니라."

이때 세존께서 이 뜻을 거듭 펴시려고 게송으로 말씀하셨습니다.

이 사람은 뜻이 청정하고 총명하여
거칠거나 흐림 없어 이 미묘한 의근으로
상중하의 법을 알고 한 게송만 듣더라도
무량한 뜻 통달하여 차례로 법과 같이
설하기를 한 달 넉 달 일년에 이르리라.
이 세계 안팎의 모든 중생과 천룡 인간
야차 귀신 등이 육취 중에 있으면서
생각하는 갖가지를 법화 지닌 공덕으로
일시에 다 알리라. 시방세계 셀 수 없는
부처님들 백복으로 장엄하신 모습[24]으로
중생 위해 설법하면 모두 듣고 받아 지녀
무량한 뜻 생각하고 설법 또한 한량없되
처음부터 끝까지 잊거나 그릇되지
않으리니 법화경을 지닌 까닭이니라.
모든 법의 실상을 다 알고 뜻에 따라
차례대로 알고 온갖 이름 언어에도

24 백복으로 장엄하신 모습: 부처님의 32상은 각각 백 가지 복을 갖추고 있다고 한다.

통달하여 아는 바와 같이 연설하리라.
이 사람이 설하는 바 이것 모두 지난 세상
부처님의 법이리니 이런 법을 설하므로
많은 사람 속에서도 두려울 게 없으리라.
법화경을 지닌 사람 의근 청정 이와 같아
비록 무루법은 얻지 못했어도
먼저 이와 같은 모습을 갖추리라.
이 사람이 이 경 지녀 묘한 경지 머물러서
일체중생 환희하고 공경함을 받으면서
천만 가지 훌륭하고 교묘한 말솜씨로
능히 분별하여 법을 설하리니
법화경을 지닌 까닭이니라.

제20 상불경보살품(常不輕菩薩品)

이때 부처님께서 득대세(得大勢)보살마하살[1]에게 말씀하셨습니다.

“그대는 지금 마땅히 알지어다. 만일 비구 · 비구니 · 우바새 · 우바이로서 법화경을 지닌 이에게 나쁜 말로 욕하고 꾸짖거나 비방하면 큰 죄보를 받는 것은 앞에서 말한 바와 같고,[2] 그 얻는 공덕[3]도 이제 말한 것과 같아서 눈 · 귀 · 코 · 혀 · 몸 · 의식이 청정하리라.

득대세여, 지나간 옛적에 한량없고 가없어 생각할 수 없는[不可思議] 아승기겁 전에 부처님이 계셨으니, 이름이 위음왕(威音王)여래 · 응공 · 정변지 · 명행족 · 선서 · 세간해 · 무상사 · 조어장부 · 천인사 · 불세존이며, 겁의 이름은 이쇠(離衰)요, 나라의 이름은 대성(大成)이었느니라.

그 위음왕불[4]께서 그 세상에서 하늘, 사람, 아수라들

---

1 득대세보살(得大勢菩薩): 보통은 대세지보살(大勢至菩薩)이라고 한다. 제1 「서품」 주)31 참조.

2 제3 「비유품」과 제19 「법사공덕품」 등에서 법화경 지니는 이를 비방하는 자의 과보를 설할 것을 가리킨다.

3 앞의 제19 「법사공덕품」에서 설한 육근청정의 공덕을 말한다.

4 위음왕불(威音王佛): 과거 대겁인 장엄겁 이전 공겁(空劫) 때에 맨 처음 성불한 부처님. 당당한 위풍과 장중한 음성으로 법화경을 설하고 왕의

을 위하여 설법하시는데, 성문을 구하는 이에게는 사제법(四諦法)을 설하여 생 · 노 · 병 · 사에서 벗어나 구경열반(究竟涅槃)에 이르게 하시고, 벽지불을 구하는 이에게는 십이인연법(十二因緣法)을 설하시고, 모든 보살을 위해서는 아뇩다라삼먁삼보리를 인하여 육바라밀(六波羅蜜) 법을 설하시어 마침내는 부처님의 지혜를 얻게 하셨느니라.

득대세여, 이 위음왕불의 수명은 40만억 나유타 항하사겁이며, 정법(正法)이 세상에 머무는 겁의 수는 한 염부제 미진수[5]와 같고, 상법(像法)이 세상에 머무는 겁의 수는 사천하(四天下)[6] 미진수와 같았느니라.

그 부처님께서 중생을 요익하게 하신 뒤에 멸도하시고 정법과 상법이 다 없어진 뒤에, 이 국토에 다시 부처님이 출현하셨으니 또한 이름이 위음왕여래 · 응공 · 정변지 · 명행족 · 선서 · 세간해 · 무상사 · 조어장부 · 천인사 · 불세존이었느니라. 이렇게 차례로 2만억 부처님이 출현하셨으니 모두 이름이 같았느니라.

위풍을 가지고 있어 위음왕불이라 한다.

5 염부제 미진수[閻浮提微塵]: 염부제는 인간 세상인 남섬부주를 말하며, 미진수는 염부제를 부수어 가루로 만든 티끌의 수를 말한다.

6 사천하(四天下): 일사천하(一四天下). 수미산의 사방에 있는 동승신주 · 북구로주 · 서우화주 · 남섬부주를 말한다.

최초의 위음왕여래께서 멸도하시고 정법이 없어진 뒤, 상법 동안에 증상만(增上慢)의 비구들이 큰 세력을 가지고 있었느니라. 이때 한 보살 비구가 있었으니 이름이 상불경(常不輕)[7]이었느니라.

득대세여, 어떤 인연으로 이름을 상불경이라 하였겠느냐? 이 비구는 비구 · 비구니 · 우바새 · 우바이들을 보는 대로 그들을 예배하고 찬탄하며 이렇게 말하였느니라.

'나는 그대들을 깊이 존경하여 감히 가볍게 여기거나 업신여기지 아니합니다. 왜냐하면 그대들은 모두 보살도를 행하여 마땅히 성불할 것이기 때문입니다.'

이 비구는 전혀 경전을 읽거나 외우지도 않고 다만 예배만 행하며, 멀리서 사부대중을 보더라도 일부러 따라가서 예배하고 찬탄하며 이렇게 말하였느니라.

'나는 그대들을 감히 가볍게 여기거나 업신여기지 아니합니다. 그대들은 모두 마땅히 성불할 것입니다.'

사부대중 가운데 화를 잘 내고 마음이 깨끗하지 않은 자가 있다가 나쁜 말로 욕하고 꾸짖어 말하였느니라.

'이 무지한 비구야, 어디에서 왔느냐. 스스로 말하기

---

7 상불경(常不輕, Śadāparibhūta): '항상 가볍게 여기지 않는다'는 뜻. 정법화경에서는 '상피경만(常被輕慢)'으로 번역하고 있는데, '항상 경멸을 받는다'는 의미이다.

를, 나는 그대들을 가볍게 여기지 않는다고 하며 우리에게 마땅히 성불하리라고 수기를 주는가? 우리들은 이와 같이 허망한 수기는 소용 없노라.'

이와 같이 여러 해를 다니면서 항상 비웃음과 욕설을 들었지만 화내지 않고 이렇게 말하였느니라.

'그대들은 마땅히 성불하리라.'

이 말을 할 때 여러 사람들이 몽둥이로 때리거나 기와나 돌을 던지면, 피하여 멀리 달아나면서도 오히려 더 큰소리로 외치기를 '나는 감히 그대들을 가볍게 여기지 않노니, 그대들은 모두 마땅히 성불할 것입니다.' 하였느니라.

그가 항상 이렇게 말하였으므로 증상만의 비구 · 비구니 · 우바새 · 우바이들이 별명을 상불경(常不輕)이라 하였느니라.

이 비구가 임종하려 할 때, 허공 중에서 위음왕불이 먼저 설하신 법화경의 20천만억 게송을 모두 듣고 다 받아 지니고, 곧 위와 같은 안근(眼根)의 청정과 이 · 비 · 설 · 신 · 의근의 청정을 얻었으며, 이 육근이 청정해진 뒤에 다시 수명이 늘어 2백만억 나유타 해 동안 널리 사람들을 위하여 이 법화경을 설하였느니라.

이에 증상만의 사부대중인 비구 · 비구니 · 우바새 · 우바이로 이 사람을 업신여기고 천대하여 상불경이란 이름을 지은 자들이, 그가 대신통력[8]과 요설변력[9]과 대선적력[10] 얻음을 보고, 그 설하는 바를 듣고는 다 믿고 복종하여 따랐느니라.

이 보살이 다시 천만억 중생을 교화하여 아뇩다라삼먁삼보리에 머물게 하고, 수명을 마친 뒤에 2천억 부처님을 만났으니, 이름이 다 일월등명(日月燈明)이었느니라. 그 법 가운데서 이 법화경을 설했으며, 이 인연으로 다시 2천억 부처님을 만났으니 다같이 이름이 운자재등왕(雲自在燈王)이었느니라.

이 여러 부처님의 법 가운데서 받아 지니고 읽고 외우고 모든 사부대중을 위하여 이 경을 설한 까닭으로 항상 안근이 청정하고, 이 · 비 · 설 · 신 · 의의 모든 근이 청정함을 얻어 사부대중 가운데서 법을 설하여도 마음에 두려운 게 없었느니라.

득대세여, 이 상불경보살마하살은 이와 같이 여러 부

---

8 대신통력(大神通力): 육근이 청정해져서 얻는 신통력으로 신업(身業)이 청정함을 말한다.

9 요설변력(樂說辯力):온갖 교법을 알아 중생들이 듣기 좋아하게 말하는 능력. 사무애변(辭無礙辯)의 하나인 요설무애(樂說無礙)를 갖췄음을 말한다. 구업(口業)의 청정함을 말한다.

10 대선적력(大善寂力): 선정으로 얻는 큰 지혜의 힘으로, 의업(意業)이 청정함을 말한다.

처님을 공양하며 공경하고 존중하고 찬탄하여 온갖 선근(善根)을 심었고, 뒤에 다시 천만억의 부처님을 만나 또 여러 부처님의 법 가운데서 이 경전을 설하여 공덕을 성취하고 성불할 수 있었느니라.

득대세여, 그대의 생각은 어떠한가? 그때의 상불경보살이 어찌 다른 사람이겠는가? 바로 나의 몸이었느니라. 만일 내가 과거세에 이 경을 받아 지니고 읽고 외우고 다른 사람을 위하여 설하지 아니하였더라면, 아뇩다라삼먁삼보리를 빨리 얻지 못하였으리라. 내가 과거세에 부처님 처소에서 이 경을 받아 지니고 읽고 외우고 다른 사람을 위해 설한 까닭에 빨리 아뇩다라삼먁삼보리를 얻었느니라.

득대세여, 그때의 사부대중인 비구·비구니·우바새·우바이는 성내는 마음으로 나를 경멸하고 천시한 까닭으로 2백억 겁 동안이나 부처님을 친견하지 못하고, 법을 듣지 못하고, 승가(僧伽)도 만나보지 못하고 천 겁 동안 아비지옥에서 큰 고통을 받았으며, 이 죄보를 다 마친 뒤에야 다시 상불경보살을 만나서 아뇩다라삼먁삼보리의 교화를 받았느니라.

득대세여, 그대의 생각은 어떠한가? 그때의 사부대중

으로 항상 이 보살을 경멸하던 자가 어찌 다른 사람이겠는가? 지금 이 회중(會中)에 있는 발타바라(跋陀婆羅)[11] 등 5백 보살과 사자월(師子月) 등 5백 비구니와 사불(思佛) 등 5백 우바새들이니, 모두 아뇩다라삼먁삼보리에서 물러나지 않는 이들이니라.

득대세여, 마땅히 알지어다. 이 법화경은 모든 보살마하살에게 크게 이익을 주어서 능히 아뇩다라삼먁삼보리에 이르게 하느니라. 그러므로 모든 보살마하살은 여래가 멸도한 뒤에 항상 이 경을 받아 지니고 읽고 외우고 해설하고 베껴 써야 하느니라."

이때 세존께서 이 뜻을 거듭 펴시려고 게송으로 말씀하셨습니다.

과거세에 부처 계셔 명호가 위음왕이라.
신통 지혜 한량없어 일체중생 인도하시니
하늘 인간 용신들이 함께 공양 하였노라.
이 부처님 멸도 후에 법 멸하려 할 때에
한 보살이 있었으니 이름이 상불경이라.

---

11 발타바라(跋陀婆羅, bhadrapāla): 현겁(賢劫) 천불(千佛)의 한 분. 훌륭한 수호자라는 뜻으로 선수(善守) · 현호(賢護) 등으로 한역. 위음왕불 때에 법을 듣고 출가하여 목욕을 하다가 문득 수인(水因)을 깨닫고 무소유(無所有)를 얻었다고 하여 선원(禪院)에서는 목욕실에 존상(尊像)으로 안치하기도 한다.

그때 사부 대중들은 법에 걸려 집착하거늘
상불경보살 그들 처소 찾아가서 말하기를
나는 그대들을 경멸하지 아니하니
그대들은 도를 닦아 모두 성불 하리로다.
여러 사람 이 말 듣고 경멸하고 꾸짖어도
상불경보살 능히 참고 이를 받아 들였노라.
숙세 죄보 다 마치고[12] 목숨 마칠 때가 되어
이 경을 얻어 듣고 육근이 청정해져
신통한 힘으로 수명 더욱 늘어나서
다시 모든 사람 위해 널리 이 경 설했나니
법에 집착 했던 대중 보살의 교화 입고
성취하여 불도에 머무르게 되었느니라.
상불경은 수명을 마치고서 셀 수 없는
부처님을 만나 뵙고 이 경 설한 까닭으로
한량없는 복을 얻고 점차 공덕 갖추어서
빨리 불도 이뤘느니라. 그때의 상불경은
바로 나의 이 몸이며 그때의 사부중으로
법에 집착 했던 이들 그대들은 성불한다는
상불경의 말을 들은 이와 같은 인연으로
셀 수 없는 부처님을 만나 뵈었으니

12 숙세 죄보 다 마치고[其罪畢已]: 상불경보살이 중생으로 교화할 때, 남에게 경멸당한 것이 전생의 죄보가 남아있었기 때문이라는 의미이다.

이 회중의 5백 보살 대중과 아울러
사부중의 청신사와 청신녀로 지금
내 앞에서 법을 듣는 이들이 그들이니라.
나는 지난 세상에서 이들에게 권하여서
이 경의 제일가는 법을 듣고 받아들이게
하였으며 이 경을 열고 보여 사람들을
가르쳐서 열반에 머물도록 하였나니
세세생생 이 경전을 받아지니게 하였노라.
억억만 겁 헤아릴 수 없는 겁에 이르러도
시절이 되어야만 법화경의 가르침을
들을 수 있으며 억억만 겁 헤아릴 수
없는 겁에 이르러도 모든 부처 세존께서는
시절이 되어야만 이 경을 설하시니라.
그러므로 수행자가 부처님 멸도 후에
이 경을 들으면 의혹을 내지 말라.
일심으로 이 경을 널리 설하면
세세생생 부처 뵙고 빨리 불도 이루리라.

제21 여래신력품(如來神力品)

이때 천 세계의 미진수[1]와 같은 보살마하살이 땅에서 솟아나와 모두 부처님 앞에서 일심으로 합장하고 존안을 우러러보며 부처님께 말씀드렸습니다.

"세존이시여, 저희들이 부처님께서 멸도하신 뒤에 세존의 분신(分身)들이 계시다가 멸도하신 국토에서 마땅히 이 경을 널리 설하겠습니다. 왜냐하면 저희 또한 스스로 이 참되고 청정한 큰 법을 얻어서 받아 지니고 읽고 외우고 해설하고 베껴 써서 이 경을 공양하고자 하기 때문입니다."

이때 세존께서 문수사리 등[2]과 옛적부터 사바세계에 머물렀던 한량없는 백천만억 보살마하살[3]과 모든 비구 · 비구니 · 우바새 · 우바이와 천 · 용 · 야차 · 건달바 · 아수라 · 가루라 · 긴나라 · 마후라가와 사람과 사람 아닌 여러 대중 앞에서 큰 신통력(神通力)을 나타내었습니다.

---

1 천 세계의 미진수[千世界微塵數]: 1천세계를 모두 부수어 나온 티끌 수. 1천세계는 수미산을 중심으로 한 동서남북 사방의 세계 즉 소세계(小世界)가 천 개 모인 소천세계(小千世界)를 말한다.

2 문수사리 등: 적화(迹化) 보살의 무리를 가리킨다.

3 하방(下方)에서 온 본화(本化) 보살, 곧 지용보살을 가리킨다.

넓고 긴 혀를 내밀어[4] 위로는 범천에 이르시고, 온갖 모공에서 한량없고 수없는 빛과 광명을 놓으시어[5] 시방세계를 두루 비추시니, 여러 보배나무 아래 사자좌에 계신 모든 부처님들도 또한 이와 같이 넓고 긴 혀를 내밀어 한량없는 광명을 놓으셨습니다.

석가모니불과 보배나무 아래 여러 부처님은 신통력을 나타내시기를 백천 년을 채운 뒤에 다시 혀를 거두시고, 일시에 큰 기침을 하시며,[6] 함께 손가락을 튕기시니,[7] 이 두 가지 소리가 두루 시방의 여러 부처님 세계에 이르러, 그 땅이 모두 여섯 가지로 진동하였습니다.[8]

그 안에 있는 중생인 천 · 용 · 야차 · 건달바 · 아수라 · 가루라 · 긴나라 · 마후라가와 사람과 사람 아닌 이들은 부처님의 신통력으로 모두 이 사바세계의 한량없고 가없는 백천만억 보배나무 아래 사자좌에 계신 모든 부처님을 보며, 또 석가모니불께서 다보여래와 함께 보탑 안의 사자좌에 앉아 계신 것을 보며, 또 한량없고 가

4 본품에서 설하는 여래의 10가지 신력[十神力] 가운데 첫 번째인 출광장설(出廣長舌)이다. 넓고 긴 혀[廣長舌]는 부처의 32상 가운데 하나인 대설상(大舌相)을 말한다.

5 십신력의 두 번째인 모공방광(毛孔放光).

6 십신력의 세 번째인 일시경해(一時謦欬).

7 십신력의 네 번째인 구공탄지(具共彈指).

8 십신력의 다섯 번째인 육종진동(六種震動).

없는 백천만억 보살마하살과 사부대중이 석가모니불을 공경하고 둘러서서 받들어 모시는 것을 보고 모두 크게 기뻐하며 미증유(未曾有)를 얻었습니다.[9]

바로 그때 모든 하늘이 허공 중에서 소리를 높여 말하였습니다.

"이 한량없고 가없는 백천만억 아승기 세계를 지나 나라가 있으니 이름이 사바(娑婆)요, 이 나라에 부처님이 계시니 이름이 석가모니시라. 지금 여러 보살마하살을 위하여 대승경을 설하시니, 이름이 묘법연화니라. 보살을 가르치는 법이며 부처님께서 호념(護念)하시는 경이니, 그대들은 마땅히 마음 깊이 따라 기뻐할 것이며 또한 마땅히 석가모니불께 예배하고 공양할지니라."[10]

저 모든 중생들이 허공 중에서 나는 소리를 듣고는 합장하고 사바세계를 향하여 이렇게 말하였습니다.

"나무석가모니불, 나무석가모니불."[11]

그리고 갖가지의 꽃과 향, 영락 · 당번(幢幡) · 증개(繒蓋)와 온갖 몸을 장엄하는 장신구와 진귀한 보배와 미묘한 물건들을 모두 함께 멀리 사바세계로 뿌렸습니다.[12]

---

9 십신력의 여섯 번째인 보견대회(普見大會).
10 십신력의 일곱 번째인 공중창성(空中唱聲).
11 십신력의 여덟 번째인 함개귀명(咸皆歸命).
12 십신력의 아홉 번째인 요산제물(遙散諸物).

흩뿌린 여러 물건들이 시방에서 오는 것이 마치 구름이 모이듯 했는데, 변하여 보배 휘장이 되어 이곳에 계신 모든 부처님 위를 두루 덮으니, 이때 시방세계는 탁 트여 걸림이 없어서 마치 하나의 불국토 같았습니다.[13]

이때 부처님께서 상행(上行) 등 보살대중에게 말씀하셨습니다.

"여러 부처님의 신력(神力)은 이와 같이 한량없고 가없어 생각으로 헤아릴 수 없느니라. 만일 내가 이 신력으로 한량없고 가없는 백천만억 아승기겁 동안을 부촉(咐囑)[14]하기 위해 이 경의 공덕을 설할지라도 오히려 다 하지 못하리라. 요약해 말하면, 여래가 지니신 모든 법과 여래의 모든 자재로운 신력과 여래의 모든 비밀하고 중요한 법장(法藏)과 여래의 모든 깊고 깊은 일들을 다 이 경에서 펴서 보이고 드러내어 설하였느니라.

그러므로 그대들은 여래가 멸도한 뒤에 마땅히 일심으로 이 경을 받아 지니고 읽고 외우고 해설하고 베껴 쓰며 설한 대로 수행할지니, 그대들이 있는 국토에서 받아 지니고 읽고 외우고 해설하고 베껴 쓰거나 설한 대로

---

13 십신력의 마지막 통일불토(統一佛土).

14 부촉(咐囑): 교법을 잘 보호하여 널리 전할 것을 부탁하여 맡기는 것을 말한다. 원문은 '촉루(囑累)'로 부촉한다, 위임한다는 뜻.

수행할지니라.

만일 이 경전이 있는 곳이라면 동산이거나 숲속이거나 나무 아래거나 절이거나 재가자의 집이거나 전당(殿堂)이거나 산골짜기거나 들판일지라도 이곳에 모두 탑을 세우고 공양할지니라.

왜냐하면 이곳이 곧 도량임을 마땅히 알지니, 모든 부처님이 여기에서 아뇩다라삼먁삼보리를 얻으셨고, 모든 부처님이 여기에서 법륜을 굴리셨으며, 모든 부처님이 여기에서 완전한 열반[般涅槃]에 드셨기 때문이니라."

이때 세존께서 이 뜻을 거듭 펴시려고 게송으로 말씀하셨습니다.

모든 부처 세상을 구원하는 분이시니
큰 신통에 머물러서 중생들의 기쁨 위해
한량없는 신력을 나타내어 보이시니라.
긴 혀는 범천까지 이르고 몸에서는
셀 수 없는 광명을 놓으시고 부처님 도
구하는 이 위하여서 희유한 일 나타내시니
여러 부처 기침 소리 손가락을 튕긴 소리
시방국토 두루 들려 여섯 가지로 진동하네.
부처님이 멸도한 뒤 이 경 지닌 까닭으로

여러 부처 기뻐하여 무량 신력 나타내니라.
이 경을 부촉하고자 받아지닌 이 찬미하길
무량겁을 찬탄해도 다하지 못하리라.
이 사람의 공덕은 가이없고 다함 없어
시방세계 허공 같아 끝을 알 수 없느니라.
이 경을 지닌 이는 이미 나를 본 것이며
다보불과 여러 분신 부처님을 본 것이며
내가 오늘 교화한 모든 보살 본 것이라.
이 경을 지닌 이는 나와 나의 분신불과
멸도하신 다보불과 일체 모두를
기쁘게 한 것이며 시방세계 계시는
현재불과 과거불과 미래불을 친히 뵙고
공양하여 기쁘게 함이 되느니라.
모든 부처 도량 앉아 얻으신 비밀한 법
이 경을 지닌 이는 멀지 않아 얻으리라.
이 경을 지닌 이는 모든 법의 깊은 뜻과
이름[名字]과 언사(言辭)를 즐겨 설하되 다함없나니
바람이 허공에서 걸림 없음과 같으리라.
여래께서 멸도한 뒤 부처님이 설하신 경
인연과 차례를 알고 뜻과 같이
옳게 설한다면 해와 달의 광명이

능히 어둠을 걷어내듯 이 사람은
세간에서 중생의 어둠을 없애주고
한량없는 보살을 가르쳐서 반드시
마침내는 일승법에 머무르게 하리라.
그러므로 지혜 있는 사람들은 이 공덕과
이익 듣고 내가 멸도 한 뒤에 마땅히
이 경을 받아 지닐지니 이 사람은
불도에서 결정코 의혹이 없으리라.

제22 촉루품(囑累品)

이때 석가모니불께서 법좌(法座)에서 일어나 대신력을 나타내시어 오른손으로 한량없는 보살마하살의 정수리를 쓰다듬으시며[1] 이렇게 말씀하셨습니다.

"내가 한량없는 백천만억 아승기겁에 이 얻기 어려운 아뇩다라삼먁삼보리의 법을 닦아 익혔노라. 이제 그대들에게 부촉(咐囑)하나니, 그대들은 마땅히 일심으로 이 법을 유포하여 널리 더욱 이롭게 할지니라."

이와 같이 세 번을 모든 보살마하살의 정수리를 쓰다듬으시며 이렇게 말씀하셨습니다.

"내가 한량없는 백천만억 아승기겁에 이 얻기 어려운 아뇩다라삼먁삼보리의 법을 닦아 익혔노라. 이제 그대들에게 부촉하나니, 그대들은 마땅히 받아 지니고 읽고 외워서 널리 이 법을 펴서 일체중생이 두루 들어 알게 할지니라.

왜냐하면 여래께서는 대자비가 있어 아끼거나 인색함

---

1 부처님이 제자들의 정수리를 어루만져 주시는 것을 '마정(摩頂)'이라 한다. '정수리를 쓰다듬음'은 신업의 부촉이며, '이렇게 말씀하심'은 구업의 부촉이며, 권지(權智, 방편지)로 실지(實智, 진실지)에 임함은 의업의 부촉이다. 여래는 도로써 남을 교화하시므로 '권지의 손'이라 하고, 보살은 자행(自行)을 닦아 도를 이루므로 '실지의 머리'라 한다.

이 없고 또한 두려움이 없어서 능히 중생들에게 부처님의 지혜와 여래의 지혜와 자연의 지혜[2]를 주시니, 여래는 일체중생의 대시주(大施主)이니라. 그대들은 마땅히 여래의 법을 따라 배우되 아끼거나 인색한 마음을 내지 말라.

미래세(未來世)에 만일 선남자 선여인이 여래의 지혜를 믿는 이가 있으면 마땅히 이 법화경을 설하여 듣고 알게 할지니, 그 사람으로 하여금 부처님의 지혜를 얻게 하기 위함이니라. 만일 어떤 중생이 믿지 않는 자가 있으면 마땅히 여래의 다른 깊은 법[3] 중에서 보이고 가르쳐서 이롭게 하고 기쁘게 할지니라. 그대들이 만일 이와 같이 하면 곧 모든 부처님의 은혜를 이미 보답함이 되느니라.

그때 모든 보살마하살이 부처님께서 이렇게 말씀하심을 듣고 모두 큰 기쁨이 몸에 두루 가득하여 더욱 공경하여, 몸을 굽히고 머리 숙여 부처님을 향하여 합장하고 함께 소리 내어 말씀드렸습니다.[4]

---

2 자연의 지혜: 수행과 상관없이 본래 갖춰져 있는 부처님의 일체종지(一切種智). 자연지(自然智)라 한다.

3 다른 깊은 법[餘深法]: 법화경 이전의 다른 경전의 가르침을 말한다.

4 보살들이 '기뻐한' 것은 부처님의 부촉을 의업으로 받아들임이요, '몸을 굽히고… 합장하고'는 신업으로, '함께 소리 내어 말씀드린' 것은 구업으로 받아들임이다.

"세존께서 분부하신 바대로 마땅히 갖추어 받들고 행하겠나이다. 원하옵건대 세존이시여, 염려하시지 마옵소서."

모든 보살마하살이 이와 같이 세 번을 반복하여 함께 소리 내어 말씀드렸습니다.

"세존께서 분부하신 바대로 마땅히 갖추어 받들고 행하겠나이다. 원하옵건대 세존이시여, 염려하시지 마옵소서."

이때 석가모니불께서 시방에서 오신 모든 분신(分身) 부처님을 각기 본래의 국토로 돌아가게 하시려고 이렇게 말씀하셨습니다.

"여러 부처님께서는 각각 편안하도록 하시고, 다보불탑(多寶佛塔)도 예전처럼 돌아가소서."[5]

이 말씀을 하실 때, 보배나무 아래 사자좌에 앉아 계시던 시방세계의 한량없는 분신 부처님과 다보불과 상행보살 등 가없는 아승기 보살 대중과 사리불 등 성문의 사부대중과 일체 세간의 하늘, 사람, 아수라 등이 부처님께서 설하신 말씀을 듣고 모두 크게 기뻐하였습니다.

---

5 분신불은 칠보탑의 문을 열기 위해 불렀고, 법화경을 증명키 위해 출현하신 다보불도 그 역할이 끝났으므로, 모두 본 국토로 돌아가시라고 하신 것이다.

제23 약왕보살본사품(藥王菩薩本事品)

이때 수왕화(宿王華)[1]보살이 부처님께 여쭈었습니다.

"세존이시여, 약왕(藥王)보살은 어찌하여 사바세계에서 노니나이까? 세존이시여, 이 약왕보살은 백천만억 나유타의 행하기 어려운 고행을 얼마나 하였습니까?

거룩하신 세존이시여, 원하건대 간략히 설하여 주소서. 모든 천·용·야차·건달바·아수라·가루라·긴나라·마후라가와 사람과 사람 아닌 이들과 또 다른 국토에서 온 여러 보살과 여기 있는 성문 대중들이 들으면 모두 기뻐할 것입니다."

이때 부처님께서 수왕화보살에게 말씀하셨습니다.

"지난 옛적 한량없는 항하사겁에 부처님이 계셨으니, 이름이 일월정명덕(日月淨明德)여래·응공·정변지·명행족·선서·세간해·무상사·조어장부·천인사·불세존이셨느니라. 그 부처님에게는 80억의 대보살마하살과 72항하사의 큰 성문대중이 있었느니라.

부처님의 수명은 4만2천 겁이요, 보살의 수명도 또한 같았느니라. 그 나라에는 여인과 지옥·아귀·축생·

---

1 수왕화(宿王華): '별자리의 왕'이란 뜻이므로 '수왕화'라 읽는다.

아수라 등과 여러 환란이 없었느니라.

땅은 손바닥 같이 평평하고 유리로 되었으며, 보배나무로 장엄하고 보배 휘장을 위에 덮었으며, 보배꽃의 번기를 드리우고 보배로 된 병과 향로가 온 나라에 가득하고, 칠보 누대를 만들어 나무마다 하나씩 두었으니 그 나무에서 누대까지는 화살 한바탕 거리[一箭道][2]였느니라. 이 모든 보배나무마다 보살과 성문이 그 아래에 앉아 있고, 여러 보배의 누대 위에는 각각 백억의 천인들이 있어 하늘의 기악을 연주하고 노래하며 부처님을 찬탄하는 노래를 불러 공양하였느니라.

이때 그 부처님께서 일체중생희견(一切衆生憙見)보살과 여러 보살 및 여러 성문 대중을 위하여 법화경을 설하였느니라. 이 일체중생희견보살은 고행을 즐겨 닦고 일월정명덕불(日月淨明德)의 법 가운데서 또한 정진하고 수행[徑行]하면서 일심으로 성불하기를 구하여, 1만2천 년을 지낸 뒤에 현일체색신삼매(現一切色身三昧)[3]를 얻었느니라.

이 삼매를 얻고서는 마음이 크게 기뻐서 곧 이렇게 생각하였느니라.

---

2 화살 한바탕 거리[一箭道]: 활을 한번 쏘았을 때의 사정거리.

3 현일체색신삼매(現一切色身三昧): 일체중생의 모습을 뜻대로 나타낼 수 있는 삼매. 보현색신삼매(普現色身三昧)라고도 한다.

'내가 현일체색신삼매를 얻은 것은 다 이 법화경을 들은 힘 덕분이니, 내가 이제 일월정명덕 부처님과 법화경에 공양하리라.'

즉시 이 삼매에 들어, 허공 중에서 만다라꽃, 마하만다라꽃과 고운 가루로 된 단단하고 검은 전단향을 비 오듯 내리니 허공 중에 가득 차서 구름처럼 내려왔느니라. 또 해차안(海此岸)전단향[4]을 비 오듯 내리니 이 향의 6수(銖)[5]는 가치가 사바세계와 맞먹었는데, 이런 것으로 부처님께 공양하였느니라.

이 공양을 마치고 삼매에서 일어나 스스로 생각하기를, '내가 비록 신통력으로 부처님께 공양하였으나 몸으로 공양함만 같지 못하다.' 하고, 곧 전단 · 훈육 · 도루바 · 필력가 · 침수 · 교향 등의 모든 향을 먹고, 또 첨복 등 여러 꽃의 향유 마시기를 1천2백 년을 채운 다음에, 향유를 몸에 바르고 일월정명덕불 앞에서 하늘의 보배옷으로 몸을 감고 여러 향유를 부어, 신통력의 서원으로 스스로 몸을 태우니, 그 광명이 80억 항하사 수의 세계를 두루 비추었느니라.

---

4 해차안전단(海此岸栴檀): 염부제의 남쪽에서 자란다는 전단나무. 또는 인도 마라야산(山)에서 나는 향나무로 전단 중 가장 향기가 좋은 향나무. 적전단(赤栴檀) 또는 우두전단(牛頭栴檀)으로도 불린다.

5 수(銖): 무게의 단위로 1냥(兩)의 1/24에 해당한다.

그 세계에 계신 여러 부처님께서 동시에 찬탄하여 말씀하셨느니라.

'장하고 장하도다, 선남자여. 이것이 참된 정진이며, 이것을 참된 법으로 여래께 공양하는 것이라 하느니라. 만일 꽃과 향과 영락과 사르는 향 · 가루향 · 바르는 향과 하늘의 당번, 증개와 해차안전단향 등 이와 같은 갖가지 물품으로 공양할지라도 능히 미치지 못하며, 국토와 처자식을 보시할지라도 또한 미치지 못하느니라.

선남자여, 이를 제일의 보시라 하니라. 모든 보시 중에서 가장 존귀하고 으뜸이니, 법으로써 모든 여래를 공양하기 때문이니라.'[6]

이 말씀을 하시고는 모두 묵묵히 계셨느니라.

그의 몸은 그 후로도 1천2백 년 동안을 불타고 난 뒤에야 그 몸이 다하였느니라.

일체중생희견보살이 이렇게 법으로 공양함을 마치고 명이 다한 뒤에 다시 일월정명덕불의 국토에 태어났는데, 정덕왕의 집안에 결가부좌한 채 홀연히 화생(化生)하여 곧 그 아버지에게 게송으로 말하였느니라.

---

6 '몸을 태워 공양'한다는 것은 번뇌를 태워 실상을 증득한다는 상징을 갖고 있다. 실상에서 보면 몸을 태워 공양하는 희견보살[能]도, 공양을 받는 부처님[所]도 불가득이기에 공(空)이다. 그러하기에 '참된 법으로 여래께 공양하는' 것이며, '모든 보시 중에서 가장 존귀하고 으뜸'이라 했다.

대왕이여 지금 마땅히 아옵소서.
제가 저곳에서 수행하여 즉시
일체현 제신삼매[7]를 얻고 부지런히
정진하여 아끼던 몸 버리면서 세존에게
공양하며 위없는 지혜 구하고자 했나이다.

이 게송을 설하고 아버지에게 말하였느니라.

'일월정명덕불께서는 지금도 계십니다. 저는 앞서 부처님께 공양하여 해일체중생어언다라니[8]를 얻었으며, 다시 이 법화경의 8백천만억 나유타 견가라 빈바라 아촉바[9]와 같은 게송을 들었나이다. 대왕이시여, 저는 지금 돌아가서 이 부처님께 공양하려 하나이다.'

말을 마치고 칠보로 된 자리에 앉아 허공으로 7다라수(多羅樹)[10]를 솟아올라서 부처님의 처소에 이르러, 머리 숙여 발에 예배하고 열 손가락을 모아 합장하고 게송

7 일체현제신삼매(一切現諸身三昧): 앞에서 말한 현일체색신삼매(現一切色身三昧)를 말한다.

8 해일체중생어언다라니(解一切衆生語言陀羅尼): 일체중생의 모든 말을 다 이해하는 다라니.

9 견가라 빈바라 아촉바: 인도의 숫자 단위로 16자리, 18자리, 20자리의 수이다.

10 7다라수(七多羅樹): 종려과에 딸린 나무로 높이가 70~80척(24m)에 이른다. 1다라수를 7척(尺)으로 보므로 7다라수는 49척이다. 1척은 보통 30cm 내외로 쓰여 왔다. 제17「분별공덕품」 주)30 참조.

으로 부처님을 찬탄하였느니라.

존안 매우 기묘하시고 광명 시방 비추나이다.
제가 옛적 일찍이 공양을 올렸더니
지금 다시 돌아와서 부처님을 뵙나이다.

이때 일체중생희견보살이 이 게송을 마치고 부처님께 말씀드렸느니라.

'세존이시여, 세존께서는 지금도 세상에 계시나이까?'

이때 일월정명덕불께서 일체중생희견보살에게 이르셨느니라.

'선남자여, 나는 열반할 때가 되었다. 멸진할 때가 되었으니 그대는 편안한 자리를 마련하여라. 나는 오늘밤에 마땅히 열반에 들리라.'

또 일체중생희견보살에게 분부하셨느니라.

'선남자여, 내가 불법(佛法)을 그대에게 부촉하노라. 모든 보살과 큰 제자들과 아울러 아뇩다라삼먁삼보리의 법과 또 삼천대천 칠보세계의 여러 보배나무와 보배 누대와 시봉 드는 모든 하늘을 다 그대에게 맡기노라. 내가 멸도한 뒤에 있을 사리(舍利)[11]도 그대에게 부촉하나

니, 마땅히 유포시켜 널리 공양하도록 하고, 수천의 탑을 세울지니라.'

일월정명덕불께서는 이와 같이 일체중생희견보살에게 분부하시고, 그날 밤 늦게 열반에 드셨느니라.

이때 일체중생희견보살이 부처님께서 멸도하심을 보고, 매우 슬퍼 괴로워하며 부처님을 그리워하여 곧 해차안전단향을 쌓아 부처님 몸에 공양하고 태웠느니라. 불이 꺼진 뒤에 사리를 수습하여 8만4천 보배병을 만들고 8만4천 사리탑을 세우니, 그 높이는 3세계(世界)[12]이고 표찰을 장엄하고 온갖 당번과 증개를 드리우고 뭇 보배방울을 달았느니라.

이때 일체중생희견보살이 다시 스스로 생각하여 말했느니라.

'내가 비록 이렇게 공양하였으나 마음에 흡족하지 않으니, 내가 이제 다시 사리에 공양하리라.'

곧 모든 보살과 큰 제자들과 천 · 용 · 야차 등 모든

---

11 사리(舍利): 본래는 부처님의 유골로 신골(身骨) · 유신(遺身) · 영골(靈骨)이라 번역. 후세에는 성자나 고승들을 화장한 뒤 나오는 구슬 모양의 것도 사리라 했다.

12 높이는 3세계(世界): 3세계에 대해서는 여러 이설이 있으나, 정법화경에서는 이 구절을 '범천세계에 이른다'고 하였는데, 범문(梵文)도 이러한 뜻이라고 한다. 범천(梵天)은 색계 초선천인 범중천 · 범보천 · 대범천 등 3천을 통칭한다.

대중에게 말했느니라.

'그대들은 마땅히 일심으로 생각하시오. 나는 지금 일월정명덕 부처님의 사리에 공양하겠습니다.'

이렇게 말하고 나서 곧 8만4천 탑 앞에서 백복(百福)으로 장엄한[13] 팔을 태워 7만2천년 동안 공양하여, 성문을 구하는 수없는 대중과 한량없는 아승기 사람들로 하여금 아뇩다라삼먁삼보리의 마음이 일어나게 하여 모두 현일체색신삼매에 머물도록 하였느니라.

이때 모든 보살과 하늘과 사람과 아수라 등이 그 팔이 없어진 것을 보고 근심하고 슬퍼하면서 이렇게 말했느니라.

'이 일체중생희견보살은 우리들의 스승으로 우리를 교화하실 분인데, 이제 팔을 태워서 몸이 구족하지 아니하구나.'

때에 일체중생희견보살이 대중 가운데서 이렇게 서원을 세웠느니라.

'내가 두 팔을 버렸으니 반드시 부처님의 금빛 몸을 얻으리라.[14] 만일 이 일이 진실하여 허망하지 않다면 나

---

13 백복으로 장엄한: 부처님의 32상은 각각 백 가지 복을 갖추고 있다. 일체중생희견보살의 팔 또한 부처님 팔의 길상에 견줄 만한 복을 갖추었다는 뜻이다.

14 '금빛 몸'은 공덕을 다 갖춘 부처님 몸의 상징이다. 성불하리라 굳게 서원하고 있는 것이다.

의 두 팔이 다시 예전같이 돌아오리라.'

이렇게 서원을 마치자 저절로 예전같이 되었으니, 이 보살의 복덕과 지혜가 순수하고 두터운 까닭이니라.

이때를 당하여 삼천대천세계는 여섯 가지로 진동하고 하늘에서는 보배꽃을 비 오듯이 내리니 모든 하늘과 사람이 미증유(未曾有)를 얻었느니라."

부처님께서 수왕화보살에게 말씀하셨습니다.

"그대의 생각은 어떠하냐? 일체중생희견보살이 어찌 다른 사람이랴. 지금의 약왕보살이니라. 그가 몸을 버려 보시한 것은 이와 같이 한량없는 백천만억 나유타 수였느니라.

수왕화여, 만일 발심하여 아뇩다라삼먁삼보리를 얻고자 하는 이는 능히 손가락이나 발가락 하나라도 태워서 부처님 탑에 공양하면, 국성(國城)이나 처자, 삼천대천 국토의 산림과 하천, 온갖 진귀한 보물을 공양하는 것보다 뛰어나리라.

또 만일 어떤 사람이 칠보로 삼천대천세계를 가득 채워서 부처님과 대보살, 벽지불과 아라한에게 공양하더라도, 이 사람이 얻는 공덕은 이 법화경의 한 사구게(四句偈)를 받아 지님만 못하니, 이 경을 받아 지니는 복덕이 가장 많으리라.

수왕화여, 비유하면 온갖 개천과 강들의 모든 물 가운데 바다가 제일이듯이, 이 법화경 또한 이와 같아서 모든 여래가 설하신 경 가운데 가장 깊고 크니라.[15]

또 토산 · 흑산[16] · 소철위산 · 대철위산[17]과 십보산[18] 등 뭇 산 가운데서 수미산[19]이 제일이듯이, 이 법화경 또한 이와 같아서 모든 경 가운데 가장 으뜸이니라.

또 여러 별 가운데 달[月天子][20]이 제일이듯이, 이 법화경 또한 이와 같아서 천만억 가지 모든 경과 법 중에서 가장 밝게 비추느니라.

또 해[日天子]가 능히 모든 어둠을 없애듯이, 이 경 또한 이와 같아서 일체의 좋지 못한 어둠을 깨느니라.

또 여러 소왕(小王)들 가운데 전륜성왕이 제일이듯이, 이 경 또한 이와 같아서 여러 경전 가운데 가장 존귀하니라.

---

15 가장 깊고 크다: 부처님의 지혜를 감춤 없이 설했기에 '깊다[深]' 하고, 근기에 상관없이 모든 중생에게 이익을 주므로 '크다[大]'고 한다.

16 흑산(黑山): 소철위산과 대철위산 사이의 어두운 곳.

17 대철위산(大鐵圍山): 수미산을 가운데 두고 가장 바깥에 있는 산으로 대철위산과 소철위산이 있다.

18 십보산(十寶山): 보배가 나는 10개의 산. 수미산을 포함한 설산 · 향산 · 가리라산 · 신선산 · 유건다라산 · 마이산 · 니진다라산 · 작가라산 · 수혜산이 그것이다.

19 수미산(須彌山): 불교 우주관에서 세계의 중심에 있는 산. 제7 「화성유품」 주)20 참조.

20 달[月天子]: 본래는 바라문교에서 달을 신격화해 부르던 말이다.

또 제석천이 33천의 왕이듯이,[21] 이 경 또한 이와 같아서 모든 경전 가운데 왕이 되느니라.

또 대범천왕이 일체중생의 아버지이듯이,[22] 이 경 또한 이와 같아서 모든 현성(賢聖)[23]과 배울 것이 남은 사람[學]과 배울 것이 없는 사람[無學]과 보살심을 일으킨 사람의 아버지가 되느니라.

또 모든 범부들 가운데 수다원 · 사다함 · 아나함 · 아라한 · 벽지불이 제일이듯이, 이 경 또한 이와 같아서 모든 여래가 설하신 것과 보살이 설하거나 성문이 설한 모든 경전의 가르침[經法] 가운데 제일이니라.

능히 이 경전을 받아 지니는 사람도 또한 이와 같아서 모든 중생 가운데 역시 제일이 되느니라. 모든 성문 · 벽지불 가운데 보살이 제일이듯이, 이 경 또한 이와 같아서 모든 경전의 가르침 가운데 가장 제일이니라.

부처님이 모든 법의 왕이듯이, 이 경 또한 이와 같아서 모든 경전 가운데 왕이니라.[24]

---

21 제석천은 도리천의 천주(天主)로 보통 제석천왕이라 한다. 수미산 꼭대기에 도리천이 있고 중심에 선견천(善見天)이 있는데, 그 사방에는 32개의 궁전이 있으므로 33천(三十三天)이라고 한다. 제7「화성유품」주)20 참조.

22 대범천왕은 색계(色界) 제3천 대범천의 주인으로 대범왕(大梵王), 범왕(梵王)으로 불린다. 사바세계를 주관하기에 '일체중생의 아버지'라 한다.

23 현성(賢聖): 보살승, 성문승, 연각승의 성인을 말한다.

24 '비유하면 온갖 개천과'부터 여기까지 10가지 비유를 들어 법화경이 모

수왕화여, 이 경은 능히 일체중생을 구원하며, 이 경은 능히 일체중생으로 하여금 모든 괴로움을 여의게 하며, 이 경은 능히 일체중생들을 크게 이롭게 하며, 그 원을 충만하게 하느니라.

마치 청량한 못이 모든 목마른 이를 만족하게 하듯이, 추운 이가 불을 얻은 듯이, 헐벗은 이가 옷을 얻은 듯이, 상인이 물건의 주인을 만난 듯이, 아들이 어머니를 만난 듯이, 물 건너는 이가 배를 만난 듯이, 병든 이가 의사를 만난 듯이, 어두운 밤에 등불을 만난 듯이, 가난한 이가 보물을 얻은 듯이, 백성이 임금을 만난 듯이, 무역하는 이가 바다를 만난 듯이, 횃불이 어둠을 없애듯이, 이 법화경도 또한 이와 같아 중생으로 하여금 온갖 괴로움과 일체 병통을 여의게 하고 능히 모든 생사(生死)의 속박을 풀게 하느니라.[25]

만일 어떤 사람이 이 법화경을 듣고 스스로 쓰거나 다른 사람을 시켜 쓰게 하면, 그 얻을 공덕은 부처님의 지혜로 많고 적음을 헤아릴지라도 그 끝을 알 수 없으

든 경전 가운데 최상의 경임을 선언하고 있다. 법의 체(體)를 찬탄한 내용이다.

25 '마치 청량한 못'부터 여기까지 12가지 비유를 들어 중생의 고를 여의게 하는 법화경의 작용을 찬탄하고 있다.

리라. 만일 이 경을 쓰고 꽃과 향과 영락과 사르는 향 · 가루향 · 바르는 향과 당번 · 증개, 의복과 갖가지 등인 우유등 · 기름등과 여러 향유등인 첨복기름등 · 수만나기름등 · 바라라기름등 · 바리사가기름등 · 나바마리기름등으로 공양하면 그 얻을 공덕도 또한 한량이 없으리라.

수왕화여, 만일 어떤 사람이 이 약왕보살본사품을 들으면 또한 한량없고 가없는 공덕을 얻을 것이며, 만일 어떤 여인이 이 약왕보살본사품을 듣고 받아 지니면 여인의 몸을 마친 뒤에는 다시는 여인의 몸을 받지 않으리라.

만일 여래가 멸도한 뒤 후오백세[26] 중에 어떤 여인이 이 경을 듣고 설한 대로 수행한다면, 여기서 그 수명을 마치고는 곧 안락세계[27]의 아미타불이 대보살들에게 둘러싸여 계시는 곳에 가서 연꽃 속의 보좌 위에 태어나리라. 다시는 탐욕의 괴로움이 없고, 다시는 성냄과 어리석음의 괴로움이 없고, 다시는 교만과 질투와 여러 허물

---

26 후오백세(後五百歲): 석가모니 부처님 입멸 후, 불법의 성쇠를 5종 5백년의 다섯 시기로 분류할 때 마지막 제5의 5백년을 말한다. 투쟁견고(鬪諍堅固)의 시기라 하는 말법시대이다.

27 안락세계(安樂世界): 아미타불의 서방 극락세계를 달리 이르는 말. 모든 일이 원만 구족하여 즐거움만 있고 괴로움이 없는 안락한 이상향이라 하여 극락(極樂)을 안락(安樂), 안양(安養), 묘락(妙樂) 등으로 번역하기도 한다.

의 괴로움이 없어서, 보살의 신통력과 무생법인(無生法忍)을 얻으리라. 이 법인을 얻고는 안근이 청정하리니, 이 청정한 눈으로 7백만 2천억 나유타 항하사의 여러 부처님을 친견하리라.

이때 여러 부처님께서 멀리서 함께 찬탄해 말씀하시리라.

'장하고 장하도다, 선남자여. 그대가 능히 석가모니불의 법(法) 가운데서 이 경을 받아 지니고 읽고 외우고 사유하여 남을 위해 설하는구나. 그 얻는 복덕이 한량없고 가없어 불로도 능히 태우지 못하고 물로도 능히 빠뜨리지 못하리니, 그대의 공덕은 1천 부처님이 함께 말씀하여도 능히 다하지 못하리라. 그대는 이제 능히 모든 마적(魔賊)을 깨부수고 생사(生死)의 군사를 깨고 다른 모든 원적을 다 멸했노라.

선남자여, 백천의 여러 부처님께서 신통력으로 함께 그대를 수호하리니, 일체 세간의 하늘과 사람 가운데 그대와 같은 이는 없으리라. 오직 여래를 제외하고는 여러 성문과 벽지불과 보살의 지혜와 선정으로도 그대와 같은 이는 없으리라.'

수왕화여, 이 보살은 이와 같은 공덕과 지혜의 힘을 성취하였느니라. 만일 어떤 사람이 이 약왕보살본사품을 듣고 능히 따라 기뻐하고 훌륭하다고 찬탄한다면, 이 사람은 현세에서 항상 입에서 청련화의 향기가 나고 몸의 털구멍에서는 항상 우두전단 향기가 날 것이며, 그 얻는 공덕은 위에서 말한 것과 같으리라.

그러므로 수왕화여, 이 약왕보살본사품을 그대에게 부촉하노니, 내가 멸도한 뒤 후오백세 중에 널리 유포하되 염부제에서 단절됨이 없도록 하고, 악한 마구니[惡魔]와 마구니 권속들과 모든 천 · 용 · 야차 · 구반다들이 이 경을 침범치 못하게 하라.

수왕화여, 그대는 마땅히 신통력으로 이 경을 수호하여라. 왜냐하면 이 경은 사바세계 사람들의 병에 좋은 약이 되기 때문이니라. 만일 병이 있는 사람이 이 경을 들으면 병이 곧 없어져 늙지 않고 죽지도 않으리라.

수왕화여, 그대가 만일 이 경을 받아 지니는 사람을 보거든 마땅히 청련화와 가루향을 가득 담아 그 위에 뿌려 공양하고, 뿌린 뒤에는 이와 같이 생각하여라.

'이 사람은 머지 않아서 반드시 길상초(吉祥草)를 취해 도량에 앉아서 모든 마구니를 물리치고, 법 소라를 불며 큰 법북을 쳐서 일체중생을 늙고 병들고 죽는 고해(苦海)에서 건져내어 해탈하게 하리라.'

그러므로 불도(佛道)를 구하는 이는 이 경전을 받아 지니는 사람을 보거든, 마땅히 이와 같이 공경하는 마음을 낼지니라."

이 약왕보살본사품을 설하실 때에 8만4천 보살이 해일체중생어언다라니[解一切衆生語言陀羅尼][28]를 얻었습니다.

다보여래께서는 보탑 안에서 수왕화보살을 찬탄하여 말씀하셨습니다.

"훌륭하고 훌륭하구나, 수왕화여. 그대는 불가사의한 공덕을 성취하고 이제 능히 석가모니 부처님께 이와 같은 일을 여쭈어 한량없는 모든 중생을 이익되게 하였느니라."

---

28 해일체중생어언다라니: 온갖 중생의 말을 다 이해할 수 있는 다라니.

제24 묘음보살품(妙音菩薩品)

이때 석가모니불께서 대인상(大人相)[1]인 육계(肉髻)[2]의 광명을 놓으시고, 미간의 백호상[眉間白毫相][3]에서도 광명을 놓으시어 동방으로 108만억 나유타 항하사 수와 같은 여러 부처님의 세계를 두루 비추셨습니다.

이 수많은 세계를 지나서 세계가 있으니 그 이름이 정광장엄(淨光莊嚴)이요, 그 나라에 부처님이 계시니 이름이 정화수왕지(淨華宿王智)여래 · 응공 · 정변지 · 명행족 · 선서 · 세간해 · 무상사 · 조어장부 · 천인사 · 불세존이셨습니다. 한량없고 가없는 보살 대중에게 둘러싸여 공경을 받으면서 법을 설하시는데, 석가모니불의 백호 광명이 그 국토를 두루 비추었습니다.

이때 정광장엄(淨光莊嚴) 국토에 한 보살이 있으니, 이

---

1 대인상(大人相): 부처님 또는 전륜성왕만이 갖춘 몸의 특징인 32상(三十二相). 그러나 천태 스님은, 모든 상(相)은 아래에서 위로 올라가면서 수승하므로 그 어느 것도 육계의 공덕에 못미치므로 '육계'를 대인상이라 한다고 했다.

2 육계(肉髻): 부처님 정수리에 뼈와 살이 저절로 상투 모양으로 솟은 것을 말한다.

3 미간의 백호상[眉間白毫相]: 부처님 양 눈썹 사이에 있는 흰 터럭. 눈처럼 희고 부드러운 터럭으로 오른쪽으로 감겨 있으며, 무량한 빛이 난다고 한다.

름이 묘음(妙音)이었습니다. 오랜 옛적부터 온갖 덕의 근본을 심어서 한량없는 백천만억의 여러 부처님을 공양하고 친근하여 깊고 깊은 지혜를 다 성취하여, 묘당상삼매[4] · 법화삼매[5] · 정덕삼매[6] · 수왕희삼매[7] · 무연삼매[8] · 지인삼매[9] · 해일체중생어언삼매[10] · 집일체공덕삼매[11] · 청정삼매[12] · 신통유희삼매[13] · 혜거삼매[14] · 장엄왕삼매[15] · 정광명삼매[16] · 정장삼매[17] · 불공삼매[18] · 일선삼매[19] 등의 이와 같은 백천만억 항하사 수

---

4 묘당상삼매(妙幢相三昧): 장군이 깃발을 얻어 그 위용을 나타내듯 온갖 삼매 중에서 으뜸이 되는 삼매. 이하 일선삼매까지를 「묘음품」의 16삼매라 한다.

5 법화삼매(法華三昧): 제법실상을 여실히 비추는 삼매. 나머지 15삼매를 포괄한다.

6 정덕삼매(淨德三昧): 마음이 청정하여 무엇에도 물들지 않는 삼매.

7 수왕희삼매(宿王戲三昧): 지혜가 자재하여 어떤 것에도 집착하지 않는 삼매.

8 무연삼매(無緣三昧): 대상을 취함이 없는 삼매. 멸진정의 다른 이름.

9 지인삼매(智印三昧): 반야의 지혜로 있는 그대로 대상을 비추는 삼매.

10 해일체중생어언삼매(解一切衆生語言三昧): 모든 중생들의 언어를 잘 이해하는 삼매.

11 집일체공덕삼매(集一切功德三昧): 온갖 공덕을 다 갖추는 삼매.

12 청정삼매(清淨三昧): 조그마한 번뇌도 일지 않는 삼매.

13 신통유희삼매(新通遊戲三昧): 신통력을 자유자재로 구사하는 삼매.

14 혜거삼매(慧炬三昧): 지혜로 온갖 어리석음을 깨는 삼매.

15 장엄왕삼매(莊嚴王三昧): 훌륭한 덕을 몸에 갖추어 저절로 사람들을 교화하는 삼매.

16 정광명삼매(淨光明三昧): 청정한 광명을 내어 세상을 정화하는 삼매.

17 정장삼매(淨藏三昧): 늘 청정한 마음을 가지고 있는 삼매.

18 불공삼매(不共三昧): 이승(二乘)이 따를 수 없는 삼매.

의 모든 큰 삼매를 다 얻었습니다.

석가모니불의 광명이 그의 몸을 비추니, 곧 정화수왕지불께 말씀드렸습니다.

"세존이시여, 제가 마땅히 사바세계에 가서 석가모니 부처님께 예배하고 가까이에서 공양하고, 또 문수사리 법왕자보살과 약왕보살 · 용시보살 · 수왕화보살 · 상행의보살 · 장엄왕보살 · 약상보살을 보고자 합니다."

이때 정화수왕지불께서 묘음보살에게 말씀하셨습니다.

"그대는 저 국토를 업신여겨서 하열(下劣)하다는 생각을 내지 말라. 선남자여, 저 사바세계는 높은 곳과 낮은 곳이 있어서 평탄하지 못하고, 흙과 돌과 여러 산과 더러운 것과 나쁜 것이 가득 차 있으며, 부처님의 몸은 작고 여러 보살들도 그 형상이 또한 작으니라.

그대의 몸은 4만2천 유순이고 나의 몸은 680만 유순이니라. 그대의 몸은 제일 단정하여 백천만의 복이 있어 광명이 특히 뛰어나느니라. 그러므로 그대가 가더라도 행여 저 나라를 가벼이 여겨, 부처님과 보살과 국토를 하열하다는 생각을 내지 말지니라."

묘음보살이 그 부처님께 말씀드렸습니다.

"세존이시여, 제가 지금 사바세계에 가는 것은 모두

---

19 일선삼매(日旋三昧): 태양이 돌 듯 대천세계를 두루 비추는 삼매.

여래의 힘이오며, 여래의 신통유희이며, 여래의 공덕과 지혜의 장엄이옵니다."

이에 묘음보살이 자리에서 일어나지 않은 채 몸을 움직이지도 않고 삼매에 들어, 이 삼매의 힘으로 기사굴산의 부처님 법좌에서 멀지 않은 곳에 8만4천의 온갖 보배 연꽃을 변화로 만들어 피게 하니, 염부단금[20]으로 줄기가 되고 백은으로 잎이 되고 금강으로 꽃술이 되고 견숙가보(甄叔迦寶)[21]로 그 꽃받침이 되었습니다.

이때 문수사리법왕자가 이 연꽃을 보고 부처님께 여쭈었습니다.

"세존이시여, 무슨 인연으로 이러한 상서(祥瑞)가 나타납니까? 수천만의 연꽃이 있는데, 염부단금으로 줄기가 되고 백은으로 잎이 되고 금강으로 꽃술이 되고 견숙가보로 그 꽃받침이 되었습니다."

이때 석가모니불께서 문수사리에게 말씀하셨습니다.

"이는 묘음보살마하살이 정화수왕지불의 국토에서 8만4천 보살에게 둘러싸여 함께 이 사바세계에 와서 나에게 공양하고 가까이에서 예배하려는 것이며, 또한 법화경을 공양하고 들으려 함이니라."

---

20 염부단금(閻浮檀金): 염부나무 밑으로 흐르는 강에서 나는 금으로 고귀한 금. 제17「분별공덕품」 주)20 참조.

21 견숙가보(甄叔迦寶): 붉은 색을 띤 보석.

문수사리보살이 다시 부처님께 여쭈었습니다.

"세존이시여, 이 보살은 어떠한 선근(善根)을 심었으며 또 무슨 공덕을 닦았기에 이런 큰 신통력이 있으며, 무슨 삼매를 행했나이까? 원컨대 저희에게 이 삼매의 이름을 말씀하여 주옵소서. 저희들도 또한 부지런히 이를 닦고 행하고자 하나이다. 이 삼매를 행함으로써 이 보살의 모습의 크고 작음과 위의(威儀)의 나아감과 머무름을 보고자 하옵니다.

오직 원하옵건대, 세존께서는 신통력으로 저 보살이 오는 것을 저희들이 볼 수 있게 하옵소서."

이때 석가모니불께서 문수사리에게 말씀하셨습니다.

"여기 오래전에 멸도하신 다보여래께서 마땅히 그대들을 위하여 그 모습을 나타나게 하시리라."

그때 다보불께서 묘음보살에게 말씀하셨습니다.

"선남자여, 어서 오너라. 문수사리법왕자가 그대의 몸을 보고자 하느니라."

그때 묘음보살이 저 국토에서 사라져 8만4천 보살과 함께 오니, 지나오는 국토마다 여섯 가지로 진동하고 모두 칠보로 된 연꽃이 비 오듯이 내리며 백천 가지의 천상 풍악이 저절로 울려 퍼졌습니다.

이 보살은 눈이 광대하기가 청련화(靑蓮花)의 잎과 같아, 백천만 개의 달을 모아놓은 것보다 그 면모가 단정함이 이보다 더할 수 없으며, 몸은 진금빛인데 한량없는 백천의 공덕으로 장엄하여 위덕이 훌륭하고 광명이 찬란하게 비치며, 모든 훌륭한 모습을 구족하여 나라연(那羅延)[22]의 견고한 몸과 같았습니다. 칠보대에 들어가 허공에 오르니 땅에서 7다라수 거리였는데, 여러 보살들에게 둘러싸여 공경 받으며 이 사바세계의 기사굴산으로 왔습니다. 이르러서는 칠보대에서 내려 값이 백천이나 되는 영락을 가지고 석가모니불께서 계신 곳에 이르러, 머리를 숙여 부처님 발에 예배하고 영락을 받들어 올린 뒤 부처님께 말씀드렸습니다.

"세존이시여, 정화수왕지 부처님께서 세존께 문안하셨습니다. '병도 괴로움도 없으시며 거동이 편안하시며 안락하게 지내십니까? 사대(四大)[23]는 잘 조화되십니까? 세상 일은 참고 견디실 만하십니까? 중생은 쉬이 제도(濟度)되나이까? 탐욕과 성냄과 어리석음과 질투와 인색

---

22 나라연(那羅延): 천상의 역사(力士)로 그 힘이 코끼리의 백만 배나 된다고 하는 힌두교 태양신인 비슈누. 불교의 우호신이 되어 금강역사, 견고역사 등으로 불린다.

23 사대(四大): 물질계를 구성하는 4대 원소인 지수화풍(地水火風)을 말한다. 체(體)·상(相)·용(用)이 모두 커서 물질계를 내는 원인이 된다는 뜻에서 사대종(四大種)이라고 한다.

함과 교만함이 많지는 않습니까? 부모에게 불효하고, 사문(沙門)을 공경하지 않으며, 삿된 소견과 착하지 않은 마음을 가지며, 다섯 가지 욕망[五情][24]을 거두지 못하는 일은 없나이까?

세존이시여, 중생들이 능히 모든 마군[魔][25]과 원수를 잘 항복 받습니까? 오래전에 멸도하신 다보여래께서는 칠보탑에 계시면서 법을 들으러 오십니까?'

또 다보여래께 문안하시기를, '안온하시어 고뇌 적으시고 참고 견디시며 오래 머무르실 만하나이까?' 하셨습니다.

세존이시여, 제가 이제 다보부처님의 몸을 친견(親見)하고자 하오니, 원컨대 세존께서는 저로 하여금 친견하도록 보여 주시옵소서."

이때 석가모니불께서 다보불께 말씀하셨습니다.

"이 묘음보살이 만나 뵙고자 합니다."

이때 다보불께서 묘음에게 말씀하셨습니다.

"훌륭하고 훌륭하도다. 그대가 석가모니 부처님을 공

---

24 다섯 가지 욕망[五情]: 안 · 이 · 비 · 설 · 신의 오근을 원인으로 생겨나는 욕망. 오욕(五欲)과 같은 뜻이다.

25 마군[魔]: 네 가지 마군(魔軍)이 있다. ①번뇌마(煩惱魔): 탐욕을 비롯한 여러 가지 번뇌는 우리의 몸과 마음을 시끄럽게 한다. ②음마(陰魔): 오음마(五陰魔)라고도 하니, 5음은 여러 가지 고통을 낸다. ③사마(死魔): 죽음은 사람의 목숨을 빼앗으므로 마라 한다. ④천자마(天子魔): 자재천마(自在天魔). 욕계 제6천 타화자재천왕이 좋은 일을 방해하므로 마라 한다.

양하고 법화경을 듣고 아울러 문수보살 등을 보기 위하여 여기에 왔구나."

그때 화덕보살(華德菩薩)이 부처님께 여쭈었습니다.

"세존이시여, 이 묘음보살은 무슨 선근을 심었으며 무슨 공덕을 닦았기에 이런 신통력이 있습니까?"

부처님께서 화덕보살에게 말씀하셨습니다.

"과거세에 부처님이 계셨으니 이름이 운뢰음왕(雲雷音王) 다타아가타 아라하 삼먁삼불타[26]이셨으니, 나라의 이름은 현일체세간(現一切世間)이고 겁의 이름은 희견(憙見)이었느니라.

묘음보살이 1만2천 년 동안 10만 가지 기악으로 운뢰음왕불께 공양하고, 8만4천 칠보로 된 발우를 바쳤느니라. 이 인연의 과보로 지금 정화수왕지불 국토에 나서 이런 신통력이 있느니라.

화덕이여, 그대는 어떻게 생각하는가? 그때 운뢰음왕불 계신 곳에서 묘음보살로서 기악으로 공양하고 보배 발우를 바친 이가 어찌 다른 사람이겠는가? 지금 여기에 있는 묘음보살마하살이 바로 그이니라.

---

26 다타아가타 아라하 삼먁삼불타: 다타아가타(tathāgata)는 여래(如來), 아라하(arhat)는 응공(應供), 삼먁삼불타(samyak sambuddha)는 정변지(正遍知)로 번역된다. 여래십호 중 앞의 세 명호만 말하고 있다.

화덕이여, 이 묘음보살은 일찍이 한량없는 여러 부처님을 공양하고 가까이하여 오래도록 덕의 근본을 심었으며, 또 항하사 수와 같은 백천만억 나유타 부처님을 만나 뵈었느니라. 화덕이여, 그대는 묘음보살의 몸이 여기에만 있다고 보지만, 이 보살은 갖가지의 몸을 나타내어 곳곳에서 모든 중생을 위하여 이 경을 설하느니라.

혹은 범왕[27]의 몸을 나타내고, 혹은 제석[28]의 몸을 나타내고, 혹은 자재천[29]의 몸을 나타내고, 혹은 대자재천[30]의 몸을 나타내고, 혹은 천대장군[31]의 몸을 나타내고, 혹은 비사문천왕[32]의 몸을 나타내고, 혹은 전륜성왕의 몸을 나타내고, 혹은 온갖 소왕(小王)의 몸을 나타내고, 혹은 장자의 몸을 나타내고, 혹은 거사의 몸을 나타내고, 혹은 재관(宰官)의 몸을 나타내고, 혹은 바라문의 몸을 나타내고, 혹은 비구 · 비구니 · 우바새 · 우바이의 몸을 나타내고, 혹은 장자나 거사의 부인의 몸을

---

27 범왕(梵王): 색계(色界) 제3천 대범천의 주인으로 대범천왕(大梵天王). 제23 「약왕보살본사품」 주)22 참조.

28 제석(帝釋): 도리천의 천주(天主)로 보통 제석천왕이라 한다.

29 자재천(自在天): 욕계 6천의 맨 위에 있는 타화자재천(他化自在天)을 가리킨다. 욕계천의 천주인 마왕이 있는 곳이다.

30 대자재천(大自在天): 색계의 정상(頂上)인 색구경천(色究竟天)에 있는 천신(天神)의 이름.

31 천대장군(天大將軍): 하늘나라의 대장군.

32 비사문천왕(毘沙門天王): 사천왕 가운데 북방을 지키는 호법신. 다문천왕(多聞天王)으로 번역.

나타내고, 혹은 재관의 부인 몸을 나타내고, 혹은 바라문의 부인 몸을 나타내고, 혹은 동남 · 동녀의 몸을 나타내고, 혹은 천 · 용 · 야차 · 건달바 · 아수라 · 가루라 · 긴나라 · 마후라가와 사람과 사람 아닌 이들의 몸을 나타내어서 이 경을 설하느니라.

모든 지옥 · 아귀 · 축생과 갖가지 환난이 있는 곳[33]에서 능히 다 구제하며, 왕의 후궁에서는 여자의 몸으로 변하여 이 경을 설하느니라.[34]

화덕이여, 이 묘음보살은 능히 사바세계의 모든 중생들을 구제하고 보호하는 보살이니라. 이 묘음보살이 이와 같이 갖가지로 변화한 몸을 나타내어 이 사바세계에 있으면서 중생들을 위하여 이 경전을 설하지만 신통변화와 지혜는 조금도 줄어들지 않느니라.

이 보살은 약간의 지혜로도 사바세계를 밝게 비추어 모든 중생으로 하여금 각각 알고자 하는 바를 얻게 하며, 시방의 항하사 수 세계에서도 역시 이와 같이 하느니라.

만일 성문의 몸으로 제도할 이에게는 성문의 몸을 나타내어 법을 설하고, 벽지불의 몸으로 제도할 이에게는

---

33 갖가지 환난이 있는 곳[衆難處]: 불도를 수행하기에 어려운 곳으로 지옥 · 아귀 · 축생 등 여덟 가지를 말한다. 제3 「비유품」 주)87 참조.

34 여기까지 34응신으로 중생제도함을 설하고, 뒤에서 4응신을 더하여 성문, 벽지불, 보살, 부처님의 몸으로 제도함을 설했다.

벽지불의 몸을 나타내어 법을 설하고, 보살의 몸으로 제도할 이에게는 보살의 몸을 나타내어 법을 설하고, 부처님의 몸으로 제도할 이에게는 부처님의 몸을 나타내어 법을 설하느니라. 이와 같이 갖가지 제도할 바를 따라서 몸을 나타내며, 또는 멸도로 제도할 이에게는 멸도를 나타내어 보이느니라.

화덕이여, 묘음보살마하살이 성취한 큰 신통과 지혜의 힘이 이와 같으니라."

이때 화덕보살이 부처님께 말씀드렸습니다.

"세존이시여, 이 묘음보살은 선근(善根)을 깊이 심었습니다. 세존이시여, 이 보살은 무슨 삼매에 머물렀기에 이와 같이 온갖 곳에서 변화의 몸을 나타내어 중생을 제도하여 해탈케 하옵니까?"

부처님께서 화덕보살에게 말씀하셨습니다.

"선남자여, 그 삼매의 이름은 현일체색신(現一切色身)이니라. 묘음보살이 이 삼매에 머물면서 이렇게 한량없는 중생을 이익되게 하느니라."

이 묘음보살품을 설하실 때에 묘음보살과 함께 온 8만4천 사람들이 모두 현일체색신삼매[35]를 얻었으며, 이

---

35 현일체색신삼매(現一切色身三昧): 모든 중생의 몸을 다 나타내는 삼매.

사바세계의 한량없는 보살들도 또한 이 삼매와 다라니[36]를 얻었습니다.

이때 묘음보살마하살이 석가모니불과 다보불탑에 공양하기를 마치고 본래의 국토로 돌아가니, 지나가는 국토마다 여섯 가지로 진동하고 보배 연꽃이 비 오듯 내리며, 백천만억의 온갖 기악이 울렸습니다.

8만4천 보살에게 둘러싸여 본 국토에 도착하자 정화수왕지불 처소에 이르러 부처님께 말씀드렸습니다.

"세존이시여, 제가 사바세계에 가서 중생을 이익되게 하고, 석가모니 부처님과 다보불탑을 친견하고 예배하고 공양하였습니다. 또 문수사리법왕자보살과 약왕보살 · 득근정진력보살 · 용시보살 등을 만나 보았습니다. 또한 이 8만4천의 보살로 하여금 현일체색신삼매를 얻게 하였습니다."

이 묘음보살내왕품[37]을 설할 때 4만2천의 천자(天子)들이 무생법인을 얻었고, 화덕보살은 법화삼매를 얻었습니다.

---

36 삼매와 다라니: 현일체색신삼매와 해일체어언다라니를 뜻한다.

37 묘음보살내왕품(妙音菩薩來往品): 묘음보살이 타방세계에서 사바세계를 오가며 중생을 이롭게 한 일을 설했으므로, '내왕(來往)'이란 표현을 덧붙였다. 범어본에는 '묘음보살이 내왕한 경과를 서술하는 이 품이…'로 표현하고 있다고 한다.

제25 관세음보살보문품(觀世音菩薩普門品)

이때 무진의(無盡意)보살이 곧 자리에서 일어나 오른쪽 어깨를 드러내고 부처님을 향하여 합장하고 이렇게 말하였습니다.

"세존이시여, 관세음(觀世音)보살은 무슨 인연으로 이름을 관세음이라 하옵니까?"

부처님께서 무진의보살에게 말씀하셨습니다.

"선남자여, 만일 한량없는 백천만억 중생들이 온갖 고뇌를 받을 때에 이 관세음보살의 이름을 듣고 일심으로 그 이름을 부르면, 관세음보살이 즉시 그 음성을 관(觀)하여[1] 다 고뇌에서 벗어나게 하느니라.

만일 이 관세음보살의 명호(名號)를 지니고 있는 이는[2] 설령 큰 불속에 들어갈지라도 불이 태우지 못하리니, 이 보살의 위신력(威神力) 때문이니라.

큰 물에 표류할 때에도 그 이름을 부르면, 곧 얕은 곳에 이르게 되느니라.

백천만억 중생이 금 · 은 · 유리 · 자거 · 마노 · 산호 ·

---

1 관(觀)하여: 소리를 귀로만 듣는 것이 아니라 깊은 선정에서 나오는 지혜로 살펴 본질(실상)을 이해한다는 뜻이다.

2 이하는 명호를 부름[口業]에 응답하는 7가지 난[七難]이다.

호박 · 진주 등의 보배를 구하려고 큰 바다에 들어갔다가 가령 흑풍[3]을 만나 그 배가 표류하여 나찰귀[4]의 나라에 닿게 되더라도, 그 중에 한 사람이라도 관세음보살의 이름을 부르는 이가 있으면, 이 사람들은 모두 다 나찰의 환난에서 벗어날 수 있으니, 이러한 인연으로 이름을 관세음이라 하느니라.

또 어떤 사람이 해를 입게 되었을 때, 관세음보살의 이름을 부르면 그들이 가지고 있는 칼과 몽둥이가 조각조각 부서져서 벗어나게 되리라.

삼천대천세계에 가득한 야차와 나찰이 와서 사람을 괴롭히려 하여도, 관세음보살의 이름을 부르는 소리를 들으면 이 모든 악귀들이 악의를 품은 눈초리로 보지도 못할 것이니, 하물며 해를 입히겠느냐?

또 어떤 사람이 죄가 있거나 죄가 없거나 간에 수갑과 족쇄를 채우고 목에 칼을 씌워 그 몸을 결박했을지라도, 관세음보살의 이름을 부르면 이것들이 다 끊어지고 부서져서 곧 벗어나게 되느니라.

만일 삼천대천 국토에 원수와 도적이 가득 찼는데,

---

3 흑풍(黑風): 해상에서 검은 구름이 햇빛을 가리면서 거세게 부는 폭풍.

4 나찰귀(羅刹鬼): 푸른 눈과 검은 몸, 붉은 머리털을 하고 사람을 잡아먹으며, 지옥에서 죄인을 못살게 군다고 하는 악귀. 나중에 불교의 수호신이 되었다

상인들의 한 주인이 있어서 상인들을 이끌고 귀중한 보물을 가지고 험난한 길을 지나갈 때 그 중의 한 사람이 말하기를, '선남자들이여, 겁내고 두려워하지 말라. 그대들은 오직 일심으로 관세음보살의 이름을 불러라. 이 보살은 능히 중생들의 두려움을 없애 주나니, 그대들이 그 이름을 부르면 이 도적들의 재난에서 무사히 벗어나리라.' 하여, 여러 상인들이 듣고 함께 소리를 내어 〈나무관세음보살〉하면 그 이름을 부른 까닭으로 벗어나게 되느니라.[5]

무진의여, 관세음보살마하살의 위신력의 높고 높음이 이와 같으니라.

만일 어떤 중생이 음욕이 많더라도 항상 관세음보살을 생각하고 공경하면 곧 음욕을 여의게 되며, 만일 어떤 중생이 성내는 마음이 많더라도 항상 관세음보살을 생각하고 공경하면 곧 성내는 마음을 여의게 되며, 만일 어리석음이 많더라도 항상 관세음보살을 생각하고 공경하면 곧 어리석은 마음을 여의게 되느니라.[6]

---

5 여기까지가 관세음보살을 부르는 음성[口業]에 감응하여 벗어나는 7난(難)이다. 화난(火難) · 수난(水難) · 풍난(風難) · 도장난(刀杖難) · 악귀난(惡鬼難) · 가쇄난(枷鎖難) · 원적난(怨賊難) 등.

6 이 단락은 생각하고 공경하는 의업(意業)에 감응하여 탐진치(貪瞋癡) 삼독(三毒)의 여읨을 말한다.

무진의여, 관세음보살은 이와 같은 큰 위신력이 있어서 중생에게 이익되는 바가 많으니라. 그러므로 중생은 항상 마음으로 생각할지니라.

만일 어떤 여인이 아들을 얻기 위해 관세음보살에게 예배하고 공양하면, 곧 복덕과 지혜를 갖춘 아들을 낳고 딸을 얻고자 하면 곧 단정하고 예쁜 딸을 낳으리니, 이 아이는 지난 세상에 덕의 근본을 심은 인연으로 모든 사람에게 사랑과 공경을 받으리라.[7]

무진의여, 관세음보살은 이와 같은 힘이 있느니라. 만일 중생이 관세음보살을 공경하고 예배하면 그 복이 헛되지 않으리니, 그러므로 중생은 모두 관세음보살의 명호를 받아 지닐지니라.

무진의여, 만일 어떤 사람이 62억 항하사 수와 같은 보살의 이름을 받아 지니고, 또 목숨이 다하도록 음식과 의복과 침구와 의약을 공양한다면, 그대는 어떻게 생각하는가? 이 선남자 선여인의 공덕이 얼마나 많겠는가?"

무진의보살이 대답하였습니다.

"매우 많겠나이다, 세존이시여."

부처님께서 말씀하셨습니다.

---

7 이 단락은 예배, 공양하는 신업(身業)의 감응을 말한다.

"만일 또 어떤 사람이 관세음보살의 이름을 받아 지니고 잠시라도 예배하고 공양한다면, 이 두 사람의 복은 똑같아 차이가 없으며 백천만억 겁에 이르러도 다하지 않으리라. 무진의여, 관세음보살의 명호를 받아 지니면 이와 같이 한량없고 가없는 복덕의 이익을 얻느니라."

무진의보살이 부처님께 여쭈었습니다.

"세존이시여, 관세음보살은 어떻게 이 사바세계에 노니시며, 어떻게 중생들을 위하여 설법하시며, 방편력(方便力)으로 하시는 그 일은 어떠하나이까?"[8]

부처님께서 무진의보살에게 말씀하셨습니다.

"선남자여, 만일 어떤 국토에 중생이 있어, 부처님의 몸으로 제도할 이에게는 관세음보살이 곧 부처님의 몸을 나타내어 법을 설하고, 벽지불의 몸으로 제도할 이에게는 곧 벽지불의 몸을 나타내어 법을 설하고, 성문의 몸으로 제도할 이에게는 곧 성문의 몸을 나타내어 법을 설하고, 범왕의 몸으로 제도할 이에게는 곧 범왕의 몸을 나타내어 법을 설하고, 제석의 몸으로 제도할 이에게는 곧 제석의 몸을 나타내어 법을 설하고, 자재천의 몸으로 제도할 이에게는 곧 자재천의 몸을 나타내어 법을 설하

8 '어떻게 노니시며'는 신업을 여쭌 것이며, '어떻게 설법하시며'는 구업을, '방편력은 어떠하냐'는 의업에 대해 여쭌 것이다.

고, 대자재천의 몸으로 제도할 이에게는 곧 대자재천의 몸을 나타내어 법을 설하고, 천대장군의 몸으로 제도할 이에게는 곧 천대장군의 몸을 나타내어 법을 설하고, 비사문의 몸으로 제도할 이에게는 곧 비사문의 몸을 나타내어 법을 설하고, 소왕(小王)의 몸으로 제도할 이에게는 곧 소왕의 몸을 나타내어 법을 설하고, 장자의 몸으로 제도할 이에게는 곧 장자의 몸을 나타내어 법을 설하고, 거사의 몸으로 제도할 이에게는 곧 거사의 몸을 나타내어 법을 설하고, 재관(宰官)의 몸으로 제도할 이에게는 곧 재관의 몸을 나타내어 법을 설하고, 바라문의 몸으로 제도할 이에게는 곧 바라문의 몸을 나타내어 법을 설하고, 비구 · 비구니 · 우바새 · 우바이의 몸으로 제도할 이에게는 곧 비구 · 비구니 · 우바새 · 우바이의 몸을 나타내어 법을 설하고, 장자 · 거사 · 재관 · 바라문 부인의 몸으로 제도할 이에게는 곧 부인의 몸을 나타내어 법을 설하고, 동남 · 동녀의 몸으로 제도할 이에게는 곧 동남 · 동녀의 몸을 나타내어 법을 설하고, 천 · 용 · 야차 · 건달바 · 아수라 · 가루라 · 긴나라 · 마후라가와 사람과 사람 아닌 이들의 몸으로 제도할 이에게는 곧 그 몸을 나타내어 법을 설하고, 집금강의 몸(執金剛身)[9]으로

9 집금강의 몸(執金剛身): 집금강은 사찰의 문이나 수미단 앞의 좌우에 조성하는 금강역사(金剛力士)를 말한다. 집금강신(執金剛神)으로도 쓰인

제도할 이에게는 집금강의 몸을 나타내어 법을 설하느라.[10]

무진의여, 이 관세음보살은 이와 같은 공덕을 성취하여 갖가지 형상으로 모든 국토에 노닐면서 중생을 제도하여 해탈케 하느니라.

그러므로 그대들은 마땅히 일심으로 관세음보살을 공양할지니라. 이 관세음보살마하살은 겁나고 두렵고 위급한 환난 중에서 능히 두려움을 없애 주나니, 그런 까닭에 이 사바세계에서 모두 그를 일러 두려움을 없애 주는 이[施無畏者]이라고 하느니라."

무진의보살이 부처님께 말씀드렸습니다.

"세존이시여, 제가 지금 관세음보살께 공양하겠나이다."

곧 목에 걸었던 백천 냥의 금값과 같은 보주(寶珠)로 만든 영락(瓔珞)을 풀어 드리면서 이렇게 말했습니다.

"인자(仁者)시여, 이 법으로 보시하는[11] 보배 영락을 받으소서."

이때 관세음보살이 받으려 하지 않으므로, 무진의가

다. 원문 '執金剛身'은 고려대장경에서는 '身'으로 쓰고 있으나, 다른 판본에서는 '神'으로 표기하고 있다고 한다.

10 이와 같이 중생들의 근기에 맞추어 33가지로 몸을 나타내어 중생을 교화하는 것을 관세음보살의 '33응신(應身)'이라 한다.

11 법으로 보시하는[法施]: 진리의 표시로 드리는 영락이라는 뜻.

다시 관세음보살에게 말했습니다.

"인자시여, 저희들을 불쌍히 여기시어 이 영락을 받으소서."

이때 부처님께서 관세음보살에게 말씀하셨습니다.

"마땅히 이 무진의보살과 사부대중과 천·용·야차·건달바·아수라·가루라·긴나라·마후라가와 사람과 사람 아닌 이들을 불쌍히 여겨 이 영락을 받을지니라."

관세음보살은 곧 모든 사부대중과 천·용과 사람과 사람 아닌 이들을 불쌍히 여기어 그 영락을 받아 둘로 나누어, 하나는 석가모니불께 바치고 하나는 다보불탑에 바쳤습니다.

"무진의여, 관세음보살은 이와 같이 자재한 신통력(神通力)이 있어서 사바세계에 노니느니라."

이때 무진의보살이 게송으로 여쭈었습니다.

미묘한 상호 갖추신 세존이시여.
제가 지금 거듭 여쭈옵나니 저 불자
어떠한 인연으로 관세음이라 하나이까.
미묘한 상호 두루 갖추신 세존께서
게송으로 무진의 보살에게 답하시도다.

온갖 곳에 잘 응하는 관음의 행을 들을지니라.
큰 서원 깊기가 바다 같아서
무량한 겁 수천억의 부처님을 모시고
맑고도 깨끗한 큰 서원을 세웠느니라.
내가 이제 그대 위해 간략하게 말하리니
그 이름을 듣거나 그 모습을 보거나
마음에 늘 생각하여 헛되게 지나치지
아니하면 능히 모든 고통을 소멸하리라.

가령 어떤 사람이 해치려는 생각으로
활활 타는 불구덩에 떠밀어서 떨어뜨려도
저 관세음의 힘을 생각하면
불구덩이 변하여서 연못 되리라.
혹은 넓은 바다에서 표류하여 용과
물고기 귀신들의 재난을 만나도
저 관세음의 힘을 생각하면
성난 파도 속에서도 휩쓸리지 않으리라.
수미산 봉우리에서 어떤 이가 밀어서
떨어뜨려도 관세음의 힘을 생각하면
마치 해와 같이 허공 중에 머무르리라.
악인에게 쫓겨서 금강산에 떨어져도

저 관세음의 힘을 생각하면
능히 털끝 하나 다치지 아니하리라.
원적이 에워싸고 칼을 들고 해치려 해도
저 관세음의 힘을 생각하면
모두가 곧 자비심을 일으키리라.
혹은 왕의 난을 만나 형벌 받아 죽게 되어도
저 관세음의 힘을 생각하면
칼이 곧 조각 조각 끊어지고 부서지리라.
옥에 갇혀 칼을 쓰고 손발이 묶였더라도
저 관세음의 힘을 생각하면
저절로 풀려서 편안함을 얻으리라.
저주와 독약으로 해치려는 자 있어도
저 관세음의 힘을 생각하면
도리어 그 독이 본인에게 돌아가리라.
악한 나찰 독룡과 여러 귀신 만날지라도
저 관세음의 힘을 생각하면
그때 모두 감히 해치지 못하리라.
만일 사나운 짐승들이 둘러싸고
날카로운 이빨과 발톱이 무섭더라도
저 관세음의 힘을 생각하면
먼 곳으로 뿔뿔이 흩어져 달아나리라.

독사 전갈 독기를 불꽃처럼 뿜을지라도
저 관세음의 힘을 생각하면
소리 듣고 스스로 피하여 물러가리라.
검은 구름 천둥소리 요란하고 번개 치고
우박이 쏟아지고 큰 비가 퍼붓더라도
저 관세음의 힘을 생각하면
마땅히 즉시에 흩어지고 사라지리라.
중생들이 고난과 재앙을 만나
한량없는 괴로움이 몸에 닥치더라도
관세음의 미묘한 지혜의 힘은
능히 세간의 고통을 구원하니라.
신통력을 구족하고 지혜 방편 널리 닦아
시방세계 모든 국토에서 노닐되
그 몸을 나타내지 않은 곳이 없나니
갖가지의 모든 악취 지옥 아귀 축생들의
생로병사 고통을 점점 다 없애주니라.
진실한 관[12] 청정한 관[13] 넓고 큰 지혜의 관[14]

---

12 진실한 관[眞觀]: 범본에서는 '아름다운 눈(śubha-locana)'으로 표현하고 있다고 한다. 관(觀)은 눈(眼)과 같은 의미를 가졌다고 볼 수 있다. 천태종에서는 진관을 참된 지혜로 진제(眞諦)를 비추어 보는 공관(空觀)으로 해석한다.

13 청정한 관[淸淨觀]: 범본에는 '맑은 눈'으로 표현하고 있다. 천태종에서는 진사혹(塵沙惑)을 제거하여 갖가지 모습을 보는 가관(假觀)으로 해석한다.

대비의 관[悲觀][15]과 대자의 관[慈觀][16]을
언제나 원하고 우러러 볼지니라.
때가 없는 청정한 빛 지혜의 태양이
모든 어둠을 깨뜨리며 바람과
불의 재앙을 능히 조복 받고
널리 세간을 밝게 비추느니라.
대비는 체가 되고 계행은 우렛소리
자애스런 마음은 미묘한 구름이라.
감로의 법비 내려 번뇌 불길 없애느니라.
소송으로 다투는 관청에 나아가거나
무섭고 겁이 나는 전쟁터에 있을지라도
저 관세음의 힘을 생각하면
원수들이 모두 다 흩어지고 물러가리라.
관세음 보살의 미묘한 음성은
범천왕의 음성과 해조음[17] 같아
저 세간의 음성을 뛰어넘나니
그러므로 모름지기 언제나 생각하여

---

14 넓고 큰 지혜의 관[廣大智慧觀]: 범본에는 '지혜의 눈'으로 표현하고 있다. 천태종에서는 공(空)과 가(假)를 함께 비추어 보는 중도관(中道觀)으로 해석한다.

15 대비의 관[悲觀]: 공가중(空假中)의 삼관을 써서 중생을 고(苦)에서 건지는 것을 뜻한다.

16 대자의 관[慈觀]: 삼관을 써서 중생에게 낙(樂)을 주는 것을 뜻한다.

17 해조음(海潮音): 밀물과 썰물이 들어오고 나가는 소리.

생각생각에 의심을 일으키지 말지니라.
청정한 성인이신 관세음 보살은
고통 번뇌 죽음의 액난을 당할 때에
능히 믿고 따르며 의지할 바 되느니라.
일체 공덕 갖추고 자비의 눈으로
중생을 바라보며 복 더미가 바다처럼
한량없나니 마땅히 머리 숙여 예배할지라.

이때 지지(持持)보살이 곧 자리에서 일어나 앞으로 나와 부처님께 말씀드렸습니다.

"세존이시여, 만일 어떤 중생이 이 관세음보살품의 자재한 업(業)[18]과 넓은 문으로 나타내 보이는[19] 신통력을 듣는다면, 이 사람의 공덕이 적지 아니함을 마땅히 알겠나이다."

부처님께서 이 보문품을 설하실 때 대중 가운데 8만4천 중생이 모두 견줄 수 없는 아뇩다라삼먁삼보리의 마음을 일으켰습니다.

---

18 자재한 업[自在之業]: 33응신으로 중생을 구제하는 관세음보살의 활동 또는 그 위신력(威神力)을 가리킨다.

19 넓은 문으로 나타내 보이는[普門示現]: 보문(普門)은 관세음보살이 일체를 포섭하여 방편의 문을 널리 연다는 의미. 즉 방편문을 널리 열어 중생을 불도로 이끌기에 알맞은 몸으로 나타내는 것을 말한다.

第26 다라니품(陀羅尼品)

이때 약왕(藥王)보살이 곧 자리에서 일어나 오른쪽 어깨를 드러내고 부처님을 향하여 합장하고 말씀드렸습니다.

"세존이시여, 만일 선남자 선여인이 법화경을 받아 지니고 읽고 외우고 통달하거나 혹은 경전을 베껴 쓴다면 어느 만큼의 복을 받겠나이까?"

부처님께서 약왕보살에게 말씀하셨습니다.

"만일 선남자 선여인이 8백만억 나유타 항하사 수의 부처님들께 공양했다면, 그대 생각은 어떠한가? 그 얻는 복이 어찌 많지 않겠는가?"

"매우 많겠나이다, 세존이시여."

부처님께서 말씀하셨습니다.

"만일 선남자 선여인이 이 경 가운데 네 구절로 된 게송[四句偈] 하나만이라도 받아 지니고 읽고 외우고 뜻을 이해하고 설한 대로 수행한다면, 공덕이 더욱 많으리라."

이때 약왕보살이 부처님께 말씀드렸습니다.

"세존이시여, 제가 이제 이 경을 설법하는 사람에게

다라니주[1]를 주어 수호하겠나이다."

곧 주(呪)을 설했습니다.

안니 만니 마네 마마네 지례 자리제 샤마 샤리다위 선제 목제 목다리 사리 아위사리 상리 사리 차예 아차예 아기니 선제 샤리 다라니 아로가바사 파자비차니 네비제 아변다 라네리제 아단다바례수지 구구례 모구례 아라례 바라례 수가차 아삼마삼리 불타비기리구제 달마바리차제 싱가열구사녜 바사바사수지 만다라 만다라차야다 우루다 우루다교사락 악차라 악차야다야 아바로 아마야나다야

"세존이시여, 이 다라니신주(神呪)는 62억 항하사 수의 여러 부처님께서 설하신 주문이니, 만일 이 법사(法師)를 해치거나 헐뜯는 자가 있다면 이는 곧 모든 부처님을 해치고 헐뜯는 것이 되나이다."

이때 석가모니불께서 약왕보살을 칭찬하며 말씀하셨

1 다라니주(陀羅尼呪): 다라니는 음사이고 주(呪)는 다라니의 번역어. 범어와 그 번역어를 같이 쓴 것이다. 다라니(dhāranī)는 '보존하다'·'잊지 않다'·'악을 차단한다'라는 뜻으로 총지(摠持)·능지(能持)·능차(能遮)라 번역. 다라니를 외우면 한량없는 말을 들어도 잊지 아니하며, 끝없는 이치를 알아 학해(學解)를 돕고, 모든 장애를 벗어나 한량없는 복덕을 얻는 등 많은 공덕이 있다고 한다. 보통 짧은 구절을 진언(眞言) 또는 주(呪)라 하고, 긴 구절로 된 것을 다라니 또는 대주(大呪)라 한다.

습니다.

"훌륭하고 훌륭하구나, 약왕이여. 그대가 이 법사를 어여삐 여기고 옹호하려고 이 다라니를 설하였으니, 모든 중생에게 이익됨이 많으리라."

이때 용시(勇施)보살이 부처님께 말씀드렸습니다.

"세존이시여, 저도 또한 법화경을 읽고 외우고 받아 지니는 이를 옹호하기 위하여 다라니를 설하겠나이다. 만일 이 법사가 이 다라니를 얻으면 야차거나 나찰 · 부단나[2] · 길차[3] · 구반다[4]거나 아귀[5] 등이 그의 약점을 찾으려 해도 틈이 없을 것이옵니다."

곧 부처님 앞에서 주문을 설했습니다.

자례 마하자례 욱기 목기 아례 아라바제 네례제 네례다바제 니지니 위지니 지지니 녈례지니 녈례지 바지

---

2 부단나(富單那, Pūtana): 부다나(富多那) · 부타나(富陀那)라고도 한다. 취(臭) · 취예(臭穢)라 번역. 건달바와 함께 지국천왕(持國天王)의 권속으로 동방을 수호한다고 함.

3 길차(吉遮, kṛtya): 길자(吉蔗, kicca)라고도 한다. 시체에 붙는 악귀(惡鬼)이다.

4 구반다(鳩槃茶, kumbhāṇḍa): 사람의 정기를 빨아먹는 귀신. 남방 증장천왕(增長天王)의 권속이다.

5 아귀(餓鬼): 아귀도에 떨어져 굶주림의 고(苦)를 받는 부류.

"세존이시여, 이 다라니신주는 항하사 수 같은 여러 부처님께서 설하신 것이며, 또한 모두 따라 기뻐하신 것입니다. 만일 이 법사를 해치고 헐뜯는 자가 있다면, 곧 이 모든 부처님을 해치고 헐뜯는 것이 되나이다."

이때 세상을 수호하는 비사문천왕[6]이 부처님께 말씀드렸습니다.

"세존이시여, 저도 중생을 어여삐 여기고 이 법사를 옹호하기 위하여 다라니를 설하겠나이다."

곧 주문을 설하였습니다.

아리 나리 노나리 아나로 나리 구나리

"세존이시여, 이 신주(神呪)로 법사를 옹호하고, 저도 또한 스스로 이 경을 받아 지니는 이를 옹호하여 100유순 안에서는 온갖 재앙과 근심 걱정[衰患]이 없게 하겠나이다."

이때 지국천왕[7]이 법회에 있다가 천만억 나유타 수의

---

6 비사문천왕(毘沙門天王): 사천왕 가운데 수미산의 북방을 지키는 다문천왕(多聞天王).

7 지국천왕(持國天王): 사천왕 가운데 수미산의 동방을 수호하며 건달바와

건달바들에게 둘러싸여 공경받으며 부처님 계신 곳으로 나아가 합장하고 부처님께 말씀드렸습니다.

"세존이시여, 저도 또한 다라니신주로 법화경을 지니는 이를 옹호하겠나이다."

곧 주문을 설했습니다.

아가네 가네 구리 건다리 전다리 마등기 상구리 부루사니 아지

"세존이시여, 이 다라니신주는 42억 여러 부처님께서 설하신 것이옵니다. 만일 이 법사를 해치고 헐뜯는 자는 곧 이 모든 부처님을 해치고 헐뜯는 것이 되나이다."

이때 나찰녀[8]들이 있었으니, 첫째는 남바(藍婆)[9]요, 둘째는 비람바(毗藍婆)[10], 셋째는 곡치(曲齒)[11]요, 넷째는

비사차를 거느린다.

8 나찰녀(羅刹女): 본래는 사람을 잡아먹는 귀녀(鬼女)이지만, 이하의 '10 나찰녀'는 법화경과 법사를 수호하겠다고 서원한 불법의 수호신이다.

9 남바(藍婆): 번뇌에 매어있다는 뜻으로 '유결박(有結縛)'으로 번역.

10 비람바(毗藍婆): 번뇌의 구속에서 벗어났다는 뜻으로 '이박(離縛)'으로 번역.

11 곡치(曲齒)는 이가 휘었다는 뜻이며, 이하 화치(華齒)는 좋은 이, 흑치(黑齒)는 검은 이, 다발(多髮)은 머리카락이 많은 것, 무염족(無厭足)은 만족할 줄 모르는 것, 지영락(指瓔珞)은 영락을 지니고 있다는 뜻이다.

화치(華齒)요, 다섯째는 흑치(黑齒)요, 여섯째는 다발(多髮)이요, 일곱째는 무염족(無厭足)이요, 여덟째는 지영락(持瓔珞)이요, 아홉째는 고제(皐帝)[12]요, 열째는 탈일체중생정기(奪一切衆生精氣)였습니다. 이 열 명의 나찰녀가 귀자모(鬼子母)[13]와 그의 아들과 권속들을 데리고 부처님 계신 곳으로 나아가 소리를 함께하여 부처님께 말씀드렸습니다.

"세존이시여, 저희들도 법화경을 읽고 외우고 받아 지니는 사람을 옹호하여 그의 재앙과 근심 걱정[衰患]이 없도록 하겠습니다. 만일 법사의 약점을 찾는 자가 있어도 그 틈을 얻지 못하게 하겠나이다."

곧 부처님 앞에서 주문을 설했습니다.

이제리 이제미 이제리 아제리 이제리 니리 니리 니리 니리 니리 루혜 루혜 루혜 루혜 다혜 다혜 다혜 도혜 루혜

---

12 고제(皐帝): 10나찰녀의 우두머리로 '하소(何所)'로 번역.

13 귀자모(鬼子母, Hāriti): 대야차여신의 이름으로 환희모(歡喜母) · 애자모(愛子母) · 공덕천(功德天)이라고도 한다. 전하기를, 1만이나 되는 자식을 두고도 항상 남의 어린애를 잡아먹으므로 부처님이 그녀의 막내인 빈가라를 숨겨 놓았다. 그녀는 울고불며 이레 동안 막내를 찾다가 마침내 부처님께 도움을 청했다. 부처님은 그녀에게 아이를 잃은 부모들의 마음을 일러주며 삼귀의와 오계를 내렸다. 이 인연으로 불교의 수호신이 된 귀자모는 해산(解産)과 양육 등 아이들을 돕는 신이 되었다.

"차라리 내 머리 위에 오를지언정 법사를 괴롭히지 말지니, 야차거나 나찰 · 아귀 · 부단나 · 길차 · 비다라[14] · 건타[15] · 오마륵가[16] · 아발마라[17] · 야차길차[18] · 인길차[19]거나, 열병(熱病)이 하루나 이틀 · 사흘 · 나흘 또는 이레에 이르도록 앓게 하는 귀신이거나, 항상 열병을 앓게 하는 귀신이거나, 남자의 형상이거나 여자의 형상이거나, 사내아이 형상이거나 계집아이 형상이거나 꿈속에서도 괴롭히지 말라."

곧 부처님 앞에서 게송으로 말씀드렸습니다.

만일 저의 주문을 따르지 않고
설법하는 이를 괴롭히고 혼란케 하면
머리통을 부수어 아리수[20]의 가지처럼
일곱 조각 내리라. 부모님을 살해한 죄
기름 짜며 속인 죄 말과 저울 속인 죄

---

14 비다라(毗陀羅): 송장을 일으키는 귀신이라 한다.

15 건타(犍馱): 건타라(犍馱羅)라고도 한다. 황색귀(黃色鬼)이다.

16 오마륵가(烏摩勒伽): 사람의 정기를 빨아먹는 귀신. 흑색귀(黑色鬼), 오색귀(烏色鬼)라고도 한다.

17 아발마라(阿跋摩羅): 사람의 기억을 없애 버리는 귀신. 청색귀(青色鬼)이다.

18 야차길차(夜叉吉遮): 마술을 부리는 야차.

19 인길차(人吉遮): 마술을 부리는 사람.

20 아리수(阿梨樹, arjaka): 이 나무의 꽃은 꽃잎이 일곱 개라 한다.

승단 화합 깨뜨렸던 제바달다[21] 죄와 같이
이 법사를 범한 자는 마땅히 이와 같은
재앙을 받으리라.

모든 나찰녀들이 이 게송을 설하고 부처님께 말씀드렸습니다.

"세존이시여, 저희들도 스스로 이 경을 받아 지니고 읽고 외우며 수행하는 이를 옹호해서 안온함을 얻게 하고, 모든 재앙과 근심 걱정을 여의게 하며, 온갖 독약을 없애겠나이다."

부처님께서 ㄴ나찰녀들에게 말씀하셨습니다.

"훌륭하고 훌륭하도다. 그대들이 다만 법화경의 이름만 받아 지니는 사람을 옹호할지라도 그 복을 다 헤아릴 수 없거늘, 하물며 모두 갖추어 받아 지니고 경전에 공양하되 꽃과 향과 영락과 가루향 · 바르는 향 · 사르는 향, 당번 · 증개, 기악으로 하고, 갖가지 등으로 우유등 · 기름등 · 온갖 향유등인 소마나꽃기름등 · 첨복꽃기름등 · 바사가꽃[22]기름등 · 우발라화기름등을 밝혀, 이

---

21 제바달다[調達]: 부처님의 사촌 동생으로 교단을 분열시킨 인물이다. 부처님을 시해하려 했으며 마침내는 산 채로 지옥에 떨어졌다고 한다. 제12「제바달다품」주)3 참조.

22 바사가꽃[婆師迦華]: 바사가(vārṣika)는 '비올 때 피는 꽃[雨時華]' 또는 '여름에 나는 꽃[夏生華]'으로 번역된다.

와 같이 백천 가지로 공양하는 이를 옹호함이겠는가? 고제(皐帝)여, 그대들과 권속들은 마땅히 이런 법사를 잘 옹호해야 하느니라."

이 다라니품을 설하실 때, 6만8천 사람이 무생법인(無生法忍)을 얻었습니다.

제27 묘장엄왕본사품(妙莊嚴王本事品)

이때 부처님께서 대중들에게 말씀하셨습니다.

"지나간 옛적에 한량없고 가없는 불가사의 아승기겁을 지나서 부처님이 계셨으니, 이름이 운뢰음수왕화지(雲雷音宿王華智) 다타아가타 아라하 삼먁삼불타이시고, 나라 이름은 광명장엄(光明莊嚴)이며, 겁의 이름은 희견(喜見)이었느니라.

그 부처님의 법 중에 왕이 있었으니 이름이 묘장엄(妙莊嚴)이요, 부인의 이름은 정덕(淨德)이며 두 아들이 있었으니, 첫째는 정장(淨藏)[1]이요 둘째는 정안(淨眼)[2]이었느니라. 이 두 아들은 큰 신통력과 복덕과 지혜가 있었는데, 오래도록 보살이 행할 도를 닦았느니라. 이른바 보시[단]바라밀, 지계[시라]바라밀, 인욕[찬제]바라밀, 정진[비리야]바라밀, 선정[선]바라밀, 반야바라밀, 방편바라밀[3]과 자비희사(慈悲喜捨)[4]와 37품의 조도법(助道法)[5]

1 정장(淨藏): 더러움 없는 태(胎)를 지닌 자라는 뜻.

2 정안(淨眼): 더러움 없는 눈을 지닌 자라는 뜻.

3 방편바라밀: 10바라밀 중 제7. 보살이 방편으로 여러 형상을 나타내어 중생을 제도하는 일. 앞의 6바라밀의 행(行)에 의하여 모은 선근(善根)을 중생들에게 돌려주어 저들과 함께 위없는 보리를 구하는 회향방편선교(迴向方便善巧), 일체중생을 제도하는 발제방편선교(拔濟方便善巧) 두 가지가 있다. 여기에 원(願)바라밀, 역(力)바라밀, 지(智)바라밀을 더하

을 모두 다 명료하게 통달하였느니라. 또 보살의 정(淨)삼매[6] · 일성수(日星宿)삼매[7] · 정광(淨光)삼매[8] · 정색(淨色)삼매[9] · 정조명(淨照明)삼매[10] · 장장엄(長莊嚴)삼매[11] · 대위덕장(大威德藏)삼매[12]를 얻었는데, 이 삼매도 또한 다 통달하였느니라.

이때 그 부처님께서 묘장엄왕을 인도하고 또한 중생을 가엾이 여기시어 이 법화경을 설하셨느니라.

그때 정장과 정안 두 아들이 그의 어머니 처소에 이르러 열 손가락을 모아 합장하고 말했느니라.

'원하옵건대, 어머니께서는 운뢰음수왕화지 부처님 계신 곳에 가옵소서. 저희들이 모시고 가서 친견하고 공

여 10바라밀이라 한다.

4 자비희사(慈悲喜捨): 한없는 중생을 어여삐 여기는 네 가지 마음으로 사무량심(四無量心)이라 한다. 제2「방편품」 주)7 참조.

5 37품의 조도법(助道法): 깨달음을 증득하기 위해 실천해야 하는 37가지 수행법으로 보통 37조도품이라 한다. 즉 사념처, 사정근, 사신족, 오근, 오력, 칠각지, 팔정도를 닦아 점차로 보살도를 완성하는 것이다.

6 정삼매(淨三昧): 어떤 것에도 물들지 않는 청정한 삼매.

7 일성수삼매(日星宿三昧): 해와 별처럼 밝은 지혜를 갖춘 삼매.

8 정광삼매(淨光三昧): 깨끗한 빛을 지닌 삼매.

9 정색삼매(淨色三昧): 몸이 청정하고 깨끗한 덕을 갖춘 삼매.

10 정조명삼매(淨照明三昧): 스스로 갖춘 복덕의 광명으로 주변을 청정하게 비추는 삼매.

11 장장엄삼매(長莊嚴三昧): 청정한 장엄이 있는 삼매.

12 대위덕장삼매(大威德藏三昧): 위대한 위신력을 지닌 삼매.

양하고 예배하겠습니다. 왜냐하면 이 부처님께서 모든 하늘과 사람들 가운데서 법화경을 설하시니, 마땅히 듣고 받아 지녀야 하기 때문입니다.'

어머니가 아들들에게 일러 말했느니라.

'너희 아버지는 외도(外道)를 믿어 바라문법[13]에 깊이 집착하시니, 너희들은 마땅히 아버지께 가서 말씀드려 함께 가도록 하여라.'

정장과 정안이 열 손가락을 모아 합장하고 어머니께 말하기를, '저희들은 법왕의 아들[14]로 사견(邪見)의 집안에 태어났습니다.' 하였느니라.

어머니가 아들들에게 일러 말했느니라.

'너희들은 마땅히 아버지를 염려하고 생각해서 신통변화를 보여라. 만일 아버지께서 보시면 반드시 마음이 청정해져서 혹 우리들이 부처님 계신 곳에 가는 것을 허락하실 수도 있으리라.'

이에 두 아들이 아버지를 생각하여 허공으로 솟아올라 7다라수[15]의 높이에서 갖가지의 신통변화를 나타냈

13 바라문법(婆羅門法): 고대 인도의 중심 사상이었던 바라문교의 가르침. 베다의 교설에 따라 범천(梵天)에 태어나는 것을 수행의 목표로 삼았다.

14 법왕의 아들(法王子): 본래는 부처님을 법왕이라 함에 대하여 보살을 법왕자라 한다. 특히 문수 · 미륵보살 등을 가리켜 법왕자라 함. 그러나 여기에서는 불법을 바르게 받아 전하는 제자를 가리킨다.

15 7다라수(七多羅樹): 49척. 제23「약왕보살본사품」주)10 참조.

느니라.

허공 중에서 가고 머물고 앉고 누우며, 상반신에서 물을 뿜고 하반신에서 불을 뿜다가 상반신에서 불을 뿜고 하반신에서 물을 뿜으며, 또는 큰 몸으로 나타내어 허공에 가득하였다가 다시 작은 몸이 되거나, 작은 몸을 다시 크게 나타내고, 공중에서 사라져서 홀연히 땅에 있기도 하고, 땅속으로 들어가기를 물같이 하고, 또 물을 밟기를 땅과 같이 하는 등 이와 같은 갖가지 신통변화를 나타내어, 아버지로 하여금 마음이 깨끗하여 믿고 이해하게 하였느니라.

그때 아버지가 아들의 신통력이 이와 같음을 보고, 마음이 크게 기뻐서 미증유를 얻어 합장하고 아들에게 물었느니라.

'너희들의 스승은 누구이며, 누구의 제자이냐?'

두 아들이 이르되, '대왕이시여, 저 운뢰음수왕화지 부처님께서 지금 칠보로 된 보리수 아래 법좌에 앉으시어 일체 세간의 하늘과 사람들에게 널리 법화경을 설하시니, 이분이 저희의 스승이시며 저희는 이분의 제자입니다.'라고 말했느니라.

아버지가 아들들에게 말했느니라.

'나도 지금 너희들의 스승을 뵙고자 하니 함께 감이

좋겠노라.'

이에 두 아들이 허공에서 내려와 어머니 처소에 이르러 합장하고 아뢰었느니라.

'부왕(父王)께서 이제 부처님의 가르침을 믿고 이해하여 아뇩다라삼먁삼보리의 마음을 낼 정도가 되었습니다. 저희가 아버지를 위하여 불사(佛事)[16]를 지었사오니, 원컨대 어머니께서는 저희가 저 부처님 처소에서 출가하여 수도할 것을 허락해 주옵소서.'

이때 두 아들은 그 뜻을 거듭 펴려고 게송으로 어머니께 아뢰었느니라."

원하건대 어머님은 저희들이 출가하여
사문(沙門)[17] 되도록 보내어 주옵소서.
모든 부처 만나 뵙기 참으로 어렵나니
저희는 부처님을 좇아 배우오리다.
우담발라[18] 만나기가 어렵다고 하지만

16 불사(佛事): 중생을 교화하여 불도로 이끄는 것을 가리킨다. 본래는 부처님의 교화를 말하지만, 선문(禪門)에서는 개안(開眼)·상당(上堂)·입실(入室) 등의 행위, 절을 짓거나 불상을 조성하거나 경전을 쓰는 등의 일에 의탁하여 불법을 열어 보이는 것 모두를 불사라 한다.

17 사문(沙門, Śramaṇa): 본래는 처자 권속을 버리고 수행하는 이를 총칭했으나, 후세에는 오로지 불문(佛門)에서 출가한 이를 말한다. 비구와 같은 뜻.

18 우담발라(優曇鉢羅): 우담발화(優曇鉢華). 우담바라(優曇婆羅, 優曇波

부처님을 만나기는 그것보다 어려우며
모든 환난 벗어나기 또한 어렵나니
원하건대 저희들의 출가를 허락하소서.

"어머니는 곧 말했느니라.

'너희들의 출가를 허락하노라. 왜냐하면 부처님을 만나기가 어렵기 때문이니라.'

이에 두 아들이 부모에게 아뢰었느니라.

'거룩하시옵니다, 부모님이시여. 원하옵건대 이제 운뢰음수왕화지 부처님의 처소에 가셔서 친견하고 공양하시옵소서. 왜냐하면 부처님 만나 뵙기 어려운 것이 우담발라꽃과 같고, 또 외눈박이 거북이가 바다에 떠다니는 나무판자 구멍을 만나는 것과 같기 때문이옵니다.[19] 그러나 저희는 지난 세상[宿世]의 복이 깊고 두터워서 금생(今生)에 부처님의 법을 만났나이다. 그러므로 부모님께서는 마땅히 저희들이 출가하도록 허락하여 주소서. 왜냐하면 모든 부처님은 만나기 어려우며, 때도 또한 만나기 어렵기 때문이옵니다.'

羅). 전륜성왕이 나타날 때만 핀다는 꽃. 제2「방편품」주)35 참조.

19 백년에 한번 물 위로 떠오르는 눈 먼 거북이가 구멍 뚫린 나무판자를 만나 그 구멍에 머리를 넣고 쉬는 것같이 어려운 일을 비유하여 '맹구우목(盲龜遇木)'이라 한다.「맹구경」등에서 설한 이야기로 중생이 부처님 뵙기가 그만큼 어렵다는 것을 강조한 비유이다.

그때 묘장엄왕의 후궁 8만4천 명이 모두 이 법화경을 받아 지닐 정도가 되었느니라. 정안보살은 법화삼매를 오래전에 통달했고, 정장보살도 한량없는 백천만억 겁에 이미 이제악취삼매(離諸惡趣三昧)[20]를 통달하여 모든 중생들로 하여금 온갖 악한 길[惡趣]에서 벗어나게 하려고 했느니라. 왕의 부인도 제불집삼매(諸佛集三昧)[21]를 얻어서 모든 부처님의 비밀한 법장(法藏)을 다 알았느니라.

두 아들이 이와 같은 방편력으로 아버지를 잘 교화해서 마음으로 믿고 이해하여 불법(佛法)을 좋아하게 하였느니라.

이에 묘장엄왕은 여러 신하와 권속들과 함께, 정덕부인은 후궁과 궁녀와 권속들과 함께, 두 왕자는 4만2천 사람들과 함께 일시에 다 같이 부처님의 처소에 나아가, 머리 숙여 발에 예배하고 부처님 주위를 세 번 돌고 물러나 한쪽에 머물렀느니라.

이때 그 부처님께서 왕을 위하여 설법하시어 법을 보여주고 가르치고 이익되게 하고 기쁘게 하니, 왕이 크게

---

20 이제악취삼매(離諸惡趣三昧): 지옥 · 아귀 · 축생 등 모든 악한 길을 여의는 삼매.

21 제불집삼매(諸佛集三昧): 모든 부처님의 가르침과 그 도리를 모아 다 간직하는 삼매.

기뻐했느니라. 이때 묘장엄왕과 정덕부인이 백천 냥의 금값과 같은 진주 영락 목걸이를 풀어 부처님 위에 흩으니, 허공 중에서 변화하여 네 기둥의 보대(寶臺)가 되고, 보대 가운데에는 큰 보배 상(寶床)이 있어 백천만의 하늘 옷을 깔았는데, 그 위에 부처님이 결가부좌하시어 큰 광명을 놓으셨느니라.

이때 묘장엄왕은 이렇게 생각하였느니라.

'부처님의 몸은 희유하시어 단정하고 엄숙하고 특별하여 가장 미묘한 모습[色]을 성취하셨도다.'

이때 운뢰음수왕화지불께서 사부대중에게 말씀하셨느니라.

'너희들은 이 묘장엄왕이 내 앞에서 합장하고 서 있는 것을 보는가? 이 왕은 나의 법 가운데서 비구가 되어 깨달음[佛道]을 돕는 법을 부지런히 닦고 익혀 성불하리니, 이름은 사라수왕(娑羅樹王)이며, 나라의 이름은 대광(大光)이요, 겁의 이름은 대고왕(大高王)이니라. 그 사라수왕불에게는 한량없는 보살대중과 한량없는 성문대중이 있으며, 그 국토는 평평하고 반듯하리니 공덕이 이와 같으리라.'

묘장엄왕은 즉시 나라를 아우에게 넘겨주고 부인과

두 아들, 모든 권속들과 함께 부처님 법에 출가하여 도를 닦았느니라.

왕은 출가 후 8만4천 년 동안 항상 부지런히 정진하여 묘법연화경을 수행했으며, 이를 마친 뒤에 일체정공덕장엄삼매(一切淨功德莊嚴三昧)[22]를 얻고는 즉시 허공으로 7다라수를 올라가서 부처님께 아뢰었느니라.

'세존이시여, 저의 두 아들은 이미 불사(佛事)를 지어 신통변화로 저의 삿된 마음을 돌이켜 불법 가운데 편안히 머물도록 하고 세존을 친견토록 하였습니다. 이 두 아들은 저의 선지식[23]이옵니다. 지난 세상[宿世]에 선근을 일으켜 제게 이익을 주고자 하는 까닭으로 제 집에 태어났나이다.'

이때 운뢰음수왕화지불께서 묘장엄왕에게 이르셨느니라.

'그와 같고 그와 같으니라. 그대가 말한 바와 같으니라. 선남자 선여인이 선근을 심은 까닭으로 세세생생 선지식을 만나게 되나니, 그 선지식이 능히 불사를 지어

---

22 일체정공덕장엄삼매(一切淨功德莊嚴三昧): 온갖 청정한 공덕에 의해 장엄된 삼매.

23 선지식(善知識): 지식(知識)·선우(善友)·승우(勝友)라고도 함. 부처님의 교법(敎法)을 전하여 다른 이로 하여금 고(苦)를 여의게 하는 이. 또는 승속(僧俗)과 귀천을 떠나 불연(佛緣)을 맺게 하는 모든 이를 말하기도 한다.

보이고 가르치고 이롭게 하고 기쁘게 하여[示敎利喜] 아뇩다라삼먁삼보리에 들어가게 하느니라.

대왕이여, 마땅히 알지어다. 선지식은 이렇게 큰 인연이니, 이른바 교화하고 인도해서 부처님을 친견하게 하고 아뇩다라삼먁삼보리의 마음을 일으키게 하느니라. 대왕이여, 그대는 이 두 아들을 보는가? 이 두 아들은 이미 65백천만억 나유타 항하사 수의 여러 부처님을 공양하고 가까이하여 공경하였으며, 여러 부처님 처소에서 법화경을 받아 지니고 삿된 견해[邪見]를 가진 중생들을 불쌍히 여겨 정견(正見)[24]에 머물도록 하였느니라.'

묘장엄왕이 곧 공중에서 내려와 부처님께 아뢰었느니라.

'세존이시여, 여래께서는 매우 희유하시옵니다. 공덕과 지혜로 말미암아 정수리의 육계(肉髻)에서 광명을 드러내어 비추시며, 그 눈은 길고 넓고 감청색이며, 미간의 백호상은 옥돌과 달처럼 희며, 치아는 희고 가지런하고 촘촘하고 항상 빛나며, 입술은 붉고 아름다워 빈바과(頻婆菓)[25]와 같나이다.'

---

24 정견(正見): 팔정도(八正道)의 하나로 유 · 무의 편견을 떠난 바른 견해. 사제(四諦)의 이치를 알고, 제법의 참된 모습을 올바르게 받아들이는 견해를 말한다.

25 빈바과(頻婆菓): 색이 붉고 윤택이 나는 열매로 상사과(相思果)라고도 한다.

이때 묘장엄왕은 부처님의 이와 같은 한량없는 백천만억의 공덕을 찬탄하고, 여래 앞에서 일심으로 합장하고 다시 부처님께 아뢰었느니라.

'세존이시여, 일찍이 없던 일이옵니다. 여래의 법은 불가사의(不可思議)하고 미묘한 공덕을 구족하게 성취하시어 가르침과 경계함을 따라 행하면 안온하고 즐겁나이다. 저는 오늘부터 다시는 제 스스로 마음대로 행하지 않고, 삿된 견해와 교만과 성냄 등의 모든 악한 마음을 내지 않겠나이다.'

이렇게 말씀드리고는 부처님께 예배하고 물러갔느니라."

부처님께서 대중에게 말씀하셨습니다.

"어떻게 생각하는가? 묘장엄왕이 어찌 다른 사람이랴. 지금의 화덕(華德)보살이 그이니라. 그 정덕부인은 지금 부처님 앞에 있는 광조장엄상(光照莊嚴相)보살이며, 묘장엄왕과 여러 권속들을 어여삐 여겨 저곳에 태어난 두 아들은 지금의 약왕(藥王)보살과 약상(藥上)보살이니라.

이 약왕보살과 약상보살은 이러한 모든 큰 공덕을 성취하고 한량없는 백천만억 여러 부처님의 처소에서 온갖 덕의 근본을 심어 불가사의한 모든 훌륭한[善] 공덕을 성취하였느니라.

만일 어떤 사람이 이 두 보살의 이름만 알지라도 모든 세간의 하늘과 사람들이 또한 마땅히 예배할 것이니라."

부처님께서 이 묘장엄왕본사품을 설하실 때, 8만4천 사람들이 번뇌의 티끌을 멀리하고 더러운 때를 여의어, 여러 법 가운데서 청정한 법안(法眼)[26]을 얻었습니다.

---

26 법안(法眼): 오안(五眼)의 하나로 일체법을 분명하게 비춰 보는 눈. 보살은 이 눈으로 모든 법의 실상을 잘 알아 중생을 제도한다. 오안(五眼)은 모든 법을 관조하는 다섯 가지의 눈인 육안(肉眼) · 천안(天眼) · 혜안(慧眼) · 법안(法眼) · 불안(佛眼)을 말한다.

제28 보현보살권발품(普賢菩薩勸發品)

이때 자재한 신통력과 위덕으로 이름이 널리 알려진 보현보살이 한량없고 가없어 헤아릴 수 없는 대보살과 함께 동방에서 오니, 지나는 국토마다 널리 다 진동하고 보배 연꽃이 비 오듯 내리며 한량없는 백천만억의 갖가지 기악이 울렸습니다.

또 수없는 여러 천 · 용 · 야차 · 건달바 · 아수라 · 가루라 · 긴나라 · 마후라가와 사람과 사람 아닌 이들의 대중에게 둘러싸여 각각 위덕과 신통력을 나타내며 사바세계의 기사굴산[1] 중에 이르러, 석가모니 부처님께 머리 숙여 예배하고 오른쪽으로 일곱 바퀴를 돌고, 부처님께 여쭈었습니다.

"세존이시여, 제가 보위덕상왕(寶威德上王) 부처님 국토에 있으면서, 멀리 이 사바세계에서 법화경을 설하시는 것을 듣고 한량없고 가없는 백천만억의 모든 보살대중과 함께 듣고 받들고자 왔나이다. 오직 원하옵건대, 세존께서는 저희를 위하여 설하여 주옵소서. 선남자 선여인이 여래께서 멸도하신 뒤에 어떻게 하면 이 법화경

1 기사굴산(耆闍崛山): 영취산(靈鷲山). 부처님 당시 마갈타국의 왕사성 동북쪽에 있는 산으로, 법화경을 설한 산. 제1 「서품」 주)1 참조.

을 얻을 수 있겠나이까?"

부처님께서 보현보살에게 말씀하셨습니다.

"만일 선남자 선여인이 네 가지 법을 성취하면 여래가 멸도한 뒤에도 마땅히 이 법화경을 만날 수 있느니라. 첫째는 모든 부처님들이 깊이 기억하고 보호하심[護念][2]이며, 둘째는 온갖 덕의 근본[德本][3]을 심음이며, 셋째는 정정취(正定聚)[4]에 들어감이며, 넷째는 일체중생을 구제하려는 마음을 일으킴이니라.

만일 선남자 선여인이 이와 같은 네 가지 법을 성취하면 여래가 멸도한 뒤에 반드시 이 경을 얻으리라."

이때 보현보살이 부처님께 말씀드렸습니다.

"세존이시여, 후오백세[5]의 흐리고 악한 세상에서 이 경전을 받아 지니는 사람이 있으면, 제가 마땅히 수호하여 그의 재앙과 근심 걱정을 없애 안온함을 얻게 하

---

2 호념[護念, Parigraha]: 불 · 보살이나 천신 · 귀신들이 선행을 닦는 이를 깊이 기억하여 버리지 않고, 그들에 대하여 온갖 마장을 없애고 옹호하는 것을 이른다.

3 덕의 근본[德本]: 공덕의 근본, 곧 선근(善根)을 말한다.

4 정정취(正定聚): 삼취의 하나로, 반드시 성불할 것이 결정된 무리'를 말한다. 삼취는 중생을 세 부류로 나눈 것으로 삼정취(三定聚)라고도 한다. 결정코 성불할 부류인 정정취, 성불한 만한 소질이 없어 더욱 타락해 가는 부류인 사정취(邪定聚), 연(緣)이 있으면 성불할 수 있고, 연이 없으면 미혹에 떨어지는 부류로 향상과 타락에 결정이 없는 부류인 부정취(不定聚) 등이 그것이다.

5 후오백세(後五百歲): 석가모니 부처님 입멸 후, 불법의 성쇠를 5종 5백년의 다섯 시기로 분류할 때 마지막 제5의 5백년.

며, 그의 약점을 찾는 자가 쉽게 찾지 못하게 하겠나이다. 혹은 마군이거나 마군의 아들이거나 마군의 딸이거나 마군의 백성이거나 혹은 마가 붙은 자거나, 야차 · 나찰 · 구반다 · 비사사 · 길차 · 부단나 · 위타라 등 사람을 괴롭히는 모든 것들이 다 기회를 얻지 못하게 하겠나이다.

이 사람이 거닐거나 서 있거나 이 경을 읽고 외우면 제가 그때에 어금니가 여섯 개인 흰 코끼리왕[六牙白象王][6]를 타고 대보살들과 함께 그의 처소에 가서 몸을 나타내어 공양하고 수호하여 그 마음을 편안하게 위로하리니, 이는 법화경을 공양하기 위함이옵니다.

이 사람이 만일 앉아서 이 경을 깊이 생각하면 이때에 저는 다시 흰 코끼리왕을 타고 그 사람 앞에 나타나되, 그 사람이 법화경의 한 구절이나 한 게송이라도 잊어버리면 제가 마땅히 가르치고 함께 읽고 외워서 빨리 통달케 하오리다.

이때 법화경을 받아 지니고 읽고 외우는 이가 제 몸을 보면 크게 기뻐하여 더욱 다시 정진하며, 저를 본 까닭으로 곧 삼매와 다라니를 얻을 것이니, 선(旋)다라니[7] ·

---

6 육아백상왕(六牙白象王): 흰 코끼리는 실상(實相)의 도리를, 여섯 개의 이빨은 육신통을 얻어 중생을 이롭게 함을 상징한다. 보현보살의 큰 수행을 코끼리왕으로 나타낸 것이다. 한편 『잡보장경』 본생담에서는, 석가모니 부처님의 전생으로 여섯 개의 어금니를 가진 코끼리왕이 등장한다.

백천만억 선다라니[8] · 법음방편(法音方便)다라니[9]라고 하는, 이와 같은 다라니를 얻나이다.

세존이시여, 만일 미래세 후오백세의 흐리고 악한 세상에서 비구 · 비구니 · 우바새 · 우바이로서 이 경을 찾는 이거나 받아 지니는 이, 읽고 외우는 이, 베껴 쓰는 이가 법화경을 닦아 익히고자 한다면 삼칠일(三七日)[10] 동안 마땅히 일심으로 정진해야 하리니, 삼칠일이 되면 제가 어금니가 여섯 개인 흰 코끼리를 타고 한량없는 보살들에게 둘러싸여 일체중생이 보기 좋아하는 몸으로 그 사람 앞에 나타나서 법을 설하여, 보이고 가르치고 이롭게 하고 기쁘게 하며 또 다시 그에게 다라니주(呪)를 주겠나이다.

이 다라니를 얻어 보이는 까닭에 사람 아닌 것[非人]들이 능히 파괴하지 못하며, 또한 여인들이 어지럽게 할 수도 없을 것이옵니다. 저는 몸으로도 항상 이 사람을

---

7 선다라니(旋陀羅尼): 범부의 집착을 돌려[旋轉] 집착에서 벗어난 공(空)의 이치에 들어가는 지혜의 힘. 천태종에서 세운 삼관(三觀) 중 공관(空觀)에 해당한다. 제17「분별공덕품」주)4 참조.

8 백천만억선다라니(百千萬億旋陀羅尼): 한 법에서 백천만억 법을 통달하여 아는 지혜의 힘. 삼관 중 공(空)에서 나와 무한한 차별상을 관하는 가관(假觀)에 해당한다.

9 법음방편다라니(法音方便陀羅尼): 중도의 자리에서 법답게 설법함에 자재한 방편을 얻는 지혜의 힘. 삼관 중 중도관(中道觀)에 해당한다.

10 삼칠일(三七日): 21일. 수행기간의 한 주기를 말한다.

보호하겠사오니, 오직 원하옵건대 세존이시여, 저의 이 다라니주 설함을 허락하소서."

곧 부처님 앞에서 주를 설하였습니다.

아단지 단다바지 단다바제 단다구사례 단다수다례 수다례 수다라바지 불타바선네 살바다라니아바다니 살바바사아바다니 수아바다니 싱가바리차니 싱가녈가다니 아승기 승가바가지 제례아타승가도략아라제바라제 살바싱가 삼마지가란지 살바달마수바리찰제 살바살타루다교사략아로가지 신아비기리지제

"세존이시여, 만일 보살로서 이 다라니를 얻어 들은 이가 있다면 마땅히 보현의 신통력(神通力)인 줄 알 것이며, 만일 법화경이 사바세계에서 행해져 받아 지니는 이가 있다면 마땅히 이것은 모두 보현의 위신력이라고 생각해야 하옵니다.

만일 이 경을 받아 지니고 읽고 외우며 바르게 기억하고 그 뜻을 이해하고 설한 대로 수행한다면, 마땅히 이 사람은 보현행(普賢行)[11]을 행하고 한량없고 가없는 모든 부처님의 처소에서 깊이 선근을 심었음이며, 모든

11 보현행(普賢行): 온갖 행(行)과 원(願)을 만족시키는 수행, 곧 보현보살의 실천을 뜻한다.

부처님께서 손으로 그의 머리를 어루만져 주심이 된다고 알아야 하겠나이다.

무릇 베껴 쓰기만 해도 이 사람이 목숨을 마치면 마땅히 도리천에 태어나리니, 이때 8만4천의 천녀들이 온갖 기악을 울리며 맞이할 것이옵니다. 그 사람은 칠보관을 쓰고 궁녀들 가운데서 놀고 즐기리니, 하물며 이 경을 받아 지니고 읽고 외우며 바르게 기억하고 그 뜻을 이해하고 설한 대로 수행한 사람이겠나이까?

만일 어떤 사람이 받아 지니고 읽고 외우며 그 뜻을 이해한다면 이 사람은 목숨을 마칠 때, 1천 부처님께서 손을 잡아 주시어 두렵지 않게 하시며, 악한 세상에 떨어지지 아니하고 곧 도솔천상의 미륵보살이 계시는 곳에 태어나리니, 미륵보살이 32상을 갖춘 대보살들에게 둘러싸여 있으며 백천만억의 천녀(天女) 권속이 있는 그 가운데에 태어날 것이옵니다.

이와 같은 공덕과 이익이 있으므로 지혜 있는 이는 마땅히 일심으로 스스로 쓰고 다른 사람으로 하여금 쓰게 하거나, 받아 지니고 읽고 외우며 바르게 기억하고 설한 대로 수행해야 하옵니다.

세존이시여, 제가 지금 신통력으로 이 경을 수호하여 여래께서 멸도하신 뒤에 사바세계에 널리 유포하여 끊어지지 않도록 하겠나이다.”

이때 석가모니불께서 칭찬하여 말씀하셨습니다.

“훌륭하고 훌륭하도다, 보현이여. 그대가 능히 이 경을 지키고 도와서 많은 중생을 안락하고 이익되게 하나니, 그대는 이 불가사의한 공덕과 깊고 큰 자비를 성취하였느니라. 오랜 옛적부터 아뇩다라삼먁삼보리의 뜻을 일으켜 능히 이렇게 신통한 서원을 세워서 이 경을 수호하니, 나도 마땅히 신통력으로 보현보살의 이름을 받아 지니는 이를 지켜 주리라.

보현이여, 만일 이 법화경을 받아 지니고 읽고 외우며 바르게 기억하고 닦고 익히며 베껴 쓰는 이가 있으면, 마땅히 이 사람은 곧 석가모니 부처님을 친견(親見)하고 부처님의 입으로부터 이 경전을 들은 것과 같다고 알아야 하느니라.

마땅히 이 사람은 석가모니 부처님께 공양함이라고 알아야 하며, 마땅히 이 사람은 부처님께서 훌륭하다고 칭찬하심이라고 알아야 하며, 마땅히 이 사람은 석가모니 부처님께서 손으로 머리를 어루만져 주심이라고 알아야 하며, 마땅히 이 사람은 석가모니 부처님께서 옷으로 덮어 주심이라고 알아야 하느니라.

이와 같은 사람은 다시는 세상의 즐거움에 탐착하지

아니하며, 외도의 경서(經書)나 글을 좋아하지 아니하며, 또한 그런 사람들과 백정이나 돼지 · 양 · 닭 · 개를 기르는 사람이나 사냥꾼이나 여색을 파는 사람 같은 모든 악한 자들과 가까이하기를 좋아하지 않느니라.

이 사람은 마음과 뜻이 곧고 정직하며 바르게 기억하고 생각하여 복덕의 힘이 있느니라. 이 사람은 삼독(三毒)으로 괴로워하지 아니하며, 또한 다시 질투와 아만(我慢)[12] · 사만(邪慢)[13] · 증상만[14]으로 번뇌하지도 아니하리라. 이 사람은 욕심이 적고 만족함을 알아서 능히 보현행을 닦으리라.

보현이여, 만일 부처님께서 멸도하신 뒤의 후오백세에, 어떤 사람이 법화경을 받아 지니고 읽고 외우는 것을 보거든 마땅히 이렇게 생각하여라.

'이 사람은 오래지 않아 도량[15]에 나아가 모든 마의 무리를 쳐부수고 아뇩다라삼먁삼보리를 얻어, 법륜을 굴리며 법고(法鼓)를 치고 법의 소라를 불고 법의 비를 내리며, 마땅히 하늘과 사람 가운데 사자좌에 앉으리라.'

보현이여, 만일 후세에 이 경전을 받아 지니고 읽고

---

12 아만(我慢): 자아에 집착하여 교만한 것.

13 사만(邪慢): 덕이 없으면서도 덕이 있다고 생각하여 스스로 높은 양 하는 것.

14 증상만(增上慢): 아직 깨달음을 얻지 못했으면서 얻었다고 하는 것.

15 도량(道場): 적멸도량을 말한다.

외우는 이가 있으면, 이 사람은 다시는 의복 · 침구 · 음식 등의 생활에 필요한 물품을 탐내지 않으며, 그 소원이 헛되지 아니하여 이 세상[現世]에서 그 복의 과보를 얻으리라.

만일 어떤 사람이 업신여기고 헐뜯어 말하기를, '너는 미친 사람이로다. 부질없이 이와 같이 수행하니, 끝내 아무런 소득이 없으리라.'고 하면, 이러한 죄의 과보로 세세생생에 눈이 없으리라. 그러나 공양하고 찬탄하는 이가 있으면, 마땅히 이 세상에서 좋은 과보를 얻으리라.

만일 이 경을 받아 지니는 이를 보고 그의 허물을 들춰내면, 그것이 사실이거나 사실이 아니거나 이 사람은 현세에서 백라병[16]을 얻으리라. 만일 업신여겨 비웃는 자는 세세생생에 치아가 성글고 빠지며, 입술은 추하고 코는 납작하며, 손발은 비틀려 어그러지고, 눈은 한쪽으로 쏠리고, 몸에서는 더러운 냄새가 나고 심한 부스럼과 피고름이 나며, 배에 물이 차 숨이 가쁜 등 온갖 악한 중병에 걸리리라.

그러므로 보현이여, 만일 이 경전을 받아 지니는 이를 보거든 마땅히 일어나서 멀리 나가 맞이하되 부처님

16 백라병(白癩病): 한센병, 즉 문둥병을 말한다.

을 공경하듯이 할지니라.

이 보현보살권발품을 설하실 때, 항하사 수와 같이 한량없고 가없는 보살이 백천만억 선(旋)다라니를 얻었으며, 삼천대천세계의 미진수 같은 여러 보살은 보현도(普賢道)[17]를 갖추었습니다.

부처님께서 이 경을 설하실 때, 보현 등의 모든 보살과 사리불 등의 모든 성문과 모든 하늘과 용, 사람과 사람 아닌 이들의 일체 대중이 모두 크게 기뻐하며 부처님의 말씀을 받아 지니고 예배하고 물러갔습니다.

---

17 보현도(普賢道): 보현행. 보현보살의 실천을 말한다.

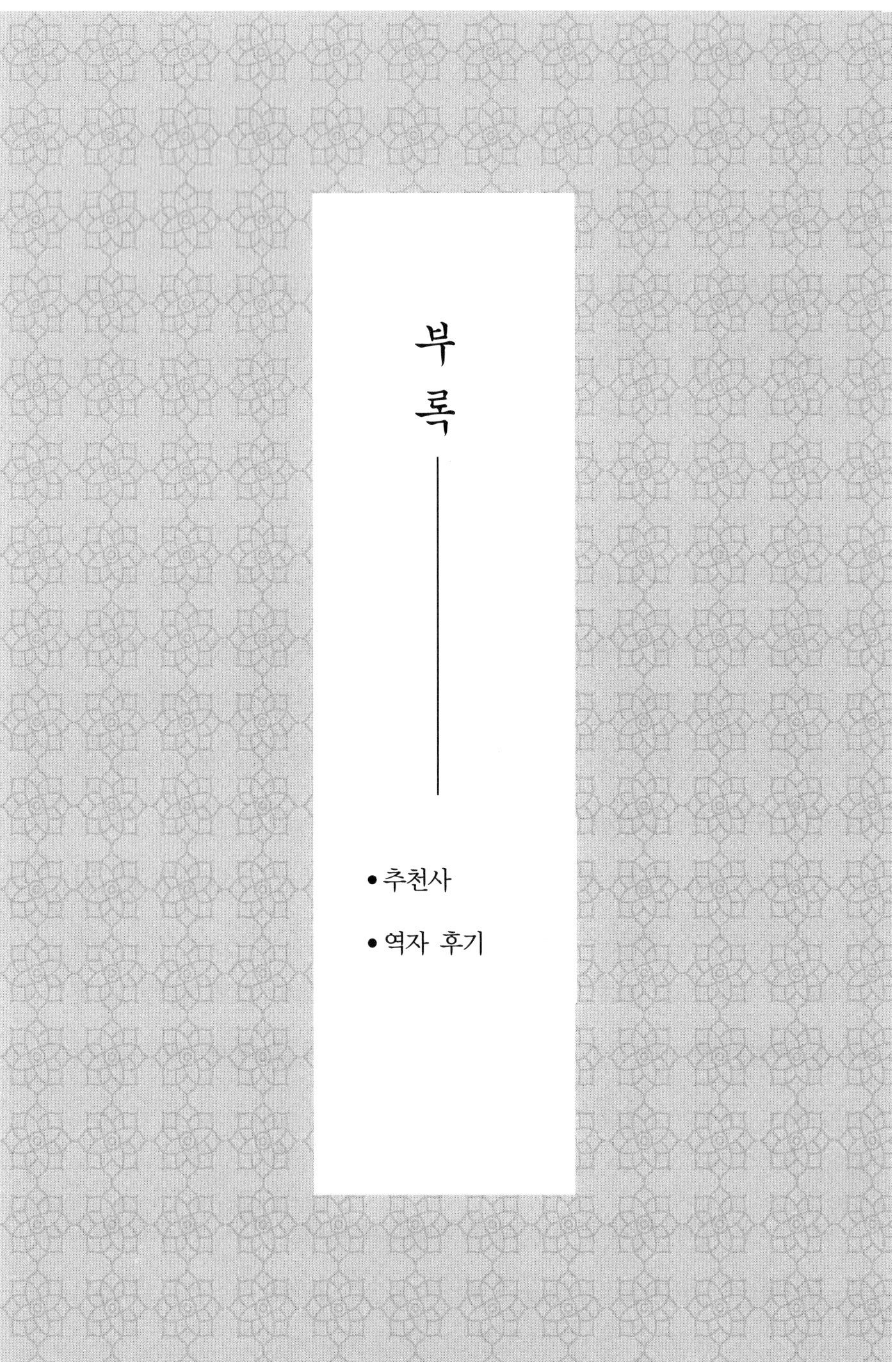

부록

- 추천사
- 역자 후기

| 추천사 |

1950년대 내가 젊은 시절에 경남 고성의 보광사와 옥천사에서 겨울 한철을 머물렀을 때, 포광(包光)스님과 인연이 되어 '법화삼부경'의 가르침을 받게 되었다.

오랜 세월이 지난 뒤에 내가 전국신도회 상임법사(法師)가 되었을 때 안진호 스님의 가르침을 받아 '우리말 법화삼부경'을 출간하였는데, 서울 연희동에 살던 법화정사 도림(道林)스님이 그 책을 읽고 1보 1배로 참배하며 법화경 6만 자를 사경하였다. 그 뒤 제주도에 초청되어 불사리탑을 조성하여 탑속에 불사리를 안치하니 주위의 10만여 명이 경찬하였다.

스님은 근래 서울 제기동에 법화정사 법당을 건립하셨고, 일본 · 중국 · 미국 등에 수만 부를 보시하여 세계 각국 불자들에게 길잡이가 되어 주셨다. 뿐만 아니라 도림스님은 왼쪽 뺨에 검정 털이 있었는데, 어느날인가부터 갑자기 그 털 속에서 밝은 빛이 나타났고 그후로 현재까지 세계적인 법화경 지도자로 활동하고 계신다.

나 또한 뒤에 상락향수도원(常樂鄕修道院)을 짓고 범종교적으로 활동하게 되었는데, 이같은 모든 일이 법화경의 가피 속에서 이루어졌기 때문에 항상 감사하며 생활하고 있다.

그런데 최근에 한국불교금강선원 소속 도우(道友) 법사가 이해하기 어려운 법화경을 알기 쉽게 편역하여 출간한다고 해서, 아울러 경찬사(敬讚辭)를 겸해 축하의 의미로 옛사람의 글을 드린다.

我有一卷經 아유일권경
不因紙墨成 불인지묵성
展開無一字 전개무일자
常放大光明 상방대광명

나에게 한 권의 경전이 있는데
종이와 먹으로 이루어진 게 아니다.
한 글자도 전개하지 아니했는데
항상 대광명을 내놓고 있다.

법화경은 말로 하는 것이 아니다.
진정한 마음으로 읽고 외워 본 사람만이 그 공덕을 알 수 있다.

2024년 가을

활안 活眼 한정섭 韓定燮 합장

| 역자 후기 |

법화경(묘법연화경)은 대승경전의 으뜸으로서, 위대한 부처님의 가장 높은 가르침을 간직한 경전입니다.

부처님은 오직 일대사인연(一大事因緣)으로 이 세상에 나타나셨는데, 그것은 바로 부처님이 깨달으신 지견을 열어서 보여 주고, 일체 중생으로 하여금 깨닫게 해 주고, 불지견의 길로 들어가도록 하기 위해서입니다.

법화경은 상구보리 하화중생(上求菩提 下化衆生)이란 불교 정신의 정수가 모두 담겨 있으므로 '경 중의 왕'이라고 하며, 이 경을 받아 지녀 읽고 외우며 해설하고 베껴 쓰면(수지 · 독 · 송 · 해설 · 서사) 부처님이 항상 보호해 주신다고 합니다.

법화경을 읽을 때마다 느꼈던 것은 경에 담긴 깊은 뜻을 어떻게 하면 함께 읽을 수 있을까 하는 것이었습니다. 그러던 중 2021년 경남 합천 연기사(緣基寺)에 머물게 되면서, 경전을 처음 접하는 분들도 쉽고 편하게 읽을 수 있는 법화경을 만들어보자는 서원을 세우고 2년여 동안 매달렸습니다.

잠자는 시간을 빼곤 오로지 법화경에만 매달려 손으로 쓴 원고가 대학노트 열 권 분량(A4 용지 450쪽)이었습니다. 이를 자녀들에게 부탁하여 전산화작업을 완료하고 드디어 2024년 봄에 출판 계약을 하니, 감개무량하여 날아갈 듯했습니다.

책이 완성될 때까지 격려의 말씀을 아끼지 않으시고 기꺼이 추천사를 써 주신 활안(活眼) 큰스님의 은혜와 공덕을 잊을 수 없습니다. 출간이 가능하도록 물심양면으로 큰 도움을 준 네 동생(김병연, 김병윤, 김병주, 김병욱)과 세 자녀(김수미, 김경훈, 김경호), 며느리(박보람)와 내조를 아끼지 않은 안사람(박명숙)에게도 심심한 감사의 뜻을 표합니다.

읽기 편한 경전을 만들기 위해 편집에 힘써 주신 우리출판사 관계자분께도 머리 숙여 감사드립니다.

부처님의 가피가 늘 함께하시기를 간곡히 바랍니다.

불기 2568년(2024년) 가을

연기사 선원에서

도우 道友 법사 法師 합장

법화경 길라잡이

발행일 | 2024년 11월 27일

편 역 | 도우 법사(김병태)

펴낸이 | 김 동 금

펴낸곳 | 우리출판사

서울시 서대문구 경기대로9길 62
전화 (02) 313-5047 · 5056
팩스 (02) 393-9696
이메일 wooribooks@hanmail.net
홈페이지 wooribooks.co.kr
등록 제9-139호

표지디자인 · 미디어이든

ISBN 978-89-7561-362-3 03220

값 28,000원